DOPESICK :
DEALERS, DOCTORS, and
THE DRUG COMPANY
THAT ADDICTED AMERICA

DOPESICK
アメリカを蝕むオピオイド危機

ベス・メイシー［著］　神保哲生［訳・解説］

光文社

DOPESICK

アメリカを蝕むオピオイド危機

目次

訳者まえがき

二〇一九年四月、プロゴルファーのタイガー・ウッズが奇跡の復活を遂げ、ゴルフ界最高の栄誉として知られるマスターズ・トーナメントで五度目の優勝を果たした。ゴルフ好きを自任するトランプ大統領は直ちにウッズに大統領自由勲章の授与を決定し、ゴルフ界の英雄のカムバックに最上級の賛辞を贈った。

アメリカの大統領自由勲章は民間の文化人やスポーツ選手に贈られる最高の栄誉で、日本の国民栄誉賞のような位置づけになる。ゴルフの世界ではこれまでジャック・ニクラウスやアーノルド・パーマーといったレジェンドたちが受章しているが、今回のタイガーの表彰には、単にゴルファーとしての成功を讃える以上の重要な意味が込められていた。それはタイガーの復活が、今アメリカ社会を根底から揺るがしているオピオイド依存を克服してのものだったからだ。

スタンフォード大学二年でプロに転向して以来、圧倒的な飛距離を武器に数々のタイトルを総なめにしてきたタイガーだったが、ロングヒッターの宿命とも言える腰痛に悩まされ、ここ十年ほどは優勝はおろか、予選を突破することもできないほどの深刻なスランプに陥っていた。

四度の手術を受けたものの腰痛は改善せず、離婚やプライベート上のスキャンダルなども重なり精神的に追い詰められる中、鎮痛薬が手放せなくなっていたタイガーは二〇一七年五月、フロリダ州で意識が朦朧とした状態で車を運転しているところを警察に発見され、「薬物影響下での自動車運転」の容疑で逮捕された。

逮捕直後に実施されたドラッグテストで、タイガーの尿からは五種類ほどの薬物が検出された。問題はその中に「バイコディン（ヒドロコドン）」と「ヒドロモルフォン」という二種類のオピオイド鎮痛薬が含まれていたことだった。いずれも杜撰な処方や乱用が横行した結果、過剰摂取による死者や依存症者を多数出している、極めて依存性の高い麻薬性の鎮痛薬だった。

逮捕時に撮影された顔写真に写った虚ろな目をしたタイガーの表情は、まさに薬物依存症者そのものだった。報道されたその写真を見て、ゴルフファンならずとも、遂に天才タイガー・ウッズも堕ちるところまで堕ちたか、と感じた人はきっと多かったはずだ。

それから約二年。この逮捕をきっかけに一念発起したタイガーは、集中的なリハビリプログラムを経てオピオイド依存を克服し、見事にトップゴルファーとしてカムバックを果たした。五度目となった腰の手術が成功したことも彼のカムバックを後押ししたようだ。

マスターズ優勝後も安定的に活躍を続けているようなので、今のところタイガーの回復は順調と見てよさそうだ。タイガーのオピオイド依存がどの程度重篤なものだったのかが明らかにされていたわけではないが、しかし、まだ油断はできない。再発率が非常に高いことが、オピオイド依存症の大きな特徴だからだ。一度完全に回復しても、思い出した頃にまた再発し、最後に過剰摂取で死亡するまで再発を繰り返すような事例が後を絶たないのが、オピオイド依存症の本当に怖いところなのだ。

本書は今や全米で猛威をふるっているオピオイド依存症の最初の発火点となったアパラチア中央部に位置するシェナンドー・バレーの地方都市の地元新聞の記者だった筆者が、いかにしてオピオイド危機がこの地域から全米へと広がっていったかを、徹底した現場取材に基づいて克明に綴ったドキュメントだ。

本書には医師の処方が必要な鎮痛剤のオピオイドがアメリカの田舎町を侵食していく過程や、製薬会社と医師の癒着した共謀関係、津波のような勢いで広がっていく依存症に太刀打ちするにはあまりにも不備が多い現在のアメリカの医療体制や医療保険制度と政治体制の現実、そして多勢に無勢を覚悟の上でこの難問に戦いを挑み続ける市民や被害者家族の苦しくも逞しい姿などが実にリアルに描かれている。

そうして全米に広がったオピオイド禍は今や、過剰摂取により年間五万人からの命を奪い、四百万人とも言われる依存症者を出すに至っている。

最近だけでもミュージシャンのプリンスやトム・ペティ、俳優のフィリップ・シーモア・ホフマンなどの著名人がオピオイドの過剰摂取が原因で亡くなっている。野球ファンはロサンゼルス・エンゼルスの大谷翔平のチームメートのタイラー・スキャッグスがホテルで急死したニュースを覚えているかもしれないが、彼の死もまたオピオイドの過剰摂取に起因するものだった。

本書のタイトル『DOPESICK』は、麻薬を意味するDOPEと病気を意味するSICKを組み合わせた造語で、薬物の依存症者たちが薬物が切れた時に経験する様々な苦しい症状のことを指す。一般的に日本語で禁断症状と呼ばれるもののことだ。

近年、薬物依存症周辺の医学は日進月歩の進歩を見せており、従来の刑罰一辺倒から治療重視へ、そして治療も単なる断薬オンリーから薬物維持治療やハームリダクション（薬物摂取に伴う害の削減）の方向へ、徐々にではあるがシフトし始めている。それに伴って、薬物依存に対する偏見やスティグマも少しずつではあるがようやく見直されるようになり、結果として、使われる用語や表現にも、よりきめ細かな注意が払われるようになってきている。かつてごく当たり前のように麻薬中毒と呼ばれていたものは、そもそも「麻薬」の定義も「中毒」の定義も曖昧なものだったため、近年では薬物依存症もしくは物質使用障害という表現が使われるようになっている。同じく、かつて禁断症状（dopesick）と呼ばれていたものは離脱症状（withdrawal）という表現が用いられるようになっている。

本書の中でも原文では麻薬中毒や禁断症状といった、かつて麻薬周辺で広く一般的に使われてきた表現が、特に会話の中で使われている箇所があったが、混乱を避けるために翻訳ではアディクションは依存症に、ドープシックは離脱症状に統一した。

また、本文の中にドルで金額が表示されている場合は、最近の為替レートに基づき一ドル＝百十円で円換算した場合の金額をかっこ内に付け加えてある。あくまで当時ではなく、今日の為替レートに換算した場合の金額ということでご理解いただきたい。

本書を通じて、ここ二十年あまり、日本にとってはかけがえのない友好国であるアメリカという国の、あまりニュースになることもない地方都市や地方の農村・山間部で何が起きていたのかを知ることで、アメリカの本当の姿をより深く知る一助としていただければ光栄の限りだ。きっとそこにこれまで日本人が知らなかったもう一つのアメリカの姿を見つけられる方も多いのではないかと思う。

また、今アメリカで起きていることは、決して対岸の火事として高みの見物をしていればいい話ではない。日本の医療現場でも様々な種類のオピオイドが使われているし、最近の著名人の相次ぐ逮捕を見るまでもなく、薬物の氾濫や依存症は日本でも深刻な社会問題になりつつある。

本書をアメリカのような悲劇を日本で起こさないための、あるいは、万が一、不幸にして日本でも薬物の蔓延が始まった時、それを抑え込むことに失敗したアメリカの教訓から学ぶための一助として活用していただければ、幸いに思う。

神保哲生

DOPESICK

アメリカを蝕むオピオイド危機

この弊害は、階級や職業を問わずもたらされます。被害者のなかには、上流階級の女性や男性も含まれているのです。私たちの祖国が……薬物の恐ろしい影響によって麻痺し、それゆえに身体的、精神的、道徳的に病んでしまうことのないよう、自由への愛がアヘンへの愛に飲み込まれてしまうことのないよう、さらには、大衆が暴君にとって打ってつけのしもべにならずにすむよう、迅速な対応が求められています。

——W・G・ロジャース医師、一八八四年一月二十五日付『ザ・デイリー・ディスパッチ（バージニア州、リッチモンド）』紙への投書

この世に、我が子に対する母親の愛に匹敵するものなどありません。法も同情心もなく、何にでも立ち向かい、行く手を阻むすべてのものを無慈悲に叩きつぶすのです。

——アガサ・クリスティー著「最後の降霊会」（『死の猟犬とその他の短編』より）

はじめに

二〇一二年、私はバージニア州ロアノークの郊外に流入してきたヘロインの被害状況の取材を始めたが、それまでの二十年間は地元紙ロアノーク・タイムズで、社会から置き去りにされた市民の実態を継続的に追いかけてきた。

ヘロインの取材を始めた当初、身内にヘロイン依存症者を抱えた家族のほとんどは、これを恥ずべきことだと考え、実名での取材には応じてくれなかった。しかし、五年後、私がこの本を書き終える頃には、ほとんどの家族が実名報道を認めてくれるようになっていた。ただ、一部だが、実名が出ることで自分の仕事や身の安全が危険に晒される恐れがあるとの理由で、最後まで実名報道には難色を示した人もいた。

今回の取材で私は、二〇一二年に出会ったある家族にとても助けてもらった。その家族は自分の家族の一員が、リハビリ施設と刑務所の間を行き来しつつ、回復と再発を繰り返しながらもがき苦しむ様を取材することを許してくれた。また、私が取材を始める二十年も前からこの悲劇と地道に戦ってきたバージニア州の人々や、市民団体のメンバーからも、さまざまな情報提供を受けた。彼らにも深く感謝している。警察や麻薬取締官たちは、時には公式に、また時にはオフレコで取材に応じてくれた。その中には、麻薬の違法取引の罪で自分の身内を逮捕しなければならなかった人もいた。依存症者に対応するために日々、長時間の労働を強いられている医師やその他の医療関係者たちからは、何としてもアメリカのこの状況を世の中に伝えて欲しいと言われた。

私がインタビューした人の中には、インタビューのテープ起こしも終わらないうちに、亡くなってしまった人もいた。中には、自分の依存症が再発していることを妻に知られるのを恐れるあまり、自ら命を絶った人もいた。「彼女に知られれば、きっと僕は捨てられてしまう。そんなことになったら、もう人生はおしまいだ」と彼は語った。

依存症者の家族の中には、最もつらい状況下でも私の取材に応じてくれた人がいた。彼らは愛する人の戦いが終わってからも、ずっとメールや電話で連絡を取り続け、写真を送り続けてくれた。私がある依存症者へのインタビューをＩＣレコーダーで録音していたところ、彼の死後その家族から、インタビューの音声をどうしても聞かせて欲しいと求められることもあった。亡くなった娘の日記帳を見せてくれた人もいた。

中でも私は、バージニア州に住むクリスティ・フェルナンデス、ジンジャー・ムンパワー、ジェイミー・ヴァルドロップ、パトリシア・メーマンの四人の母親には、大変助けられた。彼女たちのおかげで私は、刑事司法制度と医学が時として全く相互に矛盾した働きをするという信じがたい現実や、本来は薬物の欲求を鎮める役目を果たすはずの医療行政が、結果的により多くの薬を市場に供給し続けている矛盾を理解することができた。

四人の母親は自分たちの経験を語ることが、患者の救命を最優先する治療法の研究や、医療制度や刑事司法制度の改革につながることを願っていた。と同時に、政治家たちが、アメリカを近代史上最悪の薬物汚染から救ってくれることを期待していた。それが実現するまで彼女たちは、自分たちの子供に起きたことを知ってもらうことで、市民一人ひとりが薬についての理解を深め、もしもまた「画期的な薬」を発売する製薬会社が現れても、簡単に騙されなくなることを願っていた。

プロローグ

私がロニー・ジョーンズと最初に会ったのは、気温が三十七度を優に超えようかという暑い夏の日だった。二年前に懲役二十三年の実刑判決を受けて服役中だったジョーンズにとって、私は収監されて以来初めての面会者だった。

この一年、私は警察や検察から、武装ヘロイン売買の罪で逮捕され投獄されているジョーンズという男が、いかに野蛮な人物であるかを、繰り返し聞かされてきた。その後、三カ月の間、しつこく面会申し入れをした甲斐あって、遂に私はジョーンズとの面会許可を得ることに成功し、今日こうしてウエストバージニア州ブルーストンミルズ郊外のヘーゼルトン連邦刑務所までやってきていた。有刺鉄線で囲まれたコンクリート造りの刑務所の建物は、いやに重苦しい空気に包まれ、風がないために垂れ下がっていた屋上の国旗が、その重苦しさに拍車をかけていた。

ウエストバージニア州の北東の端に位置し、東と北をそれぞれペンシルバニア州とメリーランド州に接するここプレストン郡は、かつて石炭の露天掘りが盛んに行われた地で、石炭は地域に大いなる経済的繁栄をもたらした。しかし、二〇〇〇年代に入り次々と炭鉱が閉鎖された後は、警備員や管理要員として八百人を雇用するこの刑務所が、この郡の最大の働き口になっていた。

二〇一六年八月にこのインタビューが実現するまでには、大変な手間がかかっていた。連邦刑務所局のお役所手続きにも数週間を要したが、インタビューを実現するためには、まず何よりもジョーンズ自身の承諾を得なければならない。そのために私はジョーンズと、刑務所の監視下にあるメールアドレスを通じて、何度も素っ気ないメールのやり取りをしてきた。メールのやり取りの中でジョーンズは、私がこれまで実際に接触した関係者の具体的な名前をとても知りたがった。また、彼は私が本の中で、彼の個人的な情報をどの程度まで書くつもりでいるのかについても、強い関心を示した。

最終的にジョーンズは、彼が二〇一三年六月に逮捕された時、まだ小学校一年生と幼稚園児だった二人の娘に、「もう一つの自分の姿」を知って欲しいという理由から、本の出版を前提とするインタビューを受けることに同意した。ジョーンズの娘たちは逮捕の一週間前に、彼が娘の誕生祝いのカップケーキを学校に届けに来た時以来、父親とは会っていなかった。

ジョーンズはバージニア州ウッドストックを手始めに、徐々に縄張りを広げ、二〇一二年から二〇一三年にはワシントン郊外まで手を伸ばしていた。ジョーンズの裁判を担当した検察官は、猛スピードでジョーンズの縄張りが広がっていく様を、「不幸の津波」と表現した。ほんの数カ月のうちに、ジョーンズはこの地域で最大のヘロイン密売のネットワークを取り仕切るようになり、その間、当初数人しかいなかったジョーンズの顧客は、数百人規模にまで膨れ上がっていた。

それまで私はジョーンズが逮捕されヘロインの供給源が断たれたことで、嘔吐や異常な発汗、便失禁などの離脱症状に苦しむ依存症者を何百人と見てきた。ジョーンズが二〇一三年に逮捕された後、ウッドストックのヘロインユーザーたちは車をシェアしてボルチモアやワシントンなどの大都市や、ウエストバージニア州のマーティンズバーグのような田舎町まで出向き、麻薬密売人に手当たり次第声をかけて、麻薬を手に入れようとしていた。

その段階で私はまだ、ジョーンズが収監されている刑務所から四時間ほど西に行ったところにあるウエストバージニア州ハンティントンに、今まさに大量のヘロインが届こうとしていることを知らなかった。そのヘロインはその後一週間もしないうちに、一日で二十六人もの犠牲者を出すことになる。過剰摂取を加速させるカルフェンタニルと呼ばれる最新の合成オピオイドは、オンラインで簡単に中国から輸入することができた。カルフェンタニルは強力な鎮痛剤で、フェンタニルの百倍、ヘロインの二十五倍から五十倍も強力だった。ウエストバージニア州ではオピオイド過剰摂取による死者が急増したため、五年前から埋葬費の一部を補助する州の助成金が足りなくなるという事態まで起きていた。

南はフロリダから西はカリフォルニア州サクラメント、北はバーモント州バールにいたるまで、同じような現象がアメリカ全土で起きていた。この問題は、依存症者を治療する医療従事者から依存症になった子供の両親、そして依存症者を刑務所に送るための手続きをする裁判官にいたるまで、その夏、私が取材したすべての人々を、想像を絶するほど苦しい状況に追い込んでいた。最初にオピオイドの流行が始まってからおよそ二十年の月日を経て、巨大な麻薬問題がアメリカの上にのしかかろうとしていた（「アヘン」（opiate）という言葉は歴史的にはケシの花から採取された麻薬のことで、本来、「オピオイド」（opioid）はそれを化学的に合成したものを意味していた。しかし、現在では「オピオイド」は、両方の形態の鎮痛剤の呼称として使われており、本書でもそのような意味で使われている）。

薬物の過剰摂取は過去十五年間で、すでに三十万人のアメリカ人の命を奪っており、専門家は次の五年間で、さらにもう三十万人以上が死亡するだろうと予測している。今や薬物の過剰摂取による死者は、銃や交通事故の犠牲者を上回り、五十歳未満のアメリカ人の死因のトップに躍り出ている。その増加ペースはＨＩＶの最盛期を上回るほどだ。

死者の増加するペースが余りにも早いため、死者の数を正確に把握することすら困難になっていた。ましてや、死亡した患者の医師やその両親や家族がどこにどれくらいいるのかもわからなかった。そして、何よりも、政府が一向に有効な対策を取ろうとしない理由が、誰にも理解できなかった。

ロニー・ジョーンズの麻薬密売組織は、米国内で最悪の薬物汚染地帯となっていた東海岸中部で最大級の規模になっていた。しかし、私が今日こうしてジョーンズに会うためにウエストバージニアまでやってきた目的は、疫学的なデータを入手するためでもなければ、彼から謝罪の言葉を引き出すためでもなかった。

私は十九歳の息子の遺影を抱きながら悲しみに暮れるある母親からの依頼で、ジョーンズに会いに来ていた。その母親は高校のフットボールチームのスター選手だったジェシー・ボルストリッジが、ようやく顎に薄い髭が生えるようになったほどの若さでなぜ死ななければならなかったのかについて、納得のいく説明を求めていた。

他にも多くの母親から、同じような問いを突きつけられた私は、五年ほど前から、その疑問に対する答えを探し求めてきた。そして今日、ようやくその答えを聞き出せるかもしれない相手に辿り着いた。

ジョーンズに会う三カ月ほど前の二〇一六年春、私はバージニア州ストラスバーグのシグナルノブ山の麓にあるクリスティ・フェルナンデスの息子ジェシーの墓参りに同行した。ジェシーのお墓を見せたいので、墓地で待ち合わせしようと提案してきたのは彼女の方だった。彼女は、毎日仕事の帰り道に、ここに立ち寄っていた。

ジェシーの墓石には、彼のフットボールの背番号だった55番が三〇センチはあろうかという大きな文字で、美しく彫りこまれていた。その墓石の前に立つと、素晴らしいプレーで観客を総立ちにさせる現役時代のジェシーの姿が、目に浮かぶようだった。

この小さな町では、ブルーリッジ山脈の麓に点在する南北戦争の古戦場と同じくらい、フットボールが町の最も重要なシンボルになっていた。ジェシーはいつもそんな地元の観客を魅了させるプレーを見せてきた。

ジェシーは片時もじっとしていられない、いつも動いていなければ気が済まない子供だった。幼少時代のジェシーは頑なに昼寝を拒絶した。遊びの最中に眠ってしまう時も、常にアクションフィギュアやおもちゃの車を両手に抱えていた。実はジェシーのこの多動性が、後に薬物依存の問題とも関係してくるのだが、ジェシーが薬と関わるようになったのは、高校の仲間が、祖父母や両親が腰痛や膝を怪我した時に医師から処方された鎮痛剤を、自宅の薬箱からくすねてきたことがきっかけだった。

ジェシーは女の子にも人気があったし、目が合えば誰にでも「よお、元気か？」と明るく接する、気さくな少年だった。ジェシーは猫にまで好かれていたそうで、家を出た彼の後を猫たちがゾロゾロついて歩いていたなんていうエピソードを、近所の人から聞かされた。

クリスティはジェシーの墓石の土台に彫られた猫の足を指さすと、その隣に書かれた「MISS YOU MORE」という言葉の意味を説明してくれた。これはジェシーとクリスティが電話で会話する時の合言葉だったそうだ。

「私が、I miss you（会いたいわ）と言うと、彼はMiss you more（僕の方がもっと会いたいよ）と返してきます。それに私がまたMiss you more（いや、私の方がもっともっと会いたいわ）と答えて、それが延々と続くんです——」

ここに来るとクリスティはジェシーの墓石から泥を丁寧に拭き取り、クリスマスにはデコレーションを施したり、普段もちょっとした小物を飾るなどしていた。「ここではジェシーのお墓が一番きれいよ」と、周囲の草取りをしていたジェシーの双子の姉妹たちが言った。

私の車が待ち合わせた墓地の駐車場に入ってきた時、クリスティは私の車のナンバープレートの数字にジェシーの背番号だった55が含まれているのを見て、これはきっと何かの予言に違いないと言った。彼女は何にでもジェシーの面影を見つけようとする。雲の合間から日が差してくるとジェシーを思い出し、母の日の昼食会の六十四ドル五十五セントのレシートの金額の末尾二ケタが55だったというだけで、ジェシーが何かを伝えようとしていると受け取めた。私の車のナンバープレートの数字でさえ、ジェシーが私たちを引き合わせたがっていることを暗示するものと彼女は受け止めていた。

少し前までクリスティは、自分にできることはジェシーのお墓をきれいに保つことくらいしかないと考えていた。しかし、今、彼女は、高校時代にフットボールで体を鍛え、卒業後は建設現場で働くほど頑丈だった息子が、なぜあっという間にヘロインの過剰摂取によって、見知らぬ人のバスルームの床の上で死ぬようなことになってしまったのかを、どうしても知りたくなっていた。彼女は、ジェシーが薬物依存に陥った過程を解明することで、他の子供たちが同じ過ちを犯すのを親が防ぐ手助けができるのではないかと考えていた。

「私が『ジェシーはこうして依存症になったのよ』と言えるくらいの知識を持てれば、他の人を助けることができると思うんです」とクリスティは語る。

「でも、まだ私は全く納得できていません」

母親が自分の子供の死について納得できる日など、恐らく永久に来ないだろうし、どんなに時間が経っても、クリスティの心からジェシーの死の悲しみを完全に拭いさることはできないだろう。しかし、彼女の疑問に答えると同時に、なぜアメリカがこのような事態に陥ってしまったのかを理解することはできるはずだ。そのために、私は取材の対象を当初の予定よりも、地理的にも時間的にも、少し広げる必要があった。そしてその過程で私は、薬物依存症になった自分の息子や娘が、治療施設ではなく刑務所に入れられていたり、まだどこかの街をふらついていたりするのに、政府が何もしてくれないことに不満を持つたくさんの母親に出会うことになる。

これまで新種の麻薬が流行する時は、大都市から徐々に内陸部に広がっていくのが常だった。コカインもクラック（煙草で吸引できる状態にしたコカイン）もそのパターンだった。しかし、オピオイドの流行はまったく逆方向のルートを辿った。それはまずアパラチアの離村から始まり、中西部のラストベルトへと広がった後、メイン州の寒村へ飛び火していった。そこはバージニア州南西部の石炭や、ペンシルバニア州西部の鉄鋼、メイン州の材木など、伝統的に危険を伴う職業に従事する人が多く住む地域だった。そこは最初に薬物の過剰摂取が広がっただけでなく、政治的に無視されやすい過疎の村や漁村が多い地域で、依存症者が治療を受けるための医療インフラも未整備だった。

ジェシー・ボルストリッジは、最初にオピオイド依存症が広がりを見せ始めた一九九〇年代半ばに生まれた。彼もその後急激に増え続けるオピオイド犠牲者の、初期の頃の犠牲者の一人だった。

私は、アパラチアを横切る州間高速道路81号線（以下81号線）と平行して炭鉱地帯をシェナンドー・バレーに沿って北上する薬物拡散のルートを辿って取材を進めていけば、処方薬とヘロインの乱用が水面下でどのようにこの国を蝕んでいったかが見えてくるのではないかと考えた。

私はこの本の執筆のために、過疎の寒村と地方の小都市と郊外の三つの文化的に異なるコミュニティを取材した。その三つはオピオイド依存症に襲われたコミュニティが辿る代表的な三つのパターンを体現していた。最初の取材対象はバージニア州西端の炭鉱の村セントチャールズだった。一九九六年にこの寒村でオキシコンチンという名の鎮痛剤が処方されるようになったことが、すべての始まりだった。

そこから悲劇は地域を拡大しつつ、モルヒネ分子の運び手もオキシコンチンからバイコディン、パーコセットのような鎮痛剤を経て、最後はヘロインのようなより強力な合成麻薬へと変遷していった。

オピオイド依存症が広がるにつれて、対象地域も主に農村地帯から都市部や郊外へと広がっていった。しかし、その広がり方はさまざまで、そこに特定のパターンは見いだせなかった。ヘロインは二〇〇〇年代半ば頃に、私が住むロアノーク周辺の、金太郎飴のように似通った家が建ち並ぶ郊外に入ってきた。しかし、地域の有名人だった宝石商のジンジャー・ムンパワーの息子が連邦刑務所に収監されるまでは、地域の人々の間で問題の深刻さは認識されなかった。ムンパワーの息子は同級生が薬物の過剰摂取によって死亡したことの責任を問われ、懲役五年の実刑判決を受けていた。私はその息子スペンサー・ムンパワーが、私立高校に通うお坊ちゃまから連邦刑務所の服役囚へと変質していく過程を取材した。

同時に私は、麻薬の過剰摂取死の急増が、ロアノークから81号線に沿って北に広がっていく過程も目の当たりにした。それは無垢な農村地帯やシェナンドー・バレー北部の小さな町を汚染していった。そして、薬物の常習者になった人たちは、医師のチェックや当局の取り締まりが厳しくなるにつれて、ボルチモアやニューヨークなどの大都市へと流れ込んでいった。その結果、この地域の公衆便所には注射針を廃棄するための容器が設置されるまでになっていた。ここでは図書館の司書までが、図書館を利用中にオピオイドの過剰摂取で呼吸困難を起こした人に対処するために、オピオイド拮抗薬のナロキソンの使い方を習得しなければならなくなっていた。

薬物の過剰摂取で死亡するアメリカ人が急増する中、そもそも今日の薬物汚染がどのように始まったかを検証することは、その広がりを防ぐうえで有効なはずだ。なぜこのようなことが起きてしまったのか。それを避けるために、われわれに何ができたのか。それを自問しているのはクリスティ・フェルナンデスだけではない。われわれがどのような経過を辿って今日のような状態に到達したかをきちんと精査しない限り、この国で治療を受けられない薬物依存症者が増え続けることは避けられないだろう。

アメリカ史上最悪となった麻薬の惨劇は、二〇一二年にロニー・ジョーンズがワシントンから牧歌的なシェナンドー・バレー北部にやってきた時に始まった。既にその時、彼は麻薬取引の罪で二度の有罪判決を受けていた。ジョーンズは、何百人という地域のフットボール選手や庭師や農家の子供たちをヘロイン依存症者に変えていった。

静かな町ウッドストックの依存症汚染も、最初は処方薬から始まった。処方薬によってオピオイドに依存するようになった人々は、やがて密売人からヘロインを購入するようになる。そして、クスリを買うお金欲しさに、自らも麻薬密売の道へと転落していった。

一旦、脳がモルヒネ分子に乗っ取られると、離脱症状の物理的、心理的苦痛から逃れるためなら、人は手段を選ばなくなる。依存症になった人々はクスリを買う資金を得るために、新たな顧客の開拓に躍起になる。そして、その新たな顧客も、いずれまた別の新しい顧客を求めるようになる。その指数関数的な成長は、捕まって刑務所送りになるか、ジェシーのように若くして死亡するまで、止まることを知らない。

ジェシーのお墓には、テディベアのぬいぐるみやスターウォーズのフィギュアが置かれ、花崗岩の墓石には母親のクリスティのこんな弔辞が彫られていた。「私が死ぬまで、あなたは私の心の中で生き続けます」

ロニー・ジョーンズに会うために私は81号線を北上していた。その道は地元では「ヘロイン・ハイウェイ」と呼ばれていた。私はジョーンズが麻薬を売って歩いた道を逆方向に辿っていた。

ジョーンズはプリングルズの缶やウォルマートの袋に入れた麻薬を脇に抱え、この道をバスで移動していた。時には彼の手下がそれを運んでいる時もあった。

その道すがら私は、ヒドゥンバレーにほど近いロアノーク郊外の、比較的裕福な中間層が多く住む住宅街を通過した。ここは私が一年以上取材を続けたテス・ヘンリーという名の若い女性が、かつては優等生でバスケットボールのスター選手として学校に通っていた町だった。現時点で彼女は行方不明で、母親もその居場所を知らない。ただ、時折彼女はスマホを使って、フェイスブック経由でヘロイン密売人と連絡を取り合っているようだった。また、麻薬を買うために売春に手を染めているようで、彼女の姿が売春のチラシに出ていたこともあった。

次に私はジンジャーの高級宝石店の前を通り過ぎた。以前に私がこの高級宝石店を取材した時は、ある夫婦が二時間も離れたところから車を運転してやって来ていた。彼らは新聞でその宝石店の息子が麻薬所持で投獄されたことを知り、同じ依存症者の子を持つ親として、何でもいいのでアドバイスが欲しいと考えてやってきていた。

シェナンドー・バレーを81号線で北上し、一八六四年の南北戦争の激戦地として知られるニューマーケットにさしかかったとき、私は激戦で負傷した兵士のことよりも、負傷した兵士に投与するためのモルヒネを採取するためにケシを育てた女性たちに思いを馳せていた。

南北戦争の三十年後、アメリカではドイツのバイエル社の営業担当者たちが新しい薬を売り歩いていた。その薬は鎮咳剤であると同時に、当時アメリカで「兵士病」の名で蔓延し始めていたモルヒネ依存症にも効くという触れ込みだった。その薬のラベルには、まるでサーカスの宣伝ポスターと見まがうばかりの遊びに満ちたデザインが施され、リボンの囲いのついたかわいらしい文字で、ドイツ語で英雄を意味する言葉が書かれていた。「ヘロイン」と。当時その薬は処方箋なしで誰でも薬局で買うことができ、退役軍人だけでなく、生理痛に悩む女性やしゃっくりの止まらない赤ちゃんにまで広く使われていた。

やがて、カーキ色の刑務服を着た服役中のロニー・ジョーンズが最初の刑務作業に携わったジョージズ・チキンという名の、ウッドストック市郊外にある鶏肉加工工場が見えてきた。続いて、その工場で働くジョーンズと他の受刑者仲間たちを双眼鏡を使って昼夜を通して監視するために警察が借りていたアパートの横を通った。ジョーンズと彼が仕切るヘロイン密売組織を捜査するために、警察は膨大な時間と人員を費やしていた。

そこから私は、ウエストバージニア州に向かって北西方向に進んだ。そこには四〇〇マイル（約六百四十三キロメートル）南のバージニア州でもよく見かけた、「ヒラリーを刑務所に」と書かれた横断幕や南北戦争の南軍の旗が掲げられた家々が建ち並ぶ、荒廃した街の姿があった。

刑務所に着くと私は車を停め、重々しい扉を開けて正面から刑務所の中に入っていった。レイチェルという名の女性刑務官の案内で、私はセキュリティ・チェックを抜け、迷路のような通路を通ってコンクリートの建物の内部に入っていく。途中、三つのカギの掛かった扉を抜ける間、レイチェルは明るく私に喋りかけてきたが、その間も彼女の腰にぶら下がった無数のカギがぶつかり合う金属音が、廊下にこだましていた。途中で通り抜けたレクリエーションエリアでは、モップやほうきを使って数人の男性が掃除をしていたが、いずれも肌の色が黒か茶色い男性だった。刑務所内部の空気は冷たく、消毒に使う塩素剤の臭いがした。

最後の扉を抜けて部屋に入ると、テーブルでロニー・ジョーンズが私の到着を待っていた。彼は以前に見せられた顔写真よりも老けて見えた。囚人服はぶかぶかで、短く刈られたアフロヘアと髭には白髪が交じっていた。彼は疲れているようで、その目は血走っていた。

私と握手するために一瞬椅子から立ち上がり、またすぐに席に着いた彼は、肘をテーブルの上に乗せ両手のひらを合わせていた。彼の気分は読めなかった。

ガラス窓のある部屋は、壁も床もベージュ色だった。刑務官のレイチェルも同じようなベージュと青の制服を着ていた。彼女の靴はどこにでもあるような飾り気のないものだったが、いざという時に全力で走るには都合が良さそうに見えた。レイチェルは用事があるときは窓をノックするよう私に告げると、反対側のドアからマジックミラーの向こう側にある監視室に入っていった。彼女が扉を閉めた時の重厚な音が、警備の厳重さを物語っていた。

私はノートを取り出し、用意しておいた質問のページを開いた。念のため、予備のペンも机の上に置いた。その時、私の頭の中には、クリスティとジンジャーとテスの母親のことがあった。ジョーンズは、彼女たちの子供に何が起きたかについて納得できる説明をしてくれるだろうか。

ジョーンズは少し前のめりの姿勢を取り、私の質問に身構えた。その顔は真剣そのものだった。そして彼はなぜか、両手をこすり合わせた。それはまるで、私たちがこれから取引を始めるビジネスパートナーであるかのようでさえあった。

彼は深呼吸をして椅子に深く座り直すと、私の質問に答え始めた。

第1部

市民対パデュー

第1章　アメリカ健忘症合衆国

オピオイド依存症のうねりはアメリカ全域に及んでいるが、中でもかつて炭鉱で賑わったアパラチア中部の地域が、最も大きな打撃を受けていた。失業と失意に満ちたその地域で麻薬に溺れずに生きるためには、工場の廃墟から銅線を見つけてきて闇市場で売りさばいたり、フェンスをこじ開けてウォルマートに忍び込み、そこで盗んだ大型テレビを転売するくらいしか方法がなかった。

薬物検査に合格する労働者を見つけることが難しいこの地域で、新たにビジネスを始めたいと考える経営者がほとんどいないのは当然だった。ここではヘロインの過剰摂取で死亡した若い親の赤ん坊がそのまま放置され、三日後に脱水と飢餓で亡くなるという悲惨な事件も起きていた。オピオイドの流行はまず、一九九〇年代の半ばにアパラチア地域で発生し、炭鉱労働者を手始めに材木業者、家具職人、そしてその子供たちを虜にしていった。

流行が始まってからおよそ二十年が経過した二〇一五年、プリンストン大学のアン・ケースとアンガス・ディートンの二人のエコノミストが、最初の警鐘を鳴らした。二〇一五年一二月に発表された彼らの衝撃的な分析によって、一九九九年から二〇一三年の間、他の先進国で成人の死亡率が軒並み下がる中、アメリカの白人の死亡率だけが毎年〇・五%ずつ上昇していることが明らかになった。ディートンはワシントン・ポスト紙に「毎年、本来死ぬ必要がない五十万人が死亡している」と語り、その原因は自殺とアルコールに起因する肝臓病と主にオピオイドによる薬物依存症にあると指摘した。二人はそれを「絶望病」と名づけた。ディートンとケースのデータは薬物の過剰摂取死だけを対象としたものではなかったが、その結論は、中年白人の著しい死亡率の増加の背景にはオピオイド依存症があり、それが長年右肩上がりで伸びてきた平均寿命がここに来て悪化に転じている主たる原因である、というものだった。

ディートンとケースの論文とほぼ同時期に発表されたカイザー家族財団の世論調査では、オピオイドを乱用中か、すでに依存症になっているか、もしくはそれで死亡した人を、最低でも一人は知っていると回答したアメリカ人の割合は五六％に達していた。また全国的に見ると、アメリカ人の所得上位五分の一と下位五分の一の平均寿命の差は、一九八〇年から二〇一〇年の間に十三年も広がっていた。

これまでこの差の主たる要因は、医療施設や予防医療へのアクセスが所得と比例しているためだと考えられてきた。しかし、この差が最も顕著なアパラチア地方では、薬物の過剰摂取による死亡率が他の地域より六五％も高い。アメリカ人が全般的により早死にになっているのではなく、明らかにアメリカの白人だけが、若くして死んでいるのだ。

オピオイドの流行がどのようにこの国を変えていったかは、バージニア州の西端にあるテネシー州とケンタッキー州に挟まれたリー郡で一九九〇年代半ば以降に何が起きたかを見ればよくわかる。そこはバージニア州の一部でありながら、周囲の八つの州の州都の方がバージニア州の州都リッチモンドよりも近いという、そんな位置にあった。リー郡の郡庁舎があるジョーンズビルを少し北に進むと、そこはもうデトロイト西部だ。

地政学的には、リー郡はたくさんの飛行機がその上を通過するが一つも止まってはくれない典型的な「通過都市」で、車のアクセスも悪く、郡内の片側一車線の曲がりくねった道沿いには錆び付いた石炭溜まりが点在していた。この地域は政治的にもほとんど放置されていて、これだけのオピオイド禍に襲われていても、問題が自分たちの住む町に到達するまで、中央の政治家たちは気にもとめようとしなかった。

そこから四〇〇キロ離れたシェナンドー・バレーの北端では、幼稚園の先生がクリスティ・フェルナンデスに、四歳の息子ジェシーの落ち着きのなさが手に負えなくなっていることを相談していた。ジェシーが教室内で大暴れしたことを知ったクリスティは、彼を小児科医に診せたところ、向精神薬のリタリンを勧められた。仕方なく薬を飲ませると、薬がジェシーの緊張や不安を和らげたようで、それ以来、先生からの苦情はピタッと止まった。

しかし、ジェシーがエネルギーを持て余していることに、変わりはなかった。ジェシーの多動ぶりは、彼が自分の名前を書くのを見ただけでも伝わってきた。彼は自分の名前を書く時も、その綴りに含まれている最初のEの文字の下に、笑顔の太陽の絵を書き加える。そういうことをせずにいられないのだ。その太陽は逆立てた前髪のように激しく光線を発し、動き回りながらこちらに向かってウインクしていた。


ワイズ郡警察のリチャード・スタラード警部補は、リー郡の州境近くにあるワイズ郡のビッグストーンギャップ地区にあるブリットパーク公園の中をパトロールしていた。ここはアドリナ・

トリジアーニが小説と映画『ビッグ・ストーン・ギャップ』でロマンチックに描いた、この地域を代表する牧歌的な町だった。その映画は一九七〇年代にこの地域で育った少女の成長の物語で、アシュレイ・ジャッド演じる主人公の女性が、家族経営の薬局を手伝いながら成長していく様を描いた物語だった。

時は一九九七年。オピオイド依存症の歴史の中で、重要な転換点となった年だ。その時、スタラード警部補は、小さいながらも最初の警鐘を鳴らそうとしていた。その頃はまだ、アパラチア中央部の炭鉱地帯は、オキシコンチン依存症者から物を盗まれるのを防ぐために、工具箱や物置小屋にカギをかけなければならないような状態にはなっていなかった。

石炭産業は既にその頃、長期的な低迷傾向にあったが、それでもまだこの地域は炭鉱地帯と呼ばれていた。その三十年前、ジョンソン大統領がぼろ屋のポーチにしゃがみ込んで、そこにいた失業中の材木業者と対話したことがきっかけで、アメリカの社会保障政策の基盤となったフードスタンプ（食料費補助）やメディケア（高齢者・障害者向け公的医療保険）やメディケイド（低所得者向け公的医療保険）、ヘッドスタート（低所得者支援策）など一連の「貧困との闘い政策」を打ち出したとされる町は、ここから少し西に行ったところにあったが、スタラードが新しく強力な鎮痛剤と初めて遭遇したその時点でも、まだこの地域は貧しいままだった。ここはすでに一九六四年の時点で、人口の半分が貧困に喘いでいたが、その後、貧困ぶりはさらに進み、今日ではそれに加えて、アメリカで最高水準の肥満と障害、薬物の流用、非医療目的の処方箋の乱発と販売といった、不名誉な記録を次々と塗り替えていた。結果的に、この地域では今や鎮痛剤がかつての石炭の代わりを果たすようになっていた。

パトカーに乗ったスタラードに、見慣れた顔の人物が近づいて来た。彼が何年か前から使っていた垂れ込み屋だった。その日、彼は新しい情報を持っていた。

当時、最も一般的に転用されていたオピオイドは、ロータブとパーコセットで、いずれも一錠あたり十ドル（約千百円）で売られていた。これまで一番高価な鎮痛剤は、ディラウディドの商品名で知られるモルヒネの派生物のヒドロモルフォンで、ブラックマーケットで一錠あたり四十ドル（約四千四百円）で売られていた。

垂れ込み屋がスタラードのパトカーに寄りかかりながら話し始めた。「新しいヤクを売っているやつがいるよ。オキシと呼ばれていて、すごく効くらしい」

「何て名前だって？」スタラードが聞き返した。

「オキシ……、オキシコンプトンだっけな。何かそんな名前だった」

そう話した上で、彼はその薬を処方された患者が転売していること、それがブラックマーケットにも横流しされていることなどをスタラードに説明した。標準的な鎮痛剤よりもはるかに高用量で処方されるオキシは、八〇ミリグラムの錠剤が一錠あたり八十ドル（約八千八百円）で売られていた。それがブラックマーケットに流れ込めば、ディラウディドやロータブよりはるかに高値で取引される可能性が高かった。その薬の強い効能は、製造元の製薬会社にも莫大な利益をもたらしていた。

垂れ込み屋はさらに詳しい情報を語り始めた。彼によると、オキシのユーザーはすでに、その薬の鎮痛効果が長時間持続する徐放作用の源となる錠剤のコーティングを取り除く方法を見つけていた。それは錠剤を数分口に入れてゴム引きの表面を溶かした後、一度それを吐き出して、コーティングをシャツの袖に擦り付けて剝がすのだという。そうすればオレンジ色と緑色のコーティングがシャツの袖に付き、純粋な薬効成分だけが露出する。露出した薬効成分は、砕いて鼻から吸入したり、水に溶かして注射する形で利用される。

効果は直ちに訪れる。強烈な陶酔感だ。その純粋さはヘロインとよく似ていた。スタラードは話の成り行きに不安を覚え始めていた。九〇年代初頭、注射針には抵抗があり、鼻からの吸引を好む都市住民に対して麻薬を売りつけるため、コロンビアの麻薬カルテルがヘロインの効力を強めて売っていたことがあった。しかし、利用者のヘロインに対する耐性が高まるにつれ、彼らは次第に注射針への抵抗を克服し、早晩、注射を使うようになっていった。

署に戻るなりスタラードは知り合いの薬剤師に電話をかけ、たった今聞いた話をぶつけてみた。

町の薬剤師にはスタラードの話が、にわかには信じられなかった。

「本当ですか⁉　その薬はつい一、二カ月前に売られ始めたばかりですよ。それがもう闇市場に出回っているのですか？」

その薬剤師は、食品医薬品局（ＦＤＡ）が承認したオキシコンチンという名の鎮痛剤のパッケージに書かれた注意書きを、すでに読んでいた。そこには、既存の鎮痛剤の効果が四時間程度しか持続しなかったのに対し、オキシコンチンはその三倍の時間効果が持続するため、痛みに苦しむ人が薬を飲むために夜中に起きなくても済む「奇跡」を実現する、と書かれていた。オキシコンチンを製造する製薬会社は、この薬には徐放作用が組み込まれているため、急激な陶酔効果を求める薬物乱用者には役に立たないと主張していた。

しかし、スタラードの話を聞いた薬剤師は、「オキシコンチンの徐放性が薬物乱用のリスクを軽減する」という同社の主張に疑問を持った。オキシコンチンの販売開始からわずか一、二カ月で、スタラードのようなベテランの麻薬捜査官から問い合わせを受け、注意深く観察してみると、彼の自宅周辺でもオレンジとグリーンのシミの付いたシャツを着て歩き回っている人が目についたからだ。もはや、オキシコンチンが乱用されていることに、疑いの余地はなかった。

一九九五年末にFDAによって承認されたオキシコンチンは、コネチカット州スタンフォードに本拠を置くパデュー・フレデリックという名の、当時は無名だった家族経営の製薬会社が開発した薬だった。

モーティマー・サクラー、レイモンド・サクラー、アーサー・サクラーの三人の精神科医の兄弟が一九五二年にニューヨークに住む所有者からこの会社を購入した時、パデューはわずかな従業員しか持たず、年間売上高も二万ドル（約二百二十万円）に過ぎない無名の会社だった。しかしその後、三兄弟は下剤や耳垢除去剤や、アポロ11号の宇宙船を洗浄するために使われたことで有名になった消毒剤のベータダインなどの市販薬を売ることで、会社を成長させることに成功していた。

一九七〇年代にスコットランドとイギリスの製薬会社を買収し、国外進出を果たしたパデューは、一九八四年にモルヒネから抽出した終末医療用の鎮痛剤「MSコンチン」を開発し、鎮痛剤市場に打って出た（コンチンは継続を意味する「コンティニュー」の略語）。MSコンチンの年間売上高は一億七千万ドル（約百八七億円）に達し、一九九〇年代半ばまで同社に大きな利益をもたらした。

ＭＳコンチンの特許が切れるのを機に、パデューは新たにオキシコンチンという薬品の販売を始めた。オキシコンチンは鎮痛薬オキシコドンの改良版で、ホスピスや終末医療に限定せず、一般市場向けに販売された。オキシコンチンは一九一七年に開発された麻薬性アルカロイドの「テバイン」を合成した、オキシコドンの一種で、テバインはケシ科の多年植物のハカマオニゲシから抽出される成分だった。

私生活を表に見せないことで有名だったサクラー三兄弟は、薬品開発よりも慈善活動で有名だった。慈善活動を通じて彼らはイギリス王室やノーベル賞受賞者と交流があったほか、スミソニアンからメトロポリタンにいたるまで多くの美術館でサクラーの名を冠したコレクションを持っていた。

同社の薬の販売は、法人税がないことで知られるデラウェア州に本社を置く同社のマーケティング部門「パデュー・ファーマ」が担当していた。パデュー・ファーマの営業担当は、行く先々で同社の新しいオピオイドの安全性を宣伝した。「処方された方法で服用していれば、依存症の危険性は〇・五％しかありません」と痛みの専門家で同社の対外的な窓口を務めるデビッド・ハドックスは語った。同社の一九九六年の医師向けの研修会では、医原性の依存症は「ほとんどあり得ないもの」として教え込まれた。

かつてアメリカの著名な小説家ゴア・ヴィダルが、「健忘症合衆国」と呼んだアメリカでは、ハドックスの主張に対して疑念を呈する者はいても、それを真剣に追究する者はいなかった。

新石器時代に人間が、ケシの実から絞り出した果汁を乾燥させて吸うことで、いい気分になったり、元気になったりすることを知って以来、アヘンはあらゆる商取引や紛争の種になってきた。一九世紀、イギリスと中国はアヘンをめぐり二度も戦った。アヘンはアルコールと混ぜたアヘンチンキの主成分でもあった。アヘンチンキは黄熱病やコレラはもとより、頭痛や一般的な痛みにいたるまで、あらゆる治療のために使われていた。一八〇四年、財務長官アレクサンダー・ハミルトンが決闘で負傷した際、彼の医師は肝臓を貫通して脊椎に止まっていた銃弾による痛みを和らげるため、ハミルトンにアヘンチンキを与えた。

一八二〇年代、ボストンの大商人たちは、キャボットやデラノー、フォーブスなどの名家の求めに応じて、何百万ドル分ものアヘンを中国広東省から密輸した。その資金が、当時のアメリカの鉄道や鉱山や工場の建設に回ったとされている。

ちょうどその頃、二十一歳のドイツ人薬剤師が、アヘンに関する画期的な発見をして、その危険性について最初の警鐘を鳴らしていた。フリードリヒ・ゼルチュルナーは、ケシの活性成分であるアルカロイドの単離分解に成功し、それをギリシア神話の夢の神として知られるモルペウスにちなんで「モルヒネ」と名付けた。

ゼルチュルナーは間もなく、モルヒネが合成アヘンよりも指数関数的に強力であることを知り、その副作用がしばしば陶酔感からうつや吐き気に進行することを指摘するようになった。彼はモルヒネを与えた犬の反応を見て、問題があることを知った。モルヒネを投与された犬は、よだれを垂らしながら気を失ったかと思うと、再び目を覚ました時はいらついて攻撃的になり、その上、発熱と下痢を伴っていた。それはかつて中国でアヘンに侵された麻薬依存症者たちが苦しんだ

「Yen」と呼ばれる離脱症状と酷似していた（麻薬の離脱症状を指す表現として近年、ドープシックやフェンディングという言葉がよく使われている。小説家のウィリアム・S・バロウズは、ジャンク・シックやゲーピング、エニングなどの表現を使っている）。ゼルチュルナーは一八一〇年に「この新しい物質の恐ろしい影響に注意を喚起して、惨禍を避けることは私の義務だと考えている」という、予言的な言葉を残している。

しかし、ゼルチュルナーの後継者たちは、彼ほど良心的ではなかった。一八五三年に皮下注射針を発明したスコットランドのアレクサンダー・ウッドは、モルヒネを吸ったり飲んだりすれば依存症を引き起こすが、それを注射している限りは依存症にはならないと主張した。その時すでに、ゼルチュルナーが数十年前に発した警告は忘れられていた。誰もがウッドが発明した、光り輝く新しい注射針の魅力に引き寄せられていった。

やがて南北戦争で負傷した退役軍人の自宅に医師が往診するときは、「必要に応じて使用するように」との指示とともに、モルヒネと皮下注射針を置いていくことが、当たり前の慣行になった。その結果、およそ十万人の退役軍人がモルヒネ依存症になった。

当時、依存症者を見分ける目印は、今日のようにシャツにオレンジとグリーンのシミがついているかどうかではなく、注射針とモルヒネの錠剤を入れて持ち歩くための革製のポーチを首から下げているかどうかだった。

この時は、南部の田舎町に住む白人の依存症が、とりわけ深刻だった。戦争で夫を失った妻や息子を失った両親たちも、失意を紛らわすために麻薬に手を染めていた。戦争に負けた上に、その結果として奴隷制が終わることによる将来への経済的な不安が、彼らの失意の大きさに拍車を掛けた。

ニューヨークのあるアヘンディーラーは「かつて裕福だったが戦争によって貧困に陥り、悲しみから逃れるためにアヘンを食べたり飲んだりするようになった」と嘆いている。

一八七〇年代には、モルヒネ注射がヨーロッパやアメリカの上流階級で人気を博した。そのため、医師は生理痛から結膜炎までさまざまな病気に対して、当たり前のようにモルヒネを処方するようになった。行政による規制が皆無に近かったため、モルヒネやアヘンは最寄りのドラッグストアで処方箋もなしに、いくらでも買うことができた。それはさしずめ、「特許薬の無法地帯」の様相を呈していた。医師が認めれば、モルヒネの皮下注射も難なく受け入れられていた。あくまで医療目的と考えられていたので、常習者が社会的に蔑まれるようなこともなかった。

当時、一部の医師がモルヒネを多用することの危険性に警鐘を鳴らした時、多少は論争が起きたことはあったが、それほど大きな盛り上がりは見せなかった。一八八四年、バージニア州議会がアヘンとモルヒネの市販薬の薬局での販売を規制する州法の審議を始めたところ、地元の新聞は「上流階級のための法律」を作ろうとしているとして、この動きを非難した。この新聞に対して、リッチモンド在住の医師W・G・ロジャースが、以下のような反論を投書している。


何年も前からアヘンを摂取し、今日、モルヒネという形でこの毒を日常的に摂取している人を、私はたくさん見てきました。その毒は、耐性を持たない人に対しては、頑丈な六人の男性でも死にいたらせるだけの力があります。彼らは目に涙を浮かべて私に訴えかけます。

できることなら、最初からその薬を処方して欲しくなかったと。……しかし、彼らは注射痕が膿んで痛むのに、日々、自分の身体に注射針を刺さずにはいられません。しまいには、彼らの身体は注射針の痕で全身に刺青をしているようになってしまいます。ある依存症者は、もう針を刺せる場所が残っていないと嘆いていました。彼らはそれが急速に死を招いていることを知りながら、あまりにも強力な麻薬の魔力の前に、それを拒むことができず、死ぬまで打ち続けてしまいます。麻薬を断つことができる人は、非常に希なのです。

製薬会社の利益は減ることになるかもしれませんが、それでもこのような事態は防ぐべきではないでしょうか。

結局、バージニア州議会は、これが政府の民間ビジネスへの過剰な介入につながるとの理由から、その州法を否決した。その結果、アメリカは更なるモルヒネ依存症の深みにはまっていった。十四年後、バイエルの化学者ハインリヒ・ドレーザーは薬学の論文集に埋もれていた大変な宝物を発見した。それは一八七四年にイギリスの化学者が書いた、モルヒネの替わりになる依存性のない物質に関する論文だった。当時、その論文はほとんど注目されていなかった。

その物質はジアセチルモルフィンと呼ばれるもので、別名をヘロインといった。モルヒネはアヘンの十倍以上も強力だったが、ヘロインはモルヒネのさらに二倍以上の強力な作用を持っていた。当時は肺炎と結核が死因の第一位と二位を占め、抗生物質がまだ発明されていない時代だった。当時、咳止めとしてはコデインが広く使われていたが、コデインに依存性があることは周知の事実だった。ドレーザーはヘロインが、コデインのような依存性がない、万能の咳抑制剤になると考えていた。

彼は助手にヘロインを合成するよう命じた。ヘロインはまず、一八九七年にウサギとカエルに対する臨床試験が行われ、続いて自分たち自身を含むバイエルの工場労働者と従業員に試験対象が拡大された。ドレーザーは新薬が莫大な利益をもたらす可能性があることを十分理解していた。

依存性がないと考えられていたヘロインが、モルヒネの代用品としての地位を得ることができれば、ドレーザーとバイエルが大金持ちになることに疑いの余地はなかった。ドレーザーは翌年のドイツの医学アカデミーで、喘息や気管支炎、結核治療における鎮静作用が期待できる新しい薬として、ヘロインを発表した。この時、ドレーザーはヘロインを、乳児の疝痛や一般的な風邪、インフルエンザ、関節痛などに適した安全な家庭薬として紹介した。バイエルはこの薬は咳を止め呼吸を楽にする効果があるほか、アルコール依存症やモルヒネ依存症にも効くと主張した。

バイエルの社内医師は他の医師たちに対し、「私はヘロインを使って何週間も大勢の患者を治療しましたが、依存症の兆候を見せた患者はひとりもいませんでした」と胸を張った。アメリカとヨーロッパの医師に宛てて送付された何千もの無料サンプルには、「依存症はほとんどあり得ません」との但し書きが添えられていた。

一八九九年までにバイエルは年間約一トンのヘロインを生産し、これを二十三カ国で販売した。この頃、アメリカでは、のど飴や赤ちゃん用鎮静シロップにまでヘロインが使われるようになっていた。このオピオイドを退役軍人のみならず、理髪店の店主や教師や一般の主婦までが、当たり前のように摂取していた。当時のヘロイン利用者の多くは、医師に処方された薬を飲んでいるだけだったので普通に社会生活を送っていたが、実際はこの時、すでに多くが依存症になっていた。しかし、薬が安定的に供給されていたため、依存症が大きな社会問題になることはなかった。

世紀の変わり目に差し掛かる頃になると、何人かの著名な医師が、ヘロインを過剰に処方する医師たちのことを批判し始めた。一八九五年にはニューヨークのブルックリンのある医師が、ニューヨーク医学アカデミーでの講演で、ヘロインと注射器を患者に与え、痛みに応じて適宜使用するよう指示するような医師は「ほとんど犯罪者と同じだ」と語り、これを激しく糾弾した。

実際、こうして薬と注射器を渡された患者の中には、三～四回、注射をしただけで、依存症になる人もいた。彼は「主治医が薬を渡さなければ、依存症になることが避けられた人は多い」と語った。一九〇〇年までに、二十五万人のアメリカ人が、ヘロイン依存症になっていた。

しかし、ヘロインが登場した直後の社会の受け止め方としては、画期的な咳止め薬としてこれを称賛するものが多く、医学関係の業界紙の中にもヘロインは鎮咳剤としてはモルヒネよりも優れていると評価するところが多かった。研究者の中にはヘロイン依存症の危険性に警鐘を鳴らす者もいたが、ヘロインのどの成分が依存性を持つのかが明確になっていなかったこともあり、ヘロインは約八年間、アメリカのドラッグストアや通販で容易に買うことができた。

全米医師会がヘロインについて、「容易に依存症に陥り、悲惨な結果を招く」という強い表現で警鐘を鳴らしたのは、一九〇六年になってからだった。一九一〇年代から二〇年代にかけて、ニューヨークとフィラデルフィアでヘロイン絡みで入院する患者が急増したことで、怪我の治療目的以外の悪質な意図を持った、娯楽目的でのヘロイン依存症者数が増えていることが、政府関係者の間でも問題視されるようになった。かつてニューヨーク市保健局長が「兵士病」と呼んだこの病は、「アメリカ病」になっていた。

一九一四年に制定されたハリソン麻薬法は、ヘロインやその他の麻薬の販売と所持を厳しく制限するもので、一九二四年までにヘロインの製造は違法になった。しかし、その時、すでにバイエルがヘロインを売り出してから二十六年の年月が過ぎていた。

一九三〇年代まではヘロインユーザーは労働者階級が中心で、その多くは移民二世だったが、それに加えてその頃から、ジャズ・ミュージシャンなどのクリエイティブな仕事に就く人たちの中にも、悪質なヘロインの常用者が登場し始めた。

ハリソン法によってヘロインが違法化されたことで、そのすべての人たちが、離脱症状から逃れるために、違法なブラックマーケットで薬を入手しなければならなくなった。依存症者は拾い集めた鉄くず（ジャンク）を売りさばいてまでヘロインを買い続けることから、「ジャンキー」と呼ばれるようになった。麻薬が合法だった時代に、医療患者として扱ってもらえた上流・中流階級の「真っ当な」依存症者の世代が死亡した後に残された依存症者たちは、もはや患者ではなく犯罪者とみなされるようになっていた。

それまでの麻薬依存症者の大半は、アメリカの田舎町に住み、医師が処方した薬によってオピオイド依存症となった人たちだった。そうした人物像は、ハーパー・リーの『アラバマ物語』のデュボース夫人や、ユージーン・オニールの『夜への長い旅路』のモルヒネ依存症の母親などとして描かれていた。当時の新聞に、夫の嚙みタバコの癖をやめさせるためにモルヒネを摂らせた、アイオワ州デモインに住むある女性に関する記事があった。その記事は「夫の嚙みタバコ癖は治ったが、もっとひどい癖の種を植えつけることになってしまった」という言葉で終わっていた。

薬物への依存性をもって生まれる乳児を指す「新生児薬物離脱症候群」という言葉が登場する数十年も前の一九一四年、ある政府高官は「モルヒネやコデイン、アヘン、大麻、ヘロインなどは乳児に無害であることが広く宣伝されていたが、それでもこうした有害物質を幼児用に使用することは考えられないことだ」とある新聞記事の中で語っている。その新聞の同じページには、バージニア州リッチモンドにあるビクトリア朝様式のサナトリウムに入れば、H・L・デバインという名の医師がアヘン依存症を十日から三週間で治すことを保証する、と書かれた広告が載っていた。

しかし、新聞が発した警告はいずれ忘れ去られ、結局同じことが繰り返されるのが歴史の常だ。

二〇世紀に入り、技術も医学も政治も大きく発展し、政府は「麻薬戦争」と銘打ったさまざまな施策を実行に移した。しかし、一九九〇年代に医師が書いたオキシコンチンの処方箋からオピオイド依存症の新たな波が押し寄せてくるとは、誰も予想していなかった。オキシコンチンは化学的には、ハインリヒ・ドレーザーが発明した薬の従兄弟のような存在だった。それは疫学者にも犯罪学者にも、また何十年にもわたってアヘンの原料となるケシの実を分析してきた薬学者にも、予想できないことだった。

ウッドの注射器やドレーザーのヘロインの時と同じように、パデュー・ファーマのデビッド・ハドックスは、オキシコンチンはがんに限らずあらゆる種類の慢性痛に対して効果があり、信頼性が高く依存症率は一％以下だと主張した。ハドックスはその根拠となるデータを、パデュー・ファーマの営業部隊に授け、営業担当者たちは全米五十州の医師や歯科医に対して、そのデータを喧伝して回った。彼らは、ステージ四の末期がん患者だけでなく、普通の腰痛や歯痛、気管支炎、顎関節症などの症状に対しても、オキシコンチンを処方することが、倫理的で慈悲深い行為であると説いて回った。

折りしもオキシコンチンの販売が始まった一九九六年は、医師や病院や学会の間で、痛みの概念が大きく変わるタイミングと重なっていた。それは痛みを「第五のバイタルサイン（生命兆候）」として受け止めるというもので、痛みを血圧や心拍数や呼吸数、体温などと同じように、然るべき治療を施すべき対象として捉えるという考え方だった。

また、ちょうどその頃から、アンケートやプレス・ギャネイなどの評価機関を通じて、患者たちが医療機関をランク付けするようになったことで、医師や病院はこれまで「患者」と呼ばれていた人たちを医療サービスの「消費者」として位置づけ、お互いに競争しなければならなくなっていた。患者から高い評価を得るためには、医師や病院は痛みにも積極的に対応しなければならなかった。患者という顧客を満足させることができなければ、保険会社から治療費の払い戻しが受けられなくなる恐れすらあった。一九九九年、医療サービスや病院を認定する非営利団体「医療施設認定合同機構（ＪＣＡＨＯ）」はこの流れをさらに一歩推し進め、痛みの評価と治療のための新たな義務的基準が規定された。

その翌年、パデューは攻勢に出た。パデューはＪＣＡＨＯの新基準の採用によって、「痛みの専門家」である自分たちに、より付加価値の高いサービスを売り込む絶好の機会が到来したと受け止めた。パデューの二〇〇〇年の事業計画書には、「痛みの評価とペインマネジメントの分野で、病院がＪＣＡＨＯの要件を満たすことを支援することによって、われわれがこの分野における指導的な地位を獲得するチャンスが訪れている」と書かれている。

この機に乗じるために同社は、三十万ドル（約三千三百万円）分のオキシコンチンのロゴ入りスタイラス・ペンや、二十二万五千ドル（約二千四百八十万円）分のオキシコンチンの資料入りバインダーのほか、二十九万ドル（約三千百九十万円）分の「痛み：第五の生命兆候」と銘打った壁掛けチャートとクリップボードなどの広報資料を作成した。彼らはあわよくば、病院内ですれ違う医師や看護師が全員、パデューブランド入りの名札を首から下げるようになることを目指していた。

二〇〇〇年のニューヨーク・タイムズの記事には、これまで長年にわたり医療機関の痛みへの対応が不十分だったという、当時の大多数の医療従事者の見方が反映されている。その記事は、ある老人ホームに入居している高齢の女性が、重度の骨粗鬆症と肺疾患を患っていたにもかかわらず、市販薬の痛み止めのタイレノールしか与えられなかったために、痛みにもがき苦しむ様子が紹介した上で、薬物依存に対する時代遅れの認識のせいで、痛みへの対応が不十分なまま放置されていることに対する社会の懸念の高まりを指摘していた。「多くの医療従事者がいまだに、適切な痛みの緩和が患者を薬物依存症にしてしまう恐れがあるという誤った考えを持っている」と、その記事には書かれていた。

しかし、適切な痛みの緩和とは、何を指しているのだろうか。記事はその点には言及していなかった。実際、それは誰も定義ができないものだろう。痛みという人間の目には見えないものが、患者自身の主観的な意見だけで測定できるとは、誰も考えていないはずだ。痛みを定量化することで、その対応を標準化することは可能かもしれない。しかし、それはあくまで外形的な客観性に過ぎない。分娩の痛みも、何かにつま先をぶつけた時の痛みも、個々人の痛みに対する感受性によっては、十段階中の一にでも十にでもなり得る。痛みを数量化することは、単に症状の改善につながらないばかりか、オピオイドの処方を容易にすることで、乱用を助長することにもなりかねない。

バージニア西部最大の医療機関であるカリリオン・クリニックの医師で救急医療の責任者を務めるジョン・バートンは語る。「当時、私の知る医師は誰もが、痛みへの対応を最優先させるよう指示を受けていました。そして、それがどのような結果をもたらすかを考えることもないまま、オピオイドの処方を急増させたのです。私は部下たちに『十四日分のオピオイドでは依存症にはなりません』と教えていましたが、それは全く誤った考えでした」

医療機関を評価するプレス・ガニーもその流れに加担していたと、セントルイスの救急救命室（ER）で働くデビッド・デービス医師は指摘する。「薬を求めている患者の希望を叶えてあげないと、自分の評価が下がってしまうことになります。また、忙しいさなかに、重病の患者から何度も呼ばれれば、ついついジラウジッドかモルヒネを点滴しておけば事足りるだろうと考えてしまうものです」

「いけないことだと知りながら私自身、それをやっていました。正当な痛みを治療するためにオピオイドを使用しても依存症にはならないという考え方が、その行為を強く後押ししていたことも事実です。今にしてみれば、痛みスコアというものが出現したことで、患者の側も、そのスコアをゼロにすることが治療の目的だと考えるようになっていました。今日、医師たちは、痛みのスコアが三から四くらいまで下がれば、痛みを取ることだけに集中するのではなく、機能の方にもより大きな関心を持つようになっています」

デービスが若い頃に勤務した経験のあるニュージーランドの病院では、痛みを訴える患者に対しては、まず理学療法と湿布薬などの抗炎症剤やバイオフィードバック、鍼治療などが処方されていた。しかし、管理型医療全盛のアメリカでは、安価でより即効性のある治療法と考えられていたオピオイドの方が、容易に保険会社から保険金が払われる。

デービスを含む当時の医師たちには、二週間分のオキシコドンかヒドロコドンを処方して患者を帰宅させるという、当時としては定番となっていた医療行為が、二〇一七年までに生産性の低下と、医療コスト、社会保障費、教育費、警察を始めとする法執行コストの増加など総額で一兆ドル（約百十兆円）を越える財政負担を生むことになるとは想像すらできなかった。

オキシコンチンが登場した時、医師たちの耳には、麻薬を処方することには一定のリスクが伴うという歴史の教訓の声はほとんど届いていなかった。しかも、その声は決して十分なものではなかった。

ダートマス大学医学部で薬物乱用研究に従事しているセドン・R・サベージ博士は、痛みに苦しむ患者の依存症リスクは、薬物を使用する時間が長くなるほど高くなると主張する。彼女は一九九六年に医療専門誌の中で、「治療用オピオイドの使用に関するさまざまな懸念を無視したい気持ちはわかります。しかし、それは明らかに間違いです」と指摘している。彼女の同僚の専門家も同じ論文の中で、オピオイドを積極的に処方することについては、その是非を判断するために必要なデータが十分に揃っていないと主張している。

オピオイドの積極的な使用に明確に反対する最初の声は、地域の開業医と医薬カウンセラーを務めるカトリックの尼僧からあがった。アート・ヴァンジー医師と彼の同志でカトリックの修道女でもあるシスター・ベス・デービーズは、アパラチア地方からオピオイドについて最初の警鐘を鳴らした人物だった。しかし一八八四年にオピオイドの過度の使用をやめるよう求めたリッチモンド医師や、一八一〇年にモルヒネを発明したゼルチュルナーの場合と同様に、医療界は彼らの警鐘に対してほとんど無反応だった。医療界の中ではアウトサイダーの立場にいた彼らは、知識が不十分であるとみなされ、その主張は本気にされなかったのだ。

第2章 接待攻勢

ビッグストーンギャップで麻薬捜査官が垂れ込み屋からネタを仕入れているちょうどその頃、FDAは医薬品の広告に関する規制を緩和し、製薬会社がテレビのCMで非麻薬性薬品の特定の医学的効果を宣伝することが可能になった。その結果、医薬品の広告費は一九九五年の三億六千万ドル（約三百九十六億円）から一九九八年には十三億ドル（約千四百三十億円）へと急増し、製薬会社が医師に対して医薬品の無料サンプルを提供することが当たり前になった。当時はまだ、処方薬の宣伝を規制する業界内ルールや連邦レベルのガイドラインが設けられていなかったので、多くの製薬会社の販売戦略は、すべての病気は薬で治せるものと主張し、必要性の有無にかかわらず、少しでも多くの薬を医師に出してもらうよう患者を説得することだった。

オキシコンチンの販売戦略は、閉鎖した工場と安いドラッグストアが多いアメリカの地方都市を標的にすることだった。それらの地域では障害者登録をする人の数も急増していた。

パデューはまず、データマイニング会社のIMSヘルス社から購入した情報を基に、マーケティングの影響を受けやすい医師を選び出し、彼らに狙いを定めるとともに、競合他社の鎮痛薬を多く処方している医師を探り出すことに力を注いだ。パーコセットやバイコディンを多く処方している医師に対しては、オキシコンチンのより永続的な効果を売り込むために、営業担当者が派遣された。営業担当たちは購入の見込みが高い医師の元へは、オキシコンチンのロゴ入りの壁時計などのノベルティを持参して、頻繁に現れた。彼らの接待攻勢は半永久的にスヌーズが設定されている目覚まし時計のように正確で、絶え間なく行われた。

パデューのオキシコンチン営業軍団は膨張を続け、やがて年間百万回以上も医師を病院やオフィスに訪ねるまでになっていた。彼らは処方薬を多く出す医師や一般家庭の主治医たちを主な標的に定めた上で、オキシコンチンが腰痛や変形性関節症のほか、外傷や精神的外傷に起因する疼痛など、がん以外の症状にも安全に投与できると喧伝しながら、積極的な営業をかけ続けた。

こうした営業手法は、ビッグストーンギャップやレバノン、セントチャールズといった、失業者が多く労災絡みの障害者が多いバージニアの田舎町では定番になっていた。パデュー社の営業担当者は、社用車のフォード・エクスプローラーを駆って曲がりくねった道路を進み、丘陵地帯の町を開拓していった。中には、年間七万ドル（約七百七十万円）を超えるボーナスを稼ぐ者もいた。医師に多くの薬を処方させればさせるほど、営業担当たちのボーナスも膨らんでいった。そして、彼らはとても熟達していた。

その結果、五年前、長時間作用型オピオイドの処方箋を最も多く出していたのはがんの専門医だったが、二〇〇〇年までにそれは一般家庭用の主治医に取って代わられていた。同社の照準が多くのオキシコンチンを処方してくれる家庭医に定められていたからだ。

二〇〇〇年、製薬業界は、医師への直接営業だけで四十億四千万ドル（約四千四百四十四億円）もの資金を費やしていた。それは一九九六年と比べて六四％も増加していた。医師に会うためにはまず、病院の受付や看護師長に気に入られなければならない。そのためパデューの営業担当たちは、毎回バレンタインデーの花束やネイルサロンの割引クーポンなどを持参し、「接待攻勢」をかけた。

営業担当が医師や病院関係者に食事をごちそうする、「お食事攻勢」もあった。洒落たレストランで医師に食事を無料で提供するのがパデューの得意技だった。忙しい医師には車で移動しながら医師と話をする「移動攻勢」をかけた。「接待攻勢」はパデューの営業担当が休暇シーズンの直前に病院にやってきて、自宅に持ち帰れるよう医師に感謝祭用の七面鳥や牛肉をプレゼントするというもの。中にはクリスマスツリーを持ってきた営業担当もいた。営業担当が医師に、自宅に帰る途中でガソリンスタンドに寄ろうと提案し、ガソリンが満タンになるのを待つ間、自社製品を売り込むのは「ガソリン攻勢」と呼ばれた。春になると、営業担当たちは、鉢植えの花や観葉植物を持ってくるようになった。これは「お花攻勢」だ。

パデューの接待攻勢はとどまるところを知らなかった。大手医薬品メーカーのスミスクライン・ビーチャムも、医師向けに「本探し大会」と銘打ったイベントを開き、医師の趣味や旅行に関する本を無償でプレゼントしていた。

その一方でパデューは営業担当に、多額のインセンティブを出していた。成績の最優秀者には二万ドル（約二百二十万円）のボーナスやリゾート地での豪華な休暇が提供された。彼らは営業担当を発奮させるために、社内で中世の専門用語を使っていた。内部文書によると、パデューは自社の営業担当を「十字軍」や「騎士」と呼び、営業部の幹部を「オキシコンチンの魔法使い」や「痛み管理の最高君主」「鎮痛の女王」などのニックネームで呼んでいた。営業責任者にいたっては、自分のことを「王」と呼んでいた。

会ってくれた医師に対してパデューの営業担当はパデューのロゴ入りのペンや付箋紙などの一般的な謝礼品のほか、スウィング・ジャズの音楽CDなどもプレゼントしていた。「正しい方向へのスウィング」と書かれたこのCDには、「オキシコンチンは正しい方向への第一歩」と書かれた万歩計が添えられていた。

この手の接待が大好きなバージニア州ブランド市のあるヘビースモーカーの医師は、娘の誕生パーティを近くの遊園地で開いてくれる会社を募集すると書かれた紙を、あからさまに自分のクリニックの壁に貼り出していた。結果的にパデュー以外の会社が、この要請を引き受けたそうだ。その医師はフォレスト・ラボラトリー社が製造した抗うつ薬の「セレクサ」のステッカーが貼られた紙巻きタバコも、当たり前のように営業担当から受け取っていた。


スティーブ・ハフはまだ研修医だった一九九〇年代半ばに、製薬会社のロゴ入りのシールやゴルフボールやペン以上の営業攻勢を最初に経験したという。「当時、私たちは無垢な医者の駆け出しでした。また、これから生涯にわたって多くの薬を処方する立場でもありました。その私たちに、製薬会社は列を成して群がってきました。ゴルフ接待は日常茶飯事でした。私たち医師にとっては週のほとんどが、彼らの接待による無料ランチでした。そして、私たちがランチを食べる間、彼らは絶え間なく自分たちの薬を売り込んでくるのです。それはさしずめ薬のセミナーのようでした」

開業医として独立した後、ハフは接待ランチはよくないと感じるようになり、営業担当者の誘いを何度も断ったが、彼らの接待攻勢はやまなかった。そこでハフは、彼らの目の前で自宅から持参したお弁当を冷蔵庫から取り出してきて、これ見よがしに食べて見せることで、接待を拒絶する強い意思を表さなければならなかった。ところがハフが他の医師たちに、接待ランチはやめた方がいいのではないかと進言すると、他の医師たちは「病院の職員から無料ランチを取り上げたら、みんながっかりしてしまうよ」と、口を揃えて反論したそうだ。営業担当たちが無料ランチを提供しているのは、医師だけではなかったのだ。

製薬会社の営業担当者は若く社交的で、見栄えの良い人物が多かった。「彼らは陽気でユーモアがあり、冗談を交えながら、医師たちに自分は特別な存在なのだと思わせる術を持っていました。しかし、医師がおいしい食事に舌鼓を打っている間も、会話には必ず薬の名前が登場しました。医師たちが、自分はその程度の接待には影響されないと思っていても、実際にはそこで勧められた薬を処方する可能性が高くなることは間違いありませんでした」とハフは語る。

しかし、ハフはその罠には嵌まらなかった。実際、彼は医薬品のサンプルも、ペンや付箋紙も受け取るのをやめた。バージニア州スチュアートで家庭医として開業した後、ハフはオキシコンチンを何度か処方したことがあった。しかし、ほとんどの患者は症状がまったく改善せず、痛みを訴えつづける一方で、眠気や意識の混濁、便秘、足のふらつきなどの新たな副作用に悩まされた。「適切に処方されれば症状が安定した患者もいましたが、大半は何らかの問題を起こしていました。これは医師にとっても患者にとっても大きな問題でした」

ハフは特に、オピオイドを長期的に利用する人の間で、うつや記憶障害が増えていることを問題視していた。また、薬物の常用者がオキシコンチンを処方された患者の自宅や自動車に押し入り、薬を盗む事件が起きていることも、報道などを通じて知っていた。

二〇〇三年にハフは、バージニア州キャロル郡のローレルフォークのクリニックに移った。そのクリニックではそれまで開業していた二人の医師が去り、その後継としてハフが入ったのだ。そこで開業して間もなくハフは、青年や中年の人々が大挙して彼のクリニックに集まってくるのを見て、大変驚かされた。彼らはそれまで前任の医師によって、大量のオキシコンチンを処方されていた。また、オキシコンチンと並行して、ザナックスやクロノピン、ヴァリウムのような、この地域では「神経薬」と呼ばれていたベンゾジアゼピン類も処方されていた。ところが、彼らのカルテを見ても、そうした薬を大量に処方される理由は見当たらなかった。また、オキシコンチンと並行してベンゾジアゼピン類が処方されることで、患者が過剰摂取に陥るリスクが更に大きくなっていた。

リー郡の元依存症者の一人が私に教えてくれた。「ここでは、オキシと神経薬を組み合わせた時に得られる最上級の陶酔感を〝キャデラック・ハイ〟って呼んでいるんだよ。お嬢さんがこのテーマで本を書くつもりなら、こういう専門用語を覚えないとダメだよ」

ハフの患者の多くは、近くのギャラックス市から来ていた。ギャラックス市では最大の雇用主だった衣料会社のハインズと家具会社のウェブファニチャーの二つの工場が相次いで閉鎖され、他の工場も縮小を続けていた。一九九四年のＮＡＦＴＡ（北米自由貿易協定）の発効と二〇〇一年の中国のＷＴＯ（世界貿易機関）加盟の結果、それまでアメリカにあった縫製工場や家具工場の多くが、労働者の賃金が安い中南米やアジアの国々に移っていった。

もはやオキシコンチンは単に痛みと、それに伴ううつ病を和らげるためだけのものではなかった。オキシコンチン自体が略奪の対象になっていた。「八〇ミリグラムの錠剤が入った大きなボトルを一つ手に入れて、一ミリグラムあたり一ドルで売れば、それだけで一カ月分の生活費が稼げます」とハフは語る。

ハフがローレルフォークの麻薬の暴走状態にブレーキをかけると、「患者たちは動揺したようです」と彼は当時を振り返る。彼らの多くは、自分たちが依存症であるという自覚もないまま、離脱症状に苦しんでいた。「毎日、十人くらいの患者に『私はあなたの麻薬摂取を止めなければならない』と伝えました。それは本当に辛い経験で、私もかなり精神的にやられました」とハフは語る。ある時、ハフは二人の患者から殺すと脅され、しばらく妹の住むミシシッピに避難しなければならないこともあった。

自身が薬剤師の資格を持ち、この地域の保健局長を長年務めてきたスー・カントレルは、オキシコンチンは最悪のタイミングでこの地域を襲ったと語る。元々、この地域では炭鉱以外に、それほど賃金の高い製造業の仕事がなかった。かつてカントレルは、一九九〇年代初頭、バスター・ブラウン社の製靴工場の駐車場に移動診療所を設置したことがあったが、当時、その工場で働く女性たちは、縫い上げた靴の数に応じて賃金を支払われていたため、病欠などが認められていなかった。「彼女たちは子宮頸がんの細胞診検査や乳がん検査を受けるために仕事を休むことができなかったので、診療所の方が彼女たちのいるところへ出かけて行かなければなりませんでした」。

「賃金はよくありませんでしたが、少なくともこの地域コミュニティはその工場から二つの恩恵を受けていました。一つは、低賃金でギリギリの生活を強いられている家族でも、少なくとも日々の食費や光熱費の支払いに窮するということはありませんでした。そしてもう一つは、彼らがきちんと朝起きて仕事に通うという規範のある生活を送ることを可能にしてくれました。かつて炭鉱で働いていた人たちと同様に、彼らの大半は高校さえ卒業していませんでしたが、少なくとも彼らには仕事がありました。ところが、工場が閉鎖されたことで、それがなくなってしまったのです」

大気汚染に対する規制の強化と、西部の天然ガスや安価な低硫黄石炭との競争に晒された結果、かつてアパラチア中部の主要産業だった石炭産業の雇用数は、一九八三年から二〇一二年の間に半減していた。石炭採掘の機械化や石炭を電力源とする工場の減少も、地域経済の衰退に拍車を掛けていた。

カントレルが、貧しい地域の中でもとりわけ寂れた寒村だったセントチャールズ（当時の人口が百五十九人でしかも減少中だった）の医師から、オキシコンチン依存症の患者の報告を最初に受けたのはちょうど、地域の工場の閉鎖ラッシュがピークを迎えていた時だった。

背が高く痩せたその医師の名は、アート・ヴァンジーといった。彼はネバダ州出身の牧師の息子で、南部の名門ヴァンダービルト大学で教育を受けていた。南部訛りのないその語り口は、とても柔らかかった。元々、医療が行き届いていない地域で働きたいと考えていた彼は一九七六年、二十九歳でこの地域にやってきた。この地域では最近できたコミュニティセンターが連邦政府の基準を満たす唯一の医療機関だった。そこでは所得に応じて医療費の補助が出る仕組みで、不十分とは言えその公的医療制度をヴァンジーは高く評価していた。

彼はこの地で、ケンタッキー州ポアボトムホローの山中にある炭鉱街で育った市民派の弁護士で活動家のスーエラ・コバックと出会い、結婚した。共通の知り合いに紹介されて出会った二人だったが、何と彼らの最初のデートは、バージニア州ブリストル市で開催されたNAACP（全米黒人地位向上協会）の集会に参加することだった。これは同時期に開催されていた（白人至上主義団体）KKK（クー・クラックス・クラン）の集会に対抗するために開かれたもので、集会の最後に参加者全員が手を取り合って公民権運動では定番となっている「勝利を我等に（We Shall Overcome）」を合唱するようなイベントだった。二人はその数年後に結婚したが、地元の人たちはこの夫婦のことを「先生とあの女性」と呼んだ。スーエラが結婚後も苗字を変えなかったからだ。

ヴァンジーは患者のためなら時間を惜しまなかった。時には一日十六時間働くこともあったし、前日の診察ノートを書くために、朝の四時から働き始めることもあった。フィラデルフィアでヴァンジーと一緒にインターン時代を過ごしたある医師は、当時のヴァンジーの様子をこう語る。

「私たちはこれから全米の主要な医療機関を渡り歩くことになるでしょう。それでも私たちはたった一つの事実をついぞ忘れることはありません。それは〝バージニア州リー郡で開業しているアート・ヴァンジーこそが、アメリカで最高の医師だ〟ということです」

白髪交じりのゴマ塩髭とひょろ長い体型から、地元の人々はヴァンジーが、アブラハム・リンカーン元大統領とよく似ているという話をするのがとても好きだ。でもきっと、リンカーンはヴァンジーのように、ネクタイ止めにペーパークリップを使ったり、毎日山道をジョギングしたりはしなかっただろうが。

私はバリー・メイヤーが二〇〇三年に書いた画期的な著書『ペインキラー』で、ヴァンジーの存在を初めて知った。そこにはヴァンジーが、まるで聖書の中で巨人ゴリアテに戦いを挑むダビデのように、オキシコンチンを地域から排除するために粉骨砕身で戦う様子が描かれていた。ヴァンジーはパデューに対し、オキシコンチンから依存性のある成分を取り除いて、再合成することを求めていた。

私が二〇一六年に、オバマ政権が主催するオピオイドに関するタウンホール・ミーティングで出会った元看護師の母親は、オピオイド依存症の三十歳の息子の命をヴァンジーが救ってくれたと語った。「自分の患者が救急救命室に搬送されれば、ヴァンジーは昼夜を問わず必ず会いに来てくれました。父が亡くなったときも、彼は死を宣告するために朝二時に私の自宅まで来てくれました」

ヴァンジーの献身的な医療活動は、地域に残る錆び付いた炭鉱跡と同じくらい、バージニアでは名物になっていた。ヴァンジーは心肺停止した患者の救急搬送に付き添うために、長身を折り曲げるようにしながら救急車に乗り込み、一時間も離れた病院まででも同行した。昼夜を問わず、年がら年中、急に呼び出されるため、疲労のあまり、車を運転中に電車の踏切で止まった時に、そのまま眠り込んでしまったこともあった。

ある時、ヴァンジーがワレンス・リッジにある自宅で野鳥観察会の開催中に、肋骨を三本折る大怪我をしたことがあった。ところが、遠くで車が衝突する音が聞こえると、彼は怪我のことなど忘れたかのように、真っ先に現場にすっ飛んでいった。たまたま事故にあった二台の車のうちの一台は彼の患者が運転していたもので、その患者は死亡していた。そしてもう一台の車は横転し、あたりには酒瓶と薬の錠剤が散乱していた。

ヴァンジーがオキシコンチンについて最初に警鐘を鳴らした時、メーカーのパデューは大ヒットした薬のおかげですでに十億ドル（約一千百億円）を稼ごうとしていた。しかしその時、ヴァンジーはまだ、彼のその後の医師人生の大半が、政策当局へのロビー活動と依存症者の治療と過剰摂取者の葬儀への参列に費やされることになるとは予想していなかった。

オキシコンチンが最初に出回り始めた頃、ヴァンジーはまだ彼の患者たちに何が起きているのかを把握できていなかった。彼はスー・カントレルに、年配のオピオイド依存症の患者たちの間でよく見られるようになっていた、皮膚の膿瘍について報告した。それは粉砕したオピオイドを注射した後の注射痕によく見られる症状だった。

彼は次第に、四〇～八〇ミリグラムのオキシコンチンというものが、それまで若者たちが週末に遊びで使っていた一〇ミリグラムのパーコセットなどとは全く別次元のものであることに、気づき始めていた。確かに彼が働く地域では、長い間、処方薬の乱用が行われてきたが、それまでそれは小規模のものだった。実際、オキシコンチンが登場するまでヴァンジーの患者の中には、年に一～三人程度しか薬物依存症の患者は含まれていなかった。しかし、今、彼の元にはひっきりなしに、子供が依存症になっているのではないかと心配する親から電話が入るようになっていた。また、オキシコンチンによって、仕事や家庭や配偶者や子供を奪われる人たちが、大勢、出始めていた。彼の知り合いのある銀行員の息子は、オキシコンチンと交換するための商品を買うために、親のクレジットカードを使って八万ドル（約八百八十万円）分もの買い物をしていた。

知り合いの医師の患者で七十代の農家の男性は、離脱症状から逃れるために薬を買い続けた結果、一生かけて築き上げた五十万ドル（約五千五百万円）分の農地を半年で売り払っていた。「私はすべてを失いました。子供も、妻も、そして畑も」とその男性は医師に言ったそうだ。

その時、この地域の医師たちは、一九九七年にスタラード警部補が街頭で見たのと同じものを、目の当たりにしていた。「昔からロータブやパーコセットを使っている人はいましたが、それはせいぜい五ミリグラムか一〇ミリグラム程度の話でした。それくらいなら、毎日服用しても普通の生活ができたし、彼らがそれ以上の薬を求めることはありませんでした」とスタラードは語る。「オキシコンチンがそれらの薬と違うのは、依存症になると普通の生活が送れなくなることです」


地域の公衆衛生の責任者だったカントレルは、危機が迫っていることを確信し、一九九〇年代後半に州都リッチモンドにあるバージニア州政府の公衆衛生局の局長に事態を報告した。「ここでは何年も前から、薬物乱用の問題が起きています。問題を起こしているのは新しいタイプの化学物質で、七〇年代から八〇年代に依存症が問題になった時に使われていた薬物よりもはるかに強力なものです」と彼女は局長に訴えた。

ところがその局長は、「それは薬物乱用・精神衛生サービス局が扱うべき問題であり、公衆衛生局の担当ではない」などという、なんとも素っ気ない反応を返してきた。注射針や吸引用のストローを共有することで、人々がＣ型肝炎やＨＩＶに感染するリスクも高まっていたにもかかわらず、州の公衆衛生局長はこの問題の責任を別の部署に転嫁してしまったのだ。その瞬間、バージニア州におけるオピオイド依存症の問題は、公衆衛生上の問題ではなくなってしまった。

近隣の郡で公衆衛生を担当していたモリー・オーデルは「当時、誰もカントレルの話に耳を傾けようとしなかった」と証言する。「彼女はまさに依存症発生地のど真ん中にいました。私がオキシコンチンの名前を聞いたのも、彼女からが最初でした。彼女は電話で私に『モリー、ここでは依存症が大流行しているよ』と訴えていました」

ロアノーク市の監察医によると、一九九七年のバージニア南西部のオキシコンチンに起因する死亡は一件しかなかったが、翌年は三件、翌々年は十六件へと急増していた。ところが、パデューがオキシコンチンの発売を開始した五年後の二〇〇一年まで、こうしたデータは公開されなかった。当時、連邦麻薬取締局（DEA）のある幹部が、バージニア州を担当する記者に、違法なオピオイドの流行はバージニア州南西部の山間部特有のもので、州都リッチモンドまでは広がってこないだろう、という見通しを話していた。しかし、そう言いつつもその幹部は、すでに、オキシコンチンの乱用はメイン州やオハイオ州シンシナティ、メリーランド州ボルチモア、ウエストバージニア州チャールストンなど、バージニア州の外でも確認されていることは認めていた。

その話を聞いた記者がパデュー社と連絡を取り、オキシコンチンが違法に転用されていることについての取材を申し込んだが、同社の広報担当はこれを拒否したという。

二〇〇〇年代初頭、ヴァンジーが住む町のすぐ東にあるバージニア州レバノンに住む二十七歳の主婦デビー・ホナカーは、軽微な胆のうの手術を受けた後、三十日分のオキシシ10（一〇ミリグラムのオキシコンチン）を処方された。そして次の来診時にホナカーには、もう三十日分のオキシシ40（四〇ミリグラムのオキシコンチン）が出された。しかし、その後もホナカーが傷口の痛みを訴えたところ、医師は十二時間毎に服用するオキシコンチンと並行して、七・五ミリグラムのパーコセットも、「痛んだ時」だけでなく、二時間毎に服用するよう指示した。夜中にも二時間毎にパーコセットを服用するために、彼女は目覚まし時計をセットするように言われた。

「確かに医師が私にパーコセットの服用を強制したわけではありません。しかし、一般人よりも高いモラルが求められる医師の言葉を、われわれは信頼します。医師から二時間おきに服用しなさいと言われたので、私も私の夫もその言葉に従いました」とホナカーは言う。

夫婦の間ではその後何年にもわたり、その時のことが繰り返し話題に登った。もし、デビーの胆のうに問題が見つかったのが、地域の工場や鉱山が次々と閉鎖に追い込まれ、職員が解雇されている時期と重なっていなければ、彼女に対する医師の対応も違ったものになっていたのではないかとの思いを、ホナカー夫婦は禁じ得なかったからだ。

もし地域がそんな荒れた状況になっていなければ、手術後の痛みがなかなか引かなかった時、彼女は薬の乱用者として有名だった近所の友人に相談などしなかったかもしれない。しかし、彼女が相談したその友人はデビーに「鼻から吸うと、もっとよく効くわよ」と教えてくれた。

もしホナカーが鎮痛剤を二種類も処方されていなければ、処方箋が切れた後、彼女が離脱症状に苦しむこともなかったかもしれない。

「嘔吐と下痢がひどく、激しい痛みと過敏症のために、人に触られるのも耐えられませんでした。夜は足が震えて、眠ることもできません。考えられないくらいひどい症状でした。どんな手を使っても構わないから、この痛みから解放されたいと思いました」

状況がもう少し違っていたら、ホナカーは離脱症状に苦しんでいる時に、マギーという名の、近所に住む六十歳の失業者に、薬を入手するための協力を求めることもなかったかもしれない。そして、マギーに「街のペインクリニックに行って、『腰の痛みを止める処方箋を書いてください』と頼めばいいのよ」などとアドバイスをすることもなかっただろう。

ホナカーはペインクリニックまでマギーを連れていった上で、欲しい薬を出してもらうために医師に何といえばいいかまで具体的に指示を出していた。

「マギーは本当はこんなことはしたくなかったと思います。だけどマギーは持病の糖尿病と高血圧の薬が必要だったので、その費用を捻出するために、やむを得ず私に協力したのです」とホナカーは友人のマギーをかばった。

わずか三カ月の間に、ホナカーは救急救命室から薬を持ち出すテクニックまで身につけていた。それはまず、腎臓の石の痛みを訴えて病院の救急救命室に入るところから始まる。

「そこで、耐えられないくらい背中が痛いと訴えた上で、尿検査の際にはピアスで指先を切り、そこから出た血を尿検査のサンプルに入れて提出するんです」

そうすれば、恐らく医師はパーコセットを処方してくれる。もはやホナカーが重症のオピオイド依存症になるのは時間の問題だった。彼女は、夫が生活費として取っておいたお金を盗んで、簡単に薬を出してくれることで有名なレバノンの医師ドワイト・ベイリーのところで、それを全て使ってしまった。その医師は彼女が訪ねてくると、「今日は何をご所望ですか」としか聞かなかったという。

二〇一四年に地域の医師会はベイリーの医師免許を停止処分にした。ベイリーは過剰に処方箋を書いただけでなく、その記録すら残していなかった。その結果、すでに彼の五人の患者が、薬の過剰摂取で死亡していた。もっともこの時点で、ホナカーが最初にベイリーの門を叩いてから、十年以上の月日が経っていた。

その後、ホナカーは夫の高齢の祖母の鎮痛剤まで盗むようになっていた。また、彼女は低所得者用の公的医療保険「メディケイド」の適用対象になっている人たちからも薬を買い漁っていた。メディケイドの適用者はオキシコンチンを一錠あたり一ドルの自己負担で買うことができた。「彼らも食費や光熱費を払わなければならないので、メディケイドで安く手に入れた薬を横流しすることで、追加の所得を得ることができるんです」とホナカーは語る。

独立独歩を重んじ、向こうっ気の強さを誇るアパラチア文化の下で、今やオピオイドはかつての密造酒のような存在になっていた。中には、違法に薬を入手するための秘密のルートを、子供たちに伝授している親もいた。依存症になり働くことができなくなった彼らでも、食べていかなければならないし、子供を養っていかなければならないからだ。

「薬は今やわれわれの文化だ」とクリスタル・ストリートは語った。彼の八十代の父は、炭鉱作業中の怪我がきっかけで、モルヒネとジラウジッドに嵌まり、二〇一六年、養護老人ホームで処方薬を転売した罪で捕まっていた。「どうやら薬の売買については、われわれ一族は筋金入りの家系のようです」とストリートは語る。

私はレバノンの依存症者用クリニックにストリートとホナカーを訪ねた。そこで二人はオピオイド拮抗薬のサボキソンを使った薬物維持治療（ＭＡＴ＝Medication-Assisted Treatment）を受けていた。サボキソンはメタドンと同様に、離脱症状を抑えながら薬の欲求を制御する拮抗薬で、正しく服用すれば陶酔感を覚えることもないという。

ストリートとホナカーの二人の中年女性は、いずれも一時、刑務所に収監されていた。彼女たちは私に、生死の狭間をさまよった経験を各々に語ってくれた。また、二人はともに、すべての歯を失っていた。「離脱症状のために気持ちが悪くなり嘔吐すると、胃液の酸で歯が溶けてしまうんです。また、錠剤を口の中に長時間残しておくと今度は、歯のエナメル質が溶けてしまいます」とホナカーが説明してくれた。二人とも安定した職には就けていなかった。

「レストランで働くと、薬を買うお金欲しさに、お店のお金を盗んでしまうので、仕事を続けることができませんでした。それに離脱症状が重いと、朝起きて出勤することもできません」とストリートは言う。

ホナカーが割って入る。「最後の方はハイになるためではなく、離脱症状の苦しさから逃れるだけのために、麻薬を求めるようになります」


地域に何が起きているのかを知った時、医師のアート・ヴァンジーは衝撃を受けた。オキシコンチンの発売から二年以内に、地元のリー・ハイスクールの在校生の二四％が、少なくとも一度はこの薬を試していた。そればかりか、中学一年生の九％が、一度は試したことがあると答えていた。ヴァンジーが子供の依存症を心配する親からの相談を受ける機会も増えていた。赤ん坊の頃から診てきた十代の少女が、薬物の過剰摂取で救急搬送され、深夜に呼び出されるようなことも起きていた。彼は生まれて間もないその女の子を、セントチャールズ・クリニックで最初に抱きかかえた時のことを、はっきりと覚えていた。それは、病院の売店のすぐ横でのことだった。

その売店はずっと昔に廃業した石炭会社の建物の中にあった売店を再利用したもので、石炭産業が隆盛だった時代、鉱山労働者たちが日当を受け取るレジが置かれていたところだった。

一九七三年に建設されたそのクリニックには、鉱山労働者たちの給与から天引きされた資金が一部投入されていた。鉱山労働者たちはクリニックを建設するために、自分たちが焼いたパンをバザーで売ったり、イベントを主催して寄付を募ったりした。クリニックを建設するためのさまざまな努力は、アパラチアの貧困を解決しようというジョンソン大統領やロバート・ケネディ司法長官らの呼びかけを受け、その地域に移り住んだ三人の修道女が中心になって行われていた。地元では「少額クリニック」と呼ばれていたそのクリニックは、文字通り炭鉱夫やコミュニティ活動家らから集めた少額の小銭を元手にして建てられていた。

ヴァンジーにとって日々救急救命室に運び込まれてくる人たちは、単なる患者ではなく、親しい友人でもあった。その多くはヴァンジーが診察室の壁に飾っていた写真に写っているような、炭鉱夫の子供や孫だった。彼らは、モナークやバージニアリーやボニーブルーといった名前で呼ばれていた近くの炭鉱キャンプの出身だった。彼のクリニックを訪れた患者が、診察室に飾られた古い白黒写真の中に自分の親戚の姿を見つけると、ヴァンジーはわざわざ写真の裏にその人物の名前を書き記していた。

二〇〇〇年の春の時点では、地方の小都市の新聞はオンライン化されていなかったため、ローカルニュースが地域の外に伝わることはなかった。そのためヴァンジーも、彼のクリニックで働く若い医師が帰省先から持ち帰ったボストン・グローブの記事を見るまでは、地元で起きている問題が他の地域でも起きていることを知らなかった。その記事には「処方箋の犯罪」という見出しが付けられていた。

メイン州マキアス市は風光明媚な海岸線と特産品のブルーベリーで知られていたが、貧困と人口減少に喘いでいる状況はリー郡のそれと酷似していた。人口三万六千の町にあるワシントン郡刑務所の収容人数は、わずか二年のうちに倍増していた。そこには薬物依存症者と麻薬のために窃盗や強盗を繰り返した若者や中年の男女が、大勢収監されていた。刑務所の収容者数が増えるのに呼応して、警察のパトロールカーが爆破されるなど、地域ではそれまでなかったような凶悪犯罪が起き始めていた。地域の保安官はオキシコンチンが新しい犯罪環境を作っていると主張し、ＤＥＡ（麻薬取締局）もこれを認めていた。実際、この地域ではパデューのオキシコンチンが他の地域の二倍以上の頻度で処方されていた。

メイン州のオキシコンチン汚染は、バージニアのような炭鉱労働者ではなく、漁業関係者や林業関係者から始まっていたが、その後の蔓延はほぼ同じような形で広がっていた。

依存症になった人々は、処方箋を求めて街中を徘徊していた。医師からオキシコンチンの処方を断られた依存症者は、直ちに処方箋を盗み始めた。彼らはまるで処方箋をショッピングするかのように、医師から医師を渡り歩いた。他の医師から処方を受けていることを申告しないまま、別の医師から新たな処方を得ようとすることは「ドクターショッピング」と呼ばれていた。公的な医療保険の対象となっている人の中には、処方箋を売ることで生計を立てている人もいた。失業率が約二二％で高止まりしているこの地域で生き抜くためには、それもやむを得ないことだった。

かつては車のカギはいつも挿しっぱなしが当たり前、家の扉にカギをかけないのも当たり前だったこの地域が、今や家の中に銃を常備しなければならないほど危険な場所に変わったと、四十四歳の地域住民がボストン・グローブに語っている。彼の高校の同級生の四分の一が、オキシコンチン依存症になっていたという。

ヴァンジーの同僚の一人は、ボストン・グローブの記事を読みながら思わず呟いた。「こことまったく同じだ」

その時、メイン州から一八〇〇マイル離れたアパラチア山脈の反対側で、ヴァンジーと妻のスーエラはオキシコンチンに苦しめられているのが自分たちだけではなかったことを、初めて知ったのだった。それがわかった以上、彼らは連携する必要があった。

それから数週間もしないうちにヴァンジーは、リー郡健康連合（牧師や社会福祉士や他の市民活動家からなる草の根グループ）と共同でタウンミーティングを開催すると同時に、弁護士の妻の助けを得て、彼は摂取の方法や過剰摂取の頻度、膿瘍とC型肝炎の頻発などの実例を挙げながら、パデューに抗議文を送った。

「問題はこれ以上ないほど広範囲に広がり蔓延しています」ヴァンジーは二〇〇〇年八月二〇日、パデュー社のデビッド・ハドックスに宛てて最初の手紙を書き、次に同社の医療担当部長宛てに同地域のオキシコンチンの処方パターンの調査を要請する手紙を書いた。また別の手紙でヴァンジーは「HIVがサンフランシスコとニューヨークから全米に広がっていったように、われわれの街がオキシコンチン依存症の発火点になることを恐れています」と書いた。これに対してパデュー社は「Adverse Event Report Forms（有害事象報告書）」と題した書式を送り付けてきただけだった。

地域の医師や家族のために開かれたタウンミーティングにヴァンジーは、イエール大学の薬物乱用の専門家を招き、オピオイド依存症が引き起こす突然の肉体的、心理的ストレスの実態を説明してもらった。その段階では、オピオイド依存症が一生続くものであり、しかも容易に再発する疾患であることを、まだほとんどのアメリカ人は理解できていなかった。二〇一七年の統計によると、オピオイド依存症者の四〇～六〇％は薬物維持治療によって一度は寛解するが、それを持続的なものにするためには十年以上かかる場合もあるとされていた。その一方で、オピオイド依存症者の約四％が毎年、過剰摂取で死亡していた。

イエール大学の研究者が、そうしたデータを紹介した上で、重度の痛みのある患者に対してでも、乱用されにくい他の薬を処方すべきだと発言したのを聞いて、それまで聴衆に混じって黙って座っていたパデュー・ファーマの担当者が突然立ち上がり、その医師の意見に反論を始めた。彼は問題の本質は痛みへの対応が不十分なことであり、オキシコンチンの乱用ではないと主張した。

ヴァンジーの妻スーエラは、診療の過重な負担が夫を疲弊させているのではないかと心配し始めていたが、その時、いつも穏やかだったヴァンジーがこれまで見たことがないほど、エネルギーに満ち溢れた姿を見せた。それは正義の怒りだった。

一一月にヴァンジーが出したパデュー宛ての手紙は、厳しい論調に満ちていた。彼はその手紙の中で、メタドンを処方してもらうだけのために、テネシー州ノックスビルから往復五時間もかけてクリニックにやってくる二十三歳の女性のことを紹介している。その女性は朝四時に起きて、四歳の娘を乗せて車でクリニックまで通っていた。

その後、ヴァンジーはパデューが後援するアパラチア・ペイン・ファウンデーション（アパラチア疼痛財団）の会議に出席した。この組織は一九九〇年代に始まった疼痛管理を推進する運動の流れを引き継ぎ、まだ痛みが十分に手当されていないという認識を拡大する目的で組織されたものだった。

会議への招待状には、以下のような一七世紀の英国の薬剤師の言葉が引用されていた。「人間の苦しみを和らげるために全能の神を喜ばせた救済のうち、アヘンほど普遍的で効果的なものはない」

ヴァンジーはパデューに対して二つの大きな要求を提示した。それは非がん性の疼痛治療のためにオキシコンチンを積極的にマーケティングしないことと、薬物乱用を引き起こし難いように薬の組成を変更することだった。一例として彼は、一九八二年にタルウィンという鎮痛剤に、ナロキソンと呼ばれるオピオイドをブロックする拮抗剤を加えて再合成した結果、転用や誤用が減少したメーカーの事例を示した。

二〇〇〇年秋、近隣にあるバージニア州タズウェル郡の地元紙が、地域で犯罪が急増していることを報じた。この記事によると、一九九九年の八月から二〇〇〇年の八月までの一年間で、人口わずか四万四千人のこの郡で、オキシコンチン絡みの重罪で百五十人が逮捕されていた。また、過去十八カ月間にドラッグストアに対する武装強盗も十件発生していた。

その記事には失業中のダグ・クラークの事が紹介されていた。彼はかつて炭鉱夫時代に一時間に三十五ドル（約三千八百五十円）を稼いでいたが、今はオキシコンチンを買う資金を得るために、廃棄された炭鉱機械の工場から盗み出した銅を闇市場で売りさばいていた。クラークは近隣のラッセル郡の炭鉱の落盤事故で負傷した首と顎の手術をきっかけに、薬に嵌まっていた。

パデュー幹部のハドックスは、その記事を書いたテレサ・クレモンス記者に、記事の内容について抗議の電話を入れてきたが、その話しぶりは威圧的だったとクレモンスは言う。

クレモンスの記事が出た後、ヴァンジーと検察官を含む郡の幹部らがハドックスと会い、器物破損や小切手の偽造などオキシコンチンに絡んだ犯罪と、自分用と転売用の薬を得るために病院を渡り歩く「ドクターショッピング」の実態や、交通違反で警察に止められた車の中から注射針が出てくるような事例が日常茶飯事になっていることなどを説明した。

これに対してハドックスは、この地域で何らかの問題が起きていることは確かかもしれないが、やや状況が誇張され過ぎているのではないかと答えた。そればかりか、ハドックスやパデューの同僚たちが、まだ薬の処方が足りないと言い出した時は心底驚いたと、デニス・リー検察官は当時を振り返る。

「これは前代未聞の事態だ。明らかに異次元の問題が起きている。薬の量だけでなく、大変な数の人的被害が発生しているではないか」とリーは反論した。

会議の後、ヴァンジーはハドックスを呼び止めて、パデューが地域の医師に対してオキシコンチンのプロモーションのために気前よく行っている数々の接待攻勢に対する懸念を改めて伝えた。医師を買収するのはやめて欲しいと語るヴァンジーに対してハドックは「他の製薬会社だって同じようなことをしていますよ」と返答した。

これに対してヴァンジーは「他の製薬会社が売っている薬のために、人々は降圧剤のために家族から盗みを働いたり、近所の家に忍び込んだりはしていません」と再反論した。

その時点でヴァンジーはまだ、オキシコンチンがここまで過剰に処方される本当の理由を摑めていなかったが、そうしている間も、パデューが営業担当者に支給するボーナスは、指数関数的に上昇していた。営業担当へのボーナスの総額はオキシコンチンの販売が始まった一九九六年の百万ドル（約一億一千万円）から、二〇〇一年には四千万ドル（約四十四億円）に達していた。

新しい患者には処方箋なしでオキシコンチンの「スタータークーポン」なるものが無料で配布されていた。これは三十日分のオキシコンチンと交換できるクーポンだった。

さらにパデューは、ペインマネージメント会議と称して、四十回を超える会議をフロリダ州ボカラトンやアリゾナ州スコッツデールなどのリゾート地で開催し、そこに医師たちを招待していた。会議に参加するための旅費や滞在費は全額パデュー持ちで、参加者には漏れなくオキシコンチンのロゴ入りのロイヤルブルーのビーチ・ハットが配られた。その会議には最初の五年間だけで、五千人を超える医師や看護師や薬剤師が参加していた。

「無料のフロリダ旅行の見返りに医師たちは魂を差し出していた」と、近隣のバージニア州アビンドン市で活動する弁護士のエミット・イヤリーは語る。

ヴァンジーが会議の場や手紙で、地域で何が起きているかを大勢の人々に説明するにつれて、オキシコンチン絡みで犯罪を犯してしまった人の家族の中に、弁護人としてイヤリーを雇う人が増えていた。「オキシコンチンの被害にあった人々が刑務所に入れられ、その原因を作った人々は罪に問われないという、不条理なことが起きていました」と、イヤリーは語る。

イヤリーは、ホームレスになったある元炭鉱夫の話をしてくれた。その男性にとって、オキシコンチンは家族よりも教会よりも、そして自分の子供たちよりも大切な存在になっていたそうだ。「私にとってはオキシコンチンこそが神だった」と彼はイヤリーに語ったという。

二〇〇〇年の終わりまでにパデューは、「私はこうして人生を取り戻した—痛みに悩んでいた患者が語る」と題するオキシコンチンのプロモーションビデオを一万五千本配っているが、このビデオはＦＤＡ（食品医薬品局）の承認を得ていなかった。

このビデオは病院が患者に貸し出すためのもので、その中でパデューは、オキシコンチンは最小のリスクで最大のクオリティ・オブ・ライフを提供すると宣伝していた。ビデオの中でナレーター役を務める医師は、「疑似依存症」なる聞き慣れない言葉を用いて、オピオイドを求める患者は「薬物依存症のように見えるかもしれないが、実際は痛みから解放されたいだけだ」と語っていた。その上で彼は、ハドックスが好んで使う「オピオイド鎮痛薬で依存症を起こすのは患者全体の一％未満」というお決まりのデータを紹介していた。

この主張が根拠としていたのは、一九八〇年に『ニューイングランド・ジャーナル・オブ・メディシン』の「編集長への手紙」欄に掲載された、ごく短い一文だった。のちに、この手紙の著者自身が、長期のオピオイド使用のリスクを定義する意図はなかったと説明しているにもかかわらず、パデューはオキシコンチンの発売当初、このデータを繰り返し使っていた。

パデューは本来は関係のないこの手紙の一文を、リゾート地で開催される会議や、炭鉱町からカリフォルニアにいたるまで、同社の営業担当が出かけて行く先々にある全米各地の病院で繰り返し引用していた。パデューはその内容が著者の意図とは遠くかけ離れたものであるにもかかわらず、このフレーズを使い続けた。

パデューがこのビデオの使用を始めてから一年ほどが経った時、ナレーションの主だったサウスカロライナ州の疼痛専門医アラン・スパノスは講演の中で、非がん性慢性疼痛患者にどれだけの鎮痛剤を服用しても過剰摂取にはならないと語っている。これは、一世紀前の医者たちが南北戦争で負傷した退役軍人たちに語ったのと同じ台詞だった。その理由として彼は、患者は呼吸が止まる前に眠ってしまうからだと説明していた。

二〇〇一年三月、ヴァンジーは、百年前にモルヒネの乱用に危機感を覚えたリッチモンドの医師と同じように、自分が独りで警鐘を鳴らすことの限界を感じ始めていた。モルヒネの場合、他の医師たちがこの問題に取り組み始めるまでには二十年、政府が薬を規制し始めるまでには三十年の月日を要した。

「私は薬物に嵌まってしまった人たちが、最初にこの薬が自分に処方されてさえいなければと涙ながらに悔やむ姿を見てきました」とヴァンジーは語る。

その頃にはヴァンジーの隣人たちが次々と死に始めていた。この地域では、パデューがオキシコンチンの発売を開始して以降、四十三人が過剰摂取で死亡していた。依存症者たちは、鼻からの摂取に始まり、やがて砕いた錠剤を水に溶かした溶液を注射で打つようになっていった。彼らの多くは、地元の家畜飼料店で買うか盗んできた家畜用の注射器を使っていた。

リー郡刑務所では、三十四人を収容できる雑居房に七十九人が押し込まれていた。保安官のゲイリー・パーソンズは「あまりにも多くの受刑者を抱え、どうしたらいいかわからないので、とりあえず彼らを雑居房に放り込むしかありませんでした」と語る。

受刑者の一人は、四錠のオキシコンチン欲しさに、家族が保有していたペットのラバまで売り払っていた。ペイレス・スーパーマーケットのマネージャーは、銀行の夜間金庫に入金をしている時、覆面をした強盗に撃ち殺されたが、その犯人もオキシコンチンを買うお金欲しさから凶行に及んでいた。

そこからほど近いクリントウッドでは、ある男が地方裁判所と保安官事務所の真向かいにある薬局からオキシコンチンを盗むために、大胆にも薬局のガラスのドアに向かってコンクリートのブロックを投げつけるという、乱暴な事件も起きていた。「警報器の音を聞いた保安官が外に出てみると、ラリった男が薬品のボトルをバラマキながら逃げて行く姿が見えたそうです」とスタラード警部補は語る。

ここはついこの間まで、誰も家のドアにカギをかける必要のない、いたって平和な田舎町だった。それが突如として、パトロール中の警官が、盗んだ芝刈り機や四輪駆動車を押しながら公道を通る人の姿を日常的に見かけるようなところに変わっていた。今や農家の耕運機までが盗難の対象になっていた。

「彼らは盗む物の候補を昼間のうちに物色しておいて、夜にもう一度戻ってきて、盗んでいくんです、特に草刈り機が人気があるようです」と、ヴァンジーとスーエラの夫婦と一緒に活動をしてきた草の根のグループ「リー郡健康連合」のクライド・ヘスター牧師は語る。

ヘスターの息子は、オキシコンチンを買うお金を得るために、父親の銃まで盗んで転売していた。ヘスターは後に自分の銃を、お金を払って質屋から取り返さなければならなかった。

ドライデンではヴァンジーの自宅のすぐ近くで、薬を盗むために他人の家に押し入ろうとした男が、その家の住人に射殺されるという事件が起きていた。その男はその家の主婦が処方薬をキッチンの棚にしまうところを、たまたま通りから窓越しに目撃し、その家に押し入ることを決めていた。

パーソンズ保安官は、金属価格が高騰するにつれて、依存症者たちは墓地で使われている銅製の花瓶や倒した電柱から引き抜いた電線にいたるまで、盗めるものは何でも盗むようになったと語る。パーソンズ自身も、彼の小切手帳を盗んだ義理の息子が逮捕されていたが、これもブラックマーケットでオキシコンチンを買うためだった。「この郡には、オキシコンチンの影響を受けていない家族は一つもありません」とパーソンズは語る。私は取材中に、これと同じ台詞を何度も耳にした。

二〇〇一年の初めに、ヴァンジーとリー郡健康連合は recalloxycontinnow.org（オキシコンチンをリコールする会）というウェブサイトを開設し、FDAにオキシコンチンのリコールを請願する署名運動を立ち上げた。

その運動には一万筆を超える署名が集まった。署名者の多くはヴァンジーが二〇〇一年三月に郡内の高校で開いた公開討論会に参加していたリー郡の住民だった。その討論会ではヴァンジーと製薬業界との間、そして彼と他の医師の間に横たわる深い溝が露わになった。主催者が「辛うじてガソリン代を賄えるくらいのお金しか持っていない人が多いこの地域で、あんなに多くの人が一カ所に集まったのを私は見たことがなかった」と語ったその討論会には八百人もの人が集まり、講堂の通路までいっぱいになった。

討論会でロアノークを拠点に活動する連邦検察官のボブ・クラウチは、オキシコンチンを「バージニア南西部のクラック」と呼んだ。クラックとは精製された高純度のコカインのことだが、その時すでにオキシコンチンの過剰摂取による死者数はコカインやヘロインを大幅に上回っていた。

翌月、DEAはパデューを監視する「全国行動計画」を策定し、同社にオキシコンチンの流通を自制し、マーケティング戦略を再考するとともに、乱用を防止するために薬の再合成を検討するよう求めた。DEAの歴史の中で、転用や乱用を防ぐという理由から製造業者に特定の薬品の管理強化を命じたのは、後にも先にもこれが初めてのことだった。

DEAからの要請を受けて、パデューは乱用を防ぐための十の施策を発表した。その中には、改竄をしにくくした処方箋用紙の配布やティーンエイジャーに処方薬の危険性を教える教育プログラムの提供、「ドクターショッピング」を防ぐための州全体の薬の処方状況を監視する「処方箋モニタリングプログラム（PMP）」構築のための十万ドルの寄付などが含まれていた。

パデューはまた、当時売られていたオキシコンチンの中では最も効力の強い一六〇ミリグラムの錠剤の販売を中止したほか、メキシコに輸出したオキシコンチンがアメリカに環流されているという報告を受けて、オキシコンチンのメキシコへの出荷量も削減した。その報告書には、バージニアの炭鉱から二十三時間かけてメキシコまで車で薬を買いに行く人や、上着の背中にテープで薬を貼り付けて飛行機で持ち帰る人のことが書かれていた。

二〇〇一年七月、FDAはパデューとの間で、オキシコンチンに処方薬としては最上級の警告となる「ブラックボックス警告」を付けることで合意したことを大々的に発表した。その目標としてFDAは不適切な処方箋の交付や誤用、転用を防ぐことなどを挙げていた。

しかし、パデューのスポークスマンは、ブラックボックス警告について「デザイン上の変更に過ぎない」と語り、その意味を矮小化した上で、そもそもオキシコンチンの合法的な利用者が、薬を鼻から吸引したり注射したりして、この薬によってハイになることはないと主張した。パデューは一貫して、オキシコンチンの流通が制限されることの最大の犠牲者は、それを「合法的」に利用する患者たちであることを強調していた。

パデューの元営業担当者によると、その年、同社は営業担当向けに薬の転用や乱用に関するセミナーを実施し、薬の転用が疑われる時に当局に提出する報告書の書き方やその手順を指導する一方で、オキシコンチンの処方箋を無差別に乱発してくれる医師を多く見つけた営業担当者に、四半期あたり十万ドル（約一千百万円）ものボーナスを支払っていた。「当然、営業担当者たちは必死になってオキシコンチンの処方箋を大量に書いてくれる医師を見つけようとします。転用・乱用防止の指導は、ただのカモフラージュに過ぎませんでした」とその元営業担当者は言う。

二〇〇一年八月、パデュー・ファーマの広報担当者は、バージニア州検事総長に対して「薬の乱用が問題なのであって、薬そのものには何の問題もないことだけは、はっきりさせておきましょう」と述べている。同社はまた、オキシコンチンのユーザーが死亡した場合でも、それが必ずしもオキシコンチンによるものだとは限らないという主張を展開した。死亡した人が酒も飲むし、他の薬も服用している場合が多いからだ。

ヴァンジーは当時、地元紙ロアノーク・タイムズの記者に冷笑気味に語っている。「その話は、誰かが大砲とおもちゃの鉄砲で撃たれて死んだとき、どっちの弾が殺したのかはわからないと主張するようなものです。上半身が半分吹き飛んだ原因が、大砲だったのかおもちゃの鉄砲だったのかわからないなんて話がありますか？」

ヴァンジーの眼前には、もう一つ大きなハードルが立ちはだかっていた。それは連邦政府というものが、問題が大都市やその近郊に波及するまでは、田舎の町医者が何を言おうが、真剣に受け止めようとしないことだった。「ワシントンの役人にしてみれば、山の中の貧しい人々に何が起きようが、知ったことではないのです」と彼は語る。

その後パデューは数カ月にわたり、オキシコンチンを問題視するストラードを始めとする郡の指導者たちを懐柔しようとしてきたが、うまくいかなかった。そこで二〇〇一年三月には、打って変わって、薬物治療と取り締まりのためと称して十万ドルの「寄付」を申し出たが、それが功を奏することはなかった。

この「寄付」の申し出は、ヴァンジーがパデューの幹部と地域の被害者家族たちの話し合いの場を設定した翌日に行われたものだった。その被害者の中には、先に紹介した、息子に老後の蓄えから八万ドル（約八百八十万円）を盗まれてしまったペニントンギャップに住む元銀行員も含まれていた。ヴァンジーは、地元の医師や警察の言葉には耳を傾けようとしないパデューでも、依存症の息子に老後の蓄えを丸ごと盗まれた市民の声なら、多少は響くかも知れないと期待していた。

その元銀行員は「私たちは平凡な家族でした」と語り、パデュー幹部に息子の写真を見せた。彼はモナーク市の石炭街で生まれ育ち、働きながら細々と夜学に通い、大学を卒業した。息子は、闇市場でオキシコンチンを買うために父の金を盗むまで、アウトドアを愛する逞しくも勤勉な学生だった。「あなたにもこの国の未来を案じるくらいの愛国心はあるはずです」と彼はパデューの幹部に語りかけた上で、パデューが当局から問題を指摘される前から、リー郡にオキシコンチン依存症の問題が起きていることは知っていたはずだと指摘した。なぜならば、同社が人口二万三千人のリー郡に出荷していたオキシコンチンの量は、人口が同程度の他の地域の五倍にものぼっていたからだ。

これに対して、パデューのマイケル・フリードマン最高経営責任者（CEO）らは当初、「あなたの家族にはお気の毒なことだったと思います」と述べるなど、同情する姿勢を見せていたが、会議の最後になって、パデューの経営幹部たちは、被害者家族たちをがっかりさせるようなことを言い出してしまった。それは同社が地元紙に掲載する予定の全面広告を披露した時だった。公開書簡の形をとっていたその広告の中で、パデューは障害者が多く低所得層向けの公的医療保険「メディケイド」の加入者が多いアパラチアを重点的なマーケティングの対象にしたこともないし、そこで薬物依存症が深刻化していることも知らなかったと主張していた。広告はまた、オキシコンチンの組成を変更することは簡単なことではないとも主張していた。

ヴァンジーはパデューが多少は妥協の姿勢を見せることを期待していたが、パデュー側はまったく異なった認識を持っていた。「アートは、元銀行員の話を聞けば、パデューも多少は同情するだろうと本気で考えていました。しかし、それは甘かったようです」とヴァンジーの妻スーエラは言う。パデューは被害者との話し合いの場を、広告を被害者グループにお披露目する場だと考えていたのだ。

見るに見かねたスーエラが、「パデューが石炭産業よりもひどい方法で、アパラチアを痛めつけていることがわかっていますか」と、怒りを込めてハドックスに食ってかかった。

これに対しハドックスも、それはひどい言いがかりだと言って不満を露わにしたが、スーエラはさらに畳み掛けた。「私はアパラチアで活動する学者です。私の一族も古くからここに住んでいます。あなたの話は地域に対するひどい侮辱です」

スーエラはそう語ると、他の参加者とともに怒って部屋を飛び出してしまった。結局、その新聞広告が掲載されることはなかった。

翌日、パデューのフリードマンCEOはリチャード・スタラード警部補や他の警察関係者らと、リー郡の中心部にあるキャシーズ・カントリー・キッチンで顔を合わせていた。出席者の中に、政府の貧困撲滅の呼びかけに応えて活動してきた三人の修道女の一人だったシスター・ベス・デービーズがいた。薬剤師のグレッグ・スチュワートもその中にいた。彼は私財を投じてセントチャールズ病院の建設に貢献した炭鉱夫の息子だった。スチュワートは処方箋を持ってきた患者にオキシコンチンを出す時、薬をカギのかかる場所にしまっておくことを強く勧めるようにしていた。実はスチュワート自身がすでに、二度も盗難に遭っていた。そのうちの一度は、スチュワートの薬局の隣にある理髪店の店主の息子によるものだった。その息子は理髪店と薬局をつなぐ天井裏の通気口を這って、スチュワートの薬局内に忍び込んでいた。

その会合でパデュー側が郡の薬物治療と取り締まりの強化のために、十万ドル（約一千百万円）を寄付すると申し出たとき、スチュワートは同社がその地域に及ぼした災禍の大きさを考えると、その罪滅ぼしとして寄付を受け取るべきだと発言した。ヴァンジーとスーエラも同意見で、会合の後に合意書の草稿まで作成していた。スーエラも、過去に石炭会社がその地域で儲けるだけ儲けた挙げ句の果てに、怪我をした人間だけを残し、儲けたお金をすべて持って、北部の別の州に移転してしまった時の経験をもとに、その寄付は受け取るべきだと考えていた。

しかし、赤毛で身長一五〇センチのシスター・ベスは、その意見を認めなかった。パデューの幹部はハーバード大学出身者が跋扈するマンハッタンなどのアメリカ北部では、慈善活動を通じて人々を意のままに操ることができるかもしれない。しかし、シスター・ベスにはそれは通用しなかった。実はシスター・ベス自身もコロンビア大学の修士号を持つ、ちゃきちゃきのニューヨーカーだったが、彼女は逞しい修道女たちの下で育てられ、修道院が運営する病院や大学で公正な目と確かな腕を磨いてきた。

子供の時、母親が毎日、本を読んで聞かせてくれたというニューヨークのスタテン島出身のシスター・ベスは、一九七一年にアパラチアに移ってくるまで、パデューの本拠地のコネチカット州スタンフォードで、カトリックの学校を運営していた。実は最近、彼女が運営していた学校の卒業生で、その後、地元紙の記者になった男性から連絡があり、ある理由で彼女に謝らなければならない、と言ってきたという。彼女が会ってみると、彼は地元紙に勤めている当時、パデューについて一切、批判的な記事を書かないよう、会社から言いくるめられていたことを謝罪したかったのだそうだ。

オキシコンチンの発売が始まった一九九六年、シスター・ベスは六十人の炭鉱夫や石炭会社の幹部やその弁護士たち（すべて男性）を前に立ち上がり、ローン・マウンテン石炭会社に対し、炭泥の貯蔵池の不適正な管理が生んでいる危険な状態の改善を要求していた。その貯蔵池は内張に穴が開き、そこから漏れ出た汚染水が、セントチャールズに流れ込んでいた。汚染水は洪水を引き起こし、何キロにもわたってパウエル川沿いの家々を破壊した。また、汚染水が運ぶ石炭屑とゴミは、魚やカラスガイの養殖場を汚染し、人々の生活を根底から脅かしていた。

この事故は、洪水の被害に遭った炭鉱街に住む人々と、それ以外のところに住む人々との間に深刻な溝を作っていた。炭鉱で働く人のうち、家が直接洪水の被害に遭わなかった人々は、職を失う恐れから会社を擁護する立場を取っていた。ある炭鉱夫は「あの街は最初からゴミが溢れていたし、方々におむつが捨てられていたじゃないか」と語り、石炭会社の味方をした。つまり、この洪水は自然災害であり、元々おむつが散らばっていた街にとって、大した被害は発生していないではないか、と言いたいわけだ。

保険管理士のトニー・ローソンは、シスター・ベスが会合で立ち上がった時のことを今も鮮明に覚えているという。「痩せた小柄なシスターの手は意見を書いた紙を握りしめ、怒りに震えていました。しかし、彼女ははっきりと自分の主張をあの男たちの前で述べました。後にも先にも、あんなに怖いもの知らずで勇気のある女性を私は見たことがありません」

石炭会社の幹部たちは彼女を睨み付け、会社に動員されて集会に参加していた炭鉱夫たちは、一斉にヤジを飛ばした。しかし、シスター・ベスは一向に動じなかった。最終的に石炭会社は、決してシスター・ベスを納得させるような額ではなかったが、とりあえず洪水の後始末の費用を支払うことに同意した。しかし、この洪水はこの先、セントチャールズに起きる数々の災難の前触れに過ぎなかった。

パデューの幹部たちはスーエラやシスター・ベスのような人々でも、最後はカネで買収できると思っていたようだが、それは大きな間違いだった。一九八九年にピットストン石炭会社が組合に対して、鉱夫の健康保険や賃金引き下げを決定した時も、二人はその決定に抗議するストライキを決行した組合員や家族と一緒に、九カ月間のデモの先頭に立った。シスター・ベスは文字通り身体を張って、炭鉱にトラックが入るのを阻止しようとしたし、スーエラは生後六カ月の赤ちゃんをベビーカーに乗せてデモに加わった。

二人はその社会活動の過激さゆえに、命まで危険に晒されることもあった。特に、シスター・ベスが文字を読めない炭鉱労働者に対して、石炭会社の事故の責任を免除する文書に署名することを拒否するよう助言したことが、会社側の逆鱗に触れ、それ以来会社の対応は暴力的になったという。「強欲は人間を暴力的にします。正義には犠牲が伴うのです」と彼女は一九八二年のインタビューで述べている。

シスター・ベスにしてみれば、今回のパデューの提案もその時の石炭会社がやったことの繰り返しにすぎなかった。「金持ちは、他人を意のままに動かせると思っているのです」とシスター・ベスは語る。

この地域は、最初に石炭が発見されて以来、常に州外の大企業から搾取され続けてきた。そして、州外からやってきた石炭会社の幹部たちは、カネさえばらまけば地元の人々の抵抗は押さえ込めるものと考えていた。カネの力で労働組合を解散させ、石炭の煤煙の被害に対する補償額を減らし、賃金を低く抑えるために競合する他の産業の転入をブロックする。それが彼らのやり方だった。

今、シスター・ベスは、ペニントンギャップに『依存症教育センター』を設立し、ヴァンジー医師と毎日のように連絡を取り合いながら、依存症の患者やその家族の相談に乗っている。相談者の中には、麻薬を買う資金を得るために、売春をしている若い女性もいる。学校の図書館でオキシコンチンを吸っていたチアリーダーの女子高生もいる。オキシコンチンを処方してもらうために、必要もないのに歯医者で抜歯をし続けている人もいる。オキシコンチンの転売で二度目に逮捕された時、なぜか最初に逮捕されたときと同じスエットパンツを身に着けていたことをひどく悔やんでいた中年女性もいた。「私だったら、最初につかまった時に、そのスエットパンツは燃やしてますよ」と逮捕した保安官は笑ったが、シスター・ベスには何がおかしいのかさっぱりわからなかった。

彼女は一九九〇年代のかなり早い段階から、オキシコンチンの問題を耳にするようになっていた。最初に問題を知った情報提供者が警官に通報し、警官が薬剤師に連絡をした。シスターはその薬剤師から直接話を聞いていた。それは伝言ゲームのようだったが、今回ばかりは悲劇的な伝言だった。

「シスター、聞いてください。メーカーはオキシコンチンに依存性はないと言っていますが、これはもしかすると大変な悲劇になるかもしれません」と薬剤師のスチュワートは彼女に懸念を伝えた。

そして、実際に大変なことになった。スーエラとシスター・ベスは、この先何が起きるかを理解していた。たとえビッグ・ファーマ（大手製薬会社）や処方箋を乱発する「ピルミル」の医師を裁判にかけて有罪にすることができたとしても、もう手遅れな人が大勢いることを、彼女たちは知っていた。モルヒネ分子は致命的で、その誘惑はとても強い。一度依存症になった人は、残りの人生を薬に支配されることが避けられない。

シスター・ベスが、もしパデュー・ファーマから十万ドル（約一千百万円）の寄付を受け取るのなら、彼女は連合から抜けると言い張ったので、結局、寄付の受け入れを表明するヴァンジーの手紙は発送されず、連合がその金を受け取ることもなかった。シスター・ベスは、その寄付金を「ブラッドマネー（血に汚れた金）」と呼び、最終的に連合もその意見に同調したのだった。

第3章　ネット掲示板に託す思い

ボストンやロアノークの地元記者たちは、オキシコンチンが地域にもたらす被害の実態を徐々に報道し始めていたが、少なくとも二〇〇一年二月九日まで、その情報は全国には広がっていなかった。そうした中、その日ニューヨーク・タイムズのバリー・メイヤーらによる、リー郡のすぐ北で、九カ月にわたり連邦政府が実施した「オキシフェスト作戦」と呼ばれる大規模な麻薬捜査に関する記事が、同紙の一面に掲載された。それはケンタッキー州史上、最大規模の麻薬捜査だった。

「この作戦でわれわれは二百七人のユーザーとディーラーを逮捕しましたが、まだ半分も捕まえられていません。この問題はそれだけ厄介なのです」と連邦検事の一人がメイヤーに語っている。

逮捕者の大半は、医師から不当に処方箋を得た患者だった。逮捕された医師たちは、忙しかったり杜撰だったり確信犯だったりと、理由は様々だったが、いずれもオキシコンチンを過剰に処方していた。

その年の夏頃には、オキシコンチンの乱用が、アパラチアを南から北に駆け上がるように、バージニア州の西部からメイン州の山林地帯まで広がり始めていた。この頃になってようやくこの問題が、東海岸の大都市だけでなく、アメリカの最南部や南西部にも伝わり始めていた。フロリダ州のデード郡やコネチカット州ブリッジポートでも、オキシコンチン絡みの犯罪がニュースの見出しを飾るようになっていた。オキシコンチンは全米のティーンエイジャーにとって、「薬パーティ」の必須アイテムになっていた。彼らの間では、帽子の中にいろいろな薬の錠剤を入れて、それを仲間内で回し飲みする「ファーミング」というゲームが流行っていた。

このような状況に対して、薬物の過剰摂取で子供を亡くした親たちが立ち上がった。彼らの全国的な運動は、エド・ビッシュという名の三十九歳のIT企業の社員から始まった。二〇〇一年二月、十八歳の息子が顔面蒼白の状態で気を失っているという緊急の連絡を娘から受けたビッシュは、職場からフィラデルフィアのワーキングクラスが住む住宅街にある自宅に急いで戻った。

ビッシュが自宅に到着すると、前庭に二人の救急隊員が座っていた。彼の息子エディは高校三年生のサッカーの選手で、学校の成績もよく、高校卒業後は、地元の調理師の学校に入る予定だった。エディから最近体調が悪いという話は聞いていたが、まさか自分の息子がオピオイド依存症になっていようとは、ビッシュには思いもよらないことだった。ビッシュはエディが酒を飲んだり、マリファナくらいはやっているかもしれないと思ったが、薬までやっているとは考えていなかった。六日後には休暇を取り、息子と二人でフロリダに釣りに行く計画まで立てていた。

「残念ですが……」と救急隊員の一人が重い口を開いた。その時、すでにエディは死んでいた。

悲報を聞いて、エディの友人たちが家に集まってきたが、ビッシュは救急隊員が口にした薬の名前がまだよくわからなかった。

「オキシ……何ていいましたっけ。何なんですか、それは?」ビッシュは改めて聞き返した。

エド・ビッシュは自分の息子が死ぬまで、「オキシコンチン」という言葉を聞いたことがなかった。

親でさえまったく知らなかったのだ。専門家が状況を把握できていないのも、無理からぬことだった。歴史家のデビッド・カートライトは、二〇〇〇年代にオキシコンチンが、経済的に苦しむ内陸部からより豊かな都市や郊外へ拡散していく様は、ちょうど一世紀前の、当初は薬として登場したアヘンやモルヒネの広がり方と酷似していると指摘する。一九二〇年代から一九三〇年代には、地方の薬物依存症者や南北戦争で兵士病にかかったモルヒネ依存症の復員兵たちの大半は死亡していた。また、ハリソン麻薬法が施行されたことで、麻薬が厳しく規制されるようになり、それはやがてニクソンの「麻薬戦争（war on drugs）」政策へと繋がっていった。

「初期の依存症者たちが死亡した後、アメリカはがん患者を除き、二〇世紀半ばまでは麻薬とは無縁でした」とカートライトは語る。

その後、一時、一九四〇年代のハーレムのジャズシーンや一九五〇年代のビートニック運動などのサブカルチャーにヘロインが浸透したことはあったが、その対象は北東部の大都市に限られていた。実際、彼らの通称だった「ヒップスター」という呼び名は、一八〇〇年代の中国のアヘン喫煙者たちが、片方の尻（ヒップ）に乗っかるように身体を傾けてソファにもたれかかっている姿から派生したものだそうだ。ヒップスター・カウンターカルチャーは、チャーリー・パーカーやジョン・コルトレーンなどヘロイン依存症だったジャズ界の巨人から大いに影響を受けていた。

ハリソン法は処方された鎮痛剤に起因する初期の医学的な依存症の広がりを押さえ込むことには効果的だった。その結果、地方の小都市における女性のモルヒネ依存症者は減り、静脈に麻薬を注射する男性の麻薬常習者だけが残った。進歩的な医師たちは麻薬の利用には慎重であるべきだと主張し、麻薬を安易に処方する医師たちを時代遅れだとして、批判するようになった。薬剤師たちも、麻薬の販売には慎重だった。一九五五年、著名なビート作家でヘロイン依存症だったウィリアム・バロウズが、薬剤師がなかなか薬を売ってくれないことに怒り、彼らを「ひねくれたピューリタン主義の大馬鹿野郎」と罵っているが、この頃、薬剤師たちはコデインの補充についても、医師に確認せずには販売しないようになっていた。

ベトナムに出征したアメリカ兵の二〇%がヘロイン依存症になって帰国していたが、なぜか彼らの多くは帰国後、依存症から脱していた。その理由として専門家は、復員してきた彼らのうち、都市部に住むことになった人は社会的なネットワークに組み込まれ、農村部ではヘロインが手に入らなかったからだと説明している。また、実際は彼らの多くが、復員してくる前にベトナムで解毒（デトックス）を済ませていた。復員後も依存症に苦しんでいた復員兵のほとんどは、出征前から薬物問題を抱えている人たちだった。

「一九九〇年代初め、ヘロイン市場の九〇%はニューヨークやシカゴ、デトロイトなどの大都市が占めていた。それらの都市でヘロインを入手するためには、アメリカの麻薬市場の伝統的な支配構造に根付いた様々なしきたりに従わなければならなかった」とカートライトは説明する。

ところが、一九九〇年代後半になって、非がん性疼痛用にオキシコンチンが広く処方されるようになると、それはたちまち全国的に流通するようになり、もはやオピオイドは大都市だけの問題ではなくなっていた。「FDA（食品医薬品局）が承認した新しい処方薬によって、どんな小さな町の開業医でも、腰痛治療にオピオイドを処方できるようになってしまいました」とカートライトは語る。「たしかに経済不況と勤労意欲の低下も、オピオイドの流行に拍車を掛けたかもしれませんが、何といっても、オキシコンチンの供給が拡大したことが一番の原因です。それさえなければ、オピオイドはここまで大きな問題にはならなかったと思います」

一旦、依存症が蔓延すると、オキシコンチンの値段が上がったり、正規のルートでの入手が困難になった瞬間に、市場の需要を満たす密売人が登場する。それはヘロインが違法になった一世紀前とまったく同じ状況だった。はるか昔から、アヘンやモルヒネやヘロインの売人たちは、薬の供給が止まることや、その結果起きる離脱症状に対する依存症者の強い恐怖心がある限り、このビジネスモデルが盤石であることを熟知していた。

薬物依存症の歴史について多くの著作を持つカートライトは、自分の学生たちに、こう語っている。「これまでの私の人生で最も驚かされたことは、インターネットが登場したことと、社会から尊敬される地位にいる女性がタトゥーを入れるようになったことでした。しかし、オピオイドも新たに驚きのリストに加えなければならないでしょう。今、私は六十四歳ですが、まさか死ぬまでにこんなにも大規模な医療用アヘン剤の依存症の広がりを見ることになろうとは、夢にも思っていませんでした」

驚いたのはカートライトだけではなかった。警察や報道機関や薬物の専門家が状況を把握するまでには十年の年月を要したが、二〇〇一年に救急隊員によって息子の遺体が運び出されるのを目の当たりにしたエド・ビッシュもまた、麻薬の流行がその時すでに都市部にまで波及していることを初めて知り、大いに驚かされた一人だった。

ビッシュが早速インターネットで調べてみると、なんと息子の死は、その地域における過去三カ月間で三十人目のオピオイドの過剰摂取に起因する死亡例だったことがわかり、彼は更に強い衝撃を受けた。それまで薬の名前すら聞いたことがなかったのに、すでに地域で三十人が死亡しているというのは、一体どういうことなのだ。

「当時はまだインターネットが登場したばかりの時期で、ウェブサイトは掲示板に毛の生えた程度のものしかありませんでした」とビッシュは当時を振り返るが、それでもビッシュは、彼の悲しみをネットを使って発信する決心をした。他の人に彼と同じような悲しい思いをさせたくないと考えたからだ。彼は自ら掲示板を作成し、最も単刀直入なタイトルを付けた。それは「オキシキルズ・ドットコム」という名前だった。ところがこの掲示版には、ビッシュと同じような問題を抱える人々から悲しみの書き込みや自らの経験に基づく警告や数々のデータが次々と寄せられ、立ち上げから数週間もしないうちに、オキシコンチン関連の一大データベースに膨れあがっていった。

このサイトはまた、地域の医療検査の担当者やDEA（麻薬取締局）の担当者からオキシコンチンの過剰摂取に関する最新の情報が書き込まれる情報センターの役割も担うようになっていた。ビッシュはそのウェブサイトで、オキシコンチンに関する報道記事も積極的に紹介した。その中にはオキシコンチンの二〇〇一年の売り上げがバイアグラを抜いて十億ドルに達したことを報じるニューヨーク・タイムズの記事も含まれていた。

ビッシュのサイトにはフロリダからカリフォルニアにいたる全米各地から、子を失った親たちが集まってきていた。亡くなった子供の中にはスポーツ選手やミスコンの優勝者や若い母親も含まれていたが、いずれも二十歳にも満たない子供や若者ばかりだった。

「私はすべてのメールに返信していましたが、それはかなり時間を要する作業でした。平均して毎日十人程度の遺族とやりとりをしていました。時には一週間で百通を越えるメールを返信したこともありました」とビッシュは語る。

フロリダ州パームコーストのリー・ナスは、子を失った当初は悲しみのあまり、とてもではないがビッシュのサイトを見る余裕などなかった。しかし、ある晩、彼女の娘のモニカが、母親と話をして欲しいと懇願する電話をビッシュにかけてきた。そこで実際に話をしてみたら、ナスはビッシュの自宅近くの、フィラデルフィアのフィッシュタウンの出身であることがわかった。しかも、ナスとビッシュには、もう一つ共通点があった。ナスもまた、十八歳の息子をオキシコンチンで失っていた。

ナスの息子のランディは友人から買った八〇ミリグラムのオキシコンチンを一度使っただけで、死亡していた。その友人は母親から、家賃を払うためにオキシコンチンを売ってくるように言われて、それに従っていた。

「まさか息子が薬をやっているなんて、思いもよりませんでした」とナスは語る。

ナスは自分の息子はそれほど長い間薬をやっていたわけではないはずだと考えていた。なぜなら、彼女自身が歯医者で処方されたオピオイドが、自宅の薬箱に残っていたにもかかわらず、ランディはそれにには一切手を付けていなかったからだった。

その後ナスとビッシュは、バリー・メイヤーの著書『ペインキラー』を読んで事態の深刻さを知り、ヴァンジーやシスター・ベスと協力していくことを決めた。その時、既にオキシコンチンは、全国的なオピオイドのサプライチェーンに乗って流通していたが、ナスとビッシュはそれを阻止することを目的とする非営利の市民団体「パデュー・ファーマに反対する親たちの会（以下、親たちの会）」を立ち上げた。当初、ビッシュがウェブ上に設置したバーチャルな掲示板が、その後、実際の抵抗勢力として形になり、政治的にも個人レベルでも大きな役割を果たすようになっていった。

彼らはまず、州全体で医師が、患者の過去の処方履歴を確認できるような「処方箋監視プログラム」を設置するよう、州政府や議会に対して積極的なロビー活動を行った。また、学校で薬物乱用防止のワークショップを主催したり、パデューの本社前で亡くなった子供たちの写真のポスターを掲げる抗議活動を行ったほか、オンライン上やリアルライフで、「社会生活を可能にしてくれる」とか、「夜通し眠ることができる」などという言葉でオキシコンチンを礼賛する慢性疼痛患者たちとも対話する機会を設けた。ビッシュは彼の掲示板にそのような投稿を行っている「自称疼痛患者」の多くは、実はパデューに雇われたサクラではないかと疑っていた（実際、その一部はそうだった）。

裁判でも、医療セミナーでも、パデューがニュースになるところには必ずといっていいほど、「親たちの会」のメンバーの姿があった。二〇〇三年には「親たちの会」のメンバーは、ロードアイランド州やニュージャージー州やフロリダ州オーランドのカリブ・ロイヤルリゾートで開催されていた薬物乱用防止会議の会場にまで乗り込んでいった。パデューがその会議を主催していたからだ。

フロリダでは、会場の前でビッシュが雨が降りしきる中、ウェブサイトに書き込まれた二百六十人のオキシコンチンの犠牲者の名前を、一人ひとり読み上げ始めると、いきなり彼らの近くのスプリンクラーが稼働して、メンバー全員がびしょ濡れになるというパプニングがあった（会場となったホテルの幹部は、この時のスプリンクラーの稼働にホテル側は一切関与していないと主張している）。

パデューの広報担当者は地元紙オーランド・センチネルの記者にこう語っている。「われわれは薬物の過剰摂取で愛する家族の一員を失った方々に、心からお悔やみを申し上げます。しかし同時に、パデューによるオキシコンチンの販売方法は適切であると考えています」

敬虔なカトリック信者のナスは、パデューに対する抗議行動に参加する時は、いつもロザリオを身につけていた。彼女はまた、亡くなった息子ランディの遺骨の一部が入った小さな銅製の骨壺を、いつも抱えていた。その理由をナスは、こう説明する。

「大きな骨壺は自宅の戸棚に大切にしまってあります。でも私が出かける時は、ランディも連れて行きたいんです」

相変わらずビッシュの掲示板には、身内を失った家族からの大量の書き込みが続いていた。バーバラ・ヴァンルーヤンの二十四歳の息子パトリックは、二〇〇四年七月四日の独立記念日パーティで初めてオキシコンチンを摂取し、そのまま死亡してしまった。彼女がビッシュの掲示板にコメントを書き込んだことをきっかけに交流が始まり、ビッシュはヴァンルーヤンをヴァンジーと引き合わせた。

「当時、私はその薬について、ほとんど何も知りませんでした。ただ著名なラジオ・パーソナリティのラッシュ・リンボーが、その薬の依存症だったことは知っていました」とヴァンルーヤンは語る。

カリフォルニア州フォルサム市に住むヴァンルーヤンも、著書『ペインキラー』を読んで、ヴァンジーがパデューと戦っていることは知っていた。彼女の疑問は次の一点に集約されていた。

「なぜこんな劇薬が、普通に市場で流通しているのか?」

そう問うヴァンルーヤンに対して、ヴァンジーはオキシコンチンが承認される過程を一つひとつ説明していった。ヴァンジーはまず、FDAが主任検査官を務めるカーチス・ライトの下で一九九五年にオキシコンチンを承認した過程を説明した上で、パデューがオキシコンチンの承認を受けるためにFDAに提出した「新薬承認申請書（NDA）」のコピーを見せた。そのNDAは二〇〇〇年のクリスマスに、ヴァンジーの妻のスーエラがどこかから入手してきて、ヴァンジーにクリスマスプレゼントとして渡したものだった。「それはその時私が一番欲しかったものでした」とヴァンジーは語る。

スーエラは普段は大人しく物静かな夫が、地域のために立ち上がり頑張っている姿にとても心を動かされていたが、その一方で、運動が家族の時間を奪っていることは不満だった。「以前に二人で、〝依存症〟や〝オキシコンチン〟という言葉を一度も使わずに一日を過ごしてみようとしたことがありましたが、まったくできませんでした」とスーエラは語る。

パデューはオキシコンチンの乱用が起きていることを二〇〇〇年二月まで知らなかったと主張していた。しかし、一九九五年の新薬レビューには、オキシコンチンの表面のコーティングを取り除けば麻薬成分が露出されることや、それを服用した患者の中に、離脱症状を訴える人が複数出ていたことが報告されており、FDAのライトはこれに署名していた。また、そこには粉砕された錠剤を水に溶かして注射すれば、六八％のオキシコドンが利用可能になることも、報告されていた。その上でライトは承認書に、同社のマーケティングについて以下のような注文をつけていた。

「過度の販売促進には注意が必要」

しかし、実際にはオキシコンチンの販売促進には最小限の注意しか払われなかった。しかもこの二年後、ライトは事も有ろうに、ＦＤＡからパデュー・ファーマにコンサルタントとして転身していた。

その後、ヴァンジーは二〇〇二年一月に八時間かけて車でメリーランドで開かれていたＦＤＡの麻薬管理の承認と監督に関する諮問委員会に出席した時のことをヴァンルーヤンに話した。ヴァンジーはその委員会に、一丁羅のスーツと母親からもらったグレイトフル・デッドのネクタイを着けて出席していた。そこにはパデューの経営幹部の他、アメリカの第一線の疼痛管理の専門家たちが集まっていたが、そのほとんどが過去にパデューから講演などの名目で謝礼を受け取っていた。

ヴァンジーは圧倒的に不利な立場に置かれていることを、直ちに悟った。それは大勢の前で話すことに慣れていない、単なる田舎町の開業医に過ぎないヴァンジーにとって、かなりの重圧だった。

「すごく緊張しました。同業者もたくさんいて、しかもその分野では著名な医師ばかりだったので、とても威圧的な雰囲気がありました。しかし、私は真実を伝える責任も感じていました」と彼はその時の心境を振り返る。

ヴァンジーに同行していた妻のスーエラは、その時の様子をこう語る。「彼は何度も予行練習をしていました。私はつい感情的になってしまいますが、アートは事実だけを、言葉を選んで慎重に語り、最後まで冷静さを失うことはありませんでした」

ヴァンジーに対して、パデューから送り込まれて会議に参加していた専門家たちはこう反論した。「薬物乱用者や無知な人が多くの人の健康に影響を与えることは許されません。今日、薬をめぐる最大の問題は乱用ではなく、痛みに対する十分な治療が提供されていないことです。まずはその問題を解決しなければなりません」

翌日、ヴァンジーは政府の疼痛管理部門の要職にあるラッセル・ポーテノイに面会する機会を得た。わずか十分の立ち話ではあったが、かねてポーテノイに、政府がどの程度までのオキシコンチンによる依存症を許容可能なレベルだと考えているかを質してみたかったヴァンジーにとっては、待ちに待ったチャンスだった。

当時、依存症者の数が「一%未満」であれば許容範囲だと指摘している一九八〇年の医学論文が引き合いに出され、一%という数字が一人歩きしていた。しかし、ヴァンジーはポーテノイに対し、この一%という数字は入院中の患者を対象にした基準であり、自宅で行われることが多い慢性疼痛の外来治療に適用すべき基準ではないのではないかと質した。ヴァンジーはまた、その数字が長期的な依存症リスクに適用できるものではないことも指摘した。

その上で、ヴァンジーはオキシコンチンの消費量の分布と犯罪の発生率と薬物乱用の相関関係を示す地図をポーテノイに見せた。それはオキシコンチンが全国平均より三〇〇～六〇〇%も多く処方されているリー郡で、明らかに他の地域よりも多くの犯罪が発生していることを示していた。

「なるほど。でも、オピオイドが多く処方されているということは、それだけ慢性疼痛患者のニーズが満たされているということではないですか」とポーテノイは答えた。

「しかし、依存症になるリスクが五〜六％でもそう言えますか？　政府としてはどの程度までが許容可能だと考えているのでしょうか？　五万人の依存症者を生んでも、許容範囲なのでしょうか？」とヴァンジーは激しく食い下がった。

しかし、ヴァンジーの強い語調を不快に感じたのか、ポーテノイはヴァンジーの問いかけには答えないまま、その場から立ち去ってしまった。

十年後、ポーテノイはウォール・ストリート・ジャーナルの取材に対し、彼も他の疼痛の専門医と同様に、オピオイドのメリットを過大評価し、リスクを過小評価していたことを認めている。しかし、当時、彼はヴァンジーの指摘をまともに取り合おうとさえしなかったのだ。

「当初、政府の人々はヴァンジーのことを、貧乏人を焚き付けて騒ぎを大きくしている厄介者のように受け止めていました」と、ある著名なバージニア州の医療管理者は語っている。ヴァンジーのやや風変わりな風貌が、パデューにとって好都合に作用したと、運動に参加したある母親は指摘する。言うまでもなくヴァンジーは画期的な名医だったが、そのユニークな外見は、パデューが彼を単なる変わり者として扱うことを容易にしていた。しかし、その母親は「彼は本当はノーベル平和賞を受賞してもいいほどの人物なのです」と付け加えた。

ヴァンジーは二〇〇二年にもＦＤＡの諮問委員会の会合の後で、委員長を務めるナタニエル・カッツにも同じ質問をぶつけている。ヴァンジーがカッツに、鎮痛剤を使用した患者の長期的な乱用のリスクに関する研究論文を探しているが、なかなか見つからないと話すと、著名な疼痛専門医でもあるカッツはこう答えた。「そりゃあ、見つからないはずですよ。そんなものは存在しないのですから」

これもまたヴァンジーにとっては、残念な答えだった。その時すでに、ヴァンジーはオピオイドの長期的乱用のリスクに関する詳細な研究論文が、パデュー自身が一九九五年に新薬の承認を得るために提出した新薬レビュー（NDA）の中に含まれていたことを知っていた。妻からのクリスマスプレゼントだったNDAに含まれていたその論文には、オキシコンチンの錠剤を粉砕することで、六八％の麻薬成分を抽出することが可能になることも指摘されていた。

新薬の承認を審査するFDAの諮問委員会は、パデューに対して、オキシコンチンの発売開始後、乱用と依存症の状況を厳重に監視する努力を求めることになったが、その「努力」は、死んだヴァンルーヤンの息子パトリックにとっては何の意味も持たないものだった。

FDAはパトリックの死の一年ほど前に、もう一つ残念な決定を下していた。それはオキシコンチンの使用を、末期の重症患者や瀕死の状態にある患者だけに限定せず、激しい痛みのある患者であれば誰にでも使用できるようにしてしまったことだった。その時、FDAがこのような決定を下していなければ、パトリックの死は避けられたはずだった。

ヴァンルーヤン自身は、オキシコンチンが終末期の患者に対して投与されることに異議を唱えるつもりはなかった。しかし、他に対応する手段がない場合を除き、オキシコンチンは慢性の痛みや非がん性の疼痛に使用されるべきではないとヴァンルーヤンは考えていた。「今でも私は、他の鎮痛薬が効かない患者や終末期のケアのためにオキシコンチンが使用されることには反対していません」と彼女は語る。

研究者であり大学教授であり、大学でカウンセラーも務めていたヴァンルーヤンは、すでに二〇〇四年の段階で、オキシコンチンを承認したＦＤＡが、彼女の息子を含む一般市民を救うチャンスをことごとく逃してきたことを突き止めていた。

しかし、少なくとも二〇〇二年以来、医薬品業界が後援する非営利団体が豪華なホテルで開催する非公式の「会議」に、ＦＤＡの担当者と大手製薬会社の重役たちが毎年招かれていたことを、ウイスコンシン州の地元紙ミルウォーキー・ジャーナル・センチネルが二〇一三年にスクープするまで、両者の癒着が表面化することはなかった。結果的にこのようなあからさまな倫理違反が、少なくとも九年以上、水面下で続いていた。

実はこの「会議」では製薬会社とＦＤＡの間で、薬の効果を大きく見せるために、薬が効かなかった人々をどうやって研究対象から外すかが話し合われていた。彼らはそれを「サンプルの濃縮化」などと呼んでいた。こうしてＦＤＡの新薬の認可基準は、科学から乖離していったのだった。

この問題の取材が始まった時、ＦＤＡの新薬承認の担当者はジャーナル・センチネル紙に対し、「ＦＤＡがカネで買われたことはない。ＦＤＡにはそのような文化は存在しない」とコメントしていた。

ジャーナル・センチネルのジョン・ファウバー記者は、米国疼痛学会や全米疼痛医学会が、オピオイドの使途を慢性疼痛まで拡大する一方で、オピオイドを製造する製薬会社から億単位の寄付を受けていたことも暴いている。

ファウバーの記事がきっかけとなり、二〇一二年、連邦議会上院にチャック・グラスリーとマックス・ボーカス両上院議員が率いる調査委員会が設置された。調査対象には全米疼痛財団やパデューの他、多くの非営利団体や製薬企業が含まれていたが、なぜか調査結果は非公開とされ、度重なる公開要求にもかかわらず、今も上院財政委員会の事務所に封印されたまま埋もれたままになっている。

「調査が始まった時は、みんな大いに期待しましたが、結局何も公開されませんでした。しかも、その後、特にこれといった対策も取られていません。結局、あの調査委員会も政治ゲームの一部だったんです」と、ヴァンルーヤンの署名集めに協力したサウスカロライナ州の依存症専門家のスティーブ・ゲルファンドは語る。

実はバーバラ・ヴァンルーヤンの名は、FDA職員の間では有名になっていた。彼女はFDAに毎日のように電話をかけ、オキシコンチンを一時的にリコールし、乱用されにくい形に再合成した上で、使途を重度の疼痛患者に限定するよう求めていた。

「FDAのリコール請求の書式は冗長かつ難解で、できるだけリコール請求を起こしにくいように設計されていました」とヴァンルーヤンは語る。

二〇〇四年にコネチカット州で、オキシコンチンに危険性を明記した警告ラベルを添付することを義務づける嘆願書が、州の司法長官からFDAに提出されたが、これも宙に浮いたまま放置され、二〇〇八年、忘れられた頃に正式に却下されている。

「私はカリフォルニア大バークレー校出身の頑固なオランダ系女性で、調査や研究には慣れていましたから」と笑うヴァンルーヤンは、今でも死んだ息子のパトリックにオキシコンチンを渡した友人の言葉が脳裏から離れないという。その友人はパトリックに「これは筋弛緩剤のようなものので、ＦＤＡにも承認されているから安全だよ」と告げて、オキシコンチンを手渡していた。

十年にわたる多忙な生活にやや徒労感を感じ始めていたヴァンジーにとって、ヴァンルーヤンとの出会いは特別な意味を持っていた。その時、ヴァンジーもすでに六十代。依存症者を診察するために毎日十三時間働いていたが、いつまでもそのような無理な生活を続けられるわけではなかった。オキシコンチンをリコールするために集めた一万人の署名も、忙しさのあまり、リコール請求書の提出まで至っていなかった。スタッフのいないヴァンジーには、正式な請求を準備するための時間も気力もなかったからだ。しかし、ヴァンルーヤンは書類作業を苦にしなかった。彼女は医師の夫の助けを借りながら、ヴァンジーが集めたデータに自分のデータを足した上で、二〇〇五年二月一日、ＦＤＡにリコール請求書を提出するところまで漕ぎ着けた。

その後、彼女はＦＤＡの公聴会でヴァンジーとともに証言台に立ったほか、地元カリフォルニア州北部で開かれたパデューが後援する著名な疼痛専門医を招いた医療教育セミナー会場の前で、抗議デモを開いたりしながら、リコール請求に対するＦＤＡからの回答を心待ちにしていた。

その頃、ヴァンルーヤンは亡くなった息子の遺志を継いで、絵を描き始めていた。彼女は最初に、誕生したばかりのパトリックを抱いている彼女の自画像を描き、それからパトリックの弟のアンドリューの絵を描いた。彼が兄の死をことさらに悲しんでいたからだ。絵の中で彼女に抱かれた生後間もないパトリックは、裸で胎児のように身を丸くしていた。

「今後、オピオイドをめぐる状況がさらに悪化することは避けられないでしょう。私の目が黒いうちに状況が改善することはないかもしれません。それでもとにかくこの戦いに挑む決意でした」

子供を失った父や母がどんなに悲しんでも、政府はなかなか動きそうになかったが、田舎町の医師と修道女と増え続ける被害者の親たちのグループが連携して起こした裁判では、ひょっとすると正義が勝つ可能性があった。彼らは仮に裁判に勝てなかったとしても、パデュー・ファーマの社会的評価を低下させることで、少しでもヘロインのような薬物に対する社会の意識を高めることができれば、この裁判には意味があると考えていた。

「親たちの会」が初期に起こした裁判の中に、フロリダ州でパデューの営業を担当していたカレン・ホワイトが二〇〇三年に起こした民事訴訟があった。彼女は二〇〇二年にパデューを解雇されたが、その時、会社側は彼女の事務処理能力やコミュニケーション能力の乏しさと売り上げの減少を解雇理由にあげていた。しかし、ホワイトは訴状の中で、彼女がオキシコンチンを過剰に処方していた医者に対して同薬の販売を拒否したことが、解雇の本当の理由だったと主張していた。

二〇〇三年の冬、パデューは過去にオキシコンチンの依存性を訴え出た人々に対して、これまでどれだけ裁判で圧勝してきたかを自画自賛するプレスリリースを出しているが、そこにはこう書かれていた。

「六十五勝〇敗」。

「この戦績は、裁判で積極的に自らの立場を防衛する当社の固い決意の反映です。われわれはこれまで一度として和解に応じたことがありません。一度もです。お金目当てでわれわれを相手どって訴訟を起こす医療過誤専門の弁護士たちは、今後も後悔し続けることになるでしょう」

しかし、実際はその時点で同社の訴訟コストは、月に三百万ドル（約三億三千万円）を超える膨大な額に膨れ上がっていた。しかもパデューは、新たに二百八十五件もの裁判を抱えていた。その中には同社の元調査部門の副部長だったマレク・ザクレフスキーが起こした内部告発も含まれていた。

訴状によるとザクレフスキーは同社の十七人の上司に対して、オキシコンチンの安全上の問題を指摘したが、上司たちは彼にこれ以上その問題を調査することを禁じたばかりか、社の管理部門にそれを報告することも許さなかったという。彼は二〇〇三年五月にこの問題をＦＤＡに報告した後、解雇されたが、翌年、病気を理由に訴えを取り下げていた。訴状の中でザクレフスキーは、パデューで働くことのストレスから心臓発作を起こし、病気療養中に解雇されたと主張していたが、パデューの広報担当者は、この主張を「事実無根」とした上で、ザクレフスキーは同社が和解を拒否したので、やむを得ず訴えを取り下げたのだと反論していた。

山積する法律上、財務上、広報上の問題が、これ以上社のイメージを傷つけるのを防ぐために、パデューは元ニューヨーク市長で共和党重鎮のルディ・ジュリアーニのコンサルティング会社ジュリアーニ・パートナーズとコンサルティング契約を結んだ。ニューヨーク・タイムズのバリー・メイヤーによると、９・11の同時多発テロへの対応で名を上げたジュリアーニに課せられた任務は、ジュリアーニ自身の知名度を活かして、パデューが信用に足る会社であることを政府高官に印象づけることだった。

その時、すでにＤＥＡが、パデューの杜撰な保安基準の捜査に着手していた。そのきっかけとなったのが、二〇〇一年に二人のパデュー職員が大量のオキシコンチンを同社の製造工場から盗み出して逮捕された事件だった。ジュリアーニは、ニュージャージーのこの工場を運営していたパデューの関連会社が、違法行為を認めることなく二百万ドル（約二億二千万円）の罰金だけで済ませられるよう、当局と裏で取り引きをした。薬物が合法的に使用され、違法な売買に転用されていないことを監督する立場にあったＤＥＡの転用防止担当の幹部は、この取引には大いに不満だった。元々彼女は、一千万ドル（約十一億円）の罰金を求めていたからだ。彼女はジュリアーニとパデューの幹部が彼女の頭越しにＤＥＡと交渉し、「政治的な解決」を図ったと考えていた。実はジュリアーニは以前、新しいＤＥＡ歴史博物館の建造のために二万ドル（約二百二十万円）の寄付を集めるための昼食会に協力するなど、ＤＥＡとはいたって親密な関係にあった。相次ぐ訴訟とＤＥＡの捜査に直面したパデューは、高額の報酬と引き替えにジュリアーニというアメリカのスター政治家の助けを得ることに成功していた。

「政府はジュリアーニがパデュー側についたことを歓迎していました。おかげで政府としては、ジュリアーニほどの人物が、不適切なことをしている会社の弁護を請け負うはずがないと主張できるからです」と、パデューのウデルは同社の宣伝用のパンフレットの中で語っている。

ジュリアーニがＤＥＡの長官と古くからの知り合いだったこともあるが、なんと言ってもジュリアーニは『タイム』誌の二〇〇一年の「パーソン・オブ・ザ・イヤー」に選ばれたばかりの、時の人だった。

ニューヨークの同時多発テロへの対応は、ジュリアーニの評価を大きく上げたが、同時にそれは将来、彼を雇うことになるパデューにとっても、メディアの関心をオキシコンチン問題から逸らす役割を果たしていた。テロの翌日にあたる九月一二日、パデューの営業部門の幹部が営業部のスタッフに送った、社を臨時休業とすることを伝えるメッセージには「少なくとも国家的悲劇のおかげで、今日はオキシコンチンが新聞の一面を飾らずにすみそうだ」という文言が含まれていたと、パデューの元社員は証言する。

「親たちの会」はホワイトの不当な解雇が、パデューの営業活動が合法的な枠を外れていたことを証明するものになると期待していた。「私たちは彼女が私たちの救世主になることを期待していました」と、ヴァンルーヤンは語る。

二〇〇五年、エド・ビッシュはフィラデルフィアから十二時間かけて車を運転し、カレン・ホワイトの民事裁判の舞台となったフロリダ州タンパの連邦裁判所の傍聴席でリー・ナスの隣の席に着いた。それはパデューに対する一連の訴訟の中では、略式命令よりも先に進んだ初めての裁判だった。ホワイトは、逸失賃金としての十三万八千ドル（約一千五百十八万円）に加え、精神的な苦痛に対する六十九万ドル（約七千五百九十万円）の賠償を求めていた。それまで一度も解雇された経験がなかった彼女は、パデューに解雇されて以来、うつと不安に苛まれていた。

「パデュー側は、裁判が長引けば私たちが疲れて諦めるだろうと、高を括っていました。しかも彼らはジュリアーニが率いる弁護団を抱え、盤石な体制を整えていました」とビッシュは語る。

パデューには十人の弁護士がついていた。更に、それとは別に大勢のスタッフもいた。その弁護にはアトランタに本拠を置く法律事務所キング・アンド・スポルディングの弁護士が当っていた。キング・アンド・スポルディングはタバコメーカーやコカ・コーラを顧客に抱える、有名な法律事務所だった。パデューの広報担当者は確認を拒否しているが、ホワイトの代理人の弁護士は、パデューはこの裁判に五十万ドル（約五千五百万円）は使っていると見積もっていた。

フロリダ州レイクランド市に住む三十六歳のホワイトは、焦げ茶色の髪をした長身で細身の女性だった。母親ががんの痛みに苦しみながら亡くなるという辛い経験を持つホワイトは、当初、オキシコンチンの鎮痛効果を高く評価していた。

しかし、後にオキシコンチンを積極的に売り込むことを拒否したために不当に解雇されたと主張するホワイトは、パデューは何度も法律を破ってきたと証言した。ホワイトの弁護士は、ホワイトがオキシコンチンを過剰に処方することで有名だった二人の医師に営業をかけるよう命じられたと主張した。その後二人の医師は杜撰な処方を理由に医師免許を剝奪されていたが、そのうちの一人は、薬の処方箋と引き換えにセックスまで要求していた。

当時、フロリダ州のホワイトの担当地域では、処方薬の乱用が蔓延していた。オレンジ郡に住むあるオピオイド依存症の獣医は、ブルータス、チャチャ、レディといった顧客のペットの名前を無断で患者名に使い、一千通を超えるオキシコンチンの処方箋を捏造して逮捕されていた。

ホワイトにはたった一人の弁護士がついているだけで、スタッフもいなかったが、彼女にはビッシュやリー・ナスのような強い味方と、死亡したナスの息子のランディの小さな骨壺がついていた。ナスはいつものようにロザリオを持参し、公判のたびにその一つを法廷に立つホワイトに手渡していた。

何日か目の法廷で、ナスはホワイトに渡すことになっていたロザリオを車の中に忘れてきたことがあった。それを車まで取りに行くことにしたナスは、自分がいない間のお守りとして、息子の骨壺をホワイトに手渡した。

「私が持っていて本当にいいんですか？」とホワイトは涙ぐみながら言った。

ところが、ナスがロザリオを持って戻って来ると、ちょうどホワイトが法廷から出てくるところだった。ナスがロザリオを取りに行っている間に、なぜか公判は休廷に入っていたのだ。ナスが「エドはどこに行ったの？」と尋ねると、ホワイトは「彼は退廷を命じられてしまったのよ」と答えた。

「リー、怒らないでね」

「どうしたの？」ナスにはわけがわからなかった。

「信じられないことだけど、エドはあなたの息子の骨壺とともに法廷から出されてしまったの」

ナスが席を外している間に、パデューの弁護団が、原告席のホワイトが骨壺を持っていることに気づき、裁判官にそれを法廷から出すように求めたのだ。

ビッシュとホワイトはそれを聞いたナスが激怒することを恐れていたが、ナスの反応は意外なものだった。彼女は「息子の体がここにあるわけではないわ。彼の魂があればいいのよ。一時的に法廷を出ても、またすぐに戻ってくるから大丈夫よ」と言いながら、ナスは笑った。

仕事のために、陪審員の評決が出る前に一足先にフィラデルフィアに戻らなければならなかったビッシュは、ナスから裁判の結果の連絡を受けた時、さほど驚かなかった。「エド、彼らのお金の力は強力よ。頑張れば何とかなると思ってこれまで頑張ってきたけど、これでは歯が立たないわ」と彼女はビッシュに言った。

裁判の陪審員はホワイトの解雇について、パデューの弁護士が主張した「完全に合法的な方法で薬物を宣伝する際の、個人的意見の不一致に過ぎない」という説明を支持していた。

また、ホワイトが、処方箋を乱発していることがわかっている医師に薬を売り込みにいくことの違法性を主張したことについては、そもそも彼女の弁護人がパデューの営業戦略の違法性すら証明できていなかったことから、その主張も無効とされた。

「あの裁判で原告は裁判所から、『あなたの意見ではなく、事実を話してください』と言われてしまったわけです」とケンタッキー大学法学部のリチャード・アウスネス教授は語り、豊富な資金に支えられたパデューの防御網を民事訴訟で突き崩すことの難しさを強調した。

例えば、この裁判で裁判所は、政府の会計検査院が二〇〇三年にまとめたパデューの営業活動を厳しく批判する調査報告書を証拠採用しない決定を下しているが、これはパデューの弁護団が政府の公式文書でさえ証拠採用しないように裁判所を説得する力を見せつける結果となった。

結果的にオキシコンチンの販売が始まってから少なくとも十年間、アメリカの司法制度はパデューに違法行為があったことをまったく証明できなかった。

その頃バージニアでは、政治的な野心を持つ一人の若い連邦検事が、二〇〇三年までに法廷でパデューに勝つための戦略を密かに練っていた。陸軍のパラシュート部隊出身でその後、予備役として陸軍の法務部長を務めた三十六歳のジョン・L・ブラウンリーは、生意気でちょっと向こう見ずなところもあったが、大物に立ち向かうことを躊躇しない性格の持ち主だった。

しかも、彼にはメディアという武器があった。彼の妻リー・アン・ネセサリーは、地元テレビ局の有名なニュースキャスターだった。二人は十年ほど前に仕事を通じて知り合っていた。ブラウンリーは、赤らんだ顔に赤毛のモジャモジャ頭という少年のような外見をしていたが、その物腰からは内に秘めた強い意志が感じられた。彼はテレビドラマの「LAW & ORDER：性犯罪特捜班」に出てくる役者のような風貌をしていて、きれいな折り目のついたズボンと星条旗のカフスが似合いそうな雰囲気を持っていた。

ブラウンリーは記者会見を開くのが大好きで、いつも折りたたみ式の会見台を携帯していた。弁護士としての彼の哲学は明快だった。それは「負け知らずの弁護士がいたとすれば、それは単にその弁護士が難しい事件を受任していないだけだ」というものだった。

カレン・ホワイトの敗訴が決まった二〇〇三年、実はブラウンリー自身も別の裁判の敗訴に打ちのめされていた。彼は処方箋の乱発によって患者を死にいたらしめた疑いで逮捕されたロアノークの疼痛専門医セシル・ノックスに対する一連の裁判で、被害者側の代理人を務めていたが、公判ではことごとく敗訴していた。

この事件では家宅捜査を受けた時、ノックスと彼の病院で働く従業員は手錠をかけられて連行されたが、女性従業員の一人は、買い物袋を手に持ったままの状態で連行されるほどの、緊急の逮捕だった。その時、すでにノックスは当局に対し罪を認めて出頭することに同意していたにもかかわらず、それはまるで特殊部隊による急襲のような強制捜査だった。この劇場的な大捕物が世間の耳目を集めたおかげで、この事件は有名になり、原告側の代理人だったブラウンリーも攻撃的で怖いもの知らずな弁護士として名を上げていた。

そのように世間から注目されながら、多くの市民の怒りを買った裁判で陪審員から十分な支持を得ることができず敗訴し、評価を落としたブラウンリーが名誉を回復するためには、大きな裁判での勝訴が必要だった。

実はブラウンリーには、二〇〇八年のバージニア州検事総長選挙に出馬する野心があった。彼にとってパデューに勝つことこそが、「全国ニュースで取り上げられるための条件だった」と地元紙ロアノーク・タイムズのベテラン記者ローレンス・ハマックは語る。ハマックは私のかつての同僚で、オキシコンチン問題を長年追いかけていた。

「彼には個人的な動機がありました。しかしその一方で、オキシコンチンの乱用が全国規模で起きていたにもかかわらず、彼以外に本気でパデューと戦おうとする司法関係者はいませんでした」


実はブラウンリーは、検事に就任した直後からこの問題に取り組み始めていたが、その事実を二〇〇五年までは伏せていた。彼はニューヨーク・タイムズのメイヤーが書いた『ペインキラー』を読んでいたので、メイヤーがあの本の出版後、パデューからどのような圧力を掛けられたかを知っていたからだ。

パデューの弁護士のウデルは、ニューヨーク・タイムズに対して、メイヤーには利益相反があると抗議していた。メイヤーはパデューを扱った著書『ペインキラー』の著者なので、ニューヨーク・タイムズがパデューの問題を継続的に取り上げることで世間のこの問題に対する関心が高まれば、それだけ彼の本がよく売れることになり、結果的にメイヤーには金銭的なメリットが生じるというのが、その理由だった。だから彼は利害当事者であり、利益相反があるというのだ。そのような主張をすることで、ウデルはニューヨーク・タイムズにメイヤーをこの問題の担当から外させることを目論んだ。

「彼らは、私がこの問題を取材できなくすることで、パデューに関する報道をできる限り押さえ込もうとしました。そして、タイムズの編集者のダニエル・オクレントはそのクレームを受け入れてしまいました。オクレントはその時点で、すでにパデューに対する刑事捜査が進んでいることを知らなかったからです」とメイヤーは語る。実際、二本の例外的な記事を除き、その後四年間、メイヤーがパデューについて記事を書くことはなかった。

パデューは少なくとも一時的に、メイヤーを黙らせることに成功したかもしれないが、ブラウンリーにはそうはいかなかった。彼はその間、メイヤーの著書の脚注に出ていた資料や原典を丹念に調べ上げ、刑事捜査の一環として部下のグレッグ・ウッドにヴァンジーや被害者の親たちと連絡を取らせた。

依存症が蔓延し始めて間もなく、ウッドは定期的にオキシコンチン関連のニュース記事を電子メールで法執行機関や検察官やその他の関係者に流していた。まだグーグルアラートがない時代に、ウッドは手動でそれと同じことをやっていた。ウッドはそのメールの冒頭に、もし地元でオキシコンチンに関連したニュースがあれば、ぜひ知らせて欲しいという一言を毎回付けていた。

ヴァンジーはウッドのメールを「ウッド・リポート」と名付けた。

「当然われわれが知っているだろうなどと決めつけずに、何でもいいので知らせてください」とウッドは熱心にメールを書き続けた。ヴァンジーもウッドについては、「真夜中に飛び起きて記事探しをするほど、実にエネルギッシュな男でした」と語る。

ロアノークの連邦検察官事務所で医療不正担当の捜査官として勤務していたウッドは、パデューに対する民事訴訟の証拠集めを任されていた。その訴訟の大半は、依存症のリスクがあることを知りながらオキシコンチンを売りまくったパデューに対して一矢報いようと立ち上がった一人の弁護士が、無理を承知で提訴したものだった。その依頼人リストには、仕事上の怪我がきっかけでオキシコンチン依存症になった元炭鉱労働者から石工まで、様々な職業の人が名を連ねていた。彼らの多くが、オキシコンチンを断つために薬をトイレに流すなどして、必死に依存症から逃れようとしていたが、離脱症状はあまりにも辛いものだった。ある依存症者の言葉を借りると、オキシコンチン依存症になった人にとって、依存症ではない人に離脱症状の辛さを説明することは、「目が見えない人に象がどういう動物か説明する」のと同じくらい難しいことだった。

弁護士や被害者の親やヴァンジーやシスター・ベスたちは、営業担当者の訪問歴のメモからスーエラがヴァンジーにクリスマスにプレゼントした新薬申請書にいたるまで、パデューの不正を立証する上で使えそうな証拠は何でもウッドに提供した。

「パデューの弁護士たちは、明らかにウッドの力を過小評価していました」と、同社に対する民事訴訟で敗訴した経験のあるアビンドン市の弁護士エミット・イヤリーは語る。

何十年もの間、炭鉱夫としてリー郡の石炭を掘りまくってきたアーノルド・フェーン・マコリーは、二〇〇四年にパデューを提訴したとき、七十一歳になっていた。彼は石炭産業の業界用語で「低石炭」と呼ばれる、石炭の採掘の中でも最も骨が折れる採掘作業を担当していた。

「低石炭の採掘がどれだけ大変な作業かわかりますか?」ヴァンジーはそう語ると、炭鉱夫が暗闇の中で跪いて這うような格好で石炭を掘っている写真を見せてくれた。「この作業に比べれば、私がしていることなんて何でもありません。私はパソコンのマウスを動かしているだけですから」

それでもマコーリーは炭鉱の仕事が休みになる週末は、地域の農家のためにトラックで石灰を散布する作業を引き受けていた。裁判で父親の人物像を聞かれた娘のリサ・ニーナ・マコーリー・グリーンは「私が覚えている父は、子供の時からいつも仕事ばかりしていました」と答えている。

バージニア州の作家ジョン・C・タッカーはその著書『神の加護があらんことを』（*May God Have Mercy*）の中で、こう書いている。「幸いにも障害を負ったり火傷したり生き埋めになったりしなかった炭鉱夫は、肺か腰か膝のどれかがダメになるまで働くことになる」

マコーリーの場合は肩だった。彼は一九九〇年代の後半、ちぎれた地中ケーブルが肩と背中に当たり怪我をしていた。マコーリーのような患者を依存症にする一方で、リスクを無視してオキシコンチンを過剰に販売し、自分たちは何十億ドルもの売り上げをあげていたパデューの製造物責任を問うため、イヤリーは段ボール箱に二十箱以上の証拠を集めた。

イヤリーは二〇〇〇年に地元のコミュニティ・カレッジでヴァンジーのオキシコンチンに関する講演を聞いた時、製造物責任を問う訴訟を思いついたというが、実はイヤリー自身はこのテーマにとりわけ強い関心を持っていたわけではなかった。たまたま、当時、彼が交際していた学校の教師がこの問題に興味があり、彼は彼女のお供で、ヴァンジーの講演を聞きに来ていた。

その講演でヴァンジーはスライドを見せながら、麻薬の過剰摂取による死亡者数やオキシコンチンに関連した犯罪の急増を示すグラフを見せていった。ヴァンジーの提示するデータはどれも、正確な出典や脚注が付けられた説得力のあるものだった。イヤリーは一緒に講演を聞きに来ていた弁護士に思わず呟いていた。「何てことだ。捕まえる相手が逆だろう！」

イヤリーはヴァンジーについて、「大学生の時に仲良くしたいタイプではない」とは感じていたが、彼の講演を聞きながら、ふとあることを思いついた。ヴァンジーは地元の開業医だ。彼ならパデューを訴えたいと考えている患者を紹介してくれるかもしれない、と。実際、マコーリーをイヤリーに紹介したのは、ヴァンジーだった。ヴァンジーは当時、マコーリーのオキシコンチン依存症を治療していた。

しかし、他の多くの原告と同様、マコーリーは必ずしも理想的な民事訴訟の原告ではなかった。なぜならば、彼は当初医師から処方されたオキシコンチンに加え、次第にブラックマーケットで入手したオキシコンチンも服用するようになっていたからだ。しかもマコーリーはこのことを宣誓下で認めていた。彼の主治医だったリチャード・C・ノートンが、マコーリーをオキシコンチンから退薬させるために処方量を四〇ミリグラムから二〇ミリグラムに減らした時、マコーリーはひどく不安を感じ、下痢や発汗、皮膚の蟻走感といった離脱症状を覚えるようになった。蟻が皮膚の上を這うようなオキシコンチンの離脱症状の独特なむずむず感を、マコーリーは「グース・フレッシュ（鳥肌）」と表現していた。その頃からブラックマーケットでオキシコンチンを買っていたことを、マコーリーはパデューの弁護士からの反対尋問に対する回答の中で認めていた。それは、百年前にヘロイン依存症者が、何度でもディーラーの元に戻ってきたのと全く同じ理由だった。離脱症状の辛さに耐えられなかったからだ。

オキシコンチンに嵌まるまで、マコーリーは孫のお金を盗んだことはなかったし、勝手に親戚の生命保険を解約することもなかった。無論、他の依存症者から自分の薬を守るために銃を保有したこともなかった。過去にマコーリーは一九八〇年の炭鉱事故で二本の指を失った時と腰痛に悩まされていた時に、低強度のオピオイドの処方を受けたことがあったが、一九九九年に初めてオキシコンチンを処方されるまで、一日三百ドル（約三万三千円）分もの麻薬を必要とする依存症に陥ったことはなかった。

ヴァンジーはマコーリーの医師のノートンに対しても、「痛みへの対応が不十分だ」などというパデューの営業担当の口車に乗せられてはならないと警告してきた。以前、ヴァンジーがダッチフィールドのノートンの診療所を見に行ってみると、診療所の駐車場には州外ナンバーの車がたくさん停まっていた。ヴァンジーがノートンに「リッチ、君の患者たちがオキシコンチンを静脈に注射していることを知ってるのかい？」と告げると、ノートンは驚いていたという。

ノートンは二〇〇〇年に五年の実刑判決を言い渡されたが、その時の罪状はオキシコンチンの過剰処方とは無関係の、病院の汚職事件絡みだった。マコーリー事件で捜査当局に押収されたパデューの営業担当者のメモによると、連邦検事はノートンによるオキシコンチンの過剰な処方も捜査していたが、より広がりを持つ病院の汚職事件の立件を優先させていた。

ビッグストーンギャップ警察で麻薬事件を担当するスタラード刑事は、垂れ込み屋がノートンの患者からの情報としてあげてきたネタが今も忘れられない。「ノートン先生はロータブと四〇ミリグラムのオキシコンチンと八〇ミリグラムのオキシコンチンの処方箋をまとめて書いてくれました」とその患者は証言した。スタラードが押収したノートンのカルテによると、ノートンは一カ月に何千錠ものオキシコンチンを処方していた。

スタラードはその情報をブラウンリーの部下の連邦検事補に渡したが、その検事補からは医師の事件は立証が難しいと言われた。いざ裁判になると、医師は他の医師にお金を払って、自分の処方した薬は患者にとって必要なものだったと証言してもらえるからだ。それでも検察はＤＥＡの捜査官を投入して、最も悪質な医師を標的とする捜査を始めた。地元の刑事たちも検察に情報を提供するようになっていた。

「あらゆる種類の情報を検事にあげましたが、何の反応も返ってきませんでした。あまりにも無反応なので、われわれの仲間内では実は検事は実在しないんじゃないかなんて陰口を叩かれていました」とスタラードは笑う。

その後、しばらくして連邦検事から、ノートンがパデューのマニュアルに沿って薬を処方していたという事実を掴んだとスタラードに連絡があった。しかし、パデューに対する民事訴訟では、パデュー側の不法行為は何一つ立証されていなかった。実際に企業から不法行為に対する補償を取り付けるためには、不法行為が具体的に立証される必要がある。案の定、連邦裁判所のジェームズ・Ｐ・ジョーンズ判事は、マコーリーが依存症になった原因がすべてオキシコンチンにあったとまでは証明されていないとの理由から、マコーリー側の損害賠償請求の申し立てを却下した。

ただし、他のオキシコンチンの裁判では、裁判官は一様に被害者側の申し立てを却下したのに対し、ジョーンズは珍しく却下の決定に個人的な意見を付け加えていた。

「日常生活が困難になるほどの辛い疼痛から患者を解放することは、大用量のオピオイドで依存症になるリスクを冒すことよりも優先されるべきことなのでしょうか」ジョーンズはそう問うた上で、この裁判ではその問いに対する答えは出ていないと語った。

敬虔なバプティストでカントリー・ミュージックとメジャーリーグ球団のアトランタ・ブレーブスをこよなく愛していたフェーン・マコーリーは長年、地元のリー高校のバスケットボールの試合のレフェリーを務めていたので、マコーリーはジョーンズビルの人々にとっては馴染みの存在だった。

この裁判を挟んで合計七回、マコーリーは依存症から抜け出すためにリハビリ施設に入っていた。「父はリハビリから戻るたびに『もう薬はやめた』と言いましたが、家族にはそれが嘘であることがわかっていました」と彼の娘リサ・グリーンは語る。マコーリーは家族の家宝までフリーマーケットで売り払っていた。彼は薬を買うお金を得るために、盗んだクレジットカードで買った四輪駆動車を中古車屋で売り払うようなことまでやっていた。「父は母が自分を殺そうとしているなんてことまで言い出していました。脳みそまで薬に乗っ取られていたんです」とグリーンは語る。

グリーンは父親が死ぬ二年前、母親を自宅のあるテキサスに連れて帰り、そこで母親と一緒に暮らしていた。マコーリーの妻も娘のグリーンも、もはや父親の死が時間の問題であることは、よくわかっていた。夜遅くに電話が鳴るたびに彼らは身をすくめた。そして二〇〇九年一〇月二二日の夜明け頃、その時が訪れた。

裁判から四年後、七十五歳のマコーリーは亡くなった。彼が石灰を撒くトラックで牧場のフェンスを突き破り、牧草地の真ん中で死んでいるのを、午前四時頃に警察が発見した。助手席には二日前に処方された、ほとんど空になったオキシコンチンのボトルが置かれ、その周りには錠剤が散乱していた。州警察の警察官はマコーリーの妻と娘に対し、マコーリーの死因は心臓発作だったと伝えたが、グリーンは父親は誤った薬の処方によって殺されたも同然だと感じていた。薬によって父親の頭は、銃で吹き飛ばされたように粉々にされてしまったと彼女は語る。

しかし、マコーリーの死によって、彼の裁判で使われたパデューの営業担当者の訪問記録や供述調書までが、イヤリーの弁護士事務所の倉庫でお蔵入りになったわけではなかった。それはブラウンリーやウッドの対パデュー捜査の貴重な証拠資料として、保存されていた。マコーリー裁判の判決が出る頃、ブラウンリーの事務所ではパデューに対する何百万件という証拠のリストをパソコンに入力する作業が密かに進んでいた。ウッド・レポートは週に四〜五回のペースで発行されていたし、検察官事務所は一人の職員を対パデュー捜査の証拠の目録作りに専念させていた。一連の証拠はパデューが意図的に薬物の依存性を隠していたというブラウンリーの確信を裏付けていた。

ニューヨーク・ポスト紙が二〇〇五年に、連邦大陪審がパデューを捜査しているというスクープを報じた時、ヴァンルーヤンはビッシュや被害者の親たちに「パデューは田舎の弁護士なんてどうとでもなると思っていたんでしょうね」と語っている。ヴァンルーヤンはまた、かつてパデューのウデル弁護士が、マコーリーのような人々に対する法廷での勝利数を自慢し、パデューは「不条理な訴訟」には決して屈しないと大見得を切った時のことを思い出していた。

パデューとその経営幹部はロアノークの連邦検察官事務所の検事の本気度を、明らかに甘く見ていた。ブラウンリーは、自分たちがパデュー事件の捜査に集中するために、近隣から応援の検察官を呼び寄せて、パデュー以外の事件の処理に当たらせた上で、検事補のランディ・ラムセイヤーとリック・マウントキャッスルをパデュー事件の専任に指名した。彼らは、オキシコンチンの被害者が多い炭鉱街により近いアビンドンの出張所を拠点に事件の捜査を進めた。

キャリア官僚のラムセイヤーとマウントキャッスルは、政治的野心を持つ上司のブラウンリーとは違い、自分たちの方から進んでメディアに話そうとはしなかった。十年後、私は初めてラムセイヤーにインタビューする機会を得たが、彼の官僚特有のメディア嫌いは変わっていなかった。パデュー相手の捜査の困難さを尋ねたところ、彼は「大企業や有名な弁護士が相手だと、人々は恐れをなしてしまうところがありますが、われわれはそれを乗り越えなければなりません。簡単なことではありませんが、決して不可能ではありません」など、相変らず無難な答えを繰り返した。

ほどなくラムセイヤーとマウントキャッスルは、オキシコンチンの販売が始まって以降、検察にあがってくる刑事事件の数が劇的に増えていることに気づいた。彼らはまた、オキシコンチン絡みでパデューを起訴した他の検事たちが、一部の例外を除き、ことごとく裁判で負けていることも知った。例えば、メイン州のジェイ・マクロスキー検事は、早い段階からパデューの営業手法の立件に挑み、パデューに対して、医師への接待攻勢と一六〇ミリグラムのオキシコンチンの販売を諦めさせることなどに成功していた。ところが、彼は二〇〇一年、検事を辞して、なんとパデュー・ファーマのコンサルタントになっていた。確かにそういう検事もいたが、アビンドンで働くラムセイヤーとマウントキャッスルの二人の検事は、政府の仕事に満足していた。

二人は、処方箋を乱発した医師を何人も刑務所に送っていた。その中には、自分の車で処方箋を書いて回ることだけを仕事にしていた医師もいた。オキシコンチンの販売が始まって以降、小さなアビンドンの連邦検察官事務所は、十人の医師と歯科医と薬剤師を違法に処方箋を発行した罪で訴追した。彼らの罪状の中には九歳の子供に対する違法な処方まで含まれていた。九つの州政府といくつもの連邦政府機関が、五年にわたる捜査をサポートした。

それまでの民事訴訟と異なり、ブラウンリーたちのチームは、パデューが薬の効果を偽って販売したことに対する刑事訴追にこだわった。そのためには医薬品のラベルに誤った情報を載せることや、薬の効果を偽って販売したり、承認された以外の方法で医薬品を利用させることが罪になることを定めた法律を幅広く解釈し、パデューが過剰摂取や依存症や誤用の原因を作ったことを証明するのではなく、彼らが医薬品に誤った表示をしたり、違法に医薬品の誤情報を出したことを証明すればよかった、とロアノーク・タイムズのハモックは説明する。

「それは微妙な法律の解釈でしたが、ラムセイヤーとマウントキャッスルはそれをうまく処理していました。パデュー側には最後まで、そのような田舎検事たちの法解釈が通るはずがないという思いがあったようです。明らかに彼らは二人の力を過小評価していました」とハモックは語る。

そして、四年後、パデューは罪を認める。パデューは、自分たち自身が作成した文書を使って違法行為を立証した田舎検事たちの前に屈することになるのだが、パデューは最後までそんなことはあり得ないと考えているようだった。また、形勢が不利だとわかると、パデューはブラウンリーにも全力で圧力をかけてきた。先ず手始めに、ジュリアーニからブラウンリーのところに何度も電話を入れさせ、和解交渉を有利に進めようとした。

ブラウンリーの方も、あらかじめジュリアーニの著書『リーダーシップ』を読んでジュリアーニとの交渉に備えていた。

「準備はできていました。この事件は、事務所がどこにあろうが、またその事務所がどれだけ小さかろうが、まったく関係ないと思っていました。二～三人の有能な検事と、アビンドン市内に彼らが働ける小さな事務所さえあれば十分でした。検事たちがそこで粘り強く真面目に捜査を続ければ、バージニア州の裁判史上最大の勝利を収めることが可能でした」とブラウンリーは語る。

この事件を担当した検事補の一人は、ジュリアーニは公判の時こそ前面に出て来たが、実際の和解交渉にはあまり関与していなかったと証言する。ジュリアーニはちょうどその頃、共和党の大統領候補として選挙戦への出馬を画策していたようなので、裁判どころではなかったのかもしれない。結局、大統領選挙への出馬は叶わなかったが。

「ジュリアーニはそのスター性によって、相手を威嚇する役割を担っていました。こういう裁判の時はよく『政府が総力を結集して』という表現が使われますが、実際に事件を戦っている検事や捜査官たちにはそういう感覚はありません。大抵の場合は被告側の方がわれわれよりずっと大人数の弁護団を組織して挑んでくるからです」と交渉に関わった検事補の一人は語る。

二〇〇六年の秋、パデューの弁護士たちは、この事件の成り行きがこれまでとは違ってきていることを感じ始めていた。パデューがどれだけ圧力をかけても、連邦政府が相手では、その効果にも限界があった。果たして田舎町の検事たちに、大企業とその経営幹部たちを有罪にするための証拠は集められるのか。しかも、最高経営幹部たちを罪に問うためには、単に薬の誤表記だけでなく、郵便や電話を不正に使ったことや、マネーロンダリングなどの重罪の証拠を固めなければならない。当時、捜査に当った検事がブラウンリーに送ったメモでは、その答えは「イエス」

だった。

ところが、「事件が司法省の本省にあがってくると、ジュリアーニたちはパデューの経営幹部たちが重罪に問われないで済むように懸命のロビー活動を行った結果、彼らの罪状は薄まっていった」と捜査関係者は語る。罰金についても、政府は当初、十億ドル（約一千百億円）をパデューに求めていたが、その後、交渉の結果、最終的にパデュー側と同意した金額は一千万ドル（約一億一千万円）まで減額されていた。

司法取引の結果、和解金が減額されることはよくあることだ。しかし、裁判では通常、検察側がより厳しい求刑を求める構えを見せながら司法取引を持ちかけるのに対し、被告側は弁護士が無罪を証明するために裁判を受けて立とうとするものだ。ところが、ジュリアーニのロビー活動はちょっと違っていて、必要とあらば反則技も辞さない。例えば二〇〇五年、パデューの弁護団はジェームズ・コミー司法副長官（当時）に連絡をして、ブラウンリーの捜査の進め方にクレームをつけてきた。その連絡を受けたコミーはブラウンリーに、捜査に対する懸念を伝えてきた。これに対してブラウンリーは自ら車を運転してワシントンに乗り込み、コミーに直接捜査の戦略を説明するという手に打って出た。

ブラウンリーの説明を聞いたコミーは、「納得しました。バージニアに戻って、しっかりと裁判をやり遂げてください」と告げたという。

パデュー側は二〇〇六年一〇月、司法取引期限の前日の夜になって、動きを見せた。この日を逃せば、パデューが起訴されることになるというギリギリの期限だった。その夜、司法省の高官からブラウンリーの元に電話が入った。それはパデューの弁護士からの依頼を受けたものだった。

まずパデューは司法取引の期限の延期を求めてきた。しかし、パデューの圧力ゲームにはいい加減うんざりしていたブラウンリーは、「もうロビー活動も話し合いも十分やったではないか。そろそろ終わりにしよう」と返答し、これを受け入れなかった。

このまま起訴されることになった場合、パデューにとって、オキシコンチンの被害が顕著なバージニア西部の管区で陪審裁判を受けることのリスクはあまりにも大きすぎた。結局、パデュー側は深夜になって、司法取引の条件を受け入れた。しかし、これでパデューの抵抗が終わったわけではなかった。パデューによる司法取引の受け入れから八日後、ブラウンリーは突然、自分の名前が、他の四人の検事とともに、司法省の解雇者リストに載っていることを知り、仰天する。最終的にブラウンリーは解雇を免れ、この責任者だったアルベルト・ゴンザレス司法長官が、この一件によって、地方の連邦検事の仕事に介入したとして、批判を受けただけで終るのだが、しかしそれは、同時にパデューのすさまじい政治力の反映でもあった。

司法省に期限の延長を求めてきたのは、ウデルの弁護士で元マンハッタンの連邦検事だったメアリー・ジョー・ホワイトだったが、後にブラウンリーは連邦議会上院の公聴会で、この時パデューがいかに司法省を懐柔しようとしたかについて詳しく証言している。

それでもブラウンリーは最後までパデューの圧力に耐え、最終的にパデューの持ち株会社のパデュー・フレデリックに薬の不当表示の重罪を受け入れさせると同時に、同社の役員についても、薬物の誤表示罪を認めさせるところまで漕ぎ着けた。これはやや法律の世界の独特な言い回しになるが、合意した司法取引の内容は、パデューの役員は有罪は受け入れるが、薬の不正表示のことは知らなかったので、「裁判所はその点に配慮する」となっていた。要するに、彼らの唯一の罪は「誰かが犯罪を犯した会社を経営していたこと」ということになる。

最終合意の内容が、ラムセイヤーとマウントキャッスルが当初目指したものと比べると、やや物足りないことは否めなかった。当初、検察は十億ドル（約一千百億円）の罰金と複数の重罪を会社と経営幹部に対して科したいと考えていたからだ。しかし、「これが限界でした」と事件に関与した検事の一人は語っている。


それでもパデューは当初、罰金は一千万ドル（一億一千万円）で、重罪も認めないという、政府から見れば「馬鹿にしているとしか思えない」合意内容を提示していた。

「パデューは雀の涙程度の罰金だけで逃げ切れると思っていたようです。彼らにしてみれば、自分たちにとっては雀の涙のような金額でも、こんな田舎町には十分だと考えていたようです。幸い最終的な合意は、よりわれわれの要求に近いものになりましたが」とその検事は語る。

交渉に関わった別の関係者は、こう語る。「パデューの弁護士たちは一様にショックを受けていたようです。彼らはわれわれの意思の強さを甘く見ていました。われわれは、もし和解できなければ裁判に訴えるつもりでしたから」

一方、サクラー一族は事態の深刻さを認識していた。ワシントンでの交渉中に、サクラー家側の言葉が交渉の現場に伝えられた。それは「カネで解決できないなら、どんな方法でもいいので、とにかくこの事件を終わらせてくれ」というものだったと当時の政府の担当者は言う。それはサクラー家としては、三人の幹部を生け贄に差し出しても構わないという意味だった。たとえその三人が長年パデューに尽くしてきた社員だったとしても、そんなことは一族にとってはどうでもいいことだった。
サクラー一族は、もしこの事件が、オキシコンチンの死者が二百人を超えるバージニア州南西部で裁判にでもなれば、陪審員たちははるかに厳しい罰則を科す可能性が高いことを理解していた。「私たちは、お金を手に入れようとしているだけではありませんでした。私たちの目標はパデューに犯罪行為をやめさせ、彼らを罰し、彼らが不当に得た利益を奪い返すことでした」とその担当者は語る。

二〇〇七年五月の晴れた日、ロアノークのオフィスビルの大広間でブラウンリーは和解内容を公表した。それは、パデューとその経営幹部はオキシコンチンの効果を誇張する一方で、その依存症や乱用のリスクを軽視する営業活動を行ったことに対して、罪を認めるというものだった。その内容は、不当表示の刑事上並びに民事上の責任を取るため、パデューは六億ドル（約六六〇億円）の罰金を支払うと同時に、六年にわたり不当にオキシコンチンの乱用リスクや副作用のリスクを即効性の鎮痛剤よりも過小に申告してきた不当表示の重罪を認めるというものだった。また、ポール・ゴールデンハイムとマイケル・フリードマン、ウデルの三人の経営幹部は、より軽微な罪で有罪を認め、三千四百五十万ドル（約三十七億九五〇〇万円）の罰金を支払うことに合意した。パデューと三人の経営幹部に対する罰金額は、同社がオキシコンチンの販売を通じて一九九六年から二〇〇一年までの間にあげた利益の約九〇％を占めるものだった。二〇〇一年という期限についてブラウンリーは、この年、パデューはオキシコンチンの注意書きから、「徐放機能が薬物乱用のリスクを軽減する」という文言を削減したからだと説明した。それは司法省の歴史の中で製薬会社が支払った十一番目に大きな罰金だった。

有罪を認めたパデューとパデュー幹部に対する判決言い渡しの公判は、アビンドンの裁判所で七月中旬に予定されていた。その場にはオキシコンチンがどのような被害を与えたかを訴えるために、子供を失った親たちも招かれていた。それはビッシュやヴァンルーヤン、ナスにとって、パデューの幹部と初めて顔を合わせる機会となるはずだった。和解案ではパデューの幹部は刑務所には行かずに済むことになっていたが、量刑の最終的な判断は裁判官に委ねられていた。実際に彼らが裁判に出廷し、裁判官から判決を言い渡されるまで、彼らの保護観察処分や地域の奉仕活動の期間がどれだけの期間に及ぶかもわからなかった。

ブラウンリーは証拠を開示するための記者会見を開き、グレッグ・ウッドやランディ・ラムセイヤーやリック・マウントキャスルらの検事補たちを自分の右側に立たせ、彼らが集めた山のような証拠を自分の左側に置いた上で、その前にいつもの折りたたみ式の会見台を立て、得意げに話をした。二千箱もある証拠の入った段ボール箱の中から選んできたものだけでも、積まれた箱の高さは一メートル五〇センチにも及んだ。

さらに視覚効果を強めるために、ブラウンリーはパデューが作成した偽データのチャートも貼り出した。そのチャートはオキシコンチンが、「滑らかで持続的な血中濃度を維持」することや、「ピークと谷の数が少ない」ことを示していた。捏造されたそのグラフは、オキシコンチンが乱用のリスクが低いことを示すためにパデューが作成したものだった。そしてそのすぐ隣に、パデューが持つデータを元に検察官が作成した正しいチャートが貼り出された。実際のデータを元に作られたグラフは急峻な山地の地図のような激しいアップダウンがあり、パデューが作成したグラフの単調で緩やかなカーブとは好対照をなしていた。このチャートを見れば、時間的にも量的にも、真実と嘘の違いは明白だった。このチャートは、ブラウンリーのチームが作成した四十六点の事実関係メモの中に含まれていた二つのデータをグラフ化したものだったが、パデュー側も事実と認めていたこのメモは、同社がオキシコンチンについて意図的に誤った主張をしていたことを如実に物語っていた。その中には、離脱症状を訴える患者についての初期の報告のような、パデューが破棄していたはずのデータも含まれていた。これはある幹部が従業員に「このデータは否定的な報道を招く恐れがあるので、現時点では出さないように」と指示したものだった。

もう一つの事実は、オキシコンチンの錠剤から六八％のオキシコドンを抽出できることを、パデューは自身の研究によって知っていたにもかかわらず、パデューの営業担当は医師に対して、従来の鎮痛薬と比べて、オキシコンチンから注射用にオキシコドンを抽出することは難しいという嘘の説明していたことだった。同様に同社は、一部の営業担当が、徐放性のオキシコンチンによって得られる陶酔感は、パーコセットなどの即時放出型オピオイドよりも弱いので、依存症者や薬物常習者を「排除する」ことができると主張していたことも認めていた。

これらの証拠はすべてブラウンリーたちが集めたものだった。

パデューに挑んだ田舎検事たちが、あまりにも多くの証拠を集めたおかげで、ブラウンリーはアビンドンのショッピングセンター内にあった検察官事務所とは別に、段ボール箱に入った証拠を保管するためのレンタル倉庫を借りなければならなかった。

第4章 企業は痛みを感じない

バージニア州南西部地区の司法機関が本拠を構えるアビンドンは、復刻された植民地時代のレンガ造りの建物が多く建ち並ぶ、趣のある街並みでよく知られている。ここは地域の芸術活動の中心地でもあった。二〇〇七年にここの裁判所でパデュー幹部への判決の言い渡しが行われるまで、アビンドンは八〇マイル西のセントチャールズから出発する石炭列車の中継駅として栄え、高級ブティックや芸術品店、工芸品店が多いことで有名だった。その夏、小説家のバーバラ・キングソルバーがアビンドン近くのメドウビューで、流行の農場直営のレストラン「ハーベスト・テーブル」をオープンしようとしていた。この店は彼女の自叙伝ともいうべき『動物、野菜、奇跡の伝説』(*Animal, Vegetable, Miracle: A Year of Food Life*)に登場するもので、当時その本はベストセラーだった。

アビンドンにはアーネスト・ボーグナインやグレゴリー・ペックらが俳優としてのキャリアの初期を過ごしたバーター・シアターがあった。このシアターの名前は、大恐慌時代、地域の農家が劇場で芝居を見るために生きた鶏を持参し、鶏と観劇料を物々交換(バーター)したことに由来していた。二〇〇七年春のパデュー判決の数カ月前から、バーター・シアターでは、地元の酒の密造者の未亡人が主人公のコメディーが演じられていたが、その物語の中でこの未亡人は金に困った挙げ句、なんと自分に処方されたり盗んだりしたオキシコンチンを売って生計を立てているという設定になっていた。

この劇を見た尼僧のシスター・ベス・デービーズは、主人公の辛い人生に泣いたり、アパラチア特有の逞しさに感心したりしながら、本来であれば笑えないテーマの演劇を心置きなく楽しんだ。「たまには笑わないと、頭がおかしくなっちゃうでしょう」と彼女は言って、また笑った。

アビンドン市は人口わずか八千人の小さな地方都市だが、連邦裁判所と州裁判所が置かれているため、多くの弁護士が住んでいる。この町に住む法曹関係者たちの多くは、南北戦争の南軍兵士の銅像や開拓者ダニエル・ブーンの墓石を横目で見ながら、自宅から裁判所まで歩いて通っていた。

高級レストランや劇場が建ち並ぶこの町に住む弁護士や炭鉱関連の技師たちにとって、抗議集会やデモの類いは、あまり馴染み深いものではなかった。しかし、雨が降り注ぐ二〇〇七年七月二〇日、オキシコンチンによって愛する家族を奪われた人々が、ウデル、フリードマン、ゴールデンハイムの三人のパデュー幹部が連邦裁判所の被告人席でもがき苦しむ姿を見るために、ここに集まってきた。

バーバラ・ヴァンルーヤンはカリフォルニアの自宅から飛行機で駆けつけた。彼女は自分の息子の誕生を祝う時のために買った青い花柄のサンドレスを着て、「一錠でも死ぬ！」と書かれた手作りのプラカードを持っていた。

シスター・ベス・デービーズはペニントンギャップから車でやってきた。彼女もレインコートを着て、手作りのプラカードを持っていた。そのプラカードにはエド・ビッシュの赤い頬の息子エディが、タキシードを着て卒業パーティに参加しているときの写真が貼られていた。

その日、ヴァンジーは八十歳になる父の誕生日を祝うため、アビンドンに来ることができなかった。しかし彼は集会での音響設備の設定方法から、デモの参加者に配るために用意しなければならないペットボトルの水の本数や取材に来た記者に話す内容まで、細かい指示をシスター・ベスに出していた。

その頃、ヴァンジーと妻のスーエラは、毎週のように患者の葬儀に出席していた。時には、一日に二度、葬儀に出ることもあった。当時の米国内科学会が発行する著名な学会誌『アナルズ・オブ・インターナル・メディシン』（*Annals of Internal Medicine*）に、ヴァンジーのこんな詩が掲載された。題名は「オキシコンチン」だった。

オキシコンチンが山を飲み込んで、
葛のようにゆっくりと何万人もの若い命を奪ってくれた方が
楽だったかもしれない
ところがそれは、
ナパーム弾がゆっくりと校庭を焼き尽くすように、
私たちを飲み込んでいった

ママは炭鉱の落盤で死んだパパを埋葬する時が

一番辛かったと言うけれど、
僕にはある朝、
注射針を腕に突き刺したまま
冷たくなっていた姉を見ることの方が、
ずっと辛かった
成績も優秀で将来を嘱望されていた姉は、
注射針とスプーンに魂を奪われてしまった

エド・ビッシュとリー・ナスはフロリダのナスの自宅から車を運転してやってきた。彼らはオーランドの抗議集会で使ったプラカードを持って来ていたが、それはカリブ・ロイヤルでスプリンクラーの水を掛けられたために、少ししわくちゃになっていた。

ビッシュは身内を失った五十人の親族たちが、小さな公園から裁判所まで歩くデモ行進の先導役を務めた。彼のプラカードには大きな文字で「オキシは殺す！」とだけ書かれていた。

小柄な赤毛のナスは、ハンサムでオリーブ色の肌をした息子のランディを等身大以上の大写しにした写真を掲げていたため、より小さく見えた。その写真は普段、彼女が磁石で車に貼り付けているものだった。その磁石には「愛するランドール・ナスとその他の人々を偲んで」という文字が彫られていた。それはカウンセラーの提案を彼女が実践したものだったが、そこには、できるだけ多くの人々にこの問題を知ってもらいたいという彼女の思いが込められていた。

それから十年以上が経った今、メディアが、オピオイド危機がどこでどのように始まったのかを報道する時、このアビンドンの雨の集会の映像が必ずと言っていいほど流される。そこには危機感に駆られてプラカードを掲げて行進する親たちとシスター・ベスの姿が映っていた。その時のシスター・ベスの表情は、それまで起きたことに対する激しい怒りと、これから起きようとしている危機への不安に満ちていた。

パデューの幹部たちは公判の前夜、コネチカット州から自家用飛行機で飛んで来て、裁判所の隣にある由緒ある高級ホテルのマーサ・ワシントン・インに泊まっていた。彼らの弁護士は抗議のデモ隊との遭遇を避けるために、幹部たちが裁判所に裏口から入る許可を求めたが、よく響く声をした実直なジェームズ・ジョーンズ裁判官は、パデューの幹部たちに対して、他の者たちと同じように裁判所の正面玄関から入るよう命じた。

ニューヨーク・タイムズのバリー・メイヤーは五月にウデル、ゴールデンハイム、フリードマンの三人が罪状認否で罪を認めたときの公判も傍聴していたので、アビンドンに来るのはこれが二度目だった。メイヤーはこの日のできごとは何一つとして見逃したくなかったので、前の晩からアビンドン郊外のモーテルに泊まり込んでいた。ただ、彼は自分がアビンドンに来ていることを隠していて、ニューヨーク・タイムズが雇ったロアノーク在住のフリーカメラマンと現地で落ち合い、パデューの幹部たちがホテルから出てくるのを車の陰に隠れて待ち構えていた。

メイヤーはこれまでパデューの幹部たちには何度も取材をしてきた。パデューの本社でインタビューをしたこともあったし、電話で話したこともあった。ただ、彼はパデューの幹部たちが自分たちの行為に対する報いを受ける瞬間を、どうしても自分の目で見届けたかった。

実はその日は彼の五十八歳の誕生日だった。パデューの幹部たちが報いを受ける瞬間を目撃することは、ベテランジャーナリストのメイヤーにとって、何よりのバースデー・プレゼントだった。

「やっと私の記事の正しさが証明される思いです」とメイヤーは語る。

ウデルとゴールデンハイムとフリードマンがホテルから出てきて、車の陰に隠れていたメイヤーたちの姿を目にとめたとき、彼らは一様にびっくりしたようだった。科学者のゴールデンハイムはカメラに向かって強張った表情をしていたが、ウデルとフリードマンはすぐにカメラから顔を背けた。

判決公判が始まる前に開かれた集会では、犠牲者の親たちが、死んだ子供の名前を交代で読み上げた。ビッシュは彼が主宰する追悼掲示板サイトに投稿された書き込みをすべて印刷して持ってきていたが、その量は五十ページを超えていた。名前を呼ぶ声は、何度も嗚咽によってかき消された。

ボビー・リー・アシュクラフト、十九歳
ポール・アボータ、二十二歳
ヘザー・マリー・ゴスキノスキー、十五歳
ニコール・ノタロ、十九歳……

結局、公判が始まるまでに彼らは、十ページまでしか名前を読み上げられなかった。

翌日のニューヨーク・タイムズには、お揃いのスカーフを身につけた二人の母親が抱き合う写真が大きく掲載された。その一人が握りしめていた十七歳の娘の写真には、こう書かれていた。「愛するサラ・ニコールを偲んで。彼女の人生は価値のあるものだった」。二人のすぐ後ろには、息子のパトリックが大好きだったブルーのサンドレスを着たヴァンルーヤンが、準備した演説のメモを持って立っている姿が写っていた。

パデューの経営陣は有罪判決を受けたその日から、コロンビアの麻薬カルテルやフリークショーで有名なP・T・バーナムと同類の、麻薬王やペテン師として扱われることになるだろう。法廷で彼らは、大学三年生の息子を失った親の気持ちがわかるかと聞かれるだろう。「遺体安置所でご自分の息子や娘を見たらどう思います？　しかも、彼らは司法解剖のために、細切れにされてしまうんですよ」と。

パデューの経営陣は人間としての誠実さに疑問を投げかけられるばかりか、経営者としてのキャリアも危うくなるだろう。二十九歳の娘ジルを失ったマリアン・スコレックはこう語る。「フリードマンは自分の家族がホロコーストの生き残りだとか言っているそうですが、私は彼からその話を聞いたすべての人に言ってやりたい。フリードマンはヒトラーと何ら変わらないと。ヒトラーは大勢の人を殺しましたが、フリードマンも大勢の人を依存症で死なせています」スコレックは、その場に孫のブライアンを連れてきていたが、ブライアンの母親は彼が六歳だった二〇〇二年に処方されたオキシコンチンの過剰摂取で亡くなっていた。

「悪人には必ず罰が下ることを見せるために、孫を法廷まで連れてきました」とスコレックは言った。

しかし、その罰は十分とは言えないと親たちは口々に裁判官に訴えた。司法取引の結果、三人の経営幹部は服役しなくてもいいことで合意していたが、親たちはジョーンズ判事に禁固刑を再検討するよう求めていた。

フロリダ州パームハーバーのリン・ロカシオは、「禁固刑でさえ、あなたたちには不十分です」と言った。ロカシオの息子は、交通事故後の手術の後に処方されたオキシコンチンで依存症になり、今も苦しんでいた。「あなたたちは私の息子と同じように、リハビリ施設に入り、そこで何が起きているかを見るべきです。きっと考えが変わるはずです」

しかし、パデュー側の弁護士は、有罪判決がもたらす恥辱だけで、罰としては十分だとした上で、会社の法務、財務、製薬部門のトップである彼らは、いずれも個人的には何ら違法行為はしていないという、従来の主張を繰り返した。

ウデルの弁護人を務めるメリー・ジョー・ホワイトはパデューの筆頭法律顧問のウデルこそが「会社の道徳的な羅針盤」だと主張し、その実例として、オキシコンチンの安全性に懸念が出た後、パデューはウデルの判断で自主的に一六〇ミリグラムのオキシコンチンの販売を中止したことを挙げた。また、ウデルは業界のほとんどの企業が反対していた処方監視プログラムの導入を支持したし、多くのアメリカ人がメキシコにオキシコンチンを買いに行っていることが明らかになると、オキシコンチンのメキシコへの輸出も中止したと、ホワイトは主張した。

ホワイトはまた、この事件はウデルにとって「悲劇だ」と述べた。ただし、その理由は、ウデルは軽犯罪違反を認めただけなのに、社会的には彼が刑事事件で有罪判決を受けたと勘違いされるから、というものだった。その上で、もしウデルが刑務所に収監されるようなことになれば、その誤解をさらに助長することになるので、禁固刑は絶対に承服できないとホワイトは主張した。同様に、ゴールデンハイムの弁護人も、同社の元最高科学責任者であり医療部長でもあったゴールデンハイムが、有罪を受け入れたことにひどく苦しめられていると語った。彼は「犯罪者」のレッテルを貼られているが、現実には彼はこれまでも多くの善行を積んできたし、司法取引の合意文書には、彼自身は違法な行為には関わっていないことが明記されている。そのような人物に対して禁固刑を与えることはあまりにも厳し過ぎると、ゴールデンハイムの弁護人は主張した。

フリードマンの弁護人は、同社が転用防止のパンフレットと改竄防止機能のついた処方箋を配布したことや、パデュー社内に警察との連絡室を設置したこと、地元の麻薬取り締まりプログラムに資金を供給したこと、そして乱用が行われ難くなるように営業担当者の報酬の仕組みを変更したことなどを指摘した上で、「パデューの中にはオキシコンチンについて会社の方針とは異なる説明をした社員もいたかもしれないし、それはあってはならないことだったが、いずれにしてもマイケル・フリードマンはそのような不正行為には関与していない」と主張した。フリードマンの弁護人はまた、違法行為を行った証明がなされていない被告人を刑務所に入れるようなことは、アメリカの司法史上、前例がないと述べた。

要するに、弁護人たちはラムセイヤーが予測した通りのことをやっていた。つまり、彼らは麻薬によって引き起こされた死と破壊に対して、自分たちには責任はないと主張したのだ。そして法廷では、子を失い悲しむ親たちの話を聞いた直後だというのに、「オキシコンチンの莫大なメリットはそのリスクをはるかに上回る」というこれまでの主張を当たり前のように繰り返した。

今回、製薬会社の幹部に刑事責任を負わせるという「前例のないこと」が可能だった理由は、ウデルとフリードマンとゴールデンハイムの三人が司法取引を受け入れ、彼らが「犯罪を防ぐために無力ではなかった」ことを認めたからだと、ラムセイヤーは説明する「彼らには企業の幹部として、薬の不正表示が行われないよう管理する義務がありました」。

その一方で、ラムセイヤーは、意見陳述が終わるやいなや、パデュー側の次の広報キャンペーンが始まることも予測していた。「きっと彼らは今回の罪を認めた上で、判決の中身を矮小化しようとしてくるでしょう」

そして、ラムセイヤーの予想通り、パデューの弁護士はそれをやろうとした。しかし、ラムセイヤーはパデューの弁護士たちの不満げな表情を見逃さなかった。

「彼らは何かに不満を感じていたようです。われわれは法廷で、被告人が懲役二十年だの三十年だのといった刑を宣告される事件も扱ってきましたが、そんな被告人の弁護人でも、あの日の彼らほど不満げな顔はしないものです」とラムセイヤーは語る。

いつものことながら、ラムセイヤーはこの事件についてあまり多くを語ろうとしなかった。その理由は定かではないが、彼がこの事件の担当になってから、彼自身にがんが見つかり、途中で一時、仕事を休まなければならなかったことへの個人的な、そして職業倫理上の後ろめたさ故のことだったのかもしれない。いずれにしてもラムセイヤーは、この事件が製薬会社と過剰に処方箋を書いている医師に萎縮効果を与えることを期待していたが、必ずそうなるかどうかは確信が持てていなかった。最近、彼が読んだ記事には、二〇一〇年の一年間でアメリカのすべての成人を一カ月間オキシコンチン漬けにできるだけの量のオピオイドが処方されていたことが指摘されていた。「状況はさらに悪くなっています」とラムセイヤーは語っている。

その年のアメリカン・フットボールの王者決定戦「スーパーボウル」のテレビ中継では、オピオイドの副作用の便秘を緩和する薬のCMが放送されていた。「パデューはセノコットという名の下剤も市販していました」とラムセイヤーは語る。実際、裁判所に押収されたパデューの営業担当のノートによると、同社はオキシコンチンとセノコットの同時服用を推奨していた。「われわれはパデューに上下の口を同時に押さえられていたわけです」

ただ、この「世紀の裁判ドラマ」から抜け落ちていたものが一つあった。それはパデューと世界中に二百十四もの関連会社を所有するサクラー家の存在だった。彼らこそが、オキシコンチンの最大の受益者に他ならなかった。パデューは二〇〇七年までにオキシコンチンの販売で、合計二十八億ドル（約三千八十億円）もの利益を得ていた。特に二〇〇六年は、その年だけで五億九千五百万ドル（約六百五十四億円）も稼いでいた。株式を公開している企業は株主の要求に応えなければならないが、私的に保有されているパデューという会社はオーナーのサクラー一族に対してのみ責任を負っていた。

二〇一五年までにサクラー一族は『フォーブス』誌の長者番付に載るほどの富を蓄積していた。彼らの推定純資産額の百四十億ドル（約一兆五千四百億円）は、ブッシュ家、メロン家、ロックフェラー家のような立志伝中の名門一族の資産を超えていた。耳垢除去剤や下剤を売ることから始まった会社が、世界で最も儲かる薬を売るようになった結果、この一族はボストンからテルアビブにいたる世界各地に、自分たちの名前を冠した博物館や大学の研究所を持つまでになっていた。

三兄弟の二男のモーティマー・サクラーにいたっては、ピンク色のバラに自分の名前をつけて登録していた。ガーデニング好きの妻からのプレゼントだったそうだ。この花の正式名称はローザ・モーティマー・サクラーといい、妻はこの花を見るたびに、いつも夫のことを思い出すのだそうだ。「この花は繊細で柔らかい印象を与えますが、内に秘めるタフさを持ち、悪天候にも負けません」とモーティマーの妻は語る。

モーティマーのタフな性格は兄譲りだった。モーティマーの兄で長男のアーサーは、穴が空いた靴を履きながら学生新聞の広告を売ったり花屋の配達の仕事をしながら、自分自身と兄弟二人が薬科大学に通うための学費を稼いだ。

アーサーは一九六〇年代から、医者を接待したり、専門家に自分たちの希望に沿った調査をさせるなど、それまでになかった新手の営業手法を開拓した。アーサーの天才的な営業の才能によって、ヴァリウムやリブリウムなどの薬が、すぐに効き目が期待できる薬として売り出され、『ローリング・ストーン』誌がこれを「お母さんの救世主」などと呼んだために、アメリカではどこの家庭にもある常備薬になった。

自社のイメージをコントロールすることの重要性を認識したアーサーは、パデュー・フレデリックの買収に先立ち、医療専門の広告代理店と雑誌を立ち上げている。彼の会社が売る薬の中には、拙速でいい加減な試験によってあたかも効果が裏付けられているかのような体裁だけが整えられているものが多かったが、それはいずれもアーサーの指示の下で行われていた。そう考えると、アーサーの死後十年近く経ってから、彼の兄弟たちがオキシコンチンの依存症のリスクを「一％未満」とした、根拠に乏しく時代遅れのデータを平気で使い続けたのも、驚くには値しないことだった。

そのデータは一九八〇年に発行された医学雑誌の「読者の手紙」欄に掲載された、根拠さえ定かではない数値で、実際、一%という数値は、慢性の非悪性疼痛という限定的な症状に対するオピオイド依存症の発症率だった。より最近のデータでは、依存症の発症率は五六%にものぼることがわかっている。

一九八七年に亡くなったアーサーはビジョンを持った起業家として持ち上げられていたが、同時に彼は、やたらと物を集める収集家としても名を馳せていた。特に美術品には目がなかった。以前、彼はメトロポリタン美術館が収蔵する四つの有名な美術品を買い取った上で、それをそのまま同美術館に寄贈したいという申し出をしたことがあった。そうすることで、作品はそれまで通りメトロポリタン美術館に展示されるが、寄贈者として自分の名前が掲示されることを彼は望んだのだ。

それでも、アーサーは長年の念願だったニューヨーク・マンハッタンのアッパーイーストサイドの社交界には最後まで受け入れられなかった。しかし、彼の葬式だけは、アッパーイーストサイドにあるメトロポリタン美術館のサクラー棟にあるデンドゥール神殿で執り行われた。葬式ではは自身がサクラー家と同じユダヤ系だったニューヨーク市長のエド・コッチ（当時）が、「なぜかユダヤ人はシナゴーグには埋葬されませんが、アーサーは自分用の神殿を建てました」とスピーチしている。

アーサー・サクラーは悪い報道だけでなく、自分の指示によらない報道のすべてを嫌った、と『バニティ・フェア』誌の記者が彼の死後に教えてくれた。彼はビジネスや芸術と同じように、プライバシーにも異常に執着した。もし彼が生きていれば、アビンドンの公判は彼にとってきっと耐え難い経験だったに違いない。

公判では、犠牲者の家族が裁判官に対して、繰り返し禁固刑を求めた。また、パブリック・シチズンのような消費者団体も、被告人に対する刑罰の甘さへの不満を表明した。

「この危険極まりない宣伝を主導して有罪を認めた三人の裕福なパデュー幹部は、なぜ禁固刑を免れたのでしょうか。そして、なぜ彼らはわずか三千四百五十万ドル（約三十七億九千五百万円）の罰金しか払わないのでしょうか？」とパブリック・シチズンの声明は問うた。

ブラウンリーの同僚の検事も、パデューの刑罰は軽すぎると感じていた。

「この判決によって同社の配当は多少下がるかもしれませんが、そんなことは大した問題ではありません。何と言っても、あの薬を製造した者が一人も投獄されていないのですから。もし政府が本気なら、彼らは収監されていたでしょうし、それは他の関係者たちに対する強い萎縮効果を生んでいたはずです」と検事補のアンドリュー・バスフォードは語る。

ブラウンリーのオフィスの真向かいに事務所を構えていたバスフォードは、次の十年の大部分を、オキシコンチンが流行したことで大量に登場してきたヘロインディーラーの訴追に費やすことになる。

「しかし、会社を刑務所に入れることはできません。できることは、彼らからお金を取ることだけです。そもそものお金は彼らが不当に得たもので、彼らのお金ではないのですから。会社は痛みなんて感じません」

ヴァンジーとシスター・ベスにとって、今回の和解は満足感と後悔の二つの感情が入り混じったものだった。パデューの三人の幹部は裁判所から三年間の保護観察処分と、薬物乱用者用のリハビリ施設での四百時間の奉仕活動を命じられたが、ヴァンジーとシスター・ベスはパデューが科された罰金が、医師不足の地域での依存症治療のために使われないことには強く憤慨していた。シスター・ベスは、「この地域は他よりもオキシコンチンの影響を強く受けているのに、裁判から何も得ることができなかった」と語る。

六億三千四百五十万ドル（約六百九十八億円）の罰金は、法執行機関と州と連邦のメディケイド用予算の間で分配されるほか、バージニア州の処方箋監視プログラムの創設のために使われることになっていた。また、民事訴訟を起こした被害者には総額で一億三千万ドル（約百四十三億円）の賠償金が支払われることになっていた。

リー郡の保安官事務所が今回のパデュー捜査で唯一得たものは、麻薬のおとり捜査で使用するためのオキシコンチンの偽薬だけだった。

オピオイドに反対する活動家たちも、一様に怒っていた。この裁判でパデュー・ファーマの持ち株会社であるパデュー・フレデリックは、五年間の保護観察処分の一環として、メディケイドやメディケア、トライケアなどの公的な医療保険からは排除されることになった。しかし、実際に薬を売ってきた事業会社のパデュー・ファーマの方は、これまで通り政府の医療保険を使ってオキシコンチンを売り続けることが可能だ。パデューが、その二つはそれぞれ独立した会社だと主張したからだ。

パデューの経営幹部らも、その先、公的医療保険に関わる事業に携ることを禁じられた。彼らはその後何年にもわたって、その決定を覆すよう裁判所に請求を繰り返したが、それは最後まで認められなかった。ある連邦裁判所の判事は、「彼らは自分たちの有罪判決の基本的な構成要件を理解できていないようだった」と語る。「形だけのダミー会社を設立して、そこに責めを負わせることで、実際に問題を起こした企業が生き延びるという今回の手法は、この手の企業の典型的な犯罪処理の手口ですから」とメイヤーは説明する。

州旗と国旗に囲まれた事務所で、ジョーンズ裁判官はパデューの経営陣に禁固刑を出せなかったことについて、彼自身も失望していることを認めた。しかし、パデューの経営陣に対する判決の内容は、パデュー側と検察当局との間で交わされた司法取引によって決められたもので、連邦裁判官のジョーンズには手出しができないものだった。ジョーンズもまた、パデューが支払う罰金の一部を依存症者の治療に充てることを望んでいたが、検察はその案には乗り気ではなかった。「薬物依存症治療は検察の専門分野ではないし、そもそもそれは政府の政策に反する可能性があったからです」とジョーンズは語る。

それから約十年後、私はジョーンズに、パデュー・ファーマとの和解が地域社会に与えた影響について尋ねたところ、ジョーンズはこう答えている。「オピオイド依存症は、依然としてひどい状況です。たまたま今日は、薬物乱用絡みの公判が一つもありませんでしたが、これは最近ではとても珍しいことです」

パデューの幹部たちが受けた保護観察処分が今どんな状態にあるのかについて、ジョーンズはプライバシーを理由に詳細を明かそうとはしなかった。ただ、彼らが、自宅のあるコネチカット州で保護観察期間を全うしたことだけは、教えてくれた。

ハワード・ウデルが二〇一三年に七十二歳で脳卒中で急死したとき、地元の新聞の死亡欄に彼の死亡記事が出た。それによるとウデルは、司法取引の条件として課せられた奉仕活動を、自身の贖罪の証として受け入れていたという。彼の奉仕活動は、退役軍人に職業技能に関するカウンセリングを提供することだった。しかし、奉仕期間が終了した後も、ウデルは自らコネチカット退役軍人法務センターという団体を設立し、住居からの強制立ち退きや不名誉除隊、薬物乱用に関連する犯罪など、退役軍人たちが抱える問題を解決する手助けを続けたそうだ。

同じ場所でコミュニティ・サービスに従事していたフリードマンは、ウデルについて地元紙にこう語っている。「真正直で慎重だったハワードにとって、罰として奉仕活動をさせられることはとても辛いことでしたが、彼はそれを少しでも意味のあるものにしようと努めていました」

ちなみにその新聞は、彼らの奉仕活動を婉曲的に「ボランティア」と表現していた。

「普通の人なら、あのようなことになれば、地下室に閉じこもっていたくなるものですよ」と語るウデルの息子ジェフリーも元連邦検事だった。彼の父親は有罪判決を受け、指紋を採取され、三年間の保護観察処分を受けた。彼が保護観察期間中に州をまたいで孫に会いに行くときは、事前に保護観察官から許可をもらわなければならなかった。ジェフリーは父親がそのような屈辱に耐えなければならないことにひどく憤っていた。一時間にも及ぶ電話インタビューの中で、彼は彼の父親が違法行為を働いた証拠を政府は何一つ出していない事を、繰り返し訴えた。

「彼ほどの能力と誠実さを持つ人間が、犯罪者の汚名を着せられることは法外で不公平です」とジェフリーは語った。

ジェフリーはまた、父は人道主義者であり、法を頑なに守ろうとする聖人君子のような人物だったと語った。例えば、レストランで会計の際に実際の注文よりも安い金額を請求された時、彼の父親はわざわざ間違いを指摘して正しい金額を払おうとするような人物だったそうだ。

「薬物の過剰摂取で子供を亡くし、悲嘆に暮れるご両親がいることはとても不幸なことです。私も私の父も、ご両親が被った損失については、心が痛みます」と彼は言う。しかし、同時にジェフリーは、ブラウンリーが率いる検察チームは、ハワード・ウデルが会社の中で、「彼の監視が遠く及ばない」二十五階層以上も下の営業レベルで何が起こっているのかを知っていたことを裏付ける証拠を何も提示できていないと、繰り返し指摘するのだった。

ジョーンズにとってこの裁判は、罰金の規模から見ても、彼が訴訟指揮を執った裁判の中で最大のものだったし、その展開も最も劇的なものだった。その日は大雨だったにもかかわらず、大勢の人が傍聴に詰めかけ、裁判所は法廷に入りきれなかった人のために、ビデオを通じて法廷の様子が見られるように、別の部屋を用意しなければならないほどだった。

ジョーンズには法廷で証言をした多くの両親の言葉の中でも、今でも忘れられないものがあった。それは、二〇〇三年に一人息子のランディを亡くしたフィシュタウン出身のリー・ナスの言葉だった。亡くなった時、高校三年生だったランディは、料理学校への入学が決まっていた。「彼の学費が、葬儀の代金になってしまいました」というナスの言葉が、ジョーンズは今も強く印象に残っているという。

ナスは裁判官に司法取引の合意を破棄するよう懇願していた。「罰金など彼らにとっては、痛くも痒くもありません。犯罪に見合った刑罰を与えるべきです」そう語るとナスは、手に持っていた小さな壺を頭上に掲げた。それは彼女がいつも肌身離さずに持ち歩いているランディの遺骨の一部が入った骨壺だった。この骨壺はパデューを内部告発したカレン・ホワイトの裁判で、パデュー側の弁護士が法廷から外に追い出したものだった。彼女は、ランディは塵から生まれ、そして予定より少し早くまた塵に戻ったのだと、受け止めていた。

証言台から降りる時、ナスは骨壺の中の灰を握りしめていた。そして、ウデル、フリードマン、ゴールデンハイムの三人を睨み付けながら、「あなたがたが作った麻薬のオキシコンチンが、彼をこのような姿にしてしまいました。しかし、彼は今、確かにこの法廷にいます」と言った。

法廷を取材していたある記者は一瞬、彼女が彼らに向かって骨壺を投げつけるのではないかと心配したという。しかし、ナスは骨壺を振っただけで、おとなしく傍聴席に戻った。

彼女はただ、三人の経営陣に謝罪して欲しかった。そして、実際はオキシコンチンは痛みと戦う新しい方法などではなく、単に自然界にある最古の麻薬をより強力にしたものに過ぎないことを、彼らが最初から知っていたことを認めて欲しかった。

もしサクラー一族の副官ともいうべきパデューの経営幹部たちや、その二十五階層下で働く営業担当者たちが、自分たちが悪意のあるデータを持って問題のある薬を方々にまき散らしていることを本当に知らなかったとしたら、それは単に彼らが現実を見ようとしていなかったからだろう。

第2部

姿が見えた時はもう手遅れ

第5章　郊外への広がり

オピオイド危機に対する意識の広がりには波がある。有名人が関わるとメディアが追いかけるので、一時的に注目度が上がる。例えば、二〇一四年に俳優のフィリップ・シーモア・ホフマンが、その二年後にミュージシャンのプリンスがオピオイドの過剰摂取で亡くなると、世間の注目度は俄然高まった。しかし、自分や自分の直接の知り合いがオピオイドに関わっていない一般市民にまで危機が認識されるまでには、相当の時間がかかった。国内の新聞社の中でオピオイド問題を専従で追いかける記者を配置したのは、おそらくオハイオ州のシンシナティ・エンクワイアラーが最初だった。

リー郡から東へ四時間。テレビに出ている気象予報士が町中で最もセレブ扱いされるようなバージニア州南部の田舎町ロアノークで二〇〇六年二月、NBC系列のローカル局の気象予報士ジェイミー・シングルトンとマーク・ラマーレの二人がヘロインに嵌まっていたことが報道され、地元の人々に衝撃を与えた。あるパーティでラマーレが麻薬の過剰摂取で死にそうになるという事件が起き、警察や連邦政府が動く事態となった。

シングルトンもラマーレもとても人気のある気象予報士だった。特に日焼けしたイケメンのラマーレが、身振り手振りを交えながら天気図の前で喋る番組は、地元ではとても好評だった。当時、ロアノークではまだ、郊外に住む裕福な三十六歳の男性が薬物の過剰摂取で倒れるなどという事態は、誰にも想像できないことだった。しかも、高学歴で高給取りの白人男性が、パーティの途中で麻薬を摂取するためにバスルームに消えていくなどということは、考えられないことだった。パーティ会場で気を失ったラマーレは、意識を取り戻すために氷水を張ったバスタブに投げ込まれていた。

「その気象予報士は麻薬を皮下注射していたんです」と、当時、おとり捜査を行っていたロアノーク警察のクリス・パーキンス刑事は語る。

薬物の常習者が皮下注射をするのには理由がある。速効性のある静脈注射と比べて、皮下注射はゆっくりと時間をかけてハイになることができる。静脈注射ほど効果が急激ではない分危険性が少ない一方で、鼻から吸引するよりも効き目があるため、この方法には根強い人気があった。

しかし、ほとんどの薬物常習者がそうであるように、二人の気象予報士の薬物利用もばれるのは時間の問題だった。二人は薬物の副作用で大量の汗をかくため、それが背広の上からでもわかるようになっていた。大量の発汗は、薬物の離脱症状の代表的なものの一つだった。

「汗を隠すために彼らは、三十度の暖かい日でも、背広姿で局内を走り回っていました。その頃、すでに一部の若者たちはヘロインを鼻から吸い始めていましたが、テレビでお馴染みの気象予報士が麻薬を使っていたというニュースが広く報道されたせいで、かえって麻薬の流行に拍車が掛かってしまいました。彼らが麻薬をやりながら、普通にテレビの仕事ができていたため、多くの人が、ヘロインに嵌まっても通常の生活が続けられると思ってしまったのです」と、パーキンスは言う。

ラマーレが倒れた時、パーキンスは市警の麻薬捜査班に所属していた。彼が現場に到着した時、ラマーレは豪華なマンションのバスルームの中で、意識不明の状態で倒れていた。ラマーレはかろうじて一命をとりとめたが、その後、ほどなくこの地域を去っていった。

友人が過剰摂取で意識不明に陥った時、周囲の人たちはよく、患者を冷たい氷水を張った浴槽に投げ込んで、意識を回復させようとする。できるだけ救急車を呼ぶような事態は避けたいからだ。救急車を呼べば、警察も現場に現れる。そうなると、一緒にいた人たちも、刑事告発されるリスクを覚悟しなければならない。

ある警察官が、過剰摂取の通報を受けて現場に急行してみると、氷が散らばった床の上に意識不明の男が横たわり、その首には冷凍の魚が巻き付けられ、凍ったジュースの瓶がパンツの中に押し込まれていた。しかし、一緒にいたはずの仲間は一人残らず現場から逃げ出していた。

バージニアという共和党が優勢の州にあって、唯一、民主党の地盤となっているロアノークは、人口二十五万人あまりの小さな地方都市だ。炭鉱が隆盛を誇った一八八〇年代半ば以降は、鉄道の中継地点として栄えたが、それから一世紀あまりがたった今、ロアノークは医療機関や脳神経科学の研究機関などを招致し、ヘルスケアの中心地になろうと努めている。「私たちはかつての鉄道の町から、医学の町へと向かっています」とロアノーク市の市長が、町の未来への思いを語る。

とは言え、ロアノークはまだ治安もよく、テレビドラマの舞台になってもおかしくないくらい人々は親切で友好的でこぢんまりとした雰囲気がある。一九八九年に私がここに引っ越してきた直後、スーパーで買い物をしていると、私が買った袋入りの椎茸を見て店員が、「今日はこれで何を作るんですか？」と、気軽に尋ねてきたのが印象的だった。私が自宅のドアにわざわざ施錠をするのを見た隣人は、「ここではそんなことする必要ないよ」と言って笑った。実はその隣人も人生の大半を大都会のフィラデルフィアで過ごしてきたが、今ではすっかりロアノークの住民になっていた。彼女もフィラデルフィアに住んでいた頃は、当たり前のようにドアにカギを掛けていたが、ロアノークでは何日間も家を留守にする時でさえ、自宅のドアにカギをかけたことがないという。

「オピオイドの流行は都市でも、郊外でも、そして地方でも起きている現象です」と、ロアノークの依存症専門医のジェニファー・ウェルズは語る。ウェルズの患者の中に、水道のないトレーラーハウスに住みながら五人の子供を育てている母親がいた。そのような悪条件にもかかわらず、その母親は毎週、集団療法のミーティングに参加していた。「ロアノークくらいの規模の町であれば、あらゆる種類の依存症者を網羅していますよ」とウェルズは語る。

気象予報士のヘロイン皮下注射事件が、ロアノークにとっては最初の警告だった。しかし、私を含めた地域のジャーナリストたちは、その事件をあくまで例外的なものと受け止め、その警告に気づかなかった。事件そのものはむしろ、セレブの世界のゴシップのネタとして受け止められていたため、実際、地元紙のロアノーク・タイムズは、事件を司法担当とメディア・エンターテインメント担当の二人の記者に追いかけさせていた。とは言え、地元の人々の事件への関心はとても高かった。その約一年後にパデュー・ファーマが検察との司法取引で初めて有罪を認めるが、地元ではそのニュースよりも気象予報士のニュースの扱いの方が、はるかに大きかった。

気象予報士の事件が起きるまで、ロアノークではヘロイン関連の犯罪といえば、警察や司法担当記者の間では、都市の黒人特有のものと広く信じられていた。「八〇年代から九〇年代にかけて、ロアノークでヘロインを使っている人は数十人程度でした」と、州西部地区連邦検事補のドン・ウォルザイスは言う。「ヘロインは鎮静剤なので、人々は引きこもった状態になります。彼らは街角の物陰に隠れて注射を打ち、胎児のような姿勢で暗がりの中で座っています。彼らはコカインや覚醒剤の依存症者のように、目立つ犯罪を犯すこともありません。そのため、ヘロイン依存症者たちの多くは表からは見えない、孤立した存在でした」

ウォルザイスによると、当時のロアノークのアフリカ系アメリカ人のヘロインユーザーやディーラーの間では、「白人にヘロインを売るな。彼らは警察に通報するぞ」が合い言葉になっていたそうだ。

二〇〇〇年代半ばには、ヘロインがより強力になればなるほど、より多くのユーザーがそれを欲しがることも分かっていたと、ロアノークの依存症研究者で、後にボルチモアに移ったウォーレン・ビッケルは語る。

「ヘロンが僕の彼女です」と彼の患者の一人は言った。当時、ストリートのアフリカ系アメリカ人依存症者の間では、ヘロインは「ヘロン」と発音されていた。その患者は自分の首に注射痕をつけた状態で、ビッケルの研究室を訪ねてきた。その時、彼は首以外の体中のすべての静脈を使いきっていて、もはや注射針を刺す場所が見つからない状態だった。

この患者がビッケルに訴えたかったことは、リー郡の農民と同じだった。それはすなわち、オキシコンチンが自分から人生のすべてを奪ってしまったということだった。モルヒネ分子ほど強力なものはない。そして、一度それに引っかかると、他のことはどうでもよくなってしまう。恋愛も、家族も、セックスも、そして住み家もだ。この世の中で唯一意味を持つものが、麻薬になってしまうのだ。

ビッケルは典型的なオピオイドユーザーの無関心さを一般人の「未来」に対する認識と比較して、これを科学的に定量化している。それによると、一般人にとって「未来」という言葉は平均して四・七年先のことを意味しているのに対し、依存症者にとっての未来はわずか九日先のことだった。

二〇一六年に私が初めてビッケルにインタビューをしたとき、彼は子供たちの将来の依存性の行動を予測するだけでなく、依存症になる危険性がある人々の時間に対する意識を変えることで、依存症への耐性を強化する治療方法を考案したいと語っていた。

その後、彼は画期的な研究で助成金や名誉ある賞を受賞し、ロアノーク市の功労者として表彰されるが、私はビッケルの研究が現実のヘロイン依存症者たちにどのように役に立つのかが、今ひとつ理解できなかった。私が知る依存症者の中には、ビッケルの事務所から数ブロックも離れていないところで、麻薬を買うお金を得るためにセックスを提供している人がいた。ビッケルが設計したプログラムがあれば、ジェシー・ボルストリッジの死は防げたのだろうか？　希望は持てるのか？　私のこの問いに対し、ビッケルは彼がインスピレーションを得ているという、額縁に入れられた中国の故事を指さして言った。

「暗闇を呪う前に、一本でも蠟燭に火を灯せ」

しかし、その時の私の疑問はその先も私につきまとい続けた。ある結婚パーティで、私は三十四歳の薬物依存症の娘を持つ母親から同じ疑問を投げかけられた。

「教えてちょうだい。あなたの本が私の娘の命を救ってくれるの？」

その母親は、私が取材を通じて感じていたのと同じことを感じていた。それは現在のアメリカの法的な仕組みや医学界の構造が、嘆かわしいほどバラバラで、しばしば互いに矛盾しているところに、ヘロインの蔓延を防ぐことができていない根本原因があるのではないかということだった。


二〇〇六年、かつてはクラックを売っていたフィラデルフィア出身のヘロイン・ディーラーがロアノークで商売を始めた。それはちょうど、例の気象予報士たちが背広の下で大量の汗をかきながら、ヘロインを打っていたのと同じ頃だった。

クリフトン・リー、通称「ライト」は白人、黒人の区別なくヘロインを売りまくっていた。彼は比較的落ち着いたロアノークで麻薬を売れば、元々商売をしていたニュージャージーやニューヨークと比べて、たやすく利幅を倍増できると考えていた。そして、それは正しかった。

警察が、リーから買ったヘロインを自分たちで使いつつ、友人にも売っていた二人の十代の少年を逮捕したとき、彼らの携帯電話からは驚くような情報が出てきた。彼らはなんと五十人もの子供たちに、ヘロインを売っていたのだ。そのほとんどが、保険代理店や医師や弁護士などが住むロアノークの最も高級な住宅地のヒドゥンバレー高校に通っていた。

ウォルザイスは「リーは子供たちを積極的に取り込んでいました」と語り、彼自身がまとめた手書きの組織図を私に見せてくれた。ピラミッドの一番上には、金儲けだけのために麻薬を売っているリーのような、自分では麻薬を使わない元締めのディーラーが君臨し、一番下には多くの依存症者の名前があった。その中には、過剰摂取で死亡したために、名前が消されているものもあった。

二〇〇八年にリーは懲役十一年の実刑判決を受けたが、それまでに彼は週に二～三回のペースで約一千袋のヘロインをこの地域に持ち込み、二〇ブロック（麻薬の単位で一ブロックは一キロ）あたり五千ドル（約五十五万円）で仕入れたものを、独自のネットワークを使って三万ドル（約三百三十万円）で売りさばいていたことが、検察によって明らかにされた。

地域のヘロインユーザーの増加ペースは、彼の六〇〇％の利益率と指数関数的な関係にあった。最初にロアノークで売られたヘロインには、フューネラル・アンド・グリーン・フロッグ（葬式とみどりカエル）という名前が刻印されていて、中には純度九〇％の高濃度のものもあった。純度が高いほどユーザーが依存症になりやすく、よって致死率も高くなる。

「この事件の後、夜眠れずにベッドに横たわったまま、この状況がどこまで悪化するのだろうかと案じていました」とウォルザイスは語る。

もし連続銀行強盗事件が起きているのであれば、犯人が捕まれば強盗は収まる。しかし、ヘロインの問題は、モルヒネ分子にたまらない引力があることだ。ヘロインは恋人のような存在になってしまう。ウォルザイスは麻薬犯罪を摘発しながら、ヘロインの蔓延がすでに制御不能な状態に陥っているとの思いを禁じ得なかった。捕まえても捕まえても、近隣のボルチモアやリッチモンドやパターソンなどから流入してくるヘロインを欲しがる人が、後を絶たなかった。ロニー・ジョーンズやクリフトン・リーと異なり、彼らは金儲けのために麻薬取引をしているわけではなかった。ただ単に、離脱症状から逃れたいだけだった。

当時地元の新聞社で家族問題を担当していた私は、クリフトン・リーとその麻薬ネットワークの存在を二〇一〇年まで知らなかった。その年、ヘロインの過剰摂取による死亡事故が、この地域で初めて報道された。それがニュースになったのは、たまたま死亡したのがこの地域では有名な白人女性実業家の二十一歳の息子だったからだった。

黒人の子供がヘロイン絡みの事件で死んでも、おそらく誰も気にしなかっただろう。二〇〇九年にロアノーク・タイムズが、オキシコンチンや処方薬のフェンタニル・パッチの違法利用が人気を博した結果、ヘロインの蔓延が地域でも始まっている可能性があることを報じた。また、地方検事が、「マリファナを経由せず、いきなりヘロインに手を出す人が増えている」と警告を発したが、地域の人々はそれほど深刻には受け止めなかった。

ウォルザイスはベッドに横たわりながら、スコット・ロスの死と彼の同級生だったスペンサー・ムンパワーの関係に気を揉んでいたが、この地域では地域活動に熱心な人たちでさえ、子供たちが麻薬を使っていることには気づいていなかった。その間、ヘロインは手入れの行き届いた芝生と複数の車が入る車庫付きの家々が立ち並ぶ高級住宅地ヒドゥンバレーに、何の抵抗も受けずに入り込むことに成功していた。そしてスコットとスペンサーの事件は、あくまで例外的な事件として受け止められた。今にして思えば、ヒドゥンバレー（隠れた谷）とは、何と言い得て妙な名前だろう。

スコット・ロスはヘロインの過剰摂取で、彼が育ったロアノーク郡ヒドゥンバレーの中腹から十五分ほどのところにあるグランディン・ビレッジのアパートで亡くなった。グランディン・ビレッジには地元の食材を使ったレストランや、ヨガ・スタジオや外国映画を上映する映画館や、何千ドルもするスティックリーの高級ソファの店などが集まっていた。週末になるとファーマーズ・マーケットに大勢の人が集まるこの村には、どこにも並木道があり、広大なカーポートを備えた一九二〇年代風の立派なレンガ造りの家が並んでいた。

スコット・ロスにヘロインを渡したのは同級生のスペンサー・ムンパワーだった。ロスがそれを過剰摂取して死亡したため、ムンパワーは刑務所に収監されることになった。私は二〇一二年の夏、高学歴で優しい女性を母親に持ち、映画スターのような美貌に恵まれた二人の若い男性が、薬物の常習癖を長期間隠し続けることができた理由を、何とか探りだそうとしていた。私はまた、地域に蔓延したヘロインが招いている惨劇の実態を、少しでも多くの読者に知らせたいと思っていた。と同時に、二人の十代の息子の母親として、私自身の家族を麻薬から護りたいとも思っていた。

結局のところ情報が力になるのだと、私は私自身に言い聞かせた。私はヘロインの危険性について息子と何度も話をした。その年の秋に上の息子を大学に送り出す時、ヘロインの話をすると、息子はうんざりしたような顔で一言だけ言い残して行った。

「わかってるよ。ヘロインだけは絶対にやるな、でしょ？」

ロビン・ロスが追悼記事用に選んだ一人息子スコットの写真は、まるでバックストリート・ボーイズのメンバーのブロマイド写真のようだった。写真の中では金髪のスコットが、バミューダパンツとラコステのポロシャツを着て、涼しげな顔をしていた。

彼は母親のことを「ロブ」と呼んでいた。彼の方は日本食レストランで働いていた時にもらった「バニラ・ライス」というあだ名で呼ばれていた。そこで彼はテーブルの前でナイフやエビをジャグリングしながら調理するスタント・クッキングのシェフをしていた。

スコットは誰にでも好かれる好青年で、知らない人にも礼儀正しかったし、シングルマザーの母親にも優しかった。また、芝に覆われた広い庭で母親が育てていたヒマワリが大好きだった。息子について彼女が唯一、気にくわなかったことは、彼が大勢の友人たちを家に招待して、彼らのために料理を作ってあげるたびに、彼女が保存していた一週間分の食材を全て使い果たしてしまうことだった。

そんなスコットは二〇〇六年、彼が十七歳の頃から、時折薬を使うようになっていた。彼が初めて薬物から覚めきらない状態で家に帰ってきた時、母親は大胆な行動を取った。看護師の資格を持つロビンは、彼を少し脅かす必要があると感じ、彼にドラッグストアで買えるドラッグテストをするのではなく、いきなり病院の救急救命室に連れて行ったのだ。

しかし、彼女の作戦は裏目に出た。救急救命室の医師は検査結果についてこう説明した。

「ロスさん、ただのマリファナですよ」

彼女は今でもその時の医師の言葉を思い出すと、怒りを抑えられないと言う。

それ以来スコットは母親の警告を真剣に受け止めなくなってしまった。その医師の一言が、彼の残りの短い人生において、彼に格好の言い訳の材料を与えてしまったのだ。

「ロブ、心配しないで」と彼は母親に言った。

しかし、ロビンの心配には、それ相応の理由があった。その後、スコットは二〇〇六年からヘロインを吸っていたことを認めた。それはちょうど、あの気象予報士たちの皮下注射のニュースが報道された頃だった。高校生が集まるパーティで、スコットは誰かから渡されたヘロイン入りのマリファナを吸った。その時に感じたハイな気分は、全身が包み込まれるようなとても心地のよいものだった。彼はこれが特別な麻薬であることを直感した。

「ヘロインはいかがわしいスラム街で使われている麻薬のように思われていますが、実はそればかりではないんです」とロビンは言う。

救急救命室に連れて行った約一年後、彼女はスコットの部屋で針と注射器を見つけ、すでに息子が深みにはまっていることを知ったが、その時は注射器と針はそのままにしておいた。彼が注射針を他の人と共有することを恐れたからだ。その代わりロビンは彼を、直ちにリハビリ施設に入れた。

彼女は息子を救うために、あらゆることを試みた。依存症者の家族のために「十二ステップの回復プログラム」を提供する匿名薬物依存症者の会（ナルコティクス・アノニマス）にも参加したし、彼にドラッグテストを受けさせるために毎週、医者のところまで車で連れて行ったりもした。飲酒運転をした息子が自宅の車庫の前で車をぶつけたときは、直ちに彼から車を奪い取ったし、彼が十八歳になった後は、酔っていたり薬をやっていたりするのを見つけるたびに、家から追い出したりもした。それればかりか彼女は家中の扉という扉をすべて撤去した。トイレや風呂場の扉もだ。スコットが家の中で隠れて薬物を使わないようにするためだった。

私が初めて彼女と会ったのは、スコットが死んだ二年後だったが、彼女はまだ、家の扉を元に戻していなかった。その時、彼女はあまりの罪悪感と悲しみのせいで、働くことができなくなっていた。

スコットの葬式には、友人たちが生前、彼が好きだったヒマワリの花を持って集まり、彼の祭壇に手向けていった。ロビンはそのヒマワリの花を乾燥させ、種を取って保存した。その翌年はまだ彼女の落ち込みがひどく、とても自分で種を蒔くことができなかったが、次の春、隣人が彼女の自宅の庭の一部を耕してくれたので、彼女は何百ものヒマワリの種を植えることができた。そのヒマワリがとても大きく育ったので、彼女がその間に立つと、まるで子供のように見えた。

ヒマワリの茂みの中に立って、スコットが昔、母の日に植えてくれたリンゴの木にぶら下がった風鈴の音に耳を傾けるのが、彼女の大好きな習慣になった。そこにいると、彼女はスコットが近くにいるように感じることができた。シュガーローフマウンテンを下ってきた風が、彼女の家の近くに吹き込んでくると、風鈴はほろ苦い曲を奏でるのだった。

その夏、ロビンは私との最初のインタビューの時、ヒマワリの種がいっぱい入ったダンボール箱を持って約束の場所に現れた。ロビンにとってヒマワリは、ジェシー・ボルストリッジの55番のジャージーと同様に、立ち直るための重要なきっかけだった。彼女はヒマワリの写真を繰り返し私にメールで送りつけてきた。そして、その写真には必ずといっていいほど、日本食のステーキ屋で幸せそうな顔をしてナイフを振り回すパフォーマンスを披露するスコットのスナップ写真が添えられていた。彼女はスコットが十歳の時に、砂浜で首まで砂に埋められている古典的なビーチ遊びの写真も送ってきた。それが彼女の一番のお気に入りだった。

二〇一二年のロアノークでは、水面下で広がり続けてきたオピオイドの蔓延が、いよいよ最終フェーズに入っていた。シェナンドー・バレー北部の起伏の多い農業地帯を通る81号線を二時間ほど北上したところでは、オピオイドの流行が水面から頭をもたげようとしていた。しかし、その段階でオピオイドはほとんどが錠剤の状態で使われていたため、この問題がメディアで取り上げられることはほとんどなかった。

ジェシー・ボルストリッジはその時、高校生だった。彼は自分が処方されたADHD（注意欠如多動性障害）の薬アデロールを友人と交換していた。この薬は一晩中気を失うことなく酒を飲み続けることを可能にしてくれるため、友人たちの間では人気があった。友人たちはアデロールと引き換えに、ジェシーに大量の鎮痛剤を提供した。それは彼らがブラックマーケットで買ったり、両親や祖父母の薬品棚からくすねたものだった。

ほとんどの依存症者の親と同様に、クリスティ・フェルナンデスは彼女の息子の人生が処方薬に乗っ取られた瞬間を、今も特定することができていない。それはジェシーが十五歳でライム髄膜炎と診断された後のどこかか、高校のフットボールやスノーボードで六回ほど怪我をして医者や救急救命室に運び込まれ、オキシコドンやバイコディンやパーコセットを含むオピオイド鎮痛剤を処方された後のどこかのタイミングだったのだろう。

「あの子は、フットボールをしていたので、怪我をして何針も縫ったことがあるし、脳震盪や骨折も何度も経験していますから」とクリスティは語る。

実際、彼は高校二年まで何度か脳震盪を起こしていたので、脳神経科の医師からは、もう一度頭を負傷したらフットボールをやめなければならないと警告されていた。

そのときクリスティがまだ理解できていなかったことは、彼が後に打ち明けたように、薬がどれだけ彼の多動の衝動を抑え込み、彼を「普通」にしてくれていたかということだった。また彼女は、ジェシーと彼の友人たちが、いわゆる「ドラッグ・パーティ」のために、多くの薬を買ったり盗んだり交換したりしていたことも知らなかった。

クリスティは、ある人からジェシーが麻薬をやっていることを初めて聞かされた時のことが、今も忘れられない。ある日、ジェシーが友人の家に泊まりに行った後、その友人の母親から電話があり、彼が浴室のキャビネットからパーコセットを盗んだことを知らされたことがあった。ところが、その時、クリスティは自分の息子を擁護し、薬を盗んだのはジェシーではなく、友人の方ではないかとまで言って反論していた。

クリスティは人材派遣会社の管理職の地位にあるビジネスウーマンだ。市民意識も高く、いつも近隣のストラスバーグとウッドストックのニュースはフォローしていた。しかし、二〇一〇年に起きたニュースの中で、彼女の息子の死と関係のある唯一のニュースに、彼女は気づいていなかった。

それはクリスティの知らない地元の若い男が試みた、銀行強盗のニュースだった。まだ小規模ながらも地域で増殖を始めていたヘロインユーザーの一人だったブランドン・ペルーロは、離脱症状に苦しむあまり、バンダナと黒いフード付きパーカを身にまとい、銀行強盗を決行した。彼は銀行の窓口で現金を要求するメモを渡す前に、二度も銀行に出たり入ったりを繰り返していた。

そのぎこちない態度のために、彼は強盗を始める前から怪しまれていた。武器も持たずに銀行に押し入ったブランドンは、現金千八百六十ドル（約二十万四千六百円）だけを握りしめて銀行の建物を出たところで逮捕された。

二〇一一年二月の判決言い渡しの公判で、二十七歳のブランドンは、地域で深刻化している麻薬の問題を説明し、十代の若者に対して麻薬に手を出さないよう警告した。「どんなに大きな失敗を犯しても、二度と立ち直れないということはありません」とブランドンは裁判官に言ったが、裁判官は彼に三年半の実刑判決を言い渡した。

歴史遺産を多く抱え、高価な骨董品に溢れる趣のある町として知られるウッドストックで起きた銀行強盗は、たちまちシェナンドー・バレー全体で大きなニュースとなった。ブランドンの母親のローラ・ハデンは地元の新聞記者に、地域でヘロインの惨劇が増加していることを報じるよう懇願した。ボルチモアから薬を運んでくる運び屋や麻薬ディーラーからヘロインを買っているのは自分の息子だけではないと、彼女は記者に訴えた。

「しかし彼らは私を無視しました。彼らにとってはそんな話よりも、息子の銀行強盗のニュースの方が、ずっと面白かったのです」とハデンは語る。

二〇一一年、ブランドンが刑務所に入るために家を出る直前、地元の保安官が学校の麻薬予防のボランティアと共同で、オピオイド依存症に関する初めてのタウンミーティングを開催した。

薬物依存症者が社会復帰に向けた希望を持てない最大の理由は、一度でも薬物犯罪で逮捕された前歴があると、社会から色眼鏡で見られてしまうところにあるとハデンは見ていた。そこで彼女は薬物依存症に対する社会の誤解を解くことこそが、自分のすべき仕事だと考えた。

人は依存症になると、選択の自由を失う。その人の意思は、脳内のオピオイド受容体とともに、麻薬に乗っ取られてしまうからだ。人体内に存在する天然オピオイドが、おびただしい量の合成オピオイドによって遮断されると、薬に対する耐性が増し、脳は離脱症状を避けるためにより大量のオピオイドを求めるようになる。彼女はタウンミーティングでそう説明した。

その上で、ハデンは親たちにこんな状況を想像して欲しいと言った。あなたが三日間何も食べられず、飢えていたとする。そこに誰かが、あなたの目の前においしい食べ物を置き、あなたを一人にする。食べてはならないと言われても、あなたはそれを食べずにいられるだろうか。

その飽くなき飢えを鎮めたいという衝動のために、この町の若者たちは今、「車を駆ってボルチモアまで行き、持ち帰ったヘロインを狂ったように売りまくっています。とても麻薬をやっているとは思えないような人たちが今、ヘロインに手を出しています」と彼女は語った。

しかし、ドーパミンが脳のニューロンに過負荷を与えるという話も、ボルチモアの麻薬取引の実態に関する警告も、タウンミーティングの参加者たちの心には響かなかった。彼らの誰一人として、自分たちの子供がヘロインに手を出すなどという話には、現実味を感じなかったからだ。「十人くらいの人が来ていましたが、誰からも質問はありませんでした。誰も私の話を本気にしていないようでした」と彼女は当時を振り返る。

数年後、ブランドンが刑務所から出所した後、ハデンは別の方法で麻薬予防の緊急性を訴え始めた。

ブランドンは出所後、イタリア系の父方の家族が住むニューヨークに引っ越していた。ウッドストック周辺には、麻薬犯罪歴がある彼を雇ってくれるところがなかったからだ。父親の下で働きながら、副業でボディビルを教えるなど、当初、ブランドンの回復は順調そうに見えた。しかし、出所から七カ月後、問題が再発した。家族は彼に治療の再開を勧めたが、もう手遅れだった。その時、すでに彼の脳は、まるで独裁者に乗っ取られたようだったとハデンは言う。二週間後、彼はコカインとヘロインの過剰摂取で亡くなった。

ハデンは、息子の死因は自殺だったと受け止めていた。離脱症状に対する底知れぬ恐怖が、彼を死に駆り立てたのだと彼女は考えていた。

「彼はもう耐えられなかったのだと思います」と彼女は言う。

死の二日前、ブランドンはフェイスブックに投稿していた。

「僕がいいこともやったことを忘れないでね」

二〇一一年の段階では、クリスティはまだ、ブランドンの母たちの啓蒙活動には参加していなかった。ジェシーが何らかの問題を抱えているとしても、それはヘロインではなく、処方薬の問題だと彼女は考えていたからだ。しかし、その後、彼女の母親の結婚指輪や現金が、薬と一緒になくなっていることがわかり、さすがのクリスティも息子の依存症の深刻さを否定することができなくなった。夫は寝室のドアにカギを掛けるべきだと主張した。夫はジェシーの継父だった。

彼女はジェシーに申し訳ないという思いを持ちつつも、夫の言う通りにした。

二〇一二年当時、後に州内のさまざまな地域で苦しんでいる親同士を結びつけたり、リハビリや対処戦略についてのヒントを共有したり、物理的および金銭的な支援を提供することになるフエイスブックのグループページはまだ立ち上がっていなかった。

当時、ロビン・ロスは、自分が額に巨大なFの文字をつけてロアノークの街を歩き回っているように感じていた。Fは親として失格（failure）の烙印を押されたという意味だ。彼女は沈黙と怒りの中で苦しんでいた。そして、怒りの大部分は、息子を死に追いやったと彼女が感じていた一人の若い男に向けられていた。二〇一二年のスペンサー・ムンパワーの連邦裁判所の判決公判で、ロビンはスコットの肖像画を抱えて証言台に立ち、スペンサーをまっすぐ見据えた。彼の黒くてカーリーな髪の毛は、きれいに刈られていた。ロビンは彼の行動がどれだけの痛みを引き起こしたかを彼に理解させるために用意した質問を、次々とスペンサーに突きつけた。

「スペンサー、スコットはもういないので、あなたは私が年をとって孤独になったとき、私を訪ねて来てくれますか？」

「スペンサー、スコットはもういないので、あなたは私と一緒に夕食を食べ、庭の芝刈りをして、私の誕生日を祝ってくれますか？」

「スペンサー、スコットはもういないので、あなたは私が病気で死にかけているときに、私の手を握ってくれますか？」

彼女の怒りがあまりにも激しいのを見て、ジェームズ・ターク裁判長はロビンに、スペンサーが刑務所に収監される前に、彼と会うことを勧めた。自分が飼っているダックスフントの雑種「ベイビー・ガール」を連れて裁判所に出廷してくるような、愛想のよい八十代の連邦判事のタークは、スコットに麻薬を提供したディーラーに懲役二十年の刑を言い渡していた。しかし、取引の仲介人を務めたスペンサーは罪を認め、ディーラーだったルームメイトの逮捕に協力すること引き換えに罪を軽減してもらい、懲役八年の実刑となっていた。
「スペンサーと話せば、楽になるのではありませんか」と、タークはロビンに言った。
しかし、ロビンはまだそんな気持ちにはなれないと言って、その提案を断った。

二〇一二年の夏、スペンサーが刑務所に入る準備を進める中、私はロビンとスペンサーを取材した。私はスペンサーを空手の稽古場に送りながら、許可を取ってその途中の車中の会話を録音した。道中、ケンタッキー・フライドチキンで昼食を摂った時、彼は州法違反で服役した際に刑務所で覚えたという、特製ソースの作り方を教えてくれた。それはケチャップとタバスコとバーベキューソースをブレンドしたものだった。

スペンサーの公判で私は、傍聴席の彼の親戚の近くに座った。法廷の彼は大きすぎるスーツのせいで子供っぽく見えた。私は彼がボランティアとして十代の初犯の薬物事犯者に向けて話をする講演会に出席したことがあった。その会合には子供たちの両親も多く出席していた。彼らはスペンサーの両親がどこで間違ったかを見抜こうと、彼の話に熱心に耳を傾けているように見えた。彼は正直なところ、私はスペンサーには好感を抱かずにはいられなかった。彼にはどんな質問でも聞くことができた。そしてどんな質問にも彼は温かくそして熱心に答えてくれた。彼は話を取り繕うようなことはせず、正直に答えてくれた。

講演会のスペンサーは自由奔放に話しながら、腕の注射針の痕や、一度はアンフェタミンによってボロボロになりながら、四十時間を超える治療によって修復された歯を見せて、親たちを笑わせたり、怖がらせたり、泣かせたりした。彼は、刑務所で服役中に入れ墨を彫っていたが、それも今はきれいに消されていた。刑務所内では、燃やしたワセリンとシャンプーを混ぜて染料を作り、それを内緒で持ち込んだホチキスの針を使って入れ墨を彫るのだそうだ。

彼は、闇市場で手に入れたアデロールの危険性にも触れた。アデロールは多動性障害によく使われる薬だが、彼は八日連続で、一時間ごとにアデロールとアンフェタミンを服用していたことがあった。彼は十代の頃の薬の隠し場所のリストも開帳した。それはコンピュータの中やインクを抜いたサインペンの中や靴下の中だった。ジーンズの下にこっそりとはいていた体操服の短パンのポケットも、隠し場所の一つだった。「母は僕のジーンズのポケットは空にさせましたが、僕がその下に短パンをはいていることまでは知らなかったんです」と彼は言う。

彼の講演には、これまで私が聞いた中で十代の子供の麻薬予防に最も有効そうな対応方法が含まれていた。それはまず、モルヒネ成分を示す「コドン」の文字が入っている薬はすべて薬箱から廃棄する、というものだった。また、ルールを決め、子供がルールを破ったときは、たとえそれが彼らを刑務所送りにすることになっても、彼らに責任を負わせることが大切だと彼は語った。「私が問題を起こしてしまったのは、楽しみの誘惑が刑罰の恐怖を上回ったからです」と彼は言う。

彼の母親であるジンジャー・ムンパワーは、彼を十五の異なるリハビリ施設に送り込んだが、それでもスペンサーは八年後に警察に捕まるまで、人目を盗んでは薬物を使用し、販売していた。

結局、二〇〇九年に地元警察の麻薬捜査の標的になったことが、彼が麻薬の取引から足を洗うきっかけになった。警察に捕まった時、警察官は彼を情報提供者として使おうとした。彼から麻薬を取り上げながら、警察官はこう言ったという。「今回は見逃してやるが、もう一度捕まったら重い罪になるぞ」と。

ちなみにスペンサーのこの話については、警察は「話が誇張されている」として、全面的に事実関係を認めているわけではない。いずれにしてもこれをきっかけに、彼は麻薬取引からは足を洗った。しかし、どこをどう解釈すればそういう結論に達するかは謎だが、その時彼は麻薬取引から手を引きさえすれば、彼自身が麻薬を使い続けてもいいと思ってしまったのだという。結局、彼は麻薬のディーラーを家に住まわせることと引き換えに、その後も麻薬を使い続けた。

スコット・ロスがヘロインを買うためにスペンサーのアパートにやってきたとき、二人にとってそれはヒドゥンバレー高校を卒業して以来、約三年ぶりの再会だった。彼らはいわゆる親友ではなく、ただの麻薬仲間だった。スペンサーとロビン・ロスによると、彼らには一緒に遊んでいた共通の仲間がいて、その中の一人の仲間の家に麻薬を打ってハイになるために使える地下室があった。その仲間の父親は彼らの見ている前で、彼らと一緒になって日常的にヘロインを打っていたそうだ。

スペンサーは麻薬取引の仲介役を務めていた。そして、スペンサーが仲介した麻薬を過剰摂取したスコットが二〇一〇年四月に死亡したために、スペンサーと彼の同居人の麻薬ディーラーが逮捕されたのだった。

その夜、スコットがスペンサーの家の玄関口に現れたとき、スペンサーはすでに本格的なヘロイン依存症者になっていた。スペンサーの刑務所入所時の顔写真を見ると、目は窪み、顔には水疱瘡のようなかさぶたが無数についていた。それはいずれもアンフェタミンがもたらすかゆみの影響だった。その時、彼はアンフェタミン依存症にもなっていた。彼の体重は一三五ポンド（約六〇キロ）まで減っていた。

「刑務所の中で、自分の手首が自分の親指と人差し指で作った輪よりも細くなっていることに気づきました」と彼は親指と中指で作った輪を見せながら私に言った。「僕はもう完全にジャンキーだったんです」

刑務所仲間から痩せすぎだとからかわれたことがきっかけで、彼はウエイトトレーニングを始めた。水で満たしたゴミ袋をウエイトにして、それを帯状に切り取ったシーツで結んで、バーベル代わりにした。彼は筋肉を増やすために、自分の刑務所の口座に母親が入れてくれたお金を使って牛乳を何パックも買い込み、自分の同房者たちにも、刑務所から支給されるラーメンやコーヒーを彼らの牛乳と交換してもらって、ひたすら牛乳を飲んだ。

彼が入所してから十一カ月間、スペンサーの母親は彼の保釈を求めようとしなかった。刑務所内にも麻薬が蔓延していることはわかっていたが、刑務所に入れておくことが、スペンサーを生かし続ける最善の方法だと考えていたからだ。その代わり彼女は教会の会友や親戚に、スペンサーに手紙を出すよう頼んだ。美術学校に通っていた彼の妹のパリスは、詩と絵を送った。ジンジャーは心に訴える歌の歌詞や、聖書から抜粋した言葉や、キリストの教えを説いたリック・ウォーレンによるベストセラー『人生を導く5つの目的――自分らしく生きるための42章』（*The Purpose Driven Life*）などを送った。

彼の弁護士を務めたトニー・アンダーソンが、その頃、彼に起きた変化をこう証言する。

「彼は最初の六カ月間は母親に保釈申請をするよう懇願し続けましたが、その後、自分が堕ちるところまで堕ちていることに気づいた時、彼の復活が始まりました」

しばらくしてスペンサーは、麻薬から自由であることの素晴らしさを実感できるようになってきた。

「クリーンになるのっていいですね。僕は母と話ができるようになったことで、やっと自分に何が起きていたのかがわかるようになりました」

彼のカウンセラーのビニー・ダブニーは当時のことを思い出してこう語る。

「十五回もリハビリを繰り返しても、スペンサーに麻薬が自分のためにならないことを納得させることはできませんでしたが、友人が死んだことで刑務所に入れられて、ようやく彼は改心できました」

私とのインタビューの中で、スペンサーは賢い大人としての顔と、幼稚な子供の顔を交互に覗かせた。彼は身体も精神も鍛えたいと考えていた。それは刑務所に入る前に、少しでも罪滅ぼしをしたいとの思いからだった。「まだまだやらなければならないことが、たくさんあります」と彼は語った。

彼は麻薬についていろいろなことを私に教えてくれた。その中には、彼が昼食代を節約して大麻とコカインを買っていた頃の話や、鎮痛湿布薬からジェル状のフェンタニルを取り出して吸う方法も、含まれていた。麻薬の売人を見つけたければ、薬物依存症者たちが立ち直るためにお互いの経験を共有し合う匿名薬物依存症者の会の会場の前が一番いいことなど、私が初めて聞く話も多かった。

糖尿病の薬を扱う薬局の前を通り過ぎながら、かつてその店の薬の配達員に頼んで、オキシコンチンを売ってもらった時の話もしてくれた。結局その配達員は後に逮捕されたが。「しかし、その配達員はどういうわけか、翌日にはまた新たに六〇〇~七〇〇錠のオキシコンチンを手に入れていました。これは大変な量の麻薬ですよ」と彼は言った。

スペンサーは彼の麻薬カウンセラーのダブニーについても話してくれた。ダブニーはその昔、三十年もの間、ヘロインを使っていた。それは今日流通しているものほどは強力なものでなかったが、彼はそれを鼻から吸っていたそうだ。

「理由はわかりませんが、依存症になってもうまくやっていける人もいるんです」とスペンサーは言う。

「例えば、仮に今日が火曜で、金曜まで新たな麻薬が手に入らないことがわかっていて、手元に三十袋しか薬が残っていなかったとします。でも、自分は一日に十袋ほど必要です。そうすると週の途中で薬が切れる恐れがある。薬物依存症者は瞬時にそれを計算して、念のために日曜までの分を何としても確保しようとするんです。一旦、依存症になると、苦しい離脱症状から逃れるためには、どんなことでもするようになるんです」

彼は、私の友人にまでアドバイスをくれた。私の友人は、息子がマリファナを吸って逮捕されていた。最初に捕まった時は州内だったので、軽犯罪扱いで済んだが、最後の一回がブルーリッジ・パークウェイのサービスエリアだったことが問題だった。その高速道路は国道だったために連邦法が適用され、彼は重罪犯になってしまった。

「十八歳になったら、マリファナが合法化されている州に引っ越せばいいんです。あとは、それまでしっかりウエイト・トレーニングをするように言ってあげてください。弱いやつは刑務所で苦労することになりますから。あとは、できるだけ彼を脅かしておいてください。だけど、正直なところ、子供はあなたの言葉には耳を貸さないでしょう。私がその年齢のとき、私もまったく聞く耳を持っていませんでしたから」

スペンサーは母ジンジャーに地獄のような思いをさせたことを、ほぼ毎日のように謝罪していた。そして、オープンしたての宝石店を手伝うことで、少しでもその罪を償おうとしていた。スペンサーがウエストバージニア州のキリスト教系のリハビリ施設から脱走した後、ジンジャーは彼を精神病棟に入れることを決めた。そのときスペンサーは何度も彼女を抱きしめて言った。

「ごめんね」

「わかってるよ」と彼女は応えた。

彼はジンジャーの助けを借りてロビン・ロスに謝罪の手紙を書き、ロビンのセラピスト宛に送った。ロビンがその手紙を読む心の準備ができたとセラピストが判断した時に、彼女に渡してくれることになっていた。その中でスペンサーは、刑務所から出所したら彼女の家の庭の芝刈りをすることを申し出ていた。また刑務所の中から彼は、祖母が亡くなった時に受け取った遺産をロビンに寄贈していた。

その頃までにヒドゥンバレー高校では、すでにスペンサーの友人が十二人も薬物依存症で亡くなっていた。また、彼が知っているディーラーも全員が、すでに死んでいるか刑務所に入っていた。そして、彼はこれからさらに何人かの友人を失うことになる。

二〇一二年八月、スペンサーが母親が運転する車でバージニア州ピーターズバーグにある連邦刑務所に着いた時、彼はとても元気になっていた。その時、すでに二年以上麻薬をやっていなかったスペンサーは、空手を習うことで、オピオイド依存症を乗り越えようとしていた。刑務所に入ることへの不安には、新たに学んだ呼吸法で対処していた。

彼の空手の師匠のリック・ペレスが、実の父親とは疎遠だった彼にとって父親のような存在になっていた。ペレスはゆっくりと足をタップしながらレンガの壁を上がっていく運動など、独房でもできるエクササイズをスペンサーに教えてくれた。

体調がよくなったことで、スペンサーは自信を取り戻していた。彼は服役中に、中途で終わっていた学士号をとりたいと考えていた。また、服役を終えたら、スコット・ロスを追悼する意味を込めて、依存症に苦しむ若者をサポートする仕事に就きたいとも考えていた。

スペンサーが刑務所に入所した日、私はロビンに電話をした。しかし、彼女はスペンサーが刑務所に入ったことは、彼女の心の慰めにはならないと言った。

「今も息子が亡くなった日と同じくらい心が痛む」と彼女は涙ながらに語った。「私はスペンサーが強くいられるように毎日祈ります。あの子のことを考えると私の心は痛みます。でも、彼が普通の生活を取り戻すためには、しっかりと償いをする必要があります」

しかし、時が経つにつれ、ロビンのスペンサーに対する態度は軟化し始めた。その年の秋、彼女は毎週金曜日の夜に開かれていた、問題を抱えるティーンエイジャーとその親たちの会合に顔を出すようになった。それはスペンサーが裁判所から命じられて講演をしたのと似たような会合だった。ロビンはその会合を通じて、愛する者を失ったのが決して自分だけではなかったことを学んだ。

ロビンやジンジャーは自分たちがどれだけヒマワリを育て、スピーチを重ねても、それだけでは麻薬の蔓延を食い止める助けにはならないことに気づき始めていた。特にジンジャーは、自分の会社の広告と、州議会の選挙に出た経歴などから、地域ではちょっとした有名人で、開店間もない彼女の宝石店には、毎日のように彼女の助言を求める人が訪ねてきていた。不安に駆られてやってきた親たちは、店に入ると数分の間は買い物客のようなふりをするが、やがて涙ながらに自分たちの身の上話を始めるのだった。

その中に、二時間かけて車でやってきた二人の依存症の息子を持つ母親がいた。彼女の夫は牧師だった。また六十三歳の看護師で、二十五歳の娘がヘロイン依存症のために自分の娘の面倒を見られないので、代わりに彼女が孫の世話をしなければならず、苦労していると語った人もいた。

ロニー・ジョーンズがシェナンドー・バレーの北部で顧客の開拓を始めた頃、ロアノークの若者たちはウッドストックを通ってボルチモアやフィラデルフィアやニューアークまで車で行くか、チャイナタウン行きのバスを利用してニューヨークへ行き、そこで「ブルーマジック」や「グッチ」のような名前が刻印されたヘロインを五十袋一〇〇ドル（約一万一千円）で買って帰り、ロアノークで六倍から八倍の値段で売りさばいていた。

ロアノーク地域の高校生を対象とした薬物使用調査が、この動きを裏付けていた。その調査によると、二〇一二年秋には六・四％の高校生が最低一回以上ヘロインを使用したことがあると答えていた。また、ほぼ一〇％の高校生が、一度は違法な処方薬を試したことがあると答えていた。地元の薬物カウンセラーは、ヘロインが非常に安く、容易に入手できるようになったので、この数字は早晩逆転する恐れがあると警告した。

薬物依存症家族のための匿名薬物依存症者の会は連日満員になっていた。気象予報士の事件から六年が経過し、地域に本格的なオピオイドの嵐が到来していた。ロビン・ロスがヒマワリに慰めを求め、ジンジャー・ムンパワーが、息子が刑務所に入ってくれたおかげで少なくとも当分は過剰摂取で死ぬことはないだろうと考えてほっとしていた頃、ヘロインの猛威に苦しむ親たちは、責めを負うべき犯人探しに腐心していた。

しかし、彼らの多くはひどい悲しみと羞恥心から、依然としてその問題については口をつぐんでいた。

第6章　「イエス様が入ってくるような気分」

ロアノークから車で南に一時間、かつては多くの産業で栄えたバージニア州マーティンズビル市は、経済的苦境に喘いでいた。二〇一二年までの十二年間、人口一万三千人のこの小都市は、バージニア州で最高の失業率を記録していた。二〇世紀の大部分、ここは繊維工場と家具工場が立ち並ぶ産業都市で、国内の他のどの都市よりも多くの億万長者が住んでいるとまで言われるほど繁栄していた。しかし、一九九四年の北米自由貿易協定（ＮＡＦＴＡ）の成立を受けて、億万長者たちは自分たちが所有する会社の繊維工場はホンジュラスやメキシコに、家具工場は中国などに移転したため、市内の雇用の半分が消えてしまった。

ビル・クリントン大統領は、二〇〇一年の中国の世界貿易機関（ＷＴＯ）加盟は、最終的には中国にもアメリカ人労働者にも「ウィンウィン」の結果をもたらすものになると約束した。理論的には中国が経済発展すれば、アメリカの企業も中国の消費者向けに製品を輸出することができるようになるため、アメリカで工場の閉鎖が発表されるたびに、その企業の株価があがるというウォールストリートの論理が幅を利かせていた。企業の株主や経営者たちは、クリントンが主張した一八世紀のアダム・スミスの「見えざる手」の最も楽観的なストーリーを真に受けていた。エコノミストたちの説明では、中国の農民たちは農業よりも工場で椅子を作る方がより高い収入が得られ、一時的に職を失うことになるアメリカ人労働者も再訓練を受けることで、より条件の良い高度な仕事に就くことができるという話だった。

しかし、一九六〇年代に作成された陳腐な連邦の職業訓練は、アメリカ人労働者に新たなスキルを身につけさせるにはほど遠いもので、ウィンウィンの後ろの半分はほとんど実現しなかった。実際、貿易調整支援制度の受給資格を持つ労働者のうち、学校に戻ったのは全体の三分の一にとどまり、その大半が、新しい資格や学位を得たにもかかわらず、かつて工場で得ていた給料より大幅に低い賃金しか得ることができなかった。いや、それでも仕事がある人はまだましだった。私が会った人たちの中で、最もうまく状況に適応できていた人たちでさえ、ウォルマートでパートタイムで働くかたわら、公的な食料補助や民間からの寄付に頼ったり、小さな家庭菜園で自家生産することで、給料では足りない分を補うような生活を強いられていた。

確かにその間、消費者はより安価なジーンズが手に入るようになったかもしれない。しかし、かつてそのジーンズを製造していながら、職を失い新しい服を買う余裕がなくなった人たちにとっては、ジーンズの値段が下がったことなど、何の意味もなかった。

約八千人の家具職員を解雇しなければならなかったバセット家具のロブ・スピルマンCEOは、グローバル化が勝者と敗者を生み出したと指摘する。

「勝てなければ滅びるしかありません。結局、私たちは社会実験の道具にされたんです」

グローバリゼーションとオートメーションと石炭産業の衰退によって疲弊した地方都市に「神の見えざる手」がもたらしたものは、犯罪の急増と食料不安と福祉に依存した生活だった。マーティンズビルとその周辺のヘンリー郡では、失業率が二〇%を超え、フードスタンプ（食料補助）の利用者は三倍以上に、障害を理由とする失業保険の受給者も六〇・四%上昇していた。

地元紙のロアノーク・タイムズで二〇〇八年のリーマンショック以降の景気後退について取材をしてきた私にとって、その数値は実際の取材現場では、当時そうとは気づかずに見ていた二つの現象に置き換えることができた。

一つ目は、地元の食糧配給所の前で配給が始まる二時間も前から並んでいる、人種も年齢も性別も問わない大勢の人の列だった。列の中には杖をついたり、歩行器なしでは歩けない高齢者もいた。

もう一つは、マーティンズビル近くの町バセットにある、荒れ果てて廃墟と化した家具工場の残骸だった。その工場は閉鎖されていたが、闇市場で転売する銅線を切り取るために侵入した失業中の三十四歳の男性が、そこで誤って火事を起こし、顔に火傷を負っていた。

失業が飢えを招き、飢えが犯罪を引き起こしていた。また、元炭鉱労働者にとっては障害者を支援する福祉政策が事実上のセーフティネットとして機能していることも、明らかだった。元々、このプログラムは、善意から設けられたものだったが、精神疾患や慢性疼痛や薬物障害のように症状を証明することが困難な病気を持つ人の中には、福祉を受け続けるためには病気のままでいる方が好都合だと考える人がいるのも事実だった。

これと同様の事がリー郡の炭鉱でも起きていた。ここでは子供をADHDなどの発達障害と診断してもらえるよう医師に頼み込む親もいた。発達障害の診断を受けている子供は大人になってから、障害者年金の受給資格を得やすくなるからだ。「ここでは（向精神薬の）リタリンが障害への橋渡し役を果たしています」と、リー郡の医療福祉関係者は、連邦の福祉政策が地域の貧困や失業対策として転用されている実態を証言する。

隣州のケンタッキー東部のある病院の関係者は、地元高校生相手の薬物乱用防止セミナーの場で、講師が生徒たちに大人になったら何になりたいかを訪ねたときのことを話してくれた。

ある生徒が「描く人《ドロワー》」と答えた。

「ドロワーって絵描きのこと?」と講師は尋ねた。

するとその生徒は「いや、障害者年金の申請書を引き出す（ドローする）人のことだよ」と答えたという。

ここでは障害者手当を受け取ることが、若者の将来の目標になっているのだ。その子はそれが、彼自身と彼の家族を養うための唯一の方法だと考えたのだろう。実際、リー郡の就労年齢の男性の五七・二六%が、仕事に就いていなかった（女性の方がまだましで、その割合は約四四%だった）。

アメリカの田舎町では密造酒がオキシコンチンに取って代わられたように、工場の仕事は障害者手当に取って代わられていた。二〇一六年には、二十二歳から五十五歳までの失業中のアメリカ人男性の四人に三人が、求職活動もしていなかった。アメリカの労働力から脱落した彼らは、もはや毎月政治家や記者たちが話題にする雇用統計の対象からも外れていたのだ。

統計上、彼らは失業者ではなく障害者の中に数えられていた。経済ニュースで障害者数が取り上げられることはほとんどなかったが、障害者手当の申請者数は一九九六年から二〇一五年の間にほぼ倍増していた。連邦政府は二〇一七年だけで千九百二十億ドル（約二兆千百億円）を障害者手当として支出しているが、この数字は食料費補助と生活保護、住宅補助、失業保険のすべてを足した額を上回っていた。

最近、アメリカの田舎を訪れていない人は、きっとその目に見えた衰退ぶりに衝撃を受けるにちがいない。しかし、それがこの国の政治的、文化的分断が招いた結果なのだ。ドナルド・トランプが勝った二〇一六年の大統領選挙の前から、アメリカの好景気の恩恵はセントチャールズやバセットのような白人が多数を占める地方都市にはしたたり落ちていなかったが、その現実に国内の主要なメディアはほとんど注意を払ってこなかった。

その一方で、マーティンズビル・ブレティンのような地元紙が、ワシントンやニューヨークで行われている国際貿易の動向はもとより、ビッグ・ファーマの暗躍や国際的な麻薬カルテルの活動に関する調査報道を行うことも皆無だった。そして私が働くロアノーク・タイムズのような地方紙も、取材範囲を劇的に縮小し、主に都市部と郊外の報道にシフトしていた。苦境に陥った地域社会が調査報道を最も必要としているまさにその時、地域のジャーナリズムは目の前で起きていることから目を背けてしまったのだ。

アメリカの都市部で時間に追われる生活を送り、自分たちの周りには自身と似たような考えの人しかいないように思いがちな私たちは、この国がどれほど政治的、経済的に分断され細分化されてしまったのかが、わからなくなっている。更に、メディアが報道しないために、苦境に陥った地域が、どれほど貧しく、どれほど病み、どれほど仕事を必要としていたかも、理解できていなかった。携帯電話やコンピュータによって以前より他人と繋がれているように感じている人もいるかもしれないが、実際には私たちは、いまだかつてないほど激しく分断されていた。

私が住んでいる中規模の都市では、二〇一〇年代初頭までオキシコンチンはあくまで田舎の問題であり、車で四時間以上も離れたところにある炭鉱の問題と受け止められていた。ロアノーク・タイムズは二〇〇七年のパデュー・ファーマ幹部の判決公判は記事にしたが、その後オキシコンチンに言及することはほとんどなかった。ヘンリー郡のような寂れた工場街でオピオイドの乱用が蔓延している話はロアノークにも漏れ伝わってきてはいたが、実際にわれわれの新聞がそれを取材して報じることはほとんどなかった。

われわれは無知の中に安住していた。そして、薬物依存症などというものは失業中の田舎者や、都市の黒人や、道を踏み外した一握りの子供たちだけの問題に過ぎないという先入観で納得していた。

しかし、その時すでに目に見えない魔の手が迫っていた。ハインリッヒ・ドレーザーが発明したヘロインという薬物は、政治も人種も地域も階層も何一つ顧みることなく、都市と郊外の境界線をシームレスに移動していた。

私はバセット家具で不意に放火犯となってしまった男のことを知るまで、田舎の貧困と障害とオピオイド依存症の関係をまるで理解できていなかった。その男は自転車に乗ってバセットの郊外にやってきて、工場の廃墟から銅線を盗もうとしていた。起伏の多いブルーリッジ山脈の丘陵地帯では、自転車で移動する人は珍しかった。

「彼は失業中で、無収入でした。しかし、工場で銅線を盗む作業は骨の折れる作業です。その意味で彼は決して怠け者ではありませんでした」と彼の事件の担当検事は語る。

この地域の多くの窃盗犯がそうであるように、この男もまた、離脱症状の恐怖から逃れたい一心で、窃盗を繰り返していた。その時すでに、郡内の警察にかかってくる緊急通報の七五％が、ヘロインかメタンフェタミンか、またはその両方が絡んだ事件になっていた。

その頃、失業率と障害者の数とオピオイド依存症者の数が急上昇したことに加え、メタンフェタミンが再び注目されるようになり、オピオイドやヘロインとメス（メタンフェタミンの俗称）の間を行ったり来たりする人が増えていた。バージニア州の麻薬対策本部の担当官は、バージニアの田舎では、クリスタル・メスに絡んだ事件の数が他を圧倒していると指摘した上で、こう語る。「鎮痛剤の依存症になると、極度に無気力になり、ほとんど社会的に機能できなくなります。しかし、メスは離脱症状から逃れるためのヘロインやオキシコンチンを買い求めるために街中を走り回ることを可能にしてくれます。メスによって動き続けることが可能になるのです。それが、メスが『動くための鶏の餌』と呼ばれる由縁です」

それを聞いた時、私はスペンサー・ムンパワーの二〇一〇年に刑務所で撮影された顔写真を思い出していた。家具工場の跡地から銅線を盗み出していた若者と、私立学校に通い、いざ依存症になると、母親が十五もの異なるリハビリ施設の費用を払ってくれたスペンサーとでは、置かれた境遇はかけ離れていた。しかし、写真に写ったスペンサーは目が窪み、鎖骨が突き出て、やせこけた依存症者の顔をしていた。スペンサー自身が二〇一二年に私に語ったように、その時の彼は「水疱瘡でも患っているかのよう」に、ひどい顔をしていた。それは彼の言葉を借りると「モグラの巣穴に頭を突っ込んだのか」と言われてしまうような顔だった。

スペンサーが他の依存症者たちと同じように、処方されたオピオイドが原因でヘロイン依存症になったことはわかっていたが、それでも私は警察や多くの親たちと同じように、スペンサーのような恵まれた境遇にいる青年と田舎の依存症者の間の共通点を見つけることに苦労していた。

今日のアメリカの文化は、中間層や上流層の白人の若者が、多少の薬物を嗜むことを容認しているところがある。ところが、同じことを田舎の貧しい白人や有色人種の人々がした瞬間に、それは彼らの人間としての本質的な欲求の発露とみなされ差別の対象にされてしまう。しかし、現実には今日のアメリカにおいては、中流や上流階級に蔓延する麻薬こそが、切迫した絶望的な問題なのだ。

薬物は「一人が種を蒔いただけで、瞬く間に全体へと広がっていく」と依存症医学の専門家で『ドラッグ・ディーラー』(*Drug Dealer*)の著者でもあるスタンフォード大学医学部のアナ・レンブク教授は語る。

レンブクによると、両親または祖父母が麻薬またはアルコール依存症者だった者が依存症になる可能性は劇的に高くなり、そのリスクの五〇~六〇%は遺伝的要因から来るものと考えられている。これは遺伝的相関が三〇%程度のうつ病と比べても、非常に高い。依存症のその他の危険因子には、貧困、失業、多世代にわたるトラウマ、そして薬物へのアクセスの有無などが含まれる。

「今日、依存症になりやすいのが、失業者と貧困者だけではないことに注目することが重要です。それは誰にでも起こり得ることですが、特に、成績の悪い生徒や、部活や課題活動に積極的ではない子供が危険です」とレンブクは言う。

スペンサーは十三歳の時、軽い手術を受けた親戚が処方された鎮痛剤のボトルを五本盗んだ。どのボトルにも半分以上の薬が残っていた。そして彼は十四歳までに、薬物の常習者になっていた。当時、スペンサーは昼食代を節約してマリファナを買い、それを友人が処方されたADHD

薬や、彼らが両親の薬箱から盗んできたオキシコンチンなどと交換していた。

「私は生まれて初めてビールを飲むよりも、ヘロインをやることの方が早かった」とスペンサーは言う。

広大な牧場やコロニアル様式の二階建てのこぎれいな家やアンティーク風のバンガローが建ち並ぶ高級な住宅街のヒドゥンバレーでは、ヘロインを入手するのがとても簡単だった。

「ここの警官はヘロインがどんなものかも知らなかったので、捕まる心配はまったくありませんでした。一度パトカーに止められたとき、私の足元には十袋のヘロインが置いてありましたが、警官は見もしませんでした」

こうしてオピオイドは二〇〇〇年代にアメリカの地方都市に広がっていった。特に、バージニア州の田舎では、過剰摂取は家族単位で広がっていく傾向があった。

ロアノークのある医師は、「ある家族は過剰摂取でまず息子が死に、次の日に父親が死に、そのまた次の日に母親が死んでしまいました。もしもその死因が感染症だったら、アメリカ中が大パニックに陥っていたはずです」と語る。

当時、バージニア工科大学の研究者だったマーサ・ウンシュが、国立衛生研究所の助成を得て地方の過剰摂取による死亡例を調査するために、スペンサー・ムンパワーやスコット・ロスが通っていた高校の十代の少年少女に聞き取り調査を行った。ところがバージニア州保健当局の担当者は当初、彼女の調査結果を真に受けようとはしなかった。その理由は、地方保健局長のスー・カントレルの進言が退けられた時と同じものだった。ウンシュもまた、州政府の担当者から「これはあくまで地域の問題です」と言われていた。

「81号線が問題なのです。何もない東部の田舎町で始まったオキシコンチンの流行が、81号線を経由してアパラチア沿いに広がっていきました。そして親はある日突然、パーティから帰ってきた自分の子供から、パーティでボウルに入った薬が回し飲みされていたことを知らされるのです」とウンシュは言う。

郊外でオピオイドは、家族単位ではなく仲間グループを通じて広がっていった。パデュー・ファーマが二〇一〇年にオキシコンチンの乱用防止用に特殊コーティングされた商品を発売する頃まで、警察はオピオイドが郊外で広がっていることに気づかなかった。まさにその頃、スペンサーがスコット・ロスに死をもたらすことになるヘロインを渡すのだが、その時すでにオキシコンチンの発売開始から十四年が経っていた。


州間高速道路81号線はバージニア州西部の中心都市のロアノーク北部の郊外を通っている。うねりと起伏を繰り返しながら、ロアノークを回り込むように北東に向かい、シェナンドー・バレーの北部を抜けて、ボルチモアやワシントン、そしてニュージャージーからニューヨークへと通じる他の高速道路と交差しながら、テネシーからバージニアにいたるアパラチア西部のコミュニティを結んでいる。

南部で最も人種が隔離された都市の一つであるロアノークには、目立たないながらも常に一定数のヘロインユーザーがいたため、処方薬で依存症に陥ったオキシコンチンのユーザーが、本格的な麻薬依存症へ移行していくための理想的な条件が揃っていた。それは文化的にも地理的にも、オピオイドが蔓延するための完璧な保育器となっていた。ロアノークの大きすぎず、かといって小さすぎもしない都市としての規模は、麻薬の常用を隠す上でも、麻薬の売人が身を隠す上でも、ほどよいサイズだった。

この町の最も貧しい北西部で活動していた麻薬ディーラーの中には、ヒドゥンバレーやケーブスプリングなどの裕福な地域へ縄張りを移す者も出てきた。

スペンサーのカウンセラーのビニー・ダブニーは「麻薬の蔓延が貧しい階級や音楽家や非白人のような疎外された人々に限定されている間は、誰も気にとめませんでした」と語る。

自身がアフリカ系アメリカ人のダブニーは一九六八年、彼が高校一年生の時に初めてヘロインの味を知り、その後三十年間使用を続けたが、その間、社会的にはいたって通常の活動を続けていたそうだ（ただし、彼は針恐怖症のため、一度も麻薬を注射したことはなかったそうだが）。

確かに三十年前は流通していたヘロインの濃度が三〜七％程度だったので、常習者も普通の社会生活を維持することが可能だったかもしれない。郊外の白人の子供たちが次々と死んだり、フットボールの試合中に観客席にいた生徒が突然昏睡状態に陥ったりするようなことがなければ、きっと警察は気にもとめなかっただろう。しかし、今日流通している麻薬の濃度は四〇〜六〇％もあり、当時とは比べものにならないほど強力になっている。

「麻薬が都市と郊外の境界線を越えた瞬間、それは『麻薬問題』として扱われるようになりました」と、ダブニーは言う。

麻薬関連の犯罪で二度の服役を経験した後、一九九〇年代後半に判決で義務づけられた薬物治療を終えたダブニーは、カウンセリングを学んで修士号を取得し、現在はメンタルヘルスと薬物乱用のカウンセラーとして働いている。彼はまた、ブープと呼ばれる薬物維持治療用のブプレノルフィン（より一般的にはサボキソンの商品名で知られている）を服用するユーザーの支援も行っている。

「百年以上前から（危機が）ドアをノックしていたのに、われわれはいよいよドアのヒンジが外れるまで何もせずにいたのです。すでに敵は怪物のように大きくなっていましたが、自分の車が強盗にあったり、子供たちがクレジットカードを盗み始めるまでは、誰も問題に気がつかなかったのです」

ダブニーはまた、オピオイド依存症になる年齢が以前よりもずっと若くなっているため、処方薬からヘロインに切り替わる年齢も早くなっていることが、事態をさらに深刻にしていると指摘する。

しかし、人々が危機の重大さを理解するまでには、まだしばらくの時間が必要だった。誰もが貧乏な炭鉱街では、誰かが麻薬に嵌まるとすぐに窃盗などを行うようになるので、状況が見えやすかった。しかしユーザーがお金を持っている郊外では、水面下で広がる依存症の蔓延が見えにくかった。その多くは十代の若者で、親に買ってもらった電子機器を売ったり（親には誰かに盗まれたと言えばよかった）、親が自分の大学の学資金として貯めていた貯金を切り崩したり、単に親からもらった小遣いを使っていた。そのため彼らは、わずかな錠剤と物々交換するために牛や馬を連れ出したり、あらかじめ目ぼしをつけておいて盗んだ耕運機を道行く人々に見られながら押していくような真似をする必要がなかった。

裕福なロアノーク郡の郊外では、違法な麻薬の取引は、綺麗に手入れされた自宅の前庭の芝生の上や、学校のロッカーの脇や、高級住宅街のケーブスプリングやヒドゥンバレーで何も知らない親が家族のために夕食をつくっている間、きれいにカーペットが敷かれた地下室などで、密かに行われいた。

この地域で麻薬の蔓延が直ちにパニックを引き起こさなかった最大の理由は、十代の若者が自分の依存症を隠すために必要なお金を持っていたからだった。また、両親が自分の子供の麻薬依存症を知っても、世間体を気にして、それを隠し通す人が多かった。

全国の「パデューと戦う親たちの会」のメンバーも、パデューがオキシコンチンの販売攻勢を仕掛ける標的に、空洞化したアメリカの田舎や山間部を選んでいることは知っていた。そうした地域に住む、労働事故で怪我をして失業中の人や障害者の認定を受けた人たちの多くは、低所得者用の公的医療補助「メディケイド」の対象となっていたため、ほとんど自己負担なしでオキシコンチンの処方を受けることが可能だったからだ。しかし、実際はオキシコンチンは当初からアメリカ全土に蔓延していた。単に都市部では、それに関連した犯罪がニュースになっていなかっただけだったのだ。

「郊外での初期の流行はほとんど表沙汰にはなりませんでした。郊外に住む親たちには、密かに子供をリハビリ施設に入れる経済的な余裕があったからです。若者が次々と死に始めるまで、そんな状態が続きました」と、依存症の専門家で現在バージニア州保健省の副コミッショナーを務めるヒューーズ・メルトンは言う。

ロアノークの市民がようやくこの問題に気づいたのは、パーティ好きな人気者だった金髪モジャモジャ頭のスコット・ロスの死がきっかけだった。彼の友人たちが大学入学に向けて町を出発し始めていた頃、スコットは母親に連れられて、地元の救援団体が主催するリハビリプログラムに参加していた。彼女は、雨が降りしきる中、格子縞の短パンとノーティカのシャツを着たスコットを団体が入る建物の前で降ろした時のことを、今も克明に覚えていた。

スペンサー・ムンパワーは、二〇〇〇年代にショッピングモールの映画館の裏手や樹木の生い茂った袋小路の道端でオピオイドがやりとりされた時の様子を教えてくれた。すでに二〇一二年の時点で、地元の高校のアンケート調査によって、ロアノーク郡の高校生のヘロイン経験者の割合が、全国平均よりも三%高いことが明らかになるなど、ロアノーク郊外でヘロインが広がっていることを窺せる兆候が示されていた。しかし、親も社会福祉指導員たちも、スペンサーの事件はあくまで特殊な事例と考えてそれが発している警告を過小評価していた。中には、それを親のしつけの問題として受け止める人もいた。

「少なくとも二〇一四年まで、われわれはヘロインとオキシコンチンの関係を正しく理解できていませんでした」と、地域の薬物予防コーディネーターのナンシー・ハンスは語る。

二〇一〇年、彼女がメンバーの一人だったロアノーク郡の麻薬予防協議会が、処方薬の回収キャンペーンを始めた。これは、一旦は医師から処方されたものの、飲みきれずに未使用のまま放置されていた薬の回収を目的とするキャンペーンだったが、その対象はオピオイドに限定されていなかった。しかし、彼女は今、その時の回収対象の薬をオピオイドだけにしておくべきだったと後悔しているという。

実はその後、ハンスは地元の警察に促されて、二〇一二年に合成入浴剤の危険性を警告するキャンペーンを立ち上げた。合成入浴剤として売られていた危険ドラッグが原因で、警察官への暴力行為が相次いだり、二人の女性が死亡する事件などがあり、当時、この問題は世間の耳目を集めていた。その後、オバマ大統領がこの合成入浴剤の販売を禁止する法律に署名したり、雑誌『ヴァイス』が、この問題の特集記事を書くためにロアノーク市内を取材するなど、合成入浴剤問題にはメディアも注目していた。確かに入浴剤の名を借りた危険ドラッグの流通は問題ではあったが、しかし、今、振り返ってみると、この問題が、はるかに深刻ではるかに危険なオピオイドから世間の耳目を逸らす役割を担っていたことは否めなかった。

ハンスは当時を振り返ってこう語る。「こうしてオピオイド問題への対応は後手後手に回り、医者たちも何をすべきかがわかっていませんでした。もし自分の十代の子供が親知らずを抜歯した時に三十錠のパーコセットを処方されたら、親はその医師に猛然と抗議しなければなりませんが、当時の親たちはそんなことも知りませんでした。オピオイドに対して社会全体が無知だったのです」

その後五年以内に、ハンスの携帯電話には依存症の子供の母親の電話番号が多数登録され、彼女自身は、ヘロインの過剰摂取で亡くなった二十代の若者の葬儀と、その若者がかつて通った高校の講堂で行う薬物予防の講演をはしごするような生活を送ることになる。だが、その時点ではまだ、スペンサーが講演で発した薬物乱用に関する警告は、ロアノークの人々にとっては自分の家族には決して起こり得ないこととして、真剣には受け止められなかった。

ちょうどその頃、スペンサーを起訴した連邦検事補のアンドリュー・バスフォードは、ロアノーク郡の教育長から激しい抗議の電話を受けたことがあるという。それはバスフォードが、郡内の学校でヘロインとオキシコンチンの乱用が横行していることを公然と指摘したことに対する、抗議の電話だった。

その教育長は「そんなことを新聞記者の前で言わないでくれ」と、怒り心頭だったという。もちろん、陸軍の予備役で准将まで務めたバスフォードは、そんな抗議には動じなかった。

「私は本当のことを言ったまでです。あなたの郡の学校は穴場になっています。そこの生徒たちはお金を持っているので、麻薬が集まってきているのです」と、彼は言い返した。

ヒドゥンバレーのティーンエイジャーたちは、緑色の八〇ミリグラムのオキシコンチンを「グリーン・ゴブリン（緑の悪魔）」と呼んでいた。若者たちの下には、このグリーン・ゴブリンが様々なルートを経由して入ってきていた。アルバイト先のレストランの同僚から分けてもらった者もいれば、親知らずを抜歯した兄弟が処方されて余った分をもらった人もいた。あるイラク戦争の復員兵は、本当に痛みがあってオキシコンチンを処方されていたが、医師からは実際に必要な量の二倍の量を処方され、余った分を近所の子供たちに売りさばいていた。

「オキシコンチンの錠剤を飲んでいるうちは、親にはばれませんでした」とビクトリア（仮名）は振り返る。彼女は、マリファナを吸ったことが学校にばれて高三で退学処分になった時、生まれて初めてオキシコンチンの錠剤を試した。

ビクトリアは、二〇一〇年にパデューが乱用防止用のコーティングを施したオキシコンチンの販売を始めた時、それを粉砕して吸引しようとした時のことを話してくれた。それは、バーバラ・ヴァンルーヤンが、長らくFDAに求めていた措置でもあった。

「これは砕くとゲル化してしまうんです。そうなると鼻から吸うこともできないし、注射することもできません。そのまま放っておくと、錠剤は乾燥して使い物にならなくなってしまいます。しかもオキシコンチンは値段が高すぎました。そのため、オキシコンチンの愛用者は軒並みヘロインへと転向していきました」

インタビューを通じて、郊外特有の薬物の乱用パターンが見えてきた。グリーン・ゴブリンの依存症に陥る人は、大抵、それ以前にも何らかの薬を複数服用していた。特に、私が出会った二十代の依存症者のほとんどが、子供のときに集中力の欠如を補うための薬を服用していた。子供たちは思春期に入ると、その薬を勉強目的からパーティ目的へと転用して使うようになる。大学生には特にリタリンとアデロールが愛用されていた。これは試験勉強で徹夜するための薬という触れ込みで、誰かが処方されたものをみんなでシェアして使っていたが、もちろん目的はそれだけではなかった。この薬を飲んでおけば、気を失うことなく何時間も酒を飲み続けることができるのだ。このような特性を持った薬は、大学生にとってはとても便利だったので、彼らはこれを換金したり、他の薬と交換することが可能だった。

一九九一年から二〇一〇年の間、処方された精神刺激剤の量はすべての年齢層で十倍に急増しているが、学童児童向けに出された注意欠如障害薬の処方量も一九九〇年から一九九五年の間だけで、三倍に増えていた。

「今や私たちは二歳の子供にまで依存性のある薬を処方しています。とても正気の沙汰とは思えません。依存症というものが、大量の薬物に曝露された脳の変化の結果であることを理解していれば、興奮剤に曝露された子供たちの脳が、よりハードな薬物に対して脆弱になることが理解できないはずがありません」と、依存症研究者のレンブクは語る。

しかし、二〇一四年のデータレビューを見る限り、その主張は科学的に十分裏付けられているとまでは言えない。ADHDと診断された子供たちのうち、精神刺激剤で治療を受けた子供たちは、薬を服用しなかった子供たちよりも、一部の薬物に対する依存症率が低いことを示す調査結果がある一方で、幼児期に興奮剤を服用した子供は成人になってから依存症になりやすいことを示す研究結果もあるからだ。

ロアノークの心理学者のシェリー・ハートマンは、「医師はADHDの子供を過剰に診断する傾向があるため、親は診断結果を慎重に受けとめる必要がある。また、親は幼少の子供や十代の子供が服用している薬を、常に厳しく監視する必要がある」と述べている。

レンブクは、今日のオピオイドの蔓延は、大手製薬会社が医師に対して過剰な処方を促したこともその一因だが、それだけではなく、そもそもアメリカ人が全般的に、どんな病気でも薬によって簡単に治せると考えるようになっているという問題があると指摘する。アメリカでは一九九八年から二〇〇五年の七年間で、処方される薬の量が七六％も増加していた。

オピオイドは最悪の結果をもたらすが、レンブクは不安を解消するために処方されているベンゾジアゼピンや興奮剤も同様に問題視している。特に、あまり熱心に勉強をしようとしなかったり、課外活動に関わろうとしない子供たちに、安易に興奮剤を飲ませてしまうことが危険だと彼は言う。それはどんな薬についても言えることだ。その薬が、きちんと処方され自分の名前が書かれた薬ボトルに入っているものであろうが、いわゆる「薬パーティ」でボウルに入って回ってきたものであろうが、それが薬である限り、同様に危険なのだ。

救急救命室の運営責任者だったジョン・バートン医師は、子供の頃に参加したノースカロライナ州のYMCAのサマーキャンプに、医師になってから再び参加した時、アメリカで薬が安易に使われるようになった文化的変容を目の当たりにして驚かされたという。一九七〇年代、キャンプに参加する子供の中に、薬を服用している子供はほとんどいなかったが、一九九〇年代半ばになると、一〇%の子供たちが何らかの薬を服用していた。そのほとんどは喘息やアレルギーの症状を抑えるためのもので、その次に多かったのが、ADHDの薬だった。そして二〇一二年になると、キャンプ参加者のおよそ三分の一が、ADHD薬の他、抗うつ剤や抗精神病剤を服用するようになっていた。

「薬に対するアメリカの文化が根底から変わってしまいました。子供たちがまったく薬など飲んでいなかった時代から、三分の一以上の子供たちが慢性的な健康問題を抱えていると考えられるようになり、健康な状態を維持するために何らかの薬を飲んでいるのが当たり前な状態へと、アメリカの薬文化自体が変わってしまったのです」とバートンは語る。「彼らは薬に慣れていて、薬を飲むことに全く抵抗がありません。だからレクリエーション目的でハイになることにも抵抗を覚えないのです」

若者たちは、朝一番でアデロールを飲み、午後にはスポーツによる怪我の痛み用にオピオイドを飲み、夜には眠るのを助けるためのザナックスを、何の躊躇もなく服用していた。その多くは医師によって処方された薬だった。二〇一二年には、アメリカの大学四年生の三分の二が、友人や親戚もしくは麻薬の売人から、処方薬の興奮剤を医療以外の目的で提供された経験があることが、報告されている。

「短期的には、子供自身はもちろんのこと、親や教師までが、アデロールの記憶力と注意力を高める効果を喜び、ぜひ服用すべきものと考える傾向にあります。しかし、長期的に見れば、アデロールを服用した子供たちが、それを投与されていない子供たちよりも学校の成績が良いわけではないことが、研究によって示されています」とレンブクは指摘する。

しかも一部の生徒にとっては、幼少時からの興奮剤の使用が、よりハードなドラッグへの入り口となる場合がある。この子たちの成績は当然、薬を服用しなかった子供よりも大きく劣ることになる。この法則は、日常的にアデロールをマリファナに、リタリンをコカインと交換していたスペンサー・ムンパワーにも当てはまるし、私がこの本の執筆のために取材したほとんどすべての若者の依存症者に当てはまるものだった。


二〇一二年の秋、スペンサーが刑務所に入る準備を進める中、彼と一緒に薬物を乱用していたヒドゥンバレーの彼の麻薬仲間たちは、離脱症状から逃れるために、これまで通りに麻薬の服用を続けていた。彼らはパーティで新しいユーザーを引き入れたり、オピオイドを盗む目的で高齢者向けの引っ越し会社で仕事をするなどして、離脱症状をしのいでいた。彼らは、盗まれてもすぐに気づかれないような期限切れの処方薬や、一通り服用して残った処方薬に狙いを定めていた。

「最近処方された薬だったら、盗むのは二、三錠にとどめ、古い処方薬なら、一瓶丸ごと盗みました。年配の人たちの中には、『それはもう捨てておいて』と言う人もいました。私は喜んでそれを頂戴しました」と、ヒドゥンバレーの高校生で医者の息子のブライアン（仮名）は私に教えてくれた。マーチングバンドのメンバーでもあった彼は、その後、ヘロイン依存症から回復していた。

十七歳までにオキシコンチンに依存するようになっていたブライアンは、二十歳の時、アルバイト先の同僚に初めてヘロインを紹介された。彼が人生で最初に鼻から吸ったヘロインは、コロンビアン・コーヒーやブルー・マジックなどのコーヒーのブランド名が刻印されたワックス紙に包まれ、携帯電話のケースの中に隠すことができるほど小さく個包装されていた。「その最初の袋をキメた瞬間、僕の運命は決まったも同然でした」と、ブライアンは当時を振り返る。

粉砕されたオキシコンチンを鼻から吸うことに慣れている人にとって、ヘロイン粉末を鼻から吸引することは容易なことだった。しかも、ヘロインはオキシコンチンよりも安く、より強力で、どこでも簡単に手に入れることができた。

彼はスコット・ロスの死は大いに悔やんでいたが、それでももう薬以外のことは考えられなくなっていた。そうこうするうちに、ヘロインを注射する方法を習得した彼は地元の薬局で、インスリン投与のために必要だからと薬剤師に嘘をついて、注射針を購入するようになっていた。

初めてヘロインを静脈に注入した時のことを、ブライアンはこう描写している。

「それは、まるで腕からイエス様が入ってくるような感覚でした。頭の中で白い光が爆発して、自分が雲の上に浮かんでいるようでした。その時の自分はヘロインというものが、最初の一発が一番気持ちがよくて、それ以降はひたすらその時の感覚を追いかけ続けるものだということを、まだ知りませんでした」

六カ月もしないうちに、ブライアンは大学の学費のために取っておいた八千ドル（約八十八万円）の貯金をすべて使い果たした上に、ゲーム機のXboxとすべてのゲームソフトを質に入れた。すべて、両親には内緒だった。

「毎日五時間、ロアノークの市内を車で走り回りながら、売人からの電話を待ち、電話が入るたびに、銀行のATMにお金をおろしに行くような生活を送っていました」

彼の両親は、彼が以前よりも気難しくなっていることと、体重が減っていることは気に掛けていた。実際、彼の体重は一五〇ポンド（約六十八キロ）から一二五ポンド（約五十七キロ）まで落ちていた。両親は拒食症の可能性まで疑い始めていた。

ブライアンの健康状態を心配した彼の心理カウンセラーが、セッション中に彼の両親をオフィスに呼び、「ブライアンが話したいことがあるそうですよ」と、ブライアンに水を向けた。心理カウンセラーなりの介入方法だった。

その頃、彼は一日に二十袋のヘロインを注射していた。彼もスペンサーやスコットが取引していたディーラーからヘロインを購入していた。

「実は僕はヘロイン依存症なんだ」

その時、ブライアンは初めて両親に打ち明けた。

それを聞いた両親は、彼が痩せてしまった理由や、時々夜中の三時、四時まで帰ってこなかった理由を知り、ある意味で安堵した一方で、大変なショックを受けた。

両親はブライアンを直ちに地元の病院に入れ解毒させた上で、集中的な薬物離脱プログラムに加入させた。そこで彼は脱オピオイド剤として使われるサボキソンを処方され、定期的に尿検査を受けさせられたほか、麻薬カウンセラーとの一対一のカウンセリングとサポート・グループのセラピーにも参加させられた。

二〇一二年に私が初めてブライアンにインタビューしたとき、彼は二十三歳で、サボキソンの摂取量を減らし始めている時期だった。

「最後にサボキソンの投与を受けてから、今日で七日目なんです。そのせいで肌はブツブツだし、落ち着きがなくなっています。じっと座っているのが辛いんです」と彼は言う。

彼はまだスコットの死を悼んでいたが、彼の麻薬仲間は、スペンサー以外はまだ誰一人として捕まっていないということだった。

「現代の薬物常用者にとっては、携帯電話がお互いをつなぎ合わせる接着剤の役目を果たしています」とブライアンは言う。「高校時代、私は自宅の前で麻薬の売人に会ったりしていましたが、両親はこれにまったく気づいていませんでした。また、両親は私の携帯電話を没収しましたが、ただ没収するだけでなく、私のテキストメッセージのやりとりをチェックしていれば、私が何をやっていたかは一目瞭然だったはずです」

ヒドゥンバレーの郊外にあるルーテル教会で開かれた、オピオイド依存症の子供を持つ親の集まりである「匿名薬物依存症者家族の会（ＦＡ）」の会合で、若い息子を持つ二人の母親が出会った。二人の偶然の出会いが、この先、地域の依存症者の家族に永続的な影響を与えるだけでなく、刑事司法と医療制度という、オピオイドの蔓延に対処すべき二つの機関の間に横たわる大きなギャップの狭間で、家族がどのようにもがき苦しんでいるかを露わにしていくことになる。

自分の子供が薬物依存症であることを世の中に知られることがもたらす不名誉が、しばしばこの問題を覆い隠す一方で、医師や麻薬の売人や製薬会社は、大いに儲け続けていた。そして、依存症者が生き延び、離脱症状から逃れるためにもがき苦しむ中、その家族やボランティアたちは、何とかして彼らを生かし続けようと必死で戦っていた。

著名な外科医を夫に持つジェイミー・ウォルドロップは、地域住民の指導的な立場にあった。また、ドレーナ・バンクスと彼女の夫は、保険代理店の経営者として成功を収めていた。ジェイミーの息子のクリストファーが通っていた郊外の私立学校「ノースクロス」に共通の友人がいたため、彼らの息子同士は友達で、一緒に麻薬を使っていた。

「私にとってジェイミーは、私を笑わせてくれるブロンドヘアの素敵な女性でした」とドレーナは語る。

ジェイミーの二人の息子は、最初はオキシコンチンの、そしてその後はヘロインの依存症になっていた。彼女は、二人の息子が自宅で倒れている姿を発見するまで、息子たちの依存症の深刻さに気づいていなかった。上の息子は、ザナックスとオキシコンチンの組み合わせのせいで、呼吸はしていたものの、携帯電話を床に落としたまま、椅子にぐったりともたれかかっていた。浴室の床の上に倒れていた下の息子は、ヘロインの注射針と血痕に覆われていた。

外来のサボキソン治療は全く効かなかったので、複数の滞在型リハビリ・プログラムとアフターケアのプログラムを受けた結果、ウォルドロップ夫妻は二人の息子の治療に三十万ドル（約三千三百万円）以上を費やすことになった。その中には、薬物裁判の弁護士費用や、息子たちが盗んだ何千ドル分もの小切手代や、クレジットカードに請求されたギフトカードの費用は含まれていなかった。息子たちは親のクレジットカードでギフトカードを購入し、それで麻薬ディーラーから麻薬を買っていた。二百ドル（約二万二千円）のギフトカードで百二十ドル（約一万三千二百円）分のオキシコンチンが買えたと、ジェイミーが教えてくれた。弟のクリストファーは「盗めるものは何でも盗みました」と語る。

ジェイミーと彼女の夫にとって、息子たちを救い出すための道のりは決して平坦なものではなかった。著名なリゾート地「グリーンブライヤー」で開かれた医療関係の学会に夫婦で出席した時のことだ。息子だけを家に残しておくことに不安を覚えた彼らは、二人の息子を一緒に連れていくことにした。小さい子でもない息子を二人も学会の会合に連れてくる医師など他にいなかったが、やむを得ないことだった。ところが、会議が終わる前にホテルの部屋に戻ってみると、部屋の鉢植えの中に大量の麻薬が隠されていたのが見つかった。

外科医であるジェイミーの夫は、息子の麻薬売人への債務を返済するために、街の最も治安の悪い区域に車を運転して行かなければならないこともあった。ジェイミーは自分のダイヤモンドのネックレスと夫のロレックスがなくなっていることに気づいて以来、自分の宝石や貴金属の隠し場所を毎日、変えなければならなかった。一家に代々受け継がれてきた母親の形見の宝石だけは何としても守らなければと考えたジェイミーは、それをオートミールの容器の中や冷蔵庫の冷凍室や汚れた洗濯物入れなど、子供たちが滅多に探さないようなところに、毎日場所を変えて隠し続けた。

「私たちは何年もそんな暮らしをしていました。それが私たちの日常でした。彼らがリハビリ施設に入るまで、私たちは自分たちの人生がどれほど機能不全に陥っていたかさえ、わからなくなっていました」

他の親たちと同様に、当初、ジェイミーもドレーナも孤立していた。しかし、「匿名家族会」の会合で、自分たちと同じような悪夢のただ中にいる人が他にもいることがわかると、状況が変わってきた。

「それまで私は友達とは距離を置いてきました。『お子さんたちはどうしていますか？』と尋ねられた時、何と答えたらいいのかわかりませんから」と、ジェイミーは語る。

クリストファーが最初のリハビリ施設に入って二週間ほどが経ったとき、彼は親しい友人が、三〇ミリグラムのオキシコドンと他の薬物の過剰摂取で死亡したことを知った。それはドレーナの息子のコルトン・バンクスだった。

「それを聞いた時は、胸が引き裂かれるような思いがしました。コルトンは最高にいいヤツだったからです。夜中に彼に電話をかけて車を出してくれないかと頼むと、彼はベッドから飛び起きてでも迎えに来てくれました」

クリストファーはコルトンが死亡した場所がどこなのかすぐにわかった。彼の遺体は、三日前にロアノークのペインクリニックから何百錠もの錠剤を処方された、オピオイド依存症者の中年男性の自宅で発見されていた。警察の捜査令状によると、現場には十二錠のオキシコンチンの錠剤しか残っていなかった。当時十九歳だったコルトンはその日、前日の麻薬の代金を返済するために、ラドフォード大学のキャンパスでオキシコンチンを売りさばいていた。

「私たちはほとんどのオキシコンチンを、その男性から手に入れていました。彼は悪徳医師から、四百錠の三〇ミリグラムのロキシコドンと一五ミリグラムのロキシコドンの他、ザナックスとクロノピンも一度に処方されていました。それだけあれば、自分でたくさん使ってもまだ、月に五千ドル（約五十五万円）以上は稼ぐことができます」と、クリストファーは言う。

実はコルトンが死んだ週末は、彼が麻薬から足を洗う直前の、最後の麻薬パーティが開かれていた。コルトンは週明けの月曜日に、薬物依存症の専門家と会うための予約を入れていた。そして、その約束を忘れないようにするために、車のダッシュボードに二つもポスト・イットでアポイントメントの時間を書いたメモを貼り付けていた。

コルトンは二〇一二年一一月四日の万聖節の日の朝十一時半、両親が教会の礼拝に参列している間に、死亡していた。数時間後、自宅にやってきた警官からコルトンが「息絶えた」ことを告げられたとき、両親は当初、その言葉の意味がわからなかった。

さらに追い打ちをかけるように、コルトンに薬を売った中年男性は訴追されない見通しであることが、両親に伝えられた。コルトンのように、司法解剖の結果、死因が「複数の薬物によるもの」と断定された場合、特定の薬を売った人間に彼の死亡の責任を負わせることは不可能だからだった。

バンクス夫妻は今もそのことについては怒りを隠さない。「私はあのろくでなしの中年男を殺しに行きたい」とドレーナは夫に訴えたが、夫はもう一人の息子のことも考えるようにと、妻を諭した。

彼女はその時は夫の説得に応じたが、それでもその後も何度か車でその男の家の前まで行き、助手席に銃を置いたまま、息子のために祈ることを繰り返していた。

コルトンの死の二年前、バージニア州フレデリックスバーグに住む友人が、息子をヘロインの過剰摂取で亡くしたとき、ドレーナはうっかり、「なぜ自分の子供をコントロールできないのか不思議だ」と言ってしまったことがあった。しかし、彼女は今、その発言をひどく悔やみ、申し訳なく思っている。

彼女はコルトンが十七歳でアデロールを乱用していることを知って以来、その使用を厳しく監視してきた。彼のベッドの下のブリーフケースの中にマリファナが隠されているのを見つけたときは彼を直ちに外出禁止にした。十九歳で息子がオピオイドの錠剤を服用していることを知った時は、彼を二十八日間のリハビリプログラムに送り込むなど、自分自身は子供がコントロールができていると思っていた。

「最初は当惑するばかりでした。親としてすべきことはすべてやってきたつもりでしたが、子供の人生が薬に支配されてしまうと、誰かに相談することさえ難しくなってしまいました。あまりにも情けない話だからです」と、ドレーナは語る。

葬儀場でドレーナは、コルトンの亡骸に地元のデパートで買ってきたフランネルのシャツと新しいズボンと帽子を着せた上で、彼のお気に入りのブーツを履かせて、棺を開いた状態で参列者に披露した。彼の手には彼が最近、兄から借りていた、WWJD（「イエスならどうするか?」の頭文字を並べたもの）の文字が刻まれた銀の魚のメダリオンのついたネックレスが握られていた。

彼女は、顎髭を生やしたコルトンが、兄の戸棚からそのネックレスを借りたときのことをよく覚えていた。その時コルトンは、「僕はケビンほど見栄えはよくないかもしれないけど、女の子には結構モテるんだよ」と言って笑った。それを聞いた彼女も笑った。

彼女はその時のことを死ぬまで、毎日のように思い出すだろう。他にも、彼の誕生日にバーガーキングに立ち寄り、彼のお気に入りのチーズバーガーとフライドポテトと甘い紅茶を注文したときのことや、サラダにかけようとしたドレッシングをそこら中にぶちまけてしまった時のことも、きっと忘れないだろう。

「彼の友達に、彼はもういないのだということを見て欲しかったんです。コルトンはスポーツ万能なスター選手で、いじめっ子に立ち向かうような子供でした。彼はみんなの友達でした。彼は家庭環境にも恵まれていました。彼はすべてに恵まれていました」ドレーナはそう語ると、涙を浮かべた。

コルトンの葬儀が行われたのは、スペンサーが刑務所に入所するために家を離れた三カ月後、スコット・ロスが亡くなった二年後だった。バンクス夫妻は十九歳の息子の葬儀の場で、彼のオピオイド依存症の友人たちとその親たちにメッセージを送った。

クリストファー・ウォルドロップはリハビリ施設に入っていて帰宅を許可されなかったため、その葬儀には参列できなかったが、母親のジェイミーは葬儀で、あえて彼の高校時代の友人の隣の席に座った。

この頃にはようやく、彼女も地元の他の母親たちも、オピオイドとの戦いに打ち勝ち、生き残るためには、「恥」を克服しなければならないことを理解し始めていた。そして、そのためには恥を忍んで、自分の家族に起きていることを友人たちにも打ち明ける覚悟ができていた。ジェイミーは、その息子の友人に対して、心の準備ができ次第、入所できる治療施設を見つける手助けをすることを約束した。

「その段階では彼の両親はまだ、それを受け入れる準備はできていませんでした」と彼女は語る。

ジェイミーは後に、葬儀に参列できなかったクリストファーに、ドレーナ・バンクスが息子の葬儀で立ち上がり、声を震わせながら、コルトンの死を最後にするよう、参列者に懇願したことを話した。

「長い間、私は神様が私に何をさせたいのかが、わかりませんでしたが、今はわかっています」と、彼女は用意した挨拶文を読むのをやめて、即興で参列者に治療の必要性を訴えた。「コルトンが苦しんできたのと同じことで苦しんでいる家族がたくさんいることを、私は知っています。それは表からは見えない邪悪なものです。しかも、それはマリファナだけではありません……。そして、それを認めることが社会的に不名誉なことも知っています。だけど、隠さないでください。隠れないでください。ここにいるコルトンの友達のうち、少なくとも三人は助けを必要としています。そして、コルトンも、私が彼らを助けることを望んでいます。あなた自身も、自分がその一人であることを知っています。私は今、私が何をしなければならないかがわかっています。一緒にこの難局を乗り越えましょう」

その翌日の母の日に、ジェイミーはドレーナに電話をして、夫が海外出張中なので、家に遊びに来ないかと誘った。実はジェイミーは、クリストファーの依存症が再発しているのではないかと疑っていた。クリストファーはカウンセラーの助言を無視して、ノースカロライナ州アッシュビルのリハビリ施設を出て、自宅に戻っていた。施設に入っていた四カ月間は薬を断っていたが、「厳しい規則にうんざりしたから」というのが、その時家に帰ってきた理由だった。「本当は酒が飲みたかったんだ」とクリストファーは後に私に話してくれた。

ジェイミーはドレーナに、息子を説得して欲しいと頼んだ。ドレーナはクリストファーに、きっとコルトンは彼が薬物を使用することなど望んでいないはずだと諭した。また、自分がコルトンの葬儀で味わったような思いをジェイミーにさせてはならないとも言い聞かせた。クリストファーは、自分は絶対にヘロインはやっていないと言い張り、コルトンのためにも、絶対にやらないと誓った。

しかし、酒を飲み始めると判断力が鈍り、また以前の悪い癖が戻ってくることが多い。気がつけば、小切手帳が盗まれたり、ノートパソコンが質屋に持ち込まれたりといった、いつもの悪いパターンに舞い戻っていた。にもかかわらず、クリストファーはアッシュビルの施設からの電話で、もう薬物はやっていないと母親にしらじらしい嘘をつき続けた。

ドレーナはジェイミーに、抜き打ちで、車で四時間ほどのところにあるクリストファーのアパートに行ってみることを勧めた。

「予告なしで会いに行って、彼の袖をめくって、腕を見てご覧なさい」と彼女は言った。

ジェイミーが息子のアパートに着くと、居間の真ん中に数ケースのビールと水ギセルが置いてあった。

「携帯電話を見せなさい」と彼女はクリストファーに言った。

ジェイミーが携帯電話のテキストのやりとりをチェックすると、そこには麻薬の売人との間で交わされた大量のメッセージがあった。彼女は衝撃を受けた。わざわざクリストファーの袖をめくるまでもなかった。ビールのそばの靴の中には、注射針とヘロインの袋が隠されていた。

その時、クリストファーは、「くそっ、またやっちまった」と思ったという。

クリストファーのカウンセラーは、彼にはショック療法が必要だとして「そのために最適な場所があります」とジェイミーに語った。それは、モンタナ州の荒野の中にある、断薬専門のリハビリ施設だった。

「荒野なんかに行きたくない」と、クリストファーはだだをこねたが「それなら、アッシュビルでホームレスになるしかないね」とカウンセラーは彼を突き放した。

結局、クリストファーは母に助けを求めた。ジェイミーもさすがに、息子をホームレスにするのだけは忍びなかった。

しかし、ジェイミーはクリストファーのためを思い、今後はアパートの家賃や車や携帯電話代はもとより、食費さえも手助けしないことを決めた。「もうあなたにお金は渡さないわ」と彼女は言った。

その代わり、ジェイミーはクリフトファーの解毒のために、アッシュビルのホテルの一室で一週間を一緒に過ごし、彼がリハビリ施設に再入所するための準備を手伝った。

解毒の初日、クリストファーは自分は悔い改めたとジェイミーに告げた。彼はもう二十歳になっていた。

「コルトンが死んだというのに、僕は自分の家族をひどく傷つけてしまった」と語る彼は、ショッピング・モールの駐車場で、カギのかかっていない車の中から財布を盗んで回るような生活には、もういい加減うんざりしていた。実際、最近は駐車場のほとんどの車にはカギがかかっていた。「麻薬を買うお金が欲しかったので、盗みばかりを働いてきました。でも、それがすごく嫌でした。今度こそ、自分のためにクリーンになりたかったんです」

今、この原稿を書いている時点で、クリストファーは四年間、薬をやっていない。二十四歳になった彼はテキサス州ダラスで大学に通っている。モンタナの後に移ったダラスでは社会復帰の移行期にある男性専用の禁酒施設に住んでいた。二十一歳の誕生日に酒を勧められたクリストファーは、「僕はアルコールのアレルギーなんだ」とウェイトレスに語り、これを断ったそうだ。

彼は今、更生を目指す人たちのコミュニティに「恩返し」することに多くの時間を割いていた。最近薬をやめた若者たちに助言しながら、「十二ステップの回復プログラム」に取り組む彼らをサポートしている。彼の母も、依存症者をストリートで拾い上げ、リハビリ施設に連絡したり、ホームレスのシェルターに連れて行くことを繰り返していたが、そのことをクリストファーは心配していた。彼の外科医の父親は、救急救命室に運び込まれた依存症者に、継続的なサポートを受けさせるために妻の携帯電話番号を渡すことで知られるようになっていた。

「母は自分の信念に基づいて多くの情熱をこの活動に注ぎ込んでいますが、彼女自身は依存症者ではないし、自分が助けた人の中には、最後は死んでしまう人もいるということを、まだ完全には理解していません。また、一度は更正を果たした人の中にも、一定の割合で、再発する人もいます。特に複数のリハビリ施設に出たり入ったりする金銭的な余裕がない人は、再発する危険性があります」と、クリストファーは語る。

依存症の息子を三万ドルもするリハビリ施設に二度も入れた上に、息子がモンタナの施設に向かう途中で迷いが生じないように、飛行機で一緒にモンタナまでついていくほどの余裕のある母親など、そう多くはない。

クリストファーは自分がとても恵まれた境遇にいることを知っている。断薬のみに依存したカウンセリングとサポートグループの支援しか受けられなかったヘロイン常用者のうち、二年以上断薬状態を維持できる人の割合は四分の一以下だ。その一方で、カウンセリングとサポートグループに加えて、メタドンやブプレノルフィンやナルトレキソンなどの薬物維持治療を受けた人たちの回復率は、四〇〜六〇％にも及ぶ。

「海外のデータによると、継続的に治療を受けることができれば、成果をあげられる人が五〇％以上になる可能性もあります」と、依存症の専門家のレンブクは語る。しかし、アメリカではほとんどの人々が、オピオイド依存症の優れた治療を受けられない状況にある。お金さえ出せばいくらでも処方箋を乱発するペインクリニックがある一方で、逆にほとんど治療薬を出そうとしないリハビリ施設が方々にあるのが現実だ。

結局、クリストファーはコルトン・バンクスとスコット・ロスを含む四人の親しい友人を、オピオイドの過剰摂取で失った。ブライアンも四人の友人を失っている。

私がインタビューした、依存症から回復過程にある人々の中には、軍の経験者は一人もいなかったが、彼らはまるで戦場から戻った復員兵のように、生き残った仲間の数を数えなければならないようになっていた。

スペンサー・ムンパワーが刑務所に入っている間に、彼は十二人の友人を失い、他に五人が刑務所か留置所に収監されていた。

「リハビリ施設や刑務所に入ってクリーンになる人はほとんどいませんでした。クリーンにならなかった人は死んだか、あるいは親のお金で今も薬をやり続けているかの、いずれかです」とジンジャー・ムンパワーは語る。

コルトン・バンクスが死んだ二〇一二年の時点で、一人のオピオイド過剰摂取死に対して、百三十人のオピオイド依存症者が、薬を使い続けていた。

第7章 FUBI（証拠があるなら持ってきな！）

ロアノークから車で二時間ほど北にあるシェナンドー・バレーの美しい町ウッドストックに、たった今、ニューヨークのハーレムにある工場から81号線経由で大量のヘロインが到着した。ウッドストック出身で現在、シェナンドー郡警察の巡査部長を務めるブレント・ルッツは、まさか自分が地元で大口のヘロイン捜査に関わることになるとは思っていなかった。彼は今、町から数キロ離れた彼の従兄弟の家の二階の寝室で身をかがめながら、昼夜を問わず窓から双眼鏡で外を覗き続けていた。ここ数日、ここで長い時間を費やしていたおかげで、向かいにあるジョージズ・チキンの鶏肉加工工場から漂ってくる強烈な鶏肉の臭いも、気にならなくなっていた。

ルッツはこの部屋から、チャールズ・スミスとピート・バトラーの二人の動きを監視していた。彼らは最近この町で活動を始めた麻薬組織の一員と見られていた。バトラーは、この工場の従業員が多く住むアルマズと呼ばれる黄色い建物の下宿に滞在していた。もう一方のスミスは、巨大な工場の裏に設けられたトレーラーハウスの駐車場にガールフレンドと一緒に住んでいた。薬物犯罪の前歴がある彼らは、バージニア州の受刑者の社会復帰プログラムの一環で、一年ほど前からここの鶏肉加工工場で働いていたが、垂れ込み屋からの情報によると、彼らこそが近年、シェナンドー郡で急増しているヘロイン関連犯罪の元凶ということだった。スミスとバトラーは何十人もの依存症者を手下として使っていて、彼らの上にさらにもう一人、大ボスがいると見られていた。

向こう一年の間に、若いルッツとその同僚の捜査官たちは、大ボスと大勢の手下たちから成る大規模なヘロイン密売組織の実態を暴いていくことになる。

この頃、全米各地の警察幹部や保安官たちの間で、どれだけ逮捕を繰り返しても、麻薬組織を撲滅することはできないという、あきらめの空気が蔓延し始めていた。そのあきらめは、依存症になった麻薬の使用者ばかりが捕まり、一向に麻薬ディーラーを逮捕できていないことに起因していた。政府が過去何十年もの間続けてきた「麻薬戦争」では、麻薬ディーラーの四倍の数の麻薬使用者が逮捕されていた。

ルッツの捜査は同時に、麻薬捜査がどれだけ困難で時間がかかり、膨大な予算を必要とするものかも露わにしていた。二〇一三年だけでオピオイド関連の犯罪を撲滅するために、国全体で七十六億ドル（約八千三六〇億円）もの予算が使われていた。

三十歳のルッツは、二〇一二年末に主任捜査官として麻薬捜査の部署に戻ってきたばかりだった。彼が一時的にこの部署を離れる前は、ウッドストックにおける麻薬に関連した逮捕は大部分が、ロキシコドン（ロキシー）やディラウディド、パーコセットなど、主にブラックマーケットで取り引きされるオピオイド絡みの事件に限定されていた。

彼の母親は、古いテレビドラマに出てきそうな青色のカウンターのある薬局で薬剤師のアシスタントとして働いていた。そこでは薬の販売記録は手書きで行われていたが、実はルッツの母親は十年以上も前からルッツに、処方薬が乱用されている疑いがあることを伝えていた。過って処方薬をシンクに流してしまったので、もう一度同じ薬を出して欲しいと言って薬局に戻ってくる客が増えていたからだった。地元の救急救命室にも、腎臓結石が痛むと言ってうめきながら運ばれてきて、鎮静剤のディラウディド（通称D）を出して欲しいと懇願する患者が急増していた。

麻薬を欲しい人のとる行動は、どこでも金太郎飴のようにワンパターンだ。ある医療関係者が始めた『ゴーマーブログ』（面倒な患者のブログ）という名のウェブサイトに、そのうちのいくつかが面白おかしく紹介されているが、その一つにこんなものがあった。「ディラウディドのメーカーは現在、一から一〇の間の数値で表現されている痛み指数を、市販薬のタイレノールでも対応が可能なレベルTから、ディラウディドが必要なレベルDまでのスケールに変更しようとしている」

町の外れにあるジョージ・ワシントン森林公園の麓では、人々はまだメタンフェタミンを使っていた。ルッツは二〇〇八年に、有名な麻薬事件を摘発したことがあった。その事件はジョージズ・チキンの鶏肉工場の屋根に取り付けられた滑車を使って、工場内にメソポタミンの材料を搬入するという大がかりなもので、地元の住民と社会復帰プログラムに組み入れられた受刑者の、合わせて二十人が逮捕された。

これまでルッツはジョージズ・チキンの工場で働く多種多様な人たちを見てきた。それは季節労働者だったり、貧困線ギリギリに生きる地元の若者だったり、やっとの思いで就労ビザを手に入れたばかりの移民たちだった。加えてそこではルッツが「わけあり労働者」と呼ぶ人々も、日増しに増えていた。この地域で起きる問題のほとんどは、この「わけあり労働者」が原因だった。

「わけあり労働者」というのは、バージニア州矯正局が実施する受刑者の社会復帰プログラムに参加している人のことで、非暴力的犯罪で実刑判決を受けた受刑者を、刑期の途中で仕事に就けることによって、服役後の社会復帰を支援することを目的としていた。この制度は主にロアノークやリッチモンド、タイドウォーター、ワシントンDCなど都市部出身の受刑者を対象としていた。

これまでルッツはジョージズ・チキンの幹部とも何度も面会してきた。「我々は少なくとも週に一回はここに出動していました。大概は喧嘩か、工場の駐車場で薬物を過剰摂取した人がいるという通報を受けたものでした」と、ルッツは語る。「工場の幹部には何度も、薬物テストをやっているかを確認してきました。そのたびに彼らは、やっていると答えるんです。しかし、彼らが薬物検査で、工場労働者からきちんと本人の尿を提出させているかどうかは疑わしいと考えていました。工場の幹部たちは、労働者は働いてさえくれれば、他のことはどうでもいいと思っているようでした」

ルッツの上司でシェナンドー郡保安官のティム・カーターも、州の矯正局が事態をそれほど深刻には受け止めていなかったことを認めている。「州は彼らを社会復帰プログラムに参加させていましたが、職場での行動を監視することにまで予算や人員を割いてはいませんでした」とカーターは言う。

ジョージズ・チキンで働く社会復帰プログラムの参加者には二名の保護観察官が就いていたが、その実態は参加者と月に一度会うか会わないかといった程度のものだったようだ。プログラムの参加者の中には、刑期を終えた後もこの工場で働き続ける人はいたが、十分な生活費を稼げる人はほとんどいなかった。結果的に彼らの多くが、また犯罪に手を染めるか、自立をあきらめて故郷に戻るかの選択を迫られていた。

ジョージズ・チキンの鶏肉工場は地元の警察官の間では問題の多い場所として有名だった。ルッツはよく同僚と「メキシコの国境に壁を建てている場合じゃないだろ。まず、ジョージズの工場の周囲に壁を建てろよ」などと冗談を言い合っていたという。

しかし、今回、ウッドストックに大量のヘロインが入ってきたことで、この地域が麻薬に対してまったく無防備だったことが証明された。除草剤のラウンドアップは庭の雑草を駆除してくれるが、もし隣の家の庭が雑草だらけなら、いずれそれはあなたの庭にも飛び火してくることが避けられない。

ルッツが通常の麻薬捜査から離れ、別の事件を担当している六カ月の間に、この小さく牧歌的なコミュニティでは、ヘロインの爆発的な流行が始まっていた。すでに三人が薬物の過剰摂取で死亡し、病院では生まれながらにしてオピオイド依存症に罹った赤ちゃんが生まれていた。

「まるで蛍光灯のスイッチを入れたように、一瞬のうちに、処方薬の問題が本格的なヘロイン問題へと移行していました」とルッツは当時を振り返る。

その段階で地元の警察はまだ、麻薬の供給元さえ特定できていなかった。しかし、ルッツはある情報提供者から、主要なヘロインの供給源に近い人物として、スミスとバトラーという二人の名前を入手していた。彼らは「ＤＣ」というニックネームで呼ばれている麻薬の元締めの手下と見られていた。

とはいえ、二〇一二年の終わりの段階では、ＤＣの存在はまだ、噂の域を出るものではなかった。わかっていたことは、DCがウッドストックの東にあるスタフォード郡で麻薬を取り引きしていた二人のディーラーが、「サニー」と「ニューヨーク」のニックネームで呼ばれていたことと、この地域が新たなヘロインのホットスポットになった結果、薬物事犯と万引き事犯の逮捕件数が急増していたことだった。

ルッツはDCが、女性の依存症者に薬物を売る前にセックスを要求する習慣があることを聞きつけ、連邦政府の担当部署に確認の電話を入れた。情報提供者によると、少なくとも依存症者の一人は十代の女性ということだった。

ルッツはまた、自分のかつての同級生たちの多くが、薬物に侵されていることもわかってきた。その中には農家の子供や、サッカーのスター選手も含まれていた。その段階では彼らの多くは、毎朝何とかベッドから起き出して、出勤していた。ルッツの知り合いのある女性は朝、夫に行ってらっしゃいのキスをして、子供をスクールバスに乗せると、すぐさま車を運転してボルチモアまで行き、その日に使う分の麻薬を入手した上で、子供がスクールバスで帰宅する時間までにウッドストックの自宅に戻ってくるという生活を送っていた。

ルッツは二〇一〇年に初めておとり捜査でヘロインを買ったが、その時の値段は現在の約二倍の値段だった。そしてそれから三年が経った今、ウッドストックは経済学者たちが「絶望病」と呼ぶ現象の餌食になっていた。

リー郡などアパラチア中央の地域では、工場や炭鉱の相次ぐ操業停止によって大量の失業者が出たことに加え、炭坑や工場での長年の重労働に起因する障害者年金の受給者が急増していた。そのためその地域は、オキシコンチンの販売が始まった一九九六年以降、製薬会社の格好の標的となり、早い段階からオピオイド依存症に苦しめられていた。

しかし、ウッドストックに代表される小さな町は、オピオイド依存症に起因する死亡例やアルコール関連の肝疾患や自殺による死亡者数が増え始めるのが遅かった。その地域の経済も決して好調というわけではなかったが、そこでは何世紀も前に築かれた農業基盤が維持されていたために、アパラチアの他の地域のように、石炭や鉄鋼など特定の産業に過度に依存していなかったことが幸いしていた。

シラキュース大学のシャノン・モナット教授は「農業が盛んで多様な経済基盤を持っている地域は、薬物の過剰摂取による死亡率が低い場合が多い」と指摘する。

モナットは、ウッドストックは彼女の出身地のニューヨーク州ロービルと状況が似ていると言う。ロービルはニューヨーク北部のアディロンダック郡にある小さな村だが、酪農や木材産業が盛んで、最近は風力発電にも力を入れている。風力発電から得られる年間三百五十万ドル（約三億八・五〇〇万円）の収入は、地域の教育予算に使われていた。

ウッドストックやその他の農村地域の健康指標は、リー郡などバージニア州西端の地域よりも、はるかに優れていた。それはかつて石炭や家具などの労働集約型産業が栄えた地域と比べて喫煙率が低く、健康保険への加入率が高く、薬物関連の死亡率も、はるかに低かった。

さらに重要なことは、ウッドストックのオピオイドの処方率は、州平均のほぼ半分の水準で、炭鉱地域の三分の一以下だったことだ。二〇一三年、リー郡のメディケア受給者は平均で一人あたり一〇・二三回オピオイドを処方されていたが、ウッドストックのあるシェナンドー郡は、一人平均二・九六回だった。

ところが二〇〇〇年代に入り、オピオイドの流行が農村部から都市や郊外へ広がるにつれて、モナットの住むニューヨーク州北部でも地元警察はルッツと同じ経験をするようになっていた。モナットによると、その段階で地元の警察はまだ、「流行が始まっている痕跡は見られますが、ここではまだ本格的なものではないようです」などと暢気なことを言っていたそうだ。「オピオイドが入ってくる以前から、この地域でも依存症の問題は起きていました。ただ、例えばアルコール依存症は、ヘロインやフェンタニルほどすぐに人が死なないので、表面化しにくかったのです」とモナットは言う。

二〇一五年の著書『ドリームランド』(*Dreamland*)の中でジャーナリストのサム・キノネスは、今へロインで次々と死んでいる若者たちは元々依存症に陥りやすい傾向がある人たちだったと考えられるので、仮に彼らがオピオイドと出会っていなかったとしても、中高年期に入ってからアルコール依存症に陥る可能性が高かっただろうと指摘しているが、モナットが分析した農村部の健康データは、その仮説を裏付けている。シェナンドー・バレー北部の過剰飲酒率は、国内で経済的に苦しんでいる他の地方とほぼ同じ水準だった。しかし、十代後半や二十代の若者が飲酒だけで死ぬことは滅多にない。

オピオイド流行の原因を作ったのは、地域の雇用の崩壊と労災に起因する障害者の増加、そしてあえてそのような地域でオピオイド鎮痛薬を売りまくった欲深い製薬会社と、これを次々と承認した政府の規制当局だった。雇用不安はもはや地方だけの問題ではなかった。オピオイドの処方率が低く、人口に占める大学卒業者の比率が高い地域でも、程度の違いこそあれ、雇用不安は起きていた。

「これは構造的な問題です。働くという選択肢がなくなった時、アメリカン・ドリームは単なる欺瞞になるのです」とモナットは語り、この伝染病の広がりを、雑草ではなく野火に喩えた。「もし経済的崩壊が焚き木だとすれば、オピオイドはそれに火をつけた発火剤でした」

まだ問題解決の糸口は全く見えなかった。

二〇一三年の春になっても、ルッツはまだDCの本名はおろか、その外見すら摑めていなかった。しかし、DCに関する情報は徐々にではあるが、集まり始めていた。その段階でわかっていたことは、DCは三十代のアフリカ系アメリカ人で、タトゥーはないということだった。また、彼は銀色の旧モデルのベンツのSUVに乗っていることもわかった。

彼がこの地域に持ち込むヘロインは、バージニア州の81号線を経由して入ってきていた。また、それはスナック菓子などの容器に詰められ、ウォルマートのビニール袋に入れられてニューヨークのチャイナタウン発のバスで若い女性が運んできていて、運び屋の女性は一回往復するたびに、三百ドルから五百ドルの報酬を受け取っていた。

ハーレムで梱包されたヘロインは、ポテトチップのプリングルズの缶の中にぴったりと収まるように、四オンスのホッケーのパックのようなディスク型に成形されていた。これを製造していたのが何者なのかはわからなかったが、少なくともその人物はチェダーチーズが好物のようだった。容器として使われていたプリングルズは、すべてチェダーチーズ味だったからだ。彼らはプリングルズの缶を空にした上で、容器に合うサイズに成形されたヘロインのパック四つを缶の底から積み重ね、その上に本物のポテトチップを何枚か載せた上で、接着剤を使ってビニールの中蓋を丁寧に元通りの状態に戻していた。

謎の製造者はニラ・ウエハースとペッパーリッジ・ファームのチョコレートチップ・クッキーも好物だったようで、その空箱を粉末コカインを輸送するために利用していた。ルッツは、バトラーとスミスがこれをクラックに加工していたことを、後で知った。

ＤＣは長年クラックやマリファナを扱ってきたベテランの麻薬ディーラーだったが、ウッドストックに最初のプリングルズのパッケージが届いた時は、それをどう捌けばいいのかがわからなかった。そこで彼はスミスとバトラーを雇って、ヘロインを一回分に相当する十分の一グラムのサイズに小分けする作業を任せた。なぜかＤＣ自身は麻薬を恐れていたようで、彼の家のリビングルームでスミスとバトラーがプリングルズの缶に入ったヘロインをカットして包装し直す作業をしている間、彼はゴム手袋にゴーグルやマスクなどの防具を身に着けて、部屋の反対側から遠まきにこれを見ていた。

ＤＣのこの格好を見た手下のディーラーの一人は、「まるでこれから手術をする外科医のような出で立ちでした」と語っている「ＤＣはあれだけヘロインを怖れているのですから、自分が使うことはまずないでしょうね」。

黒人のヘロインユーザーやディーラーはなぜかヘロインのことをヘロンと呼ぶ人が多い。ＤＣもヘロインを「ヘロン」と発音していた。後にＤＣは自分は麻薬を注射した経験もないし、自分や自分の周囲には「ヘロン」を使う人間は一人もいなかったと語っている。

ところが、ＤＣがハーレムで一グラム六十五ドル（約七千百五十円）で買ったヘロインを持ってウッドストックに売りに行かせたところ、その手下はそれを一グラム八百ドル（約八万八千円）

で売りさばいてきた。それ以来、ＤＣは麻薬依存症になる代わりに、麻薬販売の依存症になった。「都市と比べて、ここでは確実に二倍の利益を得ることができます」とある捜査官は言う。「小さな町で商売をしている限り、商売敵はいないし、銃で撃たれる心配もありません」

自力でボルチモアまで通ってヘロインを入手してくる人が、一回につき二〇グラム程度しか買って来れないのに対し、ＤＣは常時二〇〇グラムのヘロインをプリングルズ缶に入れてウッドストックに持ち込んでいた。

ルッツは窓の下でうずくまったまま、いつ来るかもわからないＤＣのベンツを待ちながら、地元に置いてきたフィアンセのことを考えていた。ルッツがクリスマスも仕事になってしまったので、彼女はさぞかし機嫌を悪くしているに違いなかった。

最近、フロリダで親族の結婚式がありルッツも参列したが、結婚式の最中もルッツは捜査の進捗状況の報告を受けるために、ずっと携帯電話で話しっぱなしだった。夜中に彼の携帯電話が鳴ると、彼が仕事に行ってしまうことを知っている同居中の婚約者の子供たちが、大声で泣き叫んだ。郡警察の麻薬捜査の責任者として、この頃、彼は毎晩のように深夜に電話で起こされるようになっていた。

二〇一〇年にパデューがオキシコンチンの組成に変更を加えて以降、ルッツは主に小規模なヘロインの取引組織を監視していた。組織の構成員の多くは若い白人男性で、毎日のように彼らは二時間ほど車を運転してヘロイン売買の中心地ボルチモアまで行き、そこで入手したヘロインを地元に持ち帰っていた。彼らは大抵、自分で使う分だけでなく、友人に売る分も余分に買ってきた。自分で使わない分を友人に売ることで、自分の薬代と翌日のガソリン代をカバーすることができた。警察は彼らを「通勤ディーラー」というカテゴリーに分類していたが、ボルチモアではこの「通勤ディーラー」が、総額にして一日百五十万ドル（約一億六千五百万円）と言われる市内の麻薬取引の中の大きな比重を占めるようになっていた。

ボルチモアは四十年にわたり、東海岸の麻薬、とりわけヘロインの重要な中間基地になっていて、その港は、国際的な麻薬密輸の玄関口の役目を果たしていた。もう一つの密売の経路は州間高速道路95号線だった。アメリカの東岸を南北に縦断するこの道は、ボルチモアをフロリダ州のマイアミやメイン州のバンゴーと結ぶ東部の大動脈だが、同時にこの道にはリーファー（マリファナ）・エクスプレス、コカイン・レーン、ヘロイン・ハイウェイなど、麻薬にまつわる様々な別名が付けられていた。一人当たりのヘロイン使用量が全米一位のボルチモアの市民は、オピオイドの過剰摂取で死亡する可能性が全国平均より六倍も高かった。

通勤ディーラーが跋扈《ばっこ》していたのは、ウッドストックだけではなかった。ボルチモアにはウエストバージニア州マーティンズバーグやメリーランド州ヘイガースタウンなどからも、ヘロインを買いに通勤ディーラーたちが集まってきていた。この二つの町は、どちらもヘロインの過剰摂取死の爆発的な増加によって、「リトル・ボルチモア」の異名を取るまでになっていた。二〇一七年のニューヨーカー誌に掲載されたマーガレット・タルボットによるマーティンズバーグの紹介記事は、娘のソフトボールの練習を見にきていた両親が、薬物の過剰摂取のせいで意識を失いスタンドから転落するシーンから始まっていた。

ロアノークから81号線を北上してニュージャージーやニューヨークで麻薬を買うためには、何らかのコネが必要だったが、ボルチモアで麻薬を買うためにはコネは要らなかった。シェナンドー郡出身のデニス・ペインターが、二〇一二年にヘロインを購入するためにボルチモアに初めて行ったとき、彼は点滅している青いライトを探すようアドバイスを受けたそうだ。青い光というのは、犯罪が多い地区で警察のパトロールを支援する目的で自治体や市民団体が独自に行っているパトロールカーの警告灯のことだが、州外から麻薬を買いに来た者にとっては、青い光があるところには必ずと言っていいほど麻薬ディーラーがいる可能性が高いことを意味していた。

「麻薬ディーラーは州外のナンバープレートの車を見つけると、ヘッドライトをハイビームにして合図を送ってきます。ディーラーが見つかったら、あとは毎回その人のところに買いに行けばいいのです。万が一、一人のディーラーが逮捕されても、すぐに別のディーラーが入ってくるだけです。常に補欠が四人くらい控えていますから」とデニスは語る。

デニスはクリスティの息子で親友のジェシー・ボルストリッジと一緒にボルチモアに通っていた。また、その途中で二人は、市の保健局に立ち寄り、古い注射器を新しいものと交換してもらっていた。

ジェシーがリハビリ施設に入った後、デニスはしかたなくあまりよく知らない別の友達とボルチモアに行くことになったが、その男からはカネを巻き上げられた上に、ボルチモアの道端で置き去りにされるなど、散々な目にあわされていた。結局その日デニスは、ガールフレンドにボルチモアまで迎えに来てもらわなければならなかった。深夜に呼び出され、何時間も運転させられた彼女は激怒していた。彼女の車の後部座席には二人の幼い双子が眠っていた。

ジェシーとデニスは、よちよち歩きの頃からの仲良しだった。「三歳のとき二人が砂場で一緒に遊んでいる写真を今も持っています」とデニスは言う。ジェシーがＡＤＨＤの薬を鎮痛剤と交換し始めた十六歳の時から、彼らは一緒にパーティをするようになった。

二〇一二年後半にＤＣのヘロイン組織が地域で活動を始めた頃はまだ、砕いたロキシーを水に溶かして注射するのが、ジェシーのお気に入りのスタイルだった。しかし、デニスによると、それは早晩、ヘロイン注射に取って代わられた。ヘロインの方が安くて強力な上、その頃から急にヘロインが簡単に手に入るようになったからだ。

二〇一三年になって、彼らの麻薬の常習が酷くなっていることに気づいた両親は、彼らを州外の別々の滞在型リハビリ施設に入れた。しかし、施設から出た途端に、彼らはまた一緒に麻薬の使用を再開してしまった。ジェシーが人生で初めて打ったヘロインは、デニスがＤＣの下で働くディーラーから購入したものだったと、彼の母親が私に教えてくれた。

麻薬事件を担当している地元の警察官や検察官たちは、ＤＣがこの地域で麻薬を売り始めるまでは、地域のヘロイン使用者の数は片手で数えることができたと言うが、デニスやウッドストックのヘロイン事情に精通している人たちは、実際はもっと多かったと主張する。その時すでに、ウッドストックに住む二十代の若者の多くが、ヘロインを買うためにボルチモアとの間を往復していた。中には一日に二往復する人もいたという。

二〇一三年三月下旬のある夜、ルッツ巡査部長は、偶然にも幸運な逮捕に巡り合った。きっかけはウッドストックの近隣にあるミドルタウン（人口千三百二十人）でのマイナーな交通違反だった。交通課の警察官が、二〇〇八年型ヒュンダイ・エラントラの後ろのナンバープレートのライトが壊れていることに気づき、車を停車させたところ、車の中から強いマリファナの匂いが漂ってきた。

警官が車の登録番号をチェックするためにパトカーに戻った瞬間、その車を運転していたデヴォン・グレイは車を急発進させた。グレイは免許停止期間中であったにもかかわらず運転していたことに加え、実は武装犯罪者集団のメンバーで、「D」のストリートネームで知られ、脅迫、暴行のほか、刑務所への麻薬持ち込みやコカインの密売などの前歴がある人物だった。

四十二歳のグレイはこれまでの人生で、たった一度だけ合法的な仕事に就いていたことがあった。それはつい最近まで彼が働いていた、ジョージズ・チキンの鶏肉加工工場での仕事だった。しかし、その合法的な仕事も数カ月前に終わっていた。そして今、彼はDCの下で大口のディーラーになっていた。

しかし、その時グレイの車を停めたミドルタウンの交通警察官は、彼がアルコール・タバコ・火器及び爆発物取締局（ATF）の捜査官のビル・メットカーフが過去三週間、追い続けていた人物であることはもちろん知らなかった。

その少し前に、メットカーフはシェナンドー・バレー北部の町にあるファストフード店やコンビニエンスストアやスーパーの駐車場で、おとり捜査の一環としてグレイから麻薬を購入することに成功していた。メットカーフが、あるペットショップの駐車場でグレイと待ち合わせをした時、グレイは助手席にショットガンを置き、後部座席に自分のガールフレンドとその二歳の子供を座らせて、取引現場に現れた。メットカーフはその時の模様を自分の車からビデオで撮影していた。また、垂れ込み屋が身に着けていた隠しマイクによって、その時のグレイとの会話の内容も録音されていた。

メットカーフはウッドストックから三十分ほど東に行ったところにあるフロントロイヤルの警察仲間から声がかかり、一カ月前にこの事件の捜査に参加したばかりだったが、声をかけてくれた警察仲間からグレイが、保護観察遵守事項に違反して銃を持っていることは前もって聞かされていた。

ルッツは以前、他の事件でメットカーフとチームを組んだことがあった。夜通し仕事をしても、翌朝ちゃんと定時に出勤しているメットカーフの働きぶりをルッツは高く評価していた。「ATFの捜査官というのは、連邦レベルの警察官のような存在です。彼らは私たちのような普通の警官とは違って、血気盛んな人が多いですね」とルッツは言う。「オバマ政権は銃が関与しない事件にはATFは関わらせないようにするなど、ATFの力を抑えようとしていますが、ATFの捜査官たちはやる気満々です。彼らはわれわれに、いつでも準備はできているので、連絡を待っていますと言ってきます」

DCの捜査に関与した警官や検察官は、口を揃えてメットカーフの仕事への熱意を証言する。「彼は情け容赦ないが、まったく人の言うことを聞かないので、何度も喧嘩になりかけましたよ」そう言って、メットカーフに銃のことを伝えたフロントロイヤル警察のケビン・コフマン巡査部長は笑う。

二台の車は時速九〇マイル（約一四四キロ）で走っていた。地元の警官に追われたグレイは、信号機が一つしかないミドルタウンを通り抜け、81号線を横切る景色のよい道を暴走した後、隣町のストラスバーグに入った。ストラスバーグの南端に差し掛かった時、グレイが唐突に急ブレーキを踏んだため、追跡していたパトカーはグレイのヒュンダイの後部にぶつかり、横転した状態で土手に突っ込んで止まった。この事故で警官は軽傷を負った。パトカーに同乗していた黒のラブラドール・レトリバーの警察犬「トルーパー」が、横転した車から抜け出して、大破した車体の周りを走り回っていた。道路には彼の訓練用のおもちゃが、散らばっていた。

警官が車から抜け出ようと格闘している間に、グレイは車でその場から逃走し、その後、車を乗り捨てた。その現場は、ジェシー・ボルストリッジがかつて地元のフットボールチームのファンをわかせたフットボール場から、一マイル足らずのところにあった。

事件は日に日に新しい展開を見せ始めていた。事件が州と郡の境界線をまたぐように発生していたため、メットカーフはロアノークのヘロイン事件専門の連邦検察官に連絡を入れ、最終的に大陪審が招集されることになった。

当時、オバマ政権で司法長官を務めていたエリック・ホルダーは、オバマ政権としては犯人を逮捕すべきかどうかは現場の検察官の裁量に委ねるし、特に麻薬組織の上級幹部や暴力的なディーラーには厳罰をもって対処することに異論はないが、麻薬犯罪者をいたずらに投獄し続ける政策については、再考を迫られていた。一九七二年から二〇〇八年の間に全米で刑務所に収監されている受刑者の数が、六倍近くまで膨れあがっていたからだ。ホルダーは、「膨大な数のアメリカ人が全国の刑務所に長い期間収監されているが、あまり抑止効果は出ていない」と書いている。

とはいえ、今回の事件はオバマ政権の逮捕基準をすべて満たしていた。警察は特に大手ディーラーに標的を絞って捜査を展開していた。麻薬組織の上級幹部や悪質なディーラーを捕まえるためには、彼らと取引をしている麻薬ユーザーの証言が必要だが、末端のユーザーの証言を得たり、物的証拠を確保する捜査は警察にとっても困難かつ危険を伴う。しかし、非公式の事情聴取は公式の証拠としては残らないので、警察や検察はその裁量の範囲で証言を集め、最終的に誰を標的にするかを絞り込む形で捜査を展開していた。

グレイがパトカーと衝突した後に現場から逃走したことで、彼は少なくとも中レベルの交通違反者に該当することになった。カーチェイスがあった日の翌日、彼はシェナンドー山麓近くの小さな町にあった隠れ家から、メットカーフがヘロインのおとり捜査で使った情報提供者に連絡をしてきた。その情報提供者を通じて、グレイが銃を欲しがっていることがわかった。グレイはいつも銃を携帯しているが、カーチェイスがあった日はたまたま、銃を持たずに家を出ていたようだ。それを聞いたメットカーフは、おとり捜査のチャンスだと考えた。

フロリダ出身のグレイは警察の手を逃れることに長けていたので、急ぐ必要があった。結局、一週間以内にグレイの逮捕に向けた新たな作戦が実行されることになった。それは、銃を欲しがっているグレイに対して、ヘロインと銃の交換を持ちかけるおとり捜査だった。この取引は、地元の倉庫で行われることになった。そこは長い建物とフェンスに囲まれていて、警察官が一瞬にして包囲できる場所だった。

「自分は最近刑務所から出所してきて、人生をやり直したいので、倉庫に隠しておいた銃を手放したいが、どうせ手放すのならヘロインと交換したい、という筋立てにしようということになりました」と、メットカーフは当時を振り返る。

こめかみの辺りに少し白髪が目立つが、鋭い目でガッチリした体格のメットカーフは、今回のおとり捜査のために顎鬚を伸ばし、会話を録音するために隠しマイクを装着した。取引が終わりメットカーフがその場を立ち去った瞬間、大勢の連邦政府の捜査官が一斉に飛び出してきて、グレイを逮捕した。

手錠をかけられた瞬間から、グレイは全面的に捜査に協力した。グレイは逮捕の直後に、「すべてを仕切っている男の名前を教えます」と自分から申し出たという。

一人の犯罪者を逮捕するために、まず別の共犯者を捕まえてその協力を得るという捜査手法は、とても遠回りで面倒なものだが、グレイの逮捕は一連の麻薬捜査の中でも、とびきり重要な意味を持っていた。

麻薬捜査では「誰でも最後は自白し捜査に協力するものです」とメットカーフは言う。しかし、自分の刑期を短くしたいがために、嘘の証言をする犯罪者は多い。そのため、他の証言と整合しない証言には注意が必要だった。

グレイはDCについて、「ニックネームはDCだが、本名はロニー・ジョーンズだ」と供述した。ジョーンズはシェナンドー・バレー北部のヘロインの供給を一手に仕切っていた。それと並行するように、「ニューヨーク」のニックネームで知られるカリーム・ショーという男が、ワシントンに近いバージニア州北部の郊外から東側の地域を縄張りにしていた。彼らの麻薬はメキシコ産で、ニューヨークのハーレムで工場を運営していたドミニカ人ディーラーによって、アメリカ国内に持ち込まれていた。

こうして集められた情報によって、メットカーフ捜査官とルッツ巡査部長は、ＤＣの本名だけでなく、彼が住んでいるウッドストック郊外の低所得者向けアパートまで把握することができた。ジョーンズの麻薬取引網は81号線沿いの七つの郡に跨がっていた。連邦当局が、バージニア州内で最大のヘロイン・ディーラーだと見ていたジョーンズのビジネスモデルは、小さな町が点在するこの地域ではまったく新しいものだった。

「ジョーンズのような大口のディーラーが大量の麻薬をこの地域に持ち込んだ場合と、人々が各々、日帰りでボルチモアまで麻薬を買い出しに行くのとでは、地域に与える影響は比べものになりません」とメットカーフは言う。

しかし、それにしても、ほとんど白人しかいないコミュニティで、ベンツのＳＵＶを乗り回す黒人男性が、目立たずにヘロインの取り引きなどできるものだろうか。鶏肉の加工工場なら、強烈な鶏肉の臭いによって麻薬の臭いをカモフラージュできたかもしれないが、この地域でジョーンズが目立たずに活動をするのは、ずっと難しいはずだった。

「大物ディーラーは小さな町ではあまり長くは活動ができないものです。目立ちすぎるとすぐに町の噂になってしまうからです」と、この事件を担当した連邦検察局のドン・ウォルザイス検事補は言う。

麻薬ディーラーの客になっている薬物依存症者は麻薬を買うお金を得るために盗みを働いたり、中には銀行強盗の真似事のようなことまでやらかしてすぐに警察に捕まってしまう者もいた。

「客が警察に協力すれば、ディーラーたちも瞬く間に捕まってしまいます。だから、ディーラーたちは麻薬を売るために自分の名前を売り込まなければならない一方で、あまり目立ち過ぎてはいけないというジレンマを抱えているのです」とウォルザイスは言う。

メットカーフはグレイから得た情報をもとに、ルッツにジョーンズの正体を知らせたが、実はちょうどその頃、ルッツも別の情報筋からジョーンズの正体を掴み始めていた。ルッツの情報源はジョージズ・チキンで社会復帰プログラムに参加していた、ローガン・ローズという男だった。「ロー」の愛称で知られるローズは、ジョーンズから卸してもらったヘロインを自分の車で売りさばいていたが、その車はゴールドの縁取りのあるホンダ・シビックで、とても目立つ車だった。

ローズはジョーンズの直参の一人で、ジョーンズの運転手役を務めたり、時にはハーレムの工場からブツを持ってくる運び屋の仕事まで任されていた。ジョーンズは保護観察官の許可なしに州外に出ることを禁止されていたので、州外から麻薬を持ってくる運び屋が必要だった。

ルッツがローズを逮捕するために踏み込む直前に、ローズは出身地のプエルトリコに逃げていたが、数日後には現地の警察がローズの身柄を確保していた。プエルトリコで捕まった時ローズは、母親の掘っ立て小屋のような小さな家の前でシリアルを食べていた。

プエルトリコの警察からローズ逮捕の知らせを受け取った時、ルッツは驚いた。

「プエルトリコ？　冗談でしょう？　何でそんな遠くに行く必要があったんだろう、って思いました」

確かにプエルトリコは遠いが、ローズはその遠さゆえに、そこがアメリカの領土であり、そこにはアメリカの連邦捜査機関も存在することを忘れていたそうだ。

ルッツがジョーンズの運転免許証の顔写真から彼の顔を懸命に記憶しようとしていた頃、メットカーフは「斬首者」の異名を取るトーラス３５７リボルバー銃について学んでいた。

その頃、ジョーンズには、麻薬のユーザーであり、ディーラーでもあったマリーという名のガールフレンドがいた。ジョーンズの周りには多くの女性がいたが、彼はマリーだけは信用し、いつも一緒に行動していた。

マリーはこう証言する。ジョーンズがブツを補給するために家を留守にすると、「二百人くらいの人々が、離脱症状を訴えて具合が悪くなるんです。彼らはジョーンズがいなくなると不安になり、彼が戻るのを心待ちにしているんです。そして、彼がブツを持って戻ってくると、皆、安心して元気になるんです」

「私はすべてロニーだけが悪いとは思っていません。私たちは自分の意思で腕に注射針を刺したのですから。でもロニーが来るまで私たちはこの町ではヘロインを買うことはできませんでした。彼が多くの人々の人生を台なしにしたことだけは間違いありません」とマリーは私に語った。

小さな町に大量のヘロインを持ち込むことによって、ジョーンズはボルチモアや他の都市のディーラーたちの二倍は稼いでいた。よほど稼ぎがよかったと見えて、彼のアパートには一度しか着ていない洋服が山積みになっていた。

彼は自分のアパートにセキュリティシステムを設置して、誰かが正面玄関のドアを開けると、明るい女性の声で「正面玄関のドアが開きました」という音声が流れるようにしていた。彼はまた、いつでもトレーニングができるように、パーソナルトレーナーまで雇っていた。

その一方で、彼は将来の合法的なビジネスとして、天然素材でできたスキンケア商品を売ることを計画していて、そのロゴを作成するデザイナーまで雇っていた。

また、彼自身はゴールドのチェーンを首に巻き、ガールフレンドたちには常に新しい服を買い与えた。そのうちの一人は、自分用の新しいラッキージーンズの束を、彼のアパートに保管していた。そして彼自身もラッパーのビギー・スモールズのモットーに忠実に従っていると人々に語っていた。そのモットーとは「自分がさばくヤクにはまるな！」だった。


捜査チームは、誰が見てもわかるようにストリート名まで書き込んで、写真を貼り付けたジョーンズの麻薬ネットワークの組織図を作成し、警察署の壁に貼り出していた。彼らのそれまでの目標は、常に小さな町の麻薬売買を阻止することだった。しかし、この事件はこれまでに関わったどんな麻薬犯罪よりも大規模で、また複雑だった。ただ、今回は麻薬の大元の供給源を突き止められる可能性があった。

「なあ、この捜査はテレビドラマの『ザ・ワイヤー』みたいだな」とメットカーフはルッツに言ったが、ルッツはその番組を見たことがなかった。ただ、後に婚約者と一緒にそのドラマを見た時、メットカーフのその言葉を思い出し、あらためてその通りだと思ったという。

ジョーンズの影響力の大きさを考えると、これまで何年にもわたって封じ込めることができなかった薬物依存症の連鎖を、元から絶つことができる可能性があった。

「十八歳の子供が、過剰摂取で発作を起こすような事件が起き始めていました。ジョーンズが私たちの町にしていたことが、許せませんでした」と、ルッツは当時を回想する。

二〇一三年の暮れには、この地域の過剰摂取による死亡者数は、二〇一二年の一人から二十一人に急増していた。

ヘロインは恐ろしいほど儲かるので、組織の中級レベルのディーラーでも、週末ごとに一万五千ドル（約百六十五万円）ほど稼ぐことができた。メットカーフとルッツは、当時カリーム・ショーと交際していたスタッフォード郡のヘロイン依存症者で、自身もディーラーだった三十一歳のキンバリー・ホズデンから事情聴取することに成功した。

ホズデンはショーがハーレムに仕入れに行く際、彼の車に同乗し、ショーが実際にヘロインを購入する前に、その効力をテストする大役を任されていた。あるとき、ショーが、ホズデンにマンハッタンのしゃれた店で四百ドルのパンツを買ってあげようと言ったのに、彼女がそれを断ったため、ショーがとても気を悪くするということがあった。高校を中退し、母親の家と祖母の家と地元のシェルターの間を行ったり来たりしながら田舎で育ったホズデンにとって、四百ドルのパンツは贅沢すぎて、気が引けるものだった。

ホズデンの名前と写真は、警察署に貼り出されたジョーンズのネットワークのチャートの真ん中よりも下の方にあった。彼女の写真の下にはショーが彼女を呼ぶ時に好んで使っていた「Crash Test Dummy」（衝突テスト用のダミー人形）という愛称が、書かれていた。ホズデンはニューヨークのヘロインの供給元について、わずかながら手がかりを持っていた。それはその男がマックというニックネームで呼ばれていることだった。

壁に貼り出されたチャートからは、ジョーンズがチャートの左側、つまり地域の西側を支配し、ショーが右側、つまり地域の東側をコントロールしていることが見て取れた。チャートの一番下に名前が出ている情報源はほとんどが依存症者で、誰かが過剰摂取で死亡するたびに、その名前はチャートから消された。

メットカーフが、ショーの部下で、違法薬物所持で刑務所に服役中だったキース・マーシャルの証言を得ることに成功したおかげで、このチャートは新たなニックネームを得ることになった。ボルチモア出身で十六歳からオピオイドにはまっていたマーシャルは、今も立派なヘロイン依存症者だったが、辛うじて通常の日常生活を送ることができていた。彼はジョーンズとショーの組織に加わるまでの十五年間、スタッフォードのペインズ・ツリー・サービスという名の庭園会社などで働いていた。マーシャルの弁護士によると、彼にはこれまで五回の過剰摂取歴があり、大人になってからの人生の大半を、窃盗や違法薬物所持などの犯罪によって、刑務所への出入りを繰り返してきたということだった。

ノースカロライナ州の刑務所から送られてきた手紙の中で、マーシャルは次のように書いていた。「これまで私は庭師の仕事のほか、バーテンダーやグラフィックデザインの仕事など、いろいろな仕事をしてきました。家には人生を再出発するための資金として二万ドルが隠してあります。しかし、私はヘロイン依存症なので、普通の家は持たずに、今は森の中のテントで暮らしています」

二〇一三年半ばに別の州で犯した薬物不法所持の罪で刑務所に入ることが決まっていたマーシャルは、出所後に必要になる資金を予め作っておこうと考え、再びこの地域で麻薬のディーラーをやるようになったという。彼には返済しなければならない借金もあった。また、刑務所で洗面道具や食べ物を買うためのお金を、自分の口座に入れておきたかった。彼の弁護士のダーナ・コーミアーによると、マーシャルはカリーム・ショーの下で麻薬ディーラーをやった後、一年ほど刑務所に入っていたそうだ。

「麻薬取引の元締めだったジョーンズとショーは、我が世の春を謳歌していたが、キース・マーシャルのように彼らの下で働いている依存症のディーラーたちは、辛うじて自分用の麻薬を買うための資金を得るのがやっとだった」とコーミアーは語る。

メットカーフはマーシャルが二〇一三年に刑務所に入るのを待って、彼に事情聴取を行い、ショーの麻薬取引ネットワーク内における彼の役割を慎重に聞き出した。

「まずはちょっと突っついてみて、口を割るかどうかを確かめようとしました」と、メットカーフは言う。

しかし、マーシャルは断固として証言を拒否した。

「私はスタフォード郡の最大の麻薬ディーラーの名前も知っているが、あんたには何も話すつもりはないね」とマーシャルはメットカーフの質問を突っぱねた。

その頃、メットカーフは、11号線沿いの安モーテルで操業しているマーシャルの元締めのカリーム・ショーの内偵も始めていた。メットカーフとしてはショーの逮捕に役立つ新たな情報が欲しかった。例えば、ニューヨークの麻薬供給源の詳細などだ。メットカーフはマーシャルに知っていることをすべて教えるよう求めたが、マーシャルは応じなかった。

「もし、あなたがこの事件に関与している証拠をわれわれが持っていて、私が令状といっしょにそれをここに持ってきたらあなたは捜査に協力しますか？」とメットカーフはマーシャルに尋ねた。

しかし、マーシャルはメットカーフがはったりをかけていることを見抜いていた。もしそんな証拠があれば、すでに自分を起訴しているはずだと、獄中のマーシャルは私の取材に答えている。

ところが、メットカーフは「約束を守る男」だった。六カ月後メットカーフは、連邦法違反の起訴状を持ってマーシャルの前に現れた。この起訴によってマーシャルの刑期は、さらに五年延びることになった。

マーシャルは当初、捜査官に対してぶっきらぼうに、「ファック・ユー。証拠があるなら持ってきな（Fuck you. Bring it.）」などと嘯いていた。

その取り調べの後、検察官事務所に戻ったウォルザイスは、この地域で史上最悪の麻薬犯罪の担い手となった組織につける絶好の名前が頭に浮んだ。彼はマジックペンを取り出すと、トップにロニー・ジョーンズとカリーム・ショーの名前が書かれたチャートの最上部に、黒い大文字でこう書いた。

「ＦＵＢＩ」

それはついさっきマーシャルが吐いた言葉、「Fuck you. Bring it.」（証拠があるなら持ってきな）の頭文字を取ったものだった。

「頭の中でひらめいたんだよ」と、ウォルザイスは笑った。

第8章　終わりなき戦い

二〇一三年六月、ついにロニー・ジョーンズが逮捕された。しかし、その逮捕劇はやや拍子抜けするものだった。それはある意味で、薬物犯罪捜査の典型的な経緯を辿った。

まず情報提供者からの垂れ込みがあり、その情報に基づいて、ジョーンズの手下のディーラーから麻薬を購入する現場が録音・録画された。ジョシュア・ペティジョンという名のこのディーラーは元海兵隊員で、飲酒絡みで問題を起こして海兵隊を除隊になり、その後、ヘロイン依存症になった人物だった。ビル・メットカーフはジョーンズから二〇グラムのヘロインを買ったペティジョンの後を追いかけるだけでよかった。ペティジョンはヘロイン所持の容疑で警察に逮捕された直後から、まるで小鳥がさえずるかのように、どんな質問にも詳しく答えた。

ジョーンズはペティジョンが「ホット」なことを知っていた。「ホット」は犯罪集団などで使われている隠語の一つで、警察に睨まれている人物を意味していた。

一カ月前、ブレント・ルッツの捜査チームがウッドストックのレイクビュー・ドライブ沿いにあるジョーンズのアパートに踏み込んだが、そこには彼はいなかった。その時、彼は他に二軒保有していたアパートの一つに避難していた。一つはガールフレンドと住んでいたダンフリースのアパートで、もう一つはカリーム・ショーの家にほど近いフロントロイヤルにあるアパートだった。ジョーンズは麻薬の取引の時以外はベンツに乗っていたが、麻薬取引のためにウッドストックに行くときは、目立たないように地味なシボレーのインパラを使っていた。警察はジョーンズのフロントロイヤルのメインストリート近くにある三階建てのアパートを「隠れ家」と呼んで、昼夜張っていた。警察はニューヨークからプリングルズの缶に詰めて持ち込まれたヘロインが、そのアパートの中で解体されていると見ていた。

ジョーンズは自分の存在を目立たなくするために、携帯電話の番号を変え、アパートから数ブロック離れたところに車を駐車するようになった。彼はまた麻薬の売り方も変えていた。ドン・ウォルザイスによると、それまでジョーンズは、彼をアパートに訪ねてきた人には誰にでも気前よく麻薬を売っていたが、最近はほんの一握りのサブディーラーにしか売らないようになっていた。末端の麻薬の買い手から距離を置くことで、逮捕を逃れられると考えていたようだ。

レイクビューの手入れで、ルッツのチームはジョーンズの代わりにジョーンズのガールフレンドのマリーと四人の関係者を逮捕した。四人はいずれもＦＵＢＩチャートの下の方に書き込まれていた共犯者たちだった。

マリーはヘロインの不法所持と以前にサボキソンを販売して捕まった時に課された保釈条件の違反に加え、子供を危険にさらした罪で、七カ月を郡刑務所で過ごすことになった。

「私の娘は七歳になりましたが、今でも警官が家のドアを蹴り破って入ってきたあの夜のことを思い出して、うなされています」と、マリーは二〇一六年に私に話してくれた。

「この手入れで、ジョーンズはびびってしまったようです」とルッツは語る。

ジョーンズはマリーが口を割ることは確実なので、もはや自分の逮捕は時間の問題だと覚悟していたようで、六週間後、二十人を超える州と連邦と郡の捜査官が彼を逮捕するためにやってきたときも、表情一つ変えなかった。ルッツは何カ月もの間、双眼鏡を通して凝視していた男の実物を最初に目にした瞬間を、生涯忘れないだろうと言う。

「逮捕されたとき、彼は驚いていないようだった」

ルッツによると、数カ月前からジョーンズはマリーに、逮捕される可能性について語っていたそうだ。

「うまくいけば、あと三カ月はこのままいける。運がよければ、六カ月も可能かもしれない」とジョーンズはマリーに言っていたという。

その頃、ジョーンズが最初にまとまった量のヘロインをウッドストックに持ち込むようになってから、六カ月が経っていた。その間、ヘロインの過剰摂取による死亡者数はもとより、死にはいたらない依存症者の数も、親が依存症になったために里親に預けられなければならない子供の数や新生児薬物離脱症候群（NAS）にかかって生まれてきた子供の数も、いずれも前年の約五倍に急増していた。

ジョーンズに手錠をかけた後、メットカーフは急いで彼のアパートからできるだけ多くの証拠を集めようとした。ジョーンズの逮捕が仲間のディーラーたちに知れれば、逃亡したり証拠を隠滅したりする者が出るのは必至だと考えたからだ。

そこから先の手続きではメットカーフは、急かされたり待たされたりの繰り返しだった。ジョーンズの身柄を取ると同時に、彼の住居や彼の手下の住居を家宅捜索し、さらに彼の車を押収するためには、複数の異なる裁判所に捜査令状の申請をしなければならない。裁判所によっては、その処理に時間がかかる。令状が出るまでメットカーフは、その場で待機して待っていなければならない。逮捕された直後、ジョーンズはメットカーフに「住所はない」と語っていたが、しばらくすると嘘の住所を教えるなど、一貫して非協力的な態度をとり続けた。裁判官に令状の発布を求める際、被疑者の現住所の提示を求められるため、警察は被疑者の正確な住所を知る必要があった。

ケビン・コフマンとメットカーフがジョーンズのアパートを捜索し、大量のヘロインとクラックや銃、現金などを押収する間、ルッツはピート・バトラーとチャールズ・スミスをジョージズ・チキン工場近くのそれぞれの自宅で逮捕した。捜査チームはフロントロイヤルにあるジョーンズのアパートで発見した別のアパートのリフォームの見積り書から、ついに彼のダンフリースのアジトも突き止めることに成功した。

その日、メットカーフはフロントロイヤルにある郡刑務所の取調室で、初めてロニー・ジョーンズと向き合った。その時の印象をメットカーフは「実に独善的で傲慢な男でした」と語っている。しかし、どうやらジョーンズもメットカーフに対して、同じような印象を持ったようだ。「彼はとても攻撃的で、高圧的でした」とジョーンズはメットカーフについて語っている。

ジョーンズはメットカーフが、彼の子供の母親に召喚状を渡すために職場まで押しかけ、高圧的な態度で彼女を威嚇したことや、ジョーンズの母親にまで事情聴取したことについて、ひどく憤慨していた。

ジョーンズの弟トーマスは、ニュースを見るまでジョーンズが大物のヘロインディーラーだったことを家族も知らなかったと言う。トーマスによると、ジョーンズの逮捕を知った母親はひどくショックを受けていて、警察の事情聴取は受けたくないと言っていたそうだ。実は母親は逮捕の一週間前にジョーンズに会っていた。ジョーンズは彼の娘の学校にカップケーキを届けた後、バージニア州北部郊外にある母親の家に顔を出していた。

ジョーンズは家族には、故障したパソコンやタブレット端末や携帯電話を修理する店を経営していると話していた。彼は家族に「Ｎｕ２Ｕ」と書かれた自分の店のロゴまで見せていた。

メットカーフとジョーンズは即座にお互いの相性が最悪であることを悟ったが、実は二人には、本人たちも知らない共通点があった。

ジョーンズを逮捕した二〇一三年半ばの段階で四十四歳だったメットカーフはこれまで、ロサンゼルスのギャングの抗争事件やワシントンの麻薬事件を担当してきた。

「大都市には麻薬の売人が大勢いるので、一人が逮捕されても誰も気づかないことがあります。しかし、ジョーンズは格が違いました。彼は最前線にいる大物でした。ロニー・ジョーンズのような町全体を麻薬依存症に陥れている輩を捕まえることの効果は絶大でした」と、メットカーフは言う。

確かに、ジョーンズや彼の手下のディーラーたちを捕まえて、ハーレムから麻薬の流入を止めることができれば、大きな効果が期待できるだろう。しかし、メットカーフがジョーンズにこだわるのには、もう一つ個人的な理由があった。

メットカーフは約四十年前、彼が七歳の時の暑い夏の夜に、人生で最悪の経験をしていた。彼が両親と姉と一緒に夕食の席についていたとき、窓から銃を構えた警察官がこちらに向かっているのが見えた。それを見た母親は、「部屋に行きなさい」と子供たちに命じた。その時メットカーフはまさか、自分の父親がヘロイン依存症の麻薬密売人で、母親が警察に通報して父親を逮捕させようとしているなどとは、思いもよらなかった。

しかし、後にメットカーフが部屋から出て来ると、ちょうど警官が父親を壁に押し付けて手錠をかける瞬間だった。頭を壁に押し付けられた父親は、メットカーフの姿を目にすると、彼にこう言った。

「これからはお前が一家の大黒柱だ。お母さんとお姉ちゃんをよろしく頼んだぞ」

その時メットカーフは、「みんな僕よりずっと背が高いのに、僕にそんなことできるはずがないじゃないか」と、思ったそうだ。

その後、母親はメットカーフと姉を車に乗せ、ウエストバージニア州チャップマンビルにある彼女の母親の実家まで着の身着のままの状態で逃げた。

メットカーフの両親は母のジョージアが一九七〇年代に工場で働くためにウエストバージニア州からボルチモアへ引っ越してきた時に出会った。そして数年後、夫婦はもっと条件の良い仕事を求めて、オハイオ州クリーブランドに引っ越した。母親はクリーブランドの織物工場で出来高払いの仕事に就いたが、父親はなかなか定職に就くことができず、いつもボルチモアに帰りたがっていた。

メットカーフの父親と三人の叔父たちは、刑務所への出入りを繰り返していた。五人兄弟の中では唯一、一番上の兄だけが、ヘロイン依存症ではなかった。

「私の家にはいつも刑務所から出たばかりの男たちが出入りしていましたが、父の兄弟たちがクリーブランドに引っ越してくると、事態は次第に収拾がつかなくなっていきました」とメットカーフは言う。

父親はよく母親に暴力を振るった。母親はいよいよ警察に通報せざるを得ない状況に追い込まれていた。そうすることが子供たちにとって最善の選択だと、母親は信じていた。

ただ、メットカーフ自身は父親が自分のことを愛してくれていると感じていた。その頃からメットカーフは、悪いのはあくまで麻薬であって、麻薬こそが彼の家族に問題を引き起こしている張本人なのだと考えるようになっていた。

「父親が麻薬でラリって、皿に盛ったスパゲッティに顔を突っ込むのを見たことがあります。その時、母親は私に『パパは病気なのよ』と言っていました」

一九八〇年代半ばに政府の麻薬撲滅キャンペーンが始まり、鉄のフライパンに焼け付いた卵の写真とともに「これは麻薬に冒された人の脳です」と書かれたポスターが方々に貼り出されるようになると、あっという間にメットカーフはこれに感化された。その影響なのか、彼は酒もあまり飲まない。六缶パックのビールを買っても、いつも飲みきれないうちに賞味期限が切れてしまう。

「生活は楽ではありませんでした。よくスーパーで試食のチーズをもらうために、列に並んだものです」と、メットカーフはチャップマンビルでの子供時代を振り返る。

彼の母親はそこで、二つ、三つの仕事を掛け持ちした後、当時の女性としては珍しい炭鉱労働者になった。彼の家にはクリスマスになると、困窮家庭を支援する救世軍のサンタクロースが、プレゼントを持って来ていたという。

二〇一五年に母親が亡くなったとき、葬儀の参列者たちは彼女がいつも弱い者のために立ち上がってくれたと口々に証言した。彼女は同僚のために黒肺塵症の給付金を申請したり、解雇されそうになった女性労働者のために炭鉱会社と戦ったりしたそうだ。

子供の頃、貧乏なために友達からからかわれたことがあったかと聞くと、メットカーフは笑いながら言った。

「まさか。私の学校では皆、同じような状態でしたから。誰もお金なんて持っていませんでしたよ」

今にしてみるとチャップマンビルもまた、大量のオピオイド依存症者を出すための理想的な条件が揃っていた。ここでも一九九〇年代後半にほとんどの炭鉱が閉鎖されると同時に、オキシコンチンの流通が始まり、経済的には障害者手当をあてにするか、違法薬物を売るかぐらいしか、所得を得る手段がなくなっていた。残された選択肢と言えば、軍に入隊するくらいしかなかった。そして、メットカーフはその道を選び、空軍に入隊した。空軍のリクルーターが、退役後に警察官になれると約束してくれたからだった。子供の頃、警官と強盗ごっこをするとき、彼はいつも警官役をやりたいと言ってきかなかった。

「地元の学校では先生が『皆さんはどうせ将来は鉱山で働くのですから、これはやらなくてもいいです』と言って、教科書のページをいくつも飛ばして授業を進めていました」と彼は語る。

メットカーフは一度だけ炭鉱の中に入ったことがあったが、その瞬間に、自分は将来、ここでは働きたくないと思ったという。

この頃、メットカーフが住むチャップマンビルの隣にある、ウエストバージニア州の小さな町カーミットで、地元紙チャールストン・ガゼット・メールのエリック・アイリー記者が、ビッグ・ファーマ（大手製薬会社）が地元の薬局に、九百万錠ものヒドロコドンを出荷していたことをすっぱ抜き、ピューリッツァー賞を受賞した。その出荷によって、人口わずか三百九十二人のミンゴ郡は、アメリカで四番目に高い処方オピオイドによる死亡率を記録していた。

メットカーフ自身も一九九七年には、オピオイドの流行が始まっていることに気づいていた。当時空軍に入隊して国外にいた彼は、高校の十周年の同窓会に出席できないことをとても残念に思っていたが、実はその同窓会が麻薬のせいで開かれなくなるという事件が起きていたのだ。同窓会の幹事が麻薬常習者で、同窓会のために集めた会費を持って姿をくらましてしまったからだった。

「同窓生が集まってみると、幹事の姿が見えないばかりか、会場も予約されていなかったそうです」

ジョーンズの逮捕はメットカーフにとって自分の職責を全うすると同時に、父親の罪を贖うことを意味していた。しかし彼の妻は、彼があまりにもジョーンズにこだわり過ぎていることに、不満を募らせていた。彼が毎晩のように真夜中過ぎまで働いていたため、妻が一人で四人の子供たちの面倒を見なければならなかったからだ。一つの捜査が終わるたびに、彼は妻に、この事件を最後に内勤に戻ると約束していた。

「ある年は感謝祭の日も一晩中、車の中で張り込んでいたことがありました」と彼は語る。

メットカーフは仕事をめぐる意見の対立のために、最近婚約者と別れたルッツのようにはなりたくないと考えていた。

妻のジェシカも、元空軍の軍事警察官だったので、警察官の習性を知らないわけではなかった。彼女はメットカーフが交通取締中に麻薬ディーラーを逮捕したとき、その被疑者がマリファナの臭いが充満する車の中で、自分の赤ん坊の靴の中にヘロインを隠していたのを見て、異常に激怒している姿を目の当たりにしたことがあり、夫の仕事に対する熱意は理解していた。

しかし、メットカーフの子供たちには、そんなことは関係がなかった。メットカーフがＦＵＢＩ事件の捜査に当たっていた時、ある夜、ジェシカがメットカーフに会うために子供たちを捜査本部に連れてきたことがあった。その時、一番下の娘が父に向かって悲しそうにこう尋ねたという。

「パパはここに住んでるの？」

そのときもまた、彼は妻と約束をした。「この事件で最後にする」と。

「ロニー・ジョーンズが狼だとすると、彼にとってウッドストックの市民は羊のような存在でした」と言うメットカーフは、ジョーンズの狙いは、単にヘロインの大物ディーラーになることだけではないと考えていた。

「彼はカネも欲しいが、同時に麻薬市場を支配し、依存症になった客を自在に操作しようとしていました。元々この町には存在しなかった麻薬市場を作り出したジョーンズは、自分の利益を増やすために、麻薬市場を好き勝手に操ることができました。そしてそれを可能にしていたのがヘロインでした。彼は、あり得ないほどの富を得てもなお、顧客が途絶えることがないことを、知っていました」

ニューヨークでジョーンズに麻薬を供給していた「マック」と呼ばれる大口のディーラーは、

この麻薬売買のスキームに独自の悪魔的なひねりを加えることで、ジョーンズが何度でも彼の元に足繁く麻薬を買いに来るように仕向ける術を持っていた。ジョーンズが二〇〇グラムのヘロインを一万三千ドルで購入するためにハーレムに使いをよこすと、マックはその運び屋にジョーンズが注文した量の二倍にあたる四〇〇グラムのヘロインとともに追加分の一万四千ドルの請求書を持たせて帰すのだ。そうするとジョーンズは追加分のヘロインは一グラムあたり五ドル高く売らなければならなくなる。しかし、ジョーンズにとって二倍の量のプリングルズを売りさばくことは決して難しいことではなかった。

取り引きをする上で、彼らには一つの決まりがあった。それは次の注文を入れる前に、マックに追加分の料金をマネーグラムを通じて電信で送金しなければならない、というものだった。その取り決めによって、ウッドストックのヘロインの流通量は急増し、マックとジョーンズの双方の利益も大きく膨らんだ。しかし、その取り決めのおかげで、メットカーフは資金の流れを洗い出すことが可能になっていた。

「彼らは、田舎者たちにこの仕組みがばれるわけがないと、高を括っていたようです」とメットカーフは言う。

ショーのネットワークはまだ手つかずだったが、二〇一三年の夏には、ジョーンズの下で働く何十人もの中堅や下っ端の売人たちが逮捕された。その中には、ダンフリースのエコノロッジ・モーテルの一室に店を構えていた売人も含まれていた。その売人は、栄養ドリンク「レッドブル」の缶の底にヘロインを詰めてカモフラージュしていた。地元の捜査官たちが売人や麻薬の取引現場を次々と摘発する中、メットカーフはマックに照準を合わせていた。

ウォルザイスは誰かが逮捕されるたびに、ＦＵＢＩチャート上の写真にマークを付け、捜査の進捗状況が一目でわかるようにしていた。ウォルザイスはまた、誰かが投獄されるたびに、その売人が売ってきた麻薬の総重量と投与単位数（ユーザーが腕に針を刺した回数）を書き込んでいった。それが彼らの量刑に反映されるからだ。ある中堅レベルの売人は、投与単位にして六千四百回から一万四千四百回分のヘロインを売りさばいたとして、懲役五年の刑を言い渡されていた。

メットカーフはダンフリースに住むジョーンズの本命のガールフレンドを、何としても逮捕したいと考えていた。そこの金庫には、ジョーンズが「首切り人」と呼んで愛用していたリボルバー銃が弾を装塡した状態で置かれているはずだった。別の犯罪で服役し仮出所中だったジョーンズは銃を持つことを認められていなかったので、恐らく金庫の中には、ガールフレンド名義の銃の使用許可証も入っているはずだった。また、彼女自身もジョーンズと映画鑑賞に付き合うだけではなく、ジョーンズがヘロインを農家の子供や高校の運動選手たちに売ることに加担しているに違いなかった。いくらなんでも、ジョーンズがパソコンの修理屋をやっているという与太話を彼女が信じているはずがなかった。パソコンの修理屋にあれだけ大量のラッキージーンズが買えるはずがないからだ。

検察官のウォルザイスは繰り返しメットカーフに忠告していた。「裁判では必ず証拠が必要になることを忘れるな」と。二人の間では「証拠」という単語が、冗談を言い合う時にも必ず出てくる合言葉になっていた。ウォルザイスはメットカーフに、一枚の大きな紙に「証拠」と書き、それをベッドの上の天井に貼っておくよう勧めた。

最終的にこの事件では、六十六人が州裁判所で起訴され、十八人が連邦裁判所で有罪判決を受けた。捜査終了後、メットカーフはウォルザイスにある手作りのプレゼントを贈っている。それはチェダーチーズ味のプリングルズの缶をガラスケースに入れたトロフィーだったが、名札には大きな文字で「証拠」と書かれていた。

捜査が終了した後も、ウォルザイスはＦＵＢＩ事件のファイルを片づけずに、トロフィーと並べて自分の机の上に置いたままにしておいた。ウォルザイスは経験則から、地元のフットボールチームのスター選手だったジェシー・ボルストリッジの二〇一三年九月の死も、ジョーンズの組織と関係していると見ていたが、その段階ではまだ確実な証拠はあがっていなかった。

「この事件をお蔵入りにはさせない」とウォルザイスは自分に誓っていた。

六十一歳のウォルザイスは、売人が売った薬がユーザーの死亡の直接の原因となった「死亡事件」を専門に扱う検事で、パデュー・ファーマを起訴したロアノークの連邦検察官事務所で、過去何十年にもわたり、ヘロインの売人を起訴してきた。当初、彼が起訴する対象はほとんどが黒人か中年男性だったが、ここに来てそれが若い白人のグループへと移行していた。また、取り引きされる麻薬の量も、明らかに多くなっていた。

彼が担当した最初の「死亡事件」は、一人の中年女性がケンタッキー・フライドチキンのトイレで大量の麻薬を打ち、その後自分のアパートで椅子にもたれかかって死んでいるのを警察が発見したというものだったが、その事件でも最終的に十三人が逮捕されていた。

「発見された時、その女性は釘抜き金づちの上に座っていました。彼女の仲間たちは過剰摂取で発作を起こした彼女を散乱した工具の上に放置したまま、逃げてしまったのです」

同じ事件で起訴された別の女性は、自分が離脱症状で動けないので、自分の子供を麻薬の受け取りに行かせていた。

「ヘロインは人間から魂を吸い取ってしまうんです」とウォルザイスは語る。

ジェシー・ボルストリッジの事件についてウォルザイスは、まだどこからか新しい証拠が飛び込んでくることを密かに期待していた。ボルストリッジが麻薬を購入してから死ぬまでの状況は、断片的にしか摑めていなかったからだ。ジェシーの親友のデニス・ペインターがヘロインを買ってから、実際にジェシーが亡くなるまでの間に、約十八時間もの時間が経過していた。また、その間、ジェシーは多くの人々と接触していた。

メットカーフもルッツも、デニスがジョーンズかショーの手下からヘロインを買った可能性が高いと見ていたが、それがジェシーの過剰摂取死の原因だったことを証明するのは容易なことではなかった。

「何百人もの人から成り立っている麻薬の売人組織の関係者全員を捕まえることはできませんが、その中核だけは押さえなければなりません」とウォルザイスは語る。


クリスティ・フェルナンデスは、アッシュビルのリハビリ施設に入っていたジェシーが二〇一三年五月、ホームシックにかかったという理由から、カウンセラーの助言に反して週末にどうしても家に帰りたいと言い出した時、嫌な予感がしていた。そのため、家に戻ってきたジェシーが、デニスとどこかに出かけて何時間も帰ってこなかった時は、とても心配した。

彼女は息子の親友だったデニスのことが好きだった。だから、今でもジェシーとデニスの二人が、地元のグラスホッパーグリーン幼稚園の砂場で一緒に遊んでいた時の写真を持ち歩いていた。しかし、同時に彼女は、デニスがヘロイン依存症で、リハビリ施設に出たり入ったりを繰り返していたことも知っていた。そして彼女は、ジェシーのヘロイン依存症は、まだデニスほどは悪化していないと考えていた。

ところが、ジェシーが日曜日の夜にアッシュビルのリハビリ施設に戻ったとき、施設の決まりでマリファナの薬物検査を受けたところ、陽性反応が出てしまった。これはリハビリプログラムに入るときに彼が署名した誓約に反するため、ジェシーはリハビリ施設から追い出されてしまった。ジェシーはそのリハビリ施設を気に入っていて、その一カ月前にもフェイスブックの友達に「こんなしっかりとしたサポートグループがいることに感謝しています。家族や友達も大好きです。ここは最高です。今日も薬物を断つことができました。すごく嬉しいです。今日で九十三日目です！」と話していた。

ジェシーのカウンセラーたちはクリスティに、彼が戻ってきても家に入れてはダメだと進言したが、結局、彼女はジェシーを受け入れてしまった。

「それは仕方なかったと思っています。十八歳の息子を、ホームレス状態のまま放っておくことは、私にはできませんでした」と彼女は言う。

しかし、クリスティにはロアノークの外科医の妻ジェイミー・ウォルドロップのように、何千ドルもかけて息子をすぐに別のリハビリ施設に移したり、飛行機で息子を遠方の施設まで送り届けるほどの経済的な余裕はなかった。

クリスティは二〇一三年一月、集中治療カウンセリングとデトックス治療を含む十週間のリハビリプログラムを受けさせるために、ジェシーをフロリダ州ジャクソンビルのリハビリ施設に入れたことがあった。その間、ジェシーはヘロインへの欲求を抑えるためのオピオイド拮抗薬ブプレノルフィン（別名サボキソン）を一時的に服用していた。ジェシーは母親の保険に加入していたが、その時のリハビリ施設への支払いのうち、保険でカバーされない分が二万五千ドル（約二七五万円）ほどあり、その返済のためにジェシーの預金口座からは毎週二十五ドル（約二千七五〇円）が引き落とされていた。

彼は三週間後にサボキソンの服用をやめた。一定期間の後、サボキソンの使用を止める事は従来の治療法としてはよく行われている方法だが、今は拮抗薬を途中で止める治療法の効果に対しては、疑問が呈されている。二〇一六年一月、国立薬物乱用研究所（NIDA）のノラ・ヴォルコウ所長は私とのインタビューの中で、「短期間に断薬を目指すデトックスプログラムではなく、薬を使いながら行動療法と回復支援を含む長期的な維持治療の方が有効なことを裏付けるエビデンスが多く見つかっています」と語っている。

NIDAの他にも、米国医学研究所、世界保健機関（WHO）、そしてホワイトハウスの全米麻薬撲滅対策室などが、オピオイド乱用に対しては、断薬を目指したリハビリよりも、無期限（場合によっては終身）の薬物維持治療を提唱していた。さらに、二十八日間リハビリプログラムの生みの親であるベティフォード・センターと提携しているヘーゼルデン・センターでさえ、薬物維持治療（MAT）に対する姿勢をあらため、二〇一二年から一部の患者にサボキソンを提供するようになっていた。しかし、ジェシーが入ったリハビリ施設は、あくまで断薬療法を採用していた。当時も、そして今も、断薬療法の有効性を信じている医療施設は多い。

元ヘロインユーザーで、作家であり活動家でもあるトレーシー・ヘルトン・ミッチェルは「オピオイド依存症者に対するリハビリのシステム全体を刷新する必要があります。アメリカは依然として、高価で、施設によって内容もバラバラで、必ずしも有効ではない『十二ステップの回復プログラム』に執着しています」と述べている。

最新のデータも、薬物維持治療の有効性を支持している。しかし、薬物維持治療にも欠点はある。ハーバード大学の研究者ジョン・ケリーは、「人々がオピオイド依存症に絶望的になる理由の一つは、ごく一部の人しか回復しないことを知っているからです。臨床データを見る限り、一年間断薬状態を保てるようになるまで、治療を始めてから平均して約八年の年月を要し、その後もクリーンでい続けるためには、四～五回の異なる治療が必要になります」と語る。

しかし、誰もが八年も治療を続けられるわけではない。

アッシュビルのリハビリ施設から追い出された後、ジェシーは実家に戻り、父親と一緒に工事現場で働き始めた。片道九〇マイルの距離を運転してワシントンの郊外まで通い、そこで政府から受注した仕事で週一千ドル（約十二万円）を稼いでいた。

彼はよく働いたし、いわゆる「一緒にいると楽しい奴」だった。ところが、母親と一緒に住んでいて家賃を払う必要がなかったはずなのに、その年の夏頃から、ジェシー宛に銀行から残高不足の通知が届くようになった。

「やめられないんだ。」

心配する母親に対して、彼は麻薬を買っていることを認めた。ジェシーは母親に、毎日二百ドル（約二万二千円）分のオピオイドをブラックマーケットで購入していたことを打ち明け、フロリダのリハビリ施設に戻りたいと言った。その時、麻薬でハイになっていたジェシーの姿を見た母親は、妹たちの身に危険を感じて、ジェシーが家に入ることを禁じた。その代わり彼女は、隣町に住む彼女の妹にジェシーを泊まらせて欲しいと頼んだ。その晩、彼女の妹はジェシーにハンバーガーを振る舞い、ソファで眠らせてくれた。翌日、ジェシーは最後に残ったわずかな貯金をはたいて、フロリダまでの航空券を買った。彼はあと四十八時間で人生をやり直せるところだった。保険の申請など施設に再入所するために必要な手続きも終わっていた。

それでもクリスティはまだ、息子の依存症の深刻さを十分には理解できていなかった。

「思い出したくもないことですが、その時、私はジェシーはただ処方オピオイドの治療が必要なだけで、そのために施設に戻ればいいとだけ考えていました」とクリスティは当時を振り返る。

実際、その頃のジェシーは、フットボール選手時代と変わらないほど健康そうな外見をしていた。ハンサムで日焼けしていたし、建設現場の仕事も、一日も休んだことがなかった。

「彼は毎日、朝の四時に家を出ていました。仕事も決して軽いものではなかったはずです」と彼女は言う。

彼は二〇一四年一月に短大に入学し、その後四年制大学に編入することまで計画していた。彼の目標は、体育の教師になり、学校のフットボールチームのコーチか、スポーツ医療専門のトレーナーになることだった。彼はもう一度フットボールの現場に戻りたいと考えていた。

「そんなジェシーがまさかヘロイン注射を打っていたなんて、想像したこともありませんでした」彼女はそう言ってから、少し間を置いて、もう一度言い直した。「本当のことを言うと、想像したことはありましたが、そう思いたくありませんでした」

しかし、兆候は十分にあった。実際、ジェシーに麻薬を買うためのお金を盗まれないようにするために、彼女は自分の寝室のドアに南京錠まで取り付けていた。

ジェシーが働いていた工事現場の仮設トイレで、使用済みの注射器が見つかっていたことをクリスティが知ったのは、ジェシーの死後のことだった。その一年前に、ジェシーが倉庫の仕事から解雇された時、ジェシーがクリスティに嘘をついていたことも、彼女は後で知った。ジェシーの上司がトイレで注射器を見つけたことで、ジェシーは倉庫の仕事を解雇されていたが、ジェシーはクリスティには、注射器は自分とは何の関係もないと誓ったので、クリスティは彼を信じてしまった。あんなに元気で逞しく見える若者が、実はヘロイン依存症だったなんて、一体誰が想像できただろうか、とクリスティは語る。

それは二〇一三年九月下旬のことで、連邦捜査官たちが、七つの郡の地元警察と協力して、州内で最大規模のヘロイン組織の摘発に動き始めていたところだったが、その段階ではまだジョーンズのヘロイン組織のニュースは報道されていなかった。当初、オピオイド鎮痛剤の乱用という形で始まったこの地域の麻薬問題は、わずか数カ月の間に本格的なヘロインの蔓延へと変質していた。しかし、この段階でそれを知っていたのは依存症者を別にすると、ほんの一握りの警察関係者に限られていた。

ジェシーがジャクソンビルのリハビリ施設に飛行機で向かう予定だった二日前の金曜日の夜、デニスとジェシーはジェシーの祖母からインスリン注射用の針を盗んで、ヘロインを買った。その時デニスはひどい離脱症状に苦しんでいた。

「その日、僕は離脱症状で嘔吐を繰り返していました。それでジェシーに頼んだのです。何とかヘロインを手に入れたいんだって」とデニスは言う。

これに対してジェシーは「僕はヘロインはやらないよ」と言った。

その夏、彼はもっぱら、ブラックマーケットで買ったロキシーの注射を打っていた。しかし、ジェシーもまた、離脱症状のために嘔吐を繰り返していた。彼は大好物だったマクドナルドのチキンナゲットとマカロニ・チーズを食べたが、それも戻していた。

いざデニスがヘロインを入手すると、ジェシーも気持ちが変わって、それをリハビリ施設に戻る前の最後の一発にしようということになった。その日の夜、友人の家でジェシーの送別会が開かれた。パーティに参加していたある女友達は、ジェシーが人前でヘロイン注射を打つのを見て泣きだした。その友人によると、それまでジェシーはヘロインを使っていることを公言したことはなかったという。

その時ジェシーは、間もなくリハビリに戻れることを喜んでいたそうだ。友人たちには、母親や双子の妹と離れて暮らすのはさみしいが、自分と同世代で、同じ問題と闘っている人たちと一緒にいるのは楽しいとも話していた。デニスのガールフレンドのコートニー・フレッチャーが心配そうな顔をすると、ジェシーは彼女をハグして、「約束するよ。僕は大丈夫だから」と言ったそうだ。

翌朝、何人かの友人たちが四輪駆動車でオフロードを走りに出かけた後、寝室から出てきたジェシーは頭痛を訴えていた。コートニーが財布の中から市販鎮痛剤のタイレノールを取り出して彼に渡そうとしたが、ジェシーはそれを断って、また寝室に戻ったと彼女は言う。

二時間後、デニスがジェシーの寝室のドアが開いているのを見て、タバコを一本もらおうと中に入ったが、彼のベッドは空っぽだった。あたりを探すと、意識のないジェシーがバスルームの中で、腕に注射針を刺したまま洗面化粧台にもたれかかっていた。注射を打つときに使ったベルトが丸まって床に落ちていた。

パニックになったデニスは髪をかきむしり、泣き叫びながら、家の中を走り回った。まだ家に残っていた何人かの友人は、麻薬と麻薬道具を持って、大急ぎで家から逃げ出していった。麻薬と道具は家のそばの森の中で捨てた。

コートニーも逃げた。もし捕まれば、子供と引き離されるかもしれないと思ったからだ（ただしコートニーは自分は麻薬をやっていないし、子供たちはパーティの間、ずっと二階の寝室で寝ていたと主張している）。

デニスは救急車を呼んで、警察の到着を待った。緊急通報を受けたルッツが現場に到着した時、すでに死後二時間から五時間が経過していて、ジェシーの体は死後硬直が始まっていた。ジェシーの友人たちが911に電話するまでに長い時間がかかったことについて、クリスティは「彼らはまだ何か隠していると思う」と語った。

「ジェシーはこれまで錠剤を飲んでいて、注射はしていませんでした。そんな彼がいきなり一人で注射を打つなんて考えられません。ただ、死んだ時、ジェシーが一人で苦しんだのでなければ、私の気持ちも少し楽になります」

ルッツも何かがおかしいと感じていた。週四十時間の現場仕事をこなしている壮健でたくましい建設作業員が、一度の薬でそうも簡単に死んでしまうだろうか、と。

現場に残されていたジェシーの電話が鳴ったので、ルッツが出てみると、電話の主はジェシーが入所する予定だったリハビリ施設のカウンセラーだった。日曜のジェシーの到着時間を確認するために、電話をかけてきたのだった。

その後数週間にわたりメットカーフはロニー・ジョーンズを質問攻めにして、彼の麻薬の供給源を白状させようとした。しかし、ジョーンズは自分が麻薬の売人であることを否定し、没収された銃も麻薬も自分のものではないと主張した。ジョーンズはまた、マックなどという人物は知らないと言い張った。

ダンフリースのジョーンズのアパートで発見された銃と、ウッドストックで車の中から盗まれたとして盗難届が出ていたもう一丁の銃からは、ジョーンズのＤＮＡが検出されたが、それだけでは裁判の証拠としては弱かった。また、メットカーフは、ジョーンズから麻薬の借金を返済しなければ殺すと脅されたと証言してくれる証人を複数押さえていたが、それも有力な証拠にはなりそうもなかった。

警察はジョーンズが刑務所の中から電話で、麻薬の集荷と販売を指示している音声まで録音することに成功していた。その中でジョーンズは、「今まで通りブツの取引は続けろ」と、ガールフレンドに指示していた。

ジョーンズはまた、マリーのことは愛しているが、彼女が警察に自分を売ったことについては怒っていると書かれた手紙を、大勢の人に出していた。その手紙を通じてジョーンズは、自分は決して仲間を売ったりはしないということを伝えたかったようだ。

ジョーンズが刑務所から出した手紙の一つは、こんな内容だった。

「アーサー、お前が俺についていろいろとひどい事を言っていると聞いたよ。俺は誤解を解きたい。俺はお前のことを売ったりはしない。あの黒人野郎（ローガン・ローズ）は警察に全てを話し、ジョージズ・チキンで知り合った女と一緒にプエルトリコまで逃げやがった。だけど、俺がお前のことを悪く言ったことがあったか？　そんなわけねえだろ。お前に言いたいことがあれば、俺は男らしく面と向かって言うよ。俺は刑務所でも街でも、自分の名前に傷を付けたくないんだ。何か聞きたいことがあったら何でも聞いてくれ」

麻薬の売人たちはほとんどが、一旦捕まると喜んで何でも自供するものだが、ジョーンズのような幹部クラスになると、末端の売人とは異なる行動規範を持っていた。彼らは警察に協力すれば自分の尊厳はもとより、自分の命まで危険にさらされることを知っているからだ。

しかし、大口ディーラーのカリーム・ショーは違った。ジェシーの死の四カ月後に捜査チームが彼を逮捕したとき、彼は組織について洗いざらい話す用意ができていた。何よりも、彼はメットカーフに重要な情報を提供した。顔だ。

「あのビデオを見ただろう？」とショーがメットカーフに言った。

どのビデオのことだ？

それは『Hell Up in East Harlem』という八十分のビデオ作品のことだった。それは一九八〇年代後半から九〇年代にかけてクラックが流行っていた頃、ギャングの暴力に悩まされていたハーレムのストリートの状況を描いた、気骨のあるドキュメンタリーだった。その作品はYouTubeでも公開されていたが、そのおよそ二十分のところに、この映画が作られてから十年後にウッドストックで起きた悲惨な状況を引き起こした張本人となる男が登場していた。

そこには赤のフード付きパーカを着てベンチに座っている、マックの姿が映っていた。ビデオの中で彼は、ハーレムの貧困と麻薬の地獄から脱け出すためには、死ぬか刑務所に行くしかないのが現実だと語っていた。

若気のいたりとでも言おうか。当時、まだ地位の低い若手の売人だったマックにとって、そこでカメラに撮られたことは痛恨のミスだった。ビデオの中で彼は、「ストリートを歩くと黒人がバタバタと殺されていて、そこら中に内臓や脳みそが散らばってるんだ」などと話していた。

ショーはそのビデオを見ながら、量刑を割り引いてもらうという条件で、メットカーフに対してマックを指し示した。映画のクレジットでは、ショーが示した男の名は「マット・ドゥーギー」になっていたが、そんなことはどうでもよかった。メットカーフは最終的な標的の顔が割れたことに興奮していた。

「その時、初めて彼の声と特徴を把握することができました」とメットカーフは言う。

従兄弟を介してマックと知り合っていたショーでさえ、マックの本名は知らなかった。しかしショーは、ハーレムにあるマックのヘロイン工場の大まかな場所を示すことができた。そこでマックは純粋な状態で入荷してきた黄褐色のヘロインを一旦ばらして、自分たちの利益を確保するために薄めてからもう一度固めてパック詰めにする作業を行っていた。純粋なヘロインを一度解体して薄めた上で、再度パック詰めにする工程を、ショーは「踏み固める（Step on）」という業界用語で表現していた。

これでメットカーフは、数々の目撃証言とジョーンズやショーとマックとの間の携帯電話の通話記録などを含め、マックを逮捕するために十分な証拠を手にすることができた。しかし、まだマックがどこに住んでいるかも、そもそもマックという人物が何者なのかも、わかっていなかった。メットカーフにはマックがまるで正体不明の幽霊のように感じられた。

「普通の捜査官ならそこまで深入りしませんが、メットカーフは何があってもマックを捕まえるつもりでした」とウォルザイスは語る。

メットカーフはおよそ八百五十万人が住むニューヨークという大都市で、たった一人の幽霊を見つけるつもりだった。

マックについてわかったことは、彼が最近刑務所から釈放されたばかりだということだった。ある証人の証言によると、ジョーンズが最初にウッドストックに来た時、大量のヘロインを入手するのに苦労していた。そこでマックの従兄弟を名乗る人物から、マックのことを紹介されたという。

「おれの従兄弟は刑務所から出れば何だってできる。ヤツにはコネがあるからな」とその男はジョーンズに言ったそうだ。

今やマックは顧問弁護士を雇い、大勢のアシスタントを抱える本格的なプロになっていた。ジョーンズが、麻薬の借金を返済しない顧客に、金を払わなければ殺すと脅していることを知ったとき、マックはこう言ってジョーンズを諭したそうだ。

「なんでお前がそんなことをするんだ？　お前はビジネスマンだろう。もし誰かを殺《や》りたいなら、自分でやるな。そのために大勢の人間を雇っているんじゃないか」

しかしそう言うマック自身も、どの仕事を人に任せ、どの仕事を自分自身で扱うかについて、常に最良の選択をしてきたわけではなかった。前渡しのヘロインの代金はショーからマックにマネーグラムを使って電信扱いで送金されていたが、マックは手下を使ってその資金をニューヨークからサンディエゴまで全国の様々な都市にあるATMで引き出させていた。そのお金を引き出している手下は、マックが最も信用している人物に違いなかった。おそらく親族の一人かガールフレンドに違いないと、メットカーフは踏んでいた。連邦政府の保護観察下にあったマックは、保護観察官の許可を取らずに州を離れることを許されていないため、信用できる人物にお金を引き出しに行ってもらう必要があったのだ。

ある日の夜遅く、メットカーフがフロントトロイヤルの目立たない一軒家の二階にある麻薬捜査本部からマネーグラムに連絡を入れ、逮捕時に押収したテキストメッセージに書かれていた送金記録の番号の照合を依頼したところ、一人の女性の名前が浮上した。その女性はブルックリンとハーレムとブロンクスの、一見無関係に見える三つの住所を使い分けていた。

さらにそれぞれの住所を確認したところ、一つだけ実在する住所があることがわかった。翌朝、ニューヨーク市の保護観察者のデータベースを使ってその住所を調べたところ、意外にもそれと一致するものが一つあった。それは、ブルックリンで保護観察下にあったマシュー・サンティアゴという男の住所だった。

「これがマックかもしれない！」

サンティアゴはニューヨーク出身の三十七歳の男性で、最近、二百万ドル（約二億二千万円）にのぼるマリファナの不正取引に関与した罪で、二年間の懲役を終えたばかりだった。ジョーンズのウッドストックでの事業が摘発されるほんの数週間前に、その男は刑務所から出所していた。

メットカーフが保護観察官にその男がどんな人物かを尋ねたところ、「髭を生やした黒人男性」という返事が返ってきた。すぐさまメットカーフが電子メールでサンティアゴの顔写真を送って欲しいと伝えると、数分後、彼のコンピュータ画面に、ある男の顔が映し出された。それは少し歳を取ってはいたが、紛れもなくあの映画に出演していたマット・ドゥーギーの顔だった。

これでマックを逮捕するために必要なものがすべて揃った。名前と住所と、そして顔写真もだ。

前の晩、メットカーフはマネーグラムの送金記録を整理しながら、自分は自分の父親とそう変わらないことを実感していた。父親はヘロイン依存症だったが、彼自身も一種の仕事依存症だった。「私と父は法律の向こうとこっちで、同じことをやっているように感じました。父は家族よりもストリートや友人を大切にし、最後までそのライフスタイルを貫きました。私も今、やつらを追いかけることを、自分の家族よりも優先しています」とメットカーフは語る。

メットカーフの妻は男の子が欲しくて、また子作りに挑戦したいと考えていた。メットカーフ夫妻には四人の娘がいたが、まだ男の子はいなかったからだ。五人目の子供を作ることについて妻は、「作るサンドイッチが一つ増えるだけじゃない」と言って、メットカーフに早く内勤への異動申請を出すよう懇願していた。

メットカーフは怪物から心臓を切り取ったら、必ず異動申請をすると約束した。彼は今度こそ本気でそうするつもりだった。

メットカーフはブルックリンのアパートの建物の外で、犬の散歩をしているマックを見つけた。

「お前は誰だ？　どこから来たんだ？」とサンティアゴは叫んだ。

「私はバージニア州のＡＴＦ捜査官です。あなたをそこに連行します」とメットカーフは言った。

サンティアゴは自分はバージニアになど行ったことはないと言っていたが、それは本当のことだったかもしれない。

サンティアゴには十七歳と十四歳になる二人の子供がいた。その年バージニア州ハリソンバーグにある連邦裁判所で審理が開かれ、マイケル・アーバンスキー裁判官は、ウォルザイスとサンティアゴの顧問弁護士の間で合意した司法取引を承認した。サンティアゴの顧問弁護士は、サンティアゴが逮捕されたその日に、マンハッタンのニューヨーク南地区裁判所で彼の到着を待っていた。

「裁判所のエレベーターのドアが開くと、すでに彼の弁護士がそこで待っていました。彼は我々よりも早く裁判所に到着していました」とメットカーフは語る。そのあまりの迅速さにメットカーフは、彼には知り得ない裏コネクションの存在を感じとった。

検察官のウォルザイスは、まだ証拠が足りないと言った。例の「証拠」だ。「もしサンティアゴが本当にそんなにビッグな存在なら、どうして彼はバージニア州の小さな町で学生相手にブツを売る必要があるのでしょうか」とウォルザイスは語った。

弁護士は、サンティアゴが出所後、仕事を見つけるために様々な雑用を引き受けていたと主張した。

「重罪の逮捕歴がある者にとって、真っ当な仕事を見つけることは非常に困難です。雑用だけでは家族を養うのに十分な収入を得ることができなかったため、彼は良くないとは思いながらも、かつて慣れ親しんだ犯罪活動に戻らざるを得なかったのです。しかし、彼は今、自分の行動を深く後悔しており、厳しい罰を受ける覚悟です。また、自分の子供たちを失望させた自分の行動に、大きな罪悪感と不名誉を感じています」と彼の弁護士は述べた。

警察の身上調書によると、生後四カ月の時に父親を殺され、貧困の中で育ったサンティアゴは高校をドロップアウトした後、二十代後半には「セルフメイド」という名前の、小さなパーティやイベントの企画会社を経営する傍ら、フリーのミュージックビデオのスタイリストとして働いていた。

連邦検事のウォルザイスは、二十三年の実刑判決を受けたジョーンズや、警察に協力したことでそれより少し短い十八年の懲役刑を受けたショーと比べると、サンティアゴは単に商品を右から左に動かした「フリッパー」役を果たしただけで、実際にヘロインを販売する組織の一員ではなかったとみなされたと説明する。

結局、サンティアゴは三〜一〇キロのヘロインを販売したことを認めた上で有罪を受け入れて、連邦刑務所で十年の実刑判決を受けた。彼が販売したとされる三〜一〇キロのヘロインは、六万五千回分のヘロイン注射に相当する量だった。

判決の日、メットカーフは自らサンティアゴをシャーロッツビルの連邦裁判所まで移送した。その道中、サンティアゴはメットカーフを挑発してきた。まず彼は、最近ニューヨークで二人の警察官が殺害された事件を知っているかと聞いてきた。メットカーフが知っていると答えると、サンティアゴは「あれはボルチモアから来た男が待ち伏せして、『豚野郎どもに羽をつけてやる』と言って殺った後で、その映像をインスタに投稿したんだ」と言った。豚に羽をつけるというのは、警官殺しを意味する隠語だった。

メットカーフが黙って頷くとサンティアゴは、「メットカーフ、あんたは自分が意味のあることをしていると思ってるんだろう？　でもあんたは何も変えてはいない。そんなことで麻薬はなくならないよ」と続けた。

メットカーフは「私は自分の仕事をやっているだけだ」と答えた。

サンティアゴは「家族から夫や父親を取り上げることが仕事だなんて、ひどい仕事だな」と吐き捨てるように言った。

「確かにそうかもしれないな」とメットカーフは答えた。

するとサンティアゴはもう一度、同じ話を繰り返した。

要するに彼は、いつになっても「豚に羽をつける」ことを恐れない人たちはいるということが、言いたかったようだ。

ジョーンズやサンティアゴが言っていることはもちろん正しい。彼らを逮捕すれば麻薬の問題が解決するわけではない。依存症問題はそんな単純なものではない。普通の犯罪は犯人を捕まえて刑務所に入れれば一応の解決を見るが、麻薬依存症の問題はそれとはまったく異なる。ジェシー・ボルストリッジの死をきっかけに、デニス・ペインターの父親が四方八方手を尽くして息子に治療を受けさせても、デニスの依存症はその後も何度も再発し、彼はリハビリ施設と刑務所の間の行ったり来たりを繰り返すことになるかもしれない。

ジェシーを忘れないために自分の子供にジェシーという名前までつけても、デニスは自分の行動を変えることができなかった。デニスの父親はデニスをナッシュビルの断薬専門のリハビリ施設に七回も入所させたが、デニスを完全に断薬させることはできなかった。

「今でも、ジェシーを死なせてしまったことに対する苦しみから逃れることができません。六回くらい自殺しようとしましたが、うまくいきませんでした」とデニスは私に言う。そしてその苦しみゆえに、今も麻薬を断ち切ることができないでいるとも。

一斉摘発によってウッドストックのジョーンズとショーの麻薬組織が崩壊すると、デニスと彼の友達は以前のように再びボルチモアにヘロインを買い出しに行くようになった。ただ、その後デニスは、より近いウインチェスターに新たな供給源を見つけていた。ウッドストックで一袋三十ドル（約三千三百円）で売られていたものが、ウインチェスターでは一袋二十ドルで買うことができた。

私はジェシーの母親のクリスティが、ジェシーが亡くなった日の朝に何が起きたのかを知りたがっていることをデニスに伝えた。するとデニスは、「彼女は僕がバスルームに入ったときに見たものを詳しく知りたいのでしょうが、きっとそれは知らない方がいいと思います」とだけ答えた。

　彼はまた、少し前まではジェシーの墓参りに行っていたが、あまりにも精神的に辛くなるので、最近は行っていないと語った。

「ジェシーの死については、強い罪悪感を持っています。そのことを手紙に書いたり、誰かに打ち明けたりして、何とかその重荷を降ろしたいと思ってきましたが、未だにできていません。あの日、僕があの麻薬を買いに行きさえしなければ、彼は今も生きているのではないかという思いを、どうしても断ち切れないでいます」

　かつてデニスとジェシーは毎年、感謝祭をジェシーの家で一緒に祝うほど仲が良かった。デニスもグラスホッパーグリーン幼稚園時代にジェシーと一緒に撮った写真を持ち歩いていた。

デニスはメットカーフとまったく同じように、地域の麻薬問題を次のように説明する。経済的に疲弊したアパラチアの炭鉱地域では、お金を稼ぐ手段がオキシコンチンくらいしかないし、アメリカの小さな町の労働者階級の人々にとって、生きるためにボルチモアまでヘロインを買い出しに行かざるを得ないという現実があるのだ、と。工場で職がなくても、ボルチモアで五〇グラムのヘロインを四千ドル（約四十四万円）で買えれば、一週間で六万ドル（約六百六十万円）稼ぐことができるのだ。

　ボルチモアまで行きたくなければ、多少利幅は減るが、二十分も車を運転すればウエストバージニア州のマーティンズバーグで、ヘロインは簡単に手に入る。それがアメリカの田舎町の現実だった。アメリカの地方の小さな町は、かつての都市部のスラム街と同じように荒廃し切っていた。それは大学進学率や収入、男性の就労率など社会の経済的な健全度を示すあらゆる指標で、アメリカの田舎町は都市部や郊外から大きく遅れを取っていた。

「政府や警察がどれだけ対策を打とうが、決してヘロインの売買を止めることはできません。そこから得られる利益が大きすぎるからです。しかも、ヘロインは日に日に入手しやすくなっています」とデニスは語る。

サンティアゴが刑務所に入った年の夏、デニスは私に、彼が「地理的治療法」と呼んでいる治療法を試す計画を話してくれた。それは、薬物を使わない生活文化が若い人たちの間に根ざしていて、より良い仕事に就くことができる大きな都市に引っ越すという意味だった。

「ストラスバーグからミドルタウンに引っ越すことで、そのような効果を期待しましたが、結局、新しい町でもヘロイン仲間を見つけてしまいました。そこで今度はウィンチェスターに引っ越しましたが、そこでもまた、ヘロインをやっている人と知り合いになってしまいました」

デニスのガールフレンドは時々、彼が寝室で独り言を言っているのを聞くそうだ。

「多分その時デニスはジェシーと話しているんだと思います」と彼女は言う。

その後、私はデニスが保護観察の遵守事項違反で刑務所に戻されたことを、保安官事務所のフェイスブックで知った。フェイスブックに掲載された写真のデニスは、受刑者が着るオレンジ色のジャンプスーツを着て、青い目が見えないくらい目を細めていた。彼の体重はかつての一八五ポンド（約八三キロ）から一四〇ポンド（約六三キロ）まで減っていた。

私はデニスのガールフレンドで彼の子供たちの母親でもあるコートニーに、話を聞くことができた。パラリーガルになるためにコミュニティ・カレッジに通っているというコートニーは、子供たちを公立のデイケアサービスに預けていて、彼女たちの生活費はデニスの父親が払っていた。

大学が終わると、コートニーはジェシーが死の直前にチキン・マクナゲットを買ったストラスバーグのマクドナルドで働いていた。ジョーンズとショーの麻薬組織の末端の売人の一人で、ジェシーの死因となったヘロインをデニスに売った男も、実はしばしばこの店のドライブスルーで食べ物を買っていた。

ジェシーが死んだ二〇一三年、アメリカ国内でヘロイン絡みで死亡した人の数は八千二百五十七人だった。これは前年と比べて三九％も増えていた。また、その大半は若い男性だった。死亡者のおよそ四分の三が、ジェシーとまったく同じ道を辿っていた。それはつまり、処方された鎮痛剤に始まり、依存症に陥り、本格的なヘロイン使用から死へと続く道だった。スペンサー・ムンパワーもスコット・ロスもコルトン・バンクスも皆、たった一錠の処方薬がきっかけで、最後は死に至っていた。

ジェシーの死から一カ月後、ＦＤＡは高機能で長時間作用するヒドロコドンの新バージョン「ゾハイドロＥＲ」を承認した。この承認に対しては、ＦＤＡの有識者会議が、乱用防止機能に欠けてるとの理由から、十一対二で反対の議決をしていた。それは乱用防止機能を持つ前のオキシコンチンと同じレベルの依存性と乱用リスクを持っていた。しかし、ＦＤＡは「この製品の利点はリスクを上回る」と結論付け、これを医薬品として承認していた。

ＦＤＡが乱用の可能性があるとの理由から、製薬会社に対してオピオイド系鎮痛剤「オパーナＥＲ」の市場からの撤去を要求するのは、それから四年後のことだった。しかし、その間も犠牲者は増え続け、二〇一七年の薬物過剰摂取に起因する死亡者数は六万四千人にまで膨れあがっていた。

ＦＤＡの利益相反は長らく問題視されてきた。ＦＤＡは薬物を承認する権限と、承認した薬を監視する権限の、相矛盾する二つの権限を担っている。自ら承認した薬を、その後も監視し続け、後に問題を指摘することになれば、そもそもその薬を承認したことの責任を問われることは避けられない。鎮痛剤の規制強化を求めているアンドリュー・コロドニー医師は、ゾハイドロが承認されたことで、オキシコンチンが引き起こした依存症の問題が再び繰り返されることは避けられないと指摘する。

「パデューの最大の罪は、単にオキシコンチンの効果や副作用を偽ったことだけではありません。それは彼らが、医学界に対して、本来は麻薬であるオピオイドを使うことへの抵抗をなくさせたことでした。もしＦＤＡがオピオイドに対する本来の職責を全うしていれば、依存症の蔓延などという問題は起きなかったはずです」とコロドニーは語る。

ジェシーの死の二週間前、遂にＦＤＡはバーバラ・ヴァンルーヤンの請願の一部を採用したことを通知してきた。それは乱用防止機能を持たないオリジナルのオキシコンチンの承認を撤回することだった。

もちろん、もうその時点でその決定にはさしたる意味はなかった。その時、すでにパデューは、オリジナルのオキシコンチンを自主的に回収し、乱用防止機能を持たせた新しいバージョンのオキシコンチンの出荷を始めてから、すでに三年が経っていたからだ。

「私の請願が、パデューに対してオキシコンチンの成分を変更させる一助になったとは思います。しかし、われわれがＦＤＡの決定を待っている間に、さらに大勢の人々が死んでしまいました」

とヴァンルーヤンは語る。

その数カ月後、『ニューヨーカー』誌にパデューのオーナーのサクラー兄弟の記事が掲載された。その記事を読んでヴァンルーヤンは、パデューが成分の変更を行った本当の理由が、オリジナルのオキシコンチンの特許が切れたからに過ぎなかったことを知った。それは新しいバージョンの方がより安全なわけでもなければ、ヴァンルーヤンの請願に応えたわけでもなかったことを意味していた。

それを知ったヴァンルーヤンは、FDAから送られてきた白々しい通知に対して、激しい怒りを覚えた。パトリックと何千人もの犠牲者のことを思うと、悔しさがこみ上げてきた。

FDAは同じ通知の中で、ヴァンルーヤンのもう一つの請願の却下も伝えてきていた。ヴァンルーヤンのもう一つの請願は、オピオイド鎮痛薬の処方対象を急性もしくは終末期の疼痛患者に限定することと、慢性的な疼痛には他のあらゆる治療法の可能性を追求せずにオピオイドを処方できなくする新たな規制を設けることだった。これはアメリカ以外の世界のほとんどの国が、既にガイドラインなどの形で採用している基準でもあった。その段階で、世界の人口の四・四%を占めるに過ぎないアメリカが、世界のオピオイド消費量のおよそ三〇%を消費していた。

パトリックが亡くなってから九年。政府が母親の提案を実行に移すまでに、さらにもう三年の年月を必要としていた。

第3部

壊れたシステム

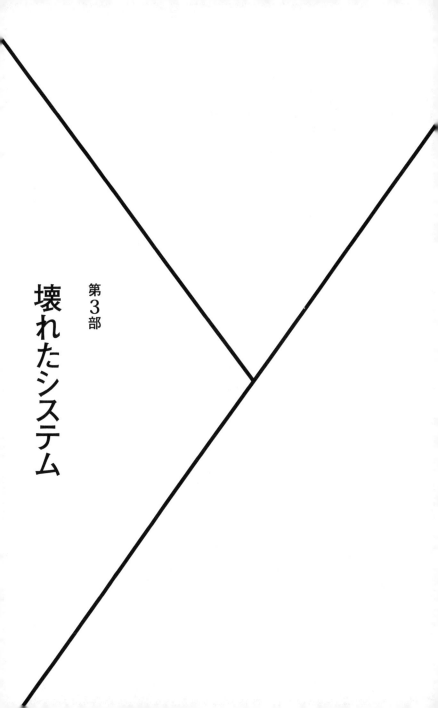

第9章 運び屋

二〇一四年、ヘロイン売買はロアノークの高級住宅街から、主に低所得層が住む区域にまで広がっていた。しかし、そこで最も多くのヘロインを取り引きしていたのは、独自にヘロインの袋詰めを行い、複数の車を所有し、運び屋を雇ってヘロインを売りさばいていたロニー・ジョーンズのような犯罪者集団ではなく、地元のヘロイン常習者たちだった。その多くは女性で、その大半は普通の市民だった。彼らは州外の大口ディーラーからヘロインを買い、自分が使う分を確保した上で、残りを地元で売りさばいていた。麻薬組織の構成員ではない彼らを捕まえるのは、至難の業だった。

州外からロアノークにヘロインの買い付けに来ている女性の中に、二十代半ばの黒髪の美人がいた。ハワイにルーツを持つ彼女はアシュリン・ケイキラニ・ケスラーという名の女性だった。彼女の裁判を担当した検事によると、アシュリンをこの地域でトップの運び屋にしていたのは、単に彼女が運んだ薬物の量が多かったからではなく、彼女自身が異常に多くのヘロインを消費していたからだった。ところが彼女の高い身体能力は、過剰摂取に陥ることなく大量のヘロインを代謝することができていた。

「過剰摂取で発作を起こす人が大勢いますが、私は一度も発作を起こしたことがありません」と彼女は検事に話したという。

アシュリンはピーク時には毎日五十〜六十袋のヘロインを打っていた。「彼女の肝臓が並外れた高い処理能力を持っていたのでしょう」とその検事は言う。

刑事司法の学位を持ち、パラリーガルとして働いていた彼女は一見、薬物依存症とは全く縁がなさそうに見える若い母親だった。しかし、彼女の薬物への傾倒は他の依存症者と同じような、お馴染みのパターンを辿っていた。

彼女は二〇〇八年に息子を産んだ後、乳腺炎に罹り、初めてロータブを処方された。乳腺炎は母乳で乳児を育てる母親によく見られる感染症の一種だった。また、妊娠後期の三カ月間、胎児の頭が彼女の背骨にもたれかかるような状態が続いたため、彼女は腰痛も発症していた。ロータブがなくなると、彼女の産科医は追加でオキシコドンを処方した。アシュリンは出産後六週間で、オピオイド依存症になったと語る。

数カ月後、彼女の主治医が異動になり、後任の医師が彼女に追加のオキシコドンを処方することを拒否したため、彼女は友人の友人を介してブラックマーケットで最初のオキシコンチンを購入した。他にも彼女は時々、障害のある八十代の祖父からロータブを盗んでいた。

オキシコンチンが乱用防止機能を持ったものに切り替わったので、彼女は二〇一〇年にオキシコンチンからロキシー（ロキシコドン）に切り替え、ブラックマーケットのロキシーの値段が上がり入手が困難になると、すぐにヘロインに切り替えた。

「私と同じ道を辿った人の数は、信じられないほど多いと思います。オキシーに始まり、ロキシーを経由してヘロインに行き着くパターンです」と彼女は言う。「私の知る限り、オキシコンチンこそが、すべてのヘロイン依存症の大元であり、唯一の原因です。もしヘロインとオキシーから一つを選ぶ自由があったなら、私は迷わずオキシーを選ぶでしょう。オキシーは錠剤なので、自分が何を摂取しているかが確認できるからです」

息子が口をきけるようになる頃には、アシュリンはヘロインのヘビーユーザーであると同時に、ヒドゥンバレーで消費されるヘロインのほとんど捌くようになっていた。元々はロアノーク郡北部の郊外で育った彼女だったが、ヒドゥンバレーとケーブスプリングにもたくさんの友達がいた。「ヒドゥンバレーのような場所では、最高級のヘロインが流通します。なぜならば、そこの子供たちの両親は皆、お金持ちだからです」と彼女は言う。

一万三千〜二万三千袋のヘロインをばらまいた罪で、ケンタッキー州の女性刑務所で七年半の刑に服していたアシュリンは、ヘロインが郊外で広がっていく過程を図表にして、メールで送ってくれた。そこに登場する顧客はいずれも、すでに死亡しているか、もしくは服役中だった。

彼女はまた、最近ロアノークの百円ショップの駐車場で、泣き叫ぶ乳児を車に乗せたまま車内で過剰摂取死していたエイプリルという若い母親のことも教えてくれた。エイプリルもアシュリンの顧客の一人だった。アシュリンはスペンサー・ムンパワーとコルトン・バンクスのことも知っていた。スコット・ロスの葬儀では、彼女自身が依存症の絶頂期にあったこともあり、葬儀の間中、号泣し続けていた。

彼女はヘロインのユーザーがディーラーになり、患者が犯罪者になる悪のスパイラルの過程も、詳細に描いて見せてくれた。依存症になってから二年後、彼女はあまりにも頻繁に遅刻や欠勤を繰り返したため、解雇されていた。彼女の同僚たちは、まさか彼女が法律事務所のトイレの個室でヘロインを注射していたことなど、知る由もなかった。あるとき彼女は、ヘロインの針が腕に刺さったままとれなくなり、緊急で手術を受けなければならなくなったことがあった。しかし、その時も同僚には「フェンスで切ったとかなんとか突拍子もない嘘をついて、その場をしのぎました」

会社から解雇された後、アシュリンは麻薬を買うために、まず手始めに家族からいろいろな物を盗んだ。クレジットカードや小切手、ハワイ生まれの祖母が持っていた家宝のジュエリー等々。この祖母はその当時、八十歳にして彼女の小学生の息子を育てていた。

アシュリンがまだ小さかった頃、祖母のリー・ミラーはハワイからやってきた親戚から、「アシュリンは将来あなたに苦労をかけることになりそうね」と言われたことがあったそうだ。そして、その通りになった。祖母は「私たちがアシュリンを甘やかしたのが悪かった」とよく言っていた。彼女の祖父母は何度も彼女のリハビリの代金を払ったが、いつも彼女は長続きせず、ほんの数日で出てきてしまっていた。祖父母はブラックマーケットでオピオイド拮抗薬のサボキソンを買うためのお金まで、彼女に与えていた。「それがなければ彼女は具合が悪くなり、ヘロインに頼るようになるから」というのが、その理由だった。

アシュリンを一度は破滅へと導き、その後、逮捕されて断薬を強いられたことで、結果的に彼女を救ったのは、彼女の祖父母が購入した二〇一三年型の日産セントラという自動車だった。ある売人が、ヘロインの束三本（つまり三十袋）をニュージャージー州まで車で運ぶ話をアシュリンに持ちかけたことがあった。彼はニュージャージー州のニューアークに「コネ」を持っていた。

そこには大量にヘロインを売ってくれるディーラーとつながっている彼の親戚が住んでいて、ヘロインを一ブロック（五十袋）あたり百ドルで売ってもらえる。それをロアノークに持って帰ると、その六倍から七倍の値段で売れた。往復で十四時間ほど時間はかかるが、それを毎週三、四回繰り返したとアシュリンは言う。

アシュリンを運び屋として使っていた売人は大抵、自分のガールフレンドをアシュリンのお目付役として同行させた。アシュリンはロアノークへ帰る途中に高速道路のサービスエリアで、買ったばかりのヘロインをくすねて自分に注射することが、たびたびあったからだ。

「売人が私を運び屋として雇った理由は、私が言葉遣いが上品な若い白人女性で、しかもいい車に乗っていたからです。そういう人は普通は運び屋のようなことはやらないので、私なら警察にも疑われにくいと考えたのだと思います」とアシュリンは語る。

より重要なことは、彼女の外見が、いかにも薬物依存症に見えることだった。彼女の薬物に対する欲求は天井知らずで、その痩せて必死な形相を麻薬の売人が見れば、彼女が薬物依存症であることは一目瞭然だった。そのため売人たちは、彼女がおとり捜査の覆面警官かもしれないなどと心配する必要がなかったのだ。

アシュリンにとってニューアークのダウンタウンでヘロインを入手することは、とても簡単なことだった。彼女が車を降りた瞬間に、一人の男が寄ってきて、「やあ、お嬢ちゃん、何を探しているんだい？」と声をかけてくる。ニューアークのダウンタウンはそんなところだった。

二〇一四年にＤＥＡの捜査官と連邦検事が彼女を逮捕した時、彼女の携帯電話には一万五千通のテキストメッセージが残っていた。それは彼女のニュージャージーのヘロインの供給元から、彼女の顧客となっていた数十人のケープスプリングやヒドゥンバレーの子供たちまでを一網打尽にするのに十分な量の証拠だった。テキストのやりとりは事務的な連絡のほか、取引を持ちかけるものや、支払いの先延ばしを頼むものなど、多種多様なものが含まれていた。

ピーターズクリーク・ロードのシーズ・レストランで会える？
何を持ってるの？　二袋ある？
あるよ。
十袋はある？　ツケにしてくれる？

アシュリンがロアノークの北を走る81号線を走行中に、バージニア州警察に止められた時、彼女はニューアークにヘロインを買い付けに行った帰りだった。家まであと十分というところで、彼女は警察から停止命令を受け、車を路肩に寄せて停めた。彼女は知らなかったが、実は麻薬捜査本部の警官たちは、彼女の車の下部にGPS装置を取り付けて、彼女の動きをずっと追跡していた。その一週間ほど前にアシュリンからヘロインを買った元同級生の友人が過剰摂取で救急搬送されて以来、警察はアシュリンを追跡していたのだ。何とか一命は取り留めたその同級生は、実刑を免れることと引き換えにアシュリンのことを警察に売っていた。

それから一週間後の今日、DEAの捜査官は彼女の車を停め、そのトランクにあった紫色のペイズリー柄をしたベラ・ブラッドリーのバッグを捜索したところ、無造作に投げ込まれていた七百二十二袋のヘロインを発見した。実はその時、彼女と彼女の友人はすでに一ブロックの半分のヘロインを帰り道に使っていた。捜査官たちはアシュリンに手錠をかけ、彼女の権利を読み上げた。

手錠をかけられた瞬間、アシュリンは自分がヘロイン依存症と本気で戦ってこなかったために当時まだ六歳だった息子を失おうとしていることに気づいた。それは彼女が息子よりもヘロインを選んだことの当然の報いだった。

捜査官たちは彼女の車から、以前二度リハビリ施設に入った時に読んでいた匿名薬物依存症者の会の本を含め、一切合切を押収した。轟音を立てて高速道路を走る車が傍らを通り過ぎていく中で、捜査官たちは笑いながらその本を回し読みした後、それを無造作にアシュリンの他の所有物が置かれていた地面に放り投げた。その日は九月にしては冷たい強風が吹いていて、花柄のスカートとウェッジサンダルを履き、自分のバッグとお揃いの紫色のシャツ一枚しか着ていなかった彼女は、道端で寒さに震えていた。


アシュリン・ケスラーの裁判を担当する検事は、事務所の机の上にジェームズ・ガーフィールド大統領の写真を飾っているような男だった。二千五百人の陸軍予備役を指揮する准将に任命される前、アンドリュー・バスフォードは八人のオハイオ出身の大統領の誕生日に、彼らの墓に花輪を置いてスピーチをする仕事を任されていた。バスフォードはその仕事を退屈だが重要なものと受けとめていた。ただ、その仕事の難点は毎年、感動的なスピーチを考えなければならないことだった。

バスフォードは、他のオハイオ出身の大統領と比べて、ガーフィールドは見落とされがちな名大統領だったと考えていた。ガーフィールドは文字通り仕事の虫で、貧民から大金持ちに登りつめたその出色の出世物語は、小説家のホレーシオ・アルジャーによって伝記になっている。

バスフォードには好きなガーフィールドの名言があった。それは「組織が目標を達成できない原因はほとんどの場合、愚かさや誤った原則のせいではなく、内部の腐敗や硬直化のためだ。それは組織の結合部分を固まらせ、惰性を生み、組織を衰えさせる」というものだ。

バスフォードは連邦検察官事務所の検事補として、バージニア州西部におけるヘロイン売買と過剰摂取による死亡事件の裁判を担当していた。それが彼の現在の主たる仕事で、予備役の准将の方は、月に二回ほど週末に務めるパートタイムの仕事だった。彼は検事の職務をとても真剣に務めていた。それは、アシュリン・ケスラーやスペンサー・ムンパワーのような人々を刑務所送りにするという、バスフォードにとってはうんざりするような仕事だったが、彼はそれをとても重要な仕事だと考えていた。とはいえ、バスフォードは現在のアメリカの麻薬の取り締まりのシステムに重大な欠陥があることも、理解していた。

角刈り風の髪型をして洒落たカウボーイブーツを履いたバスフォードは、警察を舞台にしたテレビのコメディシリーズ「ドラグネット」の登場人物のように、皮肉を込めた短いフレーズでコミュニケーションをとるタイプだった。例えば、ある裁判で被告が違法薬物の取り引きをしたタイミングについて、「朝ヘロイン、夜クラック」の一言で説明してみせたりした。

バスフォードはアシュリンが刑務所の治療プログラムを熱心に受けたことを評価して、刑期を半分に減刑してもらったことについてこう語る。

「アーバニスキー裁判官は、救うべき人は救ってくれます」

しかし、オピオイドの流行を鎮圧するための法執行機関の努力についてどう思うか聞かれると、バスフォードは「別に」とだけ答え、あまり高い評価をしていないような反応を示した。ガーフィールドの名言が示すように、確かにアメリカの法執行機関は硬直化していて、ヘロインの指数関数的蔓延に対抗するには機敏さに欠けることは間違いない。ヘロインは依存性が高く、しかも儲かるのだ。

「一人売人を叩いても、すぐに次が出てくる、まさにモグラ叩きのようだ」とバスフォードは言う。

バスフォードは二〇一五年にアシュリンと彼女に麻薬を売ったディーラーを起訴した。しかし、彼はまずロアノーク南東部の白人労働者階級の町に住む、彼女に最初にヘロインを売ったディーラーを捕まえることが先決だと考えていた。そのディーラーの名はオーランド・コットーといった。三十歳のコットーはヘロインの運び屋として、自分のガールフレンドのほか、双子の兄弟と叔父と隣人まで雇い、売るためと自分で使うために二週間ごとに六〇グラムのヘロインを買い付けていた。彼らは交代で、デラウェア州クレイモントにあるバーリントン・コートファクトリーの駐車場でヘロインの大口ディーラーと会い、毎月六万ドル（約六六〇万円）分のヘロインを買っていた。

アシュリンが刑務所に入った後、バスフォードはさらに四人を捕まえた。いずれもアシュリンやコットーとつながっているディーラーたちだった。

しかし、ユーザーが新しいユーザーをリクルートするという、教会の布教方法を真似たヘロイン・ネットワークの膨張は続き、バスフォードがいくらモグラを叩いても、とてもその膨張ペースには追いつかなかった。

「例えば、一年くらいかけて捜査してきた大規模な麻薬のネットワークの一斉摘発に成功したとしても、それは単に市場に一週間ほど穴を空けるだけで、すぐにその穴は埋まってしまいます。得られるお金の規模が膨大なので、それを完全に撲滅することは容易ではありません」と、ラドフォード大学の犯罪学教授でロアノーク市警察のデータアナリストも兼務するアイザック・ヴァンパッテンは語る。

ヴァンパッテンはまた、アメリカが麻薬の供給源となっている国々の協力を得られていない問題も指摘する。メキシコ西部と南米とアフガニスタンの生産分だけで、麻薬カルテルは三千億ドルもの利益をあげていた。

「それらの国々は『買いたい人がいるなら、いくらでも売ります』という姿勢でアメリカと接しています」

当初、ロアノークのヘロインユーザーは主に上流もしくは中流階級の一般市民だったが、次第にアシュリンのような郊外のヘロインユーザーが、違法なオキシコンチンに嵌まっている労働者階級のネットワークに食い込み始めていた。

「郊外では当初、ヘロインは一時的な流行に過ぎず、コントロール可能なものだと考えられていました。しかし、ヘロインは裕福な家の子供もそうでない人たちも、分け隔てなく飲み込んでいきます。ヘロイン依存症には金持ちも貧乏もないのです」とヴァンパッテンは語る。

十五年前、アート・ヴァンジーは、郊外の金持ちの子供たちが死に始めれば、オキシコンチンがリコールされるだろうと予想していた。しかし、今、郊外の子供たちが次々と死んでいるにもかかわらず、リコールは実行されていない。「私の予想はまったく間違っていました」とヴァァンジーは語る。

　私は二〇一五年末にテス・ヘンリーという名の若い母親と出会った。地元の外科医の父と看護師の母の間に生まれたテスは（十歳の時に両親は離婚）、マウンテンバイク用のトレイルとブルーリッジ・パークウェイに隣接するロアノークの最高級住宅街で育った。一時、ノースカロライナ州のボールドヘッド島に住んだこともあったが、ここもまた、フェリーでしかアクセスできない最高級の別荘地だった。

　テスは高校時代、陸上とバスケットボールの傑出した選手で、成績も優秀だった。彼女は、バージニア工科大学とノースカロライナ大学アッシュビル校に入学しフランス語を専攻したが、いずれも学位を取得する前に退学していた。毎日二百ドル（約二万二千円）分のヘロインを打つ重度のヘロイン依存症になる前は、彼女は詩を書いたり、絵を描いたり、本を読むのが趣味だった。また、彼女が飼っていた黒い雑種の救助犬「コーダ」に、歌を歌ってあげるのも好きだった（特にテスがトレインの『ヘイ、ソウル・シスター』を車の中で歌う時が、一番楽しい時間だった。）彼女は小説家デビッド・セダリスの大ファンだった。彼の本の朗読会の後、地元の喫茶店で偶然彼と出会ったことがあったが、その時の彼は最高にいい人だったそうだ。

　テスは四人兄弟の中で、最も静かな子供だった。また、親に言われなくても自分から進んで犬の散歩に行くような子だった。母親のパトリシアは、テスが十歳の時にラブラドル・リトリーバーのチャーリーと一緒に撮った写真を送ってくれた。写真のテスはそばかすだらけで、満面の笑顔でチャーリーを両腕で抱きかかえていた。テスは家族と、よく潮干狩りに出かけたが、「彼女がいつも一番多くのスカシカシパン（タコノマクラ目スカシカシパン科に属するウニの一種）を見つけていました」とパトリシアは言う。

しかし、テスは若い頃から不安障害に苦しんでいたと親類が話してくれた。テスがティーンエイジャーの時、海からロアノークまで帰る途中でパニック発作を起こしたことがあった（その時彼女は、自分が死ぬんじゃないかと突然不安になり、車の中で嘔吐を繰り返したそうだ）。私立のカトリックの小学校に通っていたテスは、学校から指定された靴のサイズが合っていないことを、とても気にするようなところもあった。

私がテスと初めて会った時、テスはヘロイン依存症の、ウェイトレスをやめた二十六歳の女性だった。赤みを帯びた肌と赤褐色の髪をした彼女は、丈の長いセーターとレギンスを着ていた。キャットアイスタイルの化粧をした彼女の目は、縁がキラキラ光っていて、それが光によって茶色から緑へと変化した。彼女はこの本に登場するヒドゥンバレーのほとんどの人たちとつきあいがあった。ただし彼女はただの密売人や運び屋ではなかった。彼女自身は自分のことを、末端の「仲介人」などと呼んでいたが、実際はもっとひどいこともしていた。

テスには父方の家系にも母方の家系にもアルコール依存症者の親族がいることから、テスの母親は、テスが遺伝的に依存症になりやすい体質だったのではないかと考えていた。テスの姉もアルコール依存症になった経験があったが、現在は回復して五年以上が経っていた。姉は匿名アルコール依存症者の会に積極的に参加していた。

テスが薬物に嵌まることになる直接のきっかけは、恐らく大学時代に、友人が親知らずを抜いたときに処方されたロータブの残りをもらって飲んだことだった。テス自身は二〇一二年からオピオイドに対する衝動が抑えられなくなったと語っている。ヘロイン常用者の五人に四人が同様のルートを辿って依存症になる。そのルートとは、まず最初に処方されたオピオイドから始まるものだった。テスは気管支炎のために年中、救急救命室に駆け込んでいたが、コデインを含んだ咳止めシロップと喉の痛みのためのヒドロコドンの二種のオピオイドを三十日分処方されて以来、その必要はなくなっていた。

「処方された薬がなくなると、私はディーラーを通して自分で薬を探し求めるようになりました」とテスは言う。

テスが働いていたレストランの同僚のウェイトレスのボーイフレンドが、麻薬ディーラーをやっていたので、最初はそのルートで薬を買い始めた。ブラックマーケットでの麻薬の買い方は、グーグルで検索して調べたと言う。

「ずっと具合が悪かったんです。イライラしてたし、下痢も止まりませんでした。自分の症状と自分が飲んでいた薬を調べてみて、びっくりしました。その時、自分が依存症になっていることに初めて気づきました」

彼女のディーラーは、彼女が欲しいものを何でも売ってくれた。まずは錠剤を五錠、毎日鼻から吸った。よく使ったのはディラウディドとロキシコドン、ロータブ、オパーナだった。しかし、数カ月後、突然薬の供給が止まってしまった。原因はＤＥＡ（麻薬取締局）がヒドロコドンに対する規制を強化したからだった。

「そのせいで、私のディーラーがヒドロコドン系の錠剤を入手するのが難しくなってしまったんです」

二〇一四年一〇月、バイコディンやロータブなどヒドロコドン系鎮痛剤のDEAの指定が、スケジュールⅢからオキシコンチンと同じスケジュールⅡに変更になり、規制が強化された。その結果、医師はヒドロコドンを一度に三十日分までしか処方できなくなった。また、追加の処方も禁じられ、継続的に薬が必要な場合も、毎回医師の新しい処方箋が必要になった。この規則が施行される前は、患者は六カ月間で最大五回まで自動的に薬を補充してもらうことができた。その結果、一九九九年から二〇一〇年までの間に麻薬系鎮痛剤の処方量は四倍に増え、ほぼ同じだけ死者の数も増えていた。

毎回医師の処方箋を必要とする制度改正については、世論も賛成五二%に対して反対四一%と、意見は大きく分かれていた。慢性の疼痛に悩む患者の多くが、処方箋の有効期間が短くなったことで費用負担が増し、より不便になったことに対し、強い不満を抱いていたからだ。

「DEAが薬物の違法使用をコントロールできないからといって、深刻な痛みに苦しむ何百万人もの信用のおける人々が罰せられるのはおかしい」と、ある評論家が「ザ・ピープルズ・ファーマシー」に宛てた公開書簡の中で主張している。

DEAのウェブサイト内に設けられた掲示板には、処方箋の有効期間が短くなったことで、薬の入手が困難になった人は、ストリートに出て、麻薬、特にヘロインを入手することになるだろうと警告する投稿も見受けられた。

テスのディーラーはこの機会に素早く便乗した。「今度はこれを試してごらん。ずっと安いし簡単に手に入るよ」と言って新しい薬を売り込んできたのだ。テスは今まで砕いて吸っていた錠剤の時と同じように、初めてこの薄茶色の粉を鼻から吸ってみた。そのディーラーはアフリカ系アメリカ人だったが、絶対に自分では薬はやらない主義を頑なに守っていた。

「人種差別的な意味合いはありませんが、私が知る限り、黒人のヘロインディーラーはほとんど自分ではヘロインをやりません。優れたディーラーは、自分が売っている商品を自分で使うようなことはしないものです。もし使えば、自分で全部使ってしまいかねないことを、彼ら自身が一番よく知っているからです」と彼女は言う。

アメリカの多くの州でマリファナの合法化が進む中、ヘロインを売る麻薬組織は危機感を募らせていた。

「マリファナの合法化によって、彼らは利益を三〇～四〇％減らしています。さらに、鎮痛剤の処方に対する規制が強化されたことで、麻薬組織の幹部たちは、より純度の高い麻薬をより安い値段で作るための工夫を凝らすようになっています」と、バージニア州警察の特別捜査官で、二〇一四年にロアノークをヘロインのホットスポットに指定した薬物密売重要取締地域プログラム（HIDTA）のジョー・クラウダーは説明する。

麻薬ディーラーたちは、麻薬の純度を上げて効力を強めることで、新規のユーザーをより早く麻薬に依存させようとした。ユーザーを依存症にした上で麻薬の純度を下げれば、依存症のユーザーはより多くの麻薬を買わずにいられなくなるからだ。

テスはヘロインを鼻から吸い始めてから六カ月後に注射を打つようになったが、注射を打つまでは、自分が麻薬常習者になっているとは考えていなかった。しかし、テスは三回目の注射の後、二度と鼻からの吸引には戻れないことを確信したと語り、右腕の内側の注射痕を私に見せてくれた。

彼女は右利きだったが、右腕の静脈の方が注射を打ちやすかったので、彼女は利き腕ではない左手を使って右腕の静脈に注射をしていた。

それでもテスはしばらくの間、『サザン・リビング』や『ガーデン&ガン』などの雑誌でフィーチャーされそうな流行の高級ビストロで、ウェイトレスを続けることができた。注射痕を隠すためにいつも長袖を着なければならなかったが、集中力さえ切らさなければ、まだ注文を覚えることはできた。

この頃、テスの母パトリシアは何人かの友人から「あなたの娘はオピオイド依存症だよ」と忠告されていた。しかし、そうした忠告に対するパトリシアの反応は、他の多くの親とあまり変わらないものだった。彼女は忠告を信じず、逆に激怒した。その段階でテスはまだ、一度も仕事に穴をあけたことがなかったので、パトリシアの最初の反応が否認だったのもやむを得ないことだった。

「その頃、彼女はまだ、きちんとすべきことをしていましたから」とパトリシアは話す。私が緑に囲まれた彼女の自宅のサンルームでこの話を聞く頃には、パトリシアは否認期を過ぎ、テスの治療のサポートができるようになっていた。

テスは当時のことをこう語る。「私は薬を買うために働き、働くために薬を打っていました。その頃はその繰り返しでした」

しかし、そのような状態は長くは続かなかった。テスもパトリシアも、次に何が起きるのかは想像できていなかった。二人にはまだ、ヘロインが何をしでかす力を持っているかを、十分には理解できていなかったのだ。そこからは、テスがどれだけ堕落しても、奈落の底はさらに深いことを再認識させられることの繰り返しだった。

依存症は常に人知に勝る。彼女はレストランで週八百ドル稼いでいたほか、自分の分け前のヘロインと引き換えに新規のユーザーをリクルートする仲介役も果たしていた。しかし、離脱症状に苦しまないためには、より多くのヘロインが必要になっていた。そして、そのためにはもっとお金が必要だった。

彼女はこれまで二度逮捕されていた。一度目は、公共の場で泥酔して警官に保護された際に、ポケットの中に入れてあった処方されていないオキシコンチンが見つかった時。二度目は、彼女がお店で金券を盗もうとしているところを警官に見つかった時だった。最初の逮捕では、罪を認めることと引き換えに重罪から軽罪に減刑してもらい、一年間の保護観察処分と週末に一度だけ刑務所で過ごすことで許してもらった。二度目は単純な窃盗事件として扱われた。

疎遠になっていた彼女の父親アラン・ヘンリーは、その時、テスに重い罰が与えられることを望んだ。「私は彼女の公選弁護人に、『これは単なる窃盗事件ではありません。彼女を薬物裁判所に送ってください』と懇願しました」とヘンリーは語る。

二〇一五年五月一五日、ロアノークのホームセンター「ロウズ」の防犯カメラが、テスの盗難の場面を捉えた。カメラは彼女が銅製の配管器具を万引きして、バッグに詰め込むところを写し出していた。彼女は以前にも同じことをやっていた。ロウズのある店舗から商品を盗み、それを別のロウズの店舗で返品すると、レシートがなくてもその金額分のギフトカードがもらえる仕組みになっていた。しかし今回、彼女は店を出る前に警察に捕まっていた。

「逮捕された時、すでに離脱症状が始まっていました」と彼女は言う。

その夜、ロアノーク市の刑務所で、テスは体のあらゆる毛穴が痛み、あらゆる筋肉が痙攣するほどの激しい離脱症状に苦しめられた。彼女の苦しむ様子を見て、女性の看守が小さなカップを彼女に渡して言った。

「これを飲みなさい」

看守はテスの尿検査の結果をもとに指示された薬を、テスに渡していた。カップの中には、コデインを含んだ低用量のタイレノールが入っていた。それはテスの離脱症状がお腹の胎児にとって致命的なものになることを防ぐためのものだった。

二十五歳で身長五フィート七インチ（約一七〇・一センチメートル）のテスの体重は一二〇ポンド（約五四・四三キログラム）にまで減っていた。この二年間、生理不順も続いていた。しかもその時、彼女は妊娠六カ月だったが、まだそのことに気づいていなかった。その後、テスが刑務所に入ることになったおかげで、少なくとも近い将来、彼女と赤ちゃんの無事が確保されるという、皮肉な結果となった。

その六週間後、この地域の新しいＨＩＤＴＡタスクフォースは、オピオイド過剰摂取事件の急増に関する警告を発した。タスクフォースの調査では、二〇一五年五月一日から六月二三日の間に十一件の過剰摂取事件があり、少なくとも四件で死者が出ていた。その原因はフェンタニルだった。かつてフェンタニルは進行性がん患者にパッチの形で処方される人気のあるオピオイドの代替品だったが、今では原材料が中国から違法に輸入され、ヘロインと混合したり、錠剤に加工したりして、アメリカ国内で広く流通するようになっていた（中国からメキシコ経由で入ってくるものや、量は多くはないがカナダ経由で入ってくるものもあった）。

フェンタニルはヘロインより二十五〜五十倍も強力な合成オピオイドだった。これは通信販売で入手でき、全米に宅配が可能だった。麻薬ディーラーが粉末を固めて錠剤に加工するために使うピルプレス機も、通信販売で買うことができた。ある時、海外から輸入された二五〇キロ分のピルプレス機が、南カリフォルニアに到着したことがあったが、その箱には商品名の欄に「穴開け機」と書かれていた。

麻薬組織はアメリカ全土に秘密のフェンタニル加工工場を設置し、効力を増強するためにフェンタニルの粉末にヘロインを混合したものに、「チャイナガール」「グッドフェラ」「ジャックポット」「キャッシュ」などの商品名を刻印して出荷していた。

「中国からフェンタニルを出荷している会社の中には、商品がきちんと宅配されなかった場合、無料で同じ商品を再送する保証まで付けるところもありました」とボルチモアの麻薬予防担当者が教えてくれた。

私が取材した人たちの話では、フェンタニルが加えられたヘロインで誰かが死んだというニュースを耳にしても、ヘロイン依存症者たちはそれほど気にしていなかった。それどころか、より強い効力を持った麻薬の登場は、人々をより強く麻薬に引き寄せていた。

二〇一六年の後半と二〇一七年の二回、中国はＤＥＡの要請を受けて、それまで統制されていなかったフェンタニルの製造を禁止した。しかし、一つの商品が禁止されるたびに、新たな派生商品が登場する。まさに「イタチごっこ」だった。そして、そのたびに薬の効力は強まっていったと、DEAのスポークスマンは語る。しかも、宅配商品を差し押さえることはとても難しい。パッケージには嘘の返品先住所と共に「研究用化学物質」などの商品名が記入されていた。送り主が偽装されていれば、それが麻薬ラボから送られてきた物なのか、合法的な医薬品の研究機関からの物なのかを見分けることは困難だった。

　四十六歳のロアノーク警察署長クリス・パーキンスは二〇一五年には、フェンタニルが麻薬の状況を一変させる恐れがあることに気づいていた。それは、より多くの若者がより強力な麻薬に引き込まれることを意味していたからだ。フェンタニルは単に薬を鼻から吸い込むだけでハイになれ、一般人が嫌がる注射やその証拠となる注射痕を気にする必要がなかった。フェンタニルがザナックスやオキシコドンなどの偽名で売られることによって、自分がフェンタニルを使っていることを知らないまま依存症になる人も増えていた。

　パーキンスは当初、おとり捜査に従事していた。その時のパーキンスは、ウッディ・コールと名乗り、顎髭と長い黒髪をした古典的なセルピコ風の容貌に変装していた。一九九〇年代、ヘロインのディーラーはヘロインにベビーパウダーを混ぜることで、商品を水増しして売っていた。業界ではこれを「カット」や「ステップ・オン」と表現していた。

　パーキンスは最近、ロアノークのある家をヘロイン所持の疑いでガサ入れした際に、ヘロインの霧に包まれた部屋のソファに裸で寝ているラドフォード大学の若い男女を逮捕したことがあった。彼らは麻薬と引き換えにセックスを提供していたのだが、大学の友人や教授に気づかれないために、股間にヘロインを注射していた。唖然としたパーキンスは、すぐさまワシントン郊外に住む彼らの両親に電話をして、こんなことを言ったのを憶えている。

「とても電話でお話しできる内容ではありません。とにかくこちらに来てください」

しかし今では、「カット」で加えられるものがベビーパウダーからフェンタニルに変わり、流通している麻薬が致命的に強力なものになっていた。

「麻薬市場は言葉では言い表せないほど飽和状態にあり、莫大な量のヘロインが出回っています。それを売っているのは商品の多角化を目論む元クラックディーラーだけでなく、その部下や下請けのディーラーなど、今や様々な人々がヘロインを売っています」とパーキンスは言う。

実際、ロアノーク警察は二〇一五年だけで五六〇グラムのヘロインを押収している。これは注射に置き換えると一万八千六百六十六回分に相当する分量だった。

捜査機関がどれだけ売人を逮捕しても、まるでモグラ叩きのように、次から次へと次の売人が現れる。その間、過剰摂取による犠牲者の数は増える一方だ。しかもそれはまだ、フェンタニルが市場を席巻する前の話だった。


パーキンスはこれまでずっと自分の部下たちにリアルタイムのデータを示し、ロアノークで犯罪率の高い地域を自転車などでパトロールしながら、できるだけ十代の若者と多くのコミュニケーションを取るよう命じてきた。そうした努力の甲斐もあって、二〇〇六年以降、市内の暴力的犯罪（その大半はクラック絡み）は六四・五％、窃盗など物品を対象とする犯罪も三九・九％減少していた。さらに二〇一一年にパーキンスは「ドラッグ・マーケット・イニシアティブ」と呼ばれる新たな麻薬対策を導入した。これは薬物事犯のうち非暴力的犯罪に関与した人に限り、麻薬取引から足を洗うことを条件に禁固刑を免除し、代わりに職業訓練を受ける機会を与えるというものだった。

しかし、携帯電話の普及によって屋外での取引市場はほぼ消滅し、ガソリンスタンドやショッピングモールの駐車場などの人目につかない場所で麻薬を売買することが可能になっていた。ロアノーク周辺の81号線沿いや、市内中心部を横切る581号線近くのホテルも、道路のアクセスがいいことから、大口の麻薬ディーラーたちが好んで使う取引スポットになっていた。

経験豊富なディーラーは警察に捕まるリスクを減らすために、小口の取引を扱うテスのような依存症者の仲買人を使う場合が多い。そのため、小口のユーザーが麻薬を買う資金を得るために行った万引きは、過去五年間でほぼ倍増していた。暴力犯罪も増加しつつあった。三十四歳の女性が、ヘロイン依存症者のたまり場として知られていた空港近くのウィークリーマンションで殺害されるような事件も起きていた。ジェイミー・ウォルドロップが何カ月間も治療を促していた女性は、81号線沿いのハワードジョンソン・ホテルの一室で、過剰摂取で死亡しているのを発見された。リハビリ施設のカウンセラーから彼女の携帯電話に、「次はあなたの番です」というショートメールが入ったのは、彼女の死の翌日のことだった。わずかに手遅れだった。ジェイミーはそのメッセージに「彼女は昨夜モーテルで亡くなりました」と返信した。

状況は一刻の猶予も許されないほど逼迫していた。

定年退職を間近に控えたパーキンスは、引退する前にロアノークのヘロイン問題を何とかしなければならないと考えていた。データオタクで極度の心配性だった彼は、自分の携帯電話に昼夜を問わず一時間ごとに犯罪報告をメールさせていた。そのような性格がパーキンスの定年退職を早めた面があったのも事実だが、とは言えパーキンスには引退する前に、ぜひとも実現したいプログラムがあった。「最後にこれを実現して辞めたいんです」と彼は二〇一五年の終わりごろ、興奮気味に語った。

それはマサチューセッツ州グロスター郡の警察署長だったジョセフ・カンパネロが考案して成功した制度を、ロアノークでも導入することだった。カンパネロは彼の町で増え続けるヘロインユーザーに対してこう言った。

「ドラッグを持っている人はそれを出しなさい。そうすれば、私はあなたに手錠をかける代わりに、治療施設を紹介してあげましょう」

麻薬事犯や依存症者を逮捕して罰するのではなく、警察が依存症者の回復をサポートする「PAARI」（= Police Assisted Addiction and Recovery Initiative）と呼ばれるグロスターのこの制度は、二〇一七年の初頭までに、二十八州二百の警察機関によって採用されていた。ロアノークではホープ・イニシアティブ（Hope Initiative）と呼ばれるようになったPAARIプログラムが、パーキンス警察署長の定年退職の置き土産となった。

「依存症者の努力に報いたかったんです。『私たちは依存症を病気として扱います。皆さんが断薬を続ける限り、警察はあなた方の邪魔はしません』というのが、このプログラムの考え方です」とパーキンスは語る。

この施策の狙いは、「エンジェル」と呼ばれる訓練されたボランティアが、依存症者を治療に導き、断薬を目指す困難な道のりをサポートするための、官民にまたがるパートナーシップを構築することにあった。それは、市内の住宅事情やメンタルヘルスや再就職事情などに関するソーシャルワーカーの知識やスキルを活用することで、依存症者の断薬や社会復帰をサポートする即応式「匿名薬物依存症者の会」のようなものだった。

ロアノークではこのプログラムの本部を、ヘロインのホットスポットとして急拡大していたオールド・サウスウエストのブラッドレー無料クリニックに置くことになった。ブラッドレーはボランティアの医師が交代で勤務する貧困層向けの医療機関だった。

クリニックの事務局長を務めるジャニン・アンダーウッドは医者ではなかった。二〇一五年の秋、アンダーウッドはホープ・イニシアティブの初会合に参加したが、これは彼女が非営利の診療所を経営していたからではなく、彼女の二十八歳の息子のボビー・ベイリスが、その年の六月、フェンタニルと調合されたヘロインの過剰摂取で亡くなった四人のうちの一人だったからだった。ちょうどテスが刑務所に入っていたときのことだ。

ジャニンの息子のボビーは、スノーボード事故の後に受けたACL手術（膝前十字靭帯再建術）の後に処方されたオキシコンチンで依存症になった後、七年もの間リハビリ施設と刑務所を行ったり来たりしていた。そんな息子の姿を見ながらジャニン自身も過去七年間、もがき苦しんでいた。

ボビーは三年間の服役中、薬物治療も受け、エアコンや空調設備の熟練工の免許も取っていた。ボビーが刑務所から出所してきた時、ジャニンはボビーがすっかり回復したものと思っていた。保護観察下でロアノークに戻ってきたボビーは、ジャニンの家の地下に住み、新しい仕事も順調で、出所後の生活再建は順調に進んでいるように見えた。

「何年かぶりに、彼の目の輝きを見ることができました」と彼女は言う。

刑務所を出所して三カ月後、ボビーはヒドゥンバレーの古い友人たちと再会し、一度だけフェンタニルが加えられたヘロインを打ってみることにした。ジャニンが地下室の床の上で青白い顔で冷たくなって横たわっていたボビーを発見したとき、すでに証拠はきれいに片付けられ、彼の友人たちがその場を去ってからかなりの時間が経過していた。

ボビーが亡くなってからまだ六カ月しか経っていなかった。未だに悲しみの中で心の痛みを感じていたジャニンは、ボビーを救うことができなかったシステムの問題を痛感していた。それは、治療を受けていることを他人に知られたくないというプライバシーの問題に始まり、治療法自体にも多くの障壁があった。また、そもそも二十一歳の息子がヘロインを打っていることに気づいた時、親は何をしなければならないかについて、まともなガイダンスを受けられる場所もなかった。

ジャニンがボビーのクローゼットの奥に隠してあった注射針の箱を見つけたのは、ボビーが死んだ後のことだった。彼はそれを赤ちゃんの時に使っていた小さな毛布で包み、サッカーのトロフィーとボーイスカウトのワッペンの間に挟んで隠していた。

それを知った時ジャニンは、ただただ泣くしかなかった。

「人生で最悪の瞬間でした。その時まだ私は、鎮痛薬とヘロインのつながりさえ理解していませんでした。単に彼の依存症は治るものと考えていました。ただの処方薬なんだからと、甘く見ていたのです。私自身が医療関係者なのに、知らなかったことがたくさんありました。現在のアメリカのシステムでは、両親が自分の子供に正しい治療を受けさせることはほとんど不可能です」

とジャニンは語る。

そんな経緯から、ジャニンはパーキンスが始めたホープ・イニシアティブへの参加を表明した最初の一人となった。

二人目はクリストファーの母親で依存症の息子を自らモンタナのリハビリに連れていったジェイミー・ウォルドロップだった。ヒドゥンバレーのヘロインユーザーの輪は、すでに複雑に絡み合っていた。ジェイミーの息子たちは、ジャニンの息子のボビーを知っていた。ボビーはもし生きていれば、スペンサー・ムンパワーと同じ裁判にかけられるはずだった。ジェイミーの上の息子はテスと付き合っていたことがあった。

「それはまるでハリー・ポッターに出てくる吸魂鬼のディメンターが、ヒドゥンバレーの家々の上を浮遊しながら、『お前とお前とお前とお前』というように、ヘロインに嵌まる人を指名して連れ去っているかのようだった」とジェイミーは言う。

三人目のボランティアは元プロ野球選手のテレンス・エングルスだった。彼は怪我の後に処方されたオキシコンチンでオピオイド依存症になり、その後、マンハッタンの超高級住宅街に住む疼痛管理専門の医師に対する詐欺で捕まったり、二〇一一年にはスタテンアイランド・フェリーに乗船中に過剰摂取で発作を起こすなどの経験をしてきた。その時彼は薬物依存症治療センター（AAC）の治療コンサルタントとしてロアノークに移ってきたばかりで、クリーンになって三年目だった。

エングルスはロアノークで過ごす時間の大半を、依存症になった二十代の若者に対して治療を受けるよう説得することに費やしていた。もしその人が保険に入っていれば、彼が勤める薬物依存症治療センターの全米十二カ所にあるどこかの事務所に紹介し、保険に入っていない場合は、地域の慈善団体が運営する治療機関に連絡をさせた。慈善団体の多くは教会関連で、そのほとんどは断薬療法しか実施していなかった。

「切羽詰まった状態にある人から、毎週二十本ほどの連絡があります」とエングルスは言う。

パーキンス署長の理想は、この地域で最大の医療機関であり最大の雇用主でもあるカリリオン・クリニックが、地域で必要とされる入院治療を提供してくれることだった。カリリオン・クリニックは非営利の病院と有名な依存症の研究機関を持っていた。この地域にはカリリオン・クリニックほど高い水準の依存症治療を提供できる医療機関は、他になかった。地域には短期の解毒プログラムを提供する医療機関のほかは、保険加入者か治療費を現金で支払える患者のみを受け入れる個人所有の施設が一つあるだけで、そこは二十八日間の滞在で約二万ドルかかるのに加え、薬物維持療法を認めていなかった。

カンパネロのマサチューセッツ州とは異なり、バージニア州にはいわゆる「ロムニー・ケア」のような医療保険のシステムがなかった。「ロムニー・ケア」は二〇〇六年に、当時マサチューセッツ州知事だったミット・ロムニーのイニシアティブで制定された州法によって、マサチューセッツ州の人口の九九%の医療保険を州が保証するというものだった。

一方、バージニアでは州議会がオバマ大統領のイニシアティブで成立した医療保険制度改革法に基づく低所得者向けの医療保険「メディケイド」の拡充を拒否したため、一日六百六十万ドル（約七億二六〇〇万円）の連邦基金をバージニア州に住む四十万人の無保険者に適用するチャンスをふいにしてしまった。これにはオピオイドに苦しむ家族や医療保険制度の拡充を求める人々は、ひどく落胆した。

メディケイドの拡充法案を可決した州では、メディケイドが提供するセーフティネットが、オピオイド依存症と戦う上での必須のツールになっていた。法改正によって治療はもとより、カウンセリングや治療薬の薬代からその後のサポート費用までが、新たに保険でカバーされることになった。それはメディケイドの対象となるには収入が多過ぎるが、かといって、民間の保険に入るほどは収入がない約百三十万人の依存症者に、医療保険による保障を与えた。

しかし、フェンタニルが流行し始める一年ほど前の二〇一四年六月、バージニアでは州議会の共和党が、民主党の州知事が提案したメディケイド拡充案を潰してしまった。それを実現するために共和党は、まるでテレビドラマの「ハウス・オブ・カーズ」にでも出てきそうな政治的な策謀を張り巡らせた。民主、共和両党の議席数が同数だった州議会の上院において、民主党のフィリップ・パケット州上院議員が、採決を前に突然辞任したため、州議会で共和党の議席が民主党を上回ることになり、共和党は法案を棄却することが可能になってしまったのだ。パケット議員辞任の背後で行われた裏取引として、彼の弁護士の娘を裁判官に任用することと、彼をタバコ産業への州の投資を監督する委員会の委員長に任命することなどが取り沙汰された。

パケットはロアノークよりも西の選挙区から選ばれた唯一の民主党議員であり、彼の選挙区のラッセル郡は州内でも最もオピオイドの影響を受けた地域だったため、彼の突然の辞任は多くの民主党支持者とメディケイドの拡大を待つオピオイド依存症者を失望させた。結局、パケットは「家庭の事情」を理由にタバコ委員会の役職には就かなかったが、その後、連邦政府が六ヶ月かけて汚職の調査をしたものの、特に進展はないまま終わっている。

パーキンスはこのような政治の動きをとても嫌っていたが、彼自身はホープ・イニシアティブによって本来は刑務所に入るはずの依存症者が刑務所に入らないことになった結果、節約できた刑務所の運営費用を治療に向ければいいと考えていた。

「残念ながらバージニア州では、薬物依存症の問題に数百万ドルを費やして入院治療を提供するより、十億ドルを刑務所システムに投入する方が、政治的にははるかに容易になっています」とパーキンスは言う。たとえ市の刑務所の定員八百人にまだ二百人分の空きができたとしても、保安官事務所や刑務所の関係者は麻薬戦争の時代に膨れあがった刑務所予算を決して手放そうとしない。

しかし、一九世紀のアメリカの黒人活動家のフレデリック・ダグラスが語ったように、「権力は要求なくして何も譲らない」ものだ。

ほとんどの依存症者は、刑務所でより多くの麻薬関連の人脈を築いてストリートに戻ってくるとパーキンスは語る。

「こんな話は何千回も言い続けてきましたが、誰も聞く耳を持ちません。保安官は強力なロビイストのおかげで選挙によって選ばれた役人なので、私のような警察署長ごときがどうあがいても、太刀打ちはできません」

ホープ・イニシアティブの第一回会合では、参加者の関心が治療のハードルの高さばかりに向いていたので、ジェイミーはプロジェクトが実現する前に空中分解してしまうのではないかと心配していた。そこで彼女は個人的にマサチューセッツのカンパネロ警察署長と連絡をとり、イニシアティブ内のワーキンググループと電話会議をして欲しいと頼んでみた。彼女はカンパネロに電話会議で言って欲しい内容まで提案していた。それは「すべての論点を解決するまで議論をしていたら、プログラムは決して始まらない」ということだった。その間も、日々、人々は死んでいるのだ。

二〇一五年末には、薬物の過剰摂取でさらに五万一千人のアメリカ人が死亡していた。これは、ＨＩＶが最も猛威を振るっていた一九九五年にＨＩＶで亡くなった人の数よりも千人も多かった。そして麻薬の流行は一向に弱まる気配を見せていなかった。しかも、ヘロイン注射の針を共有する人が増えたことで、ＨＩＶまでが再び増加に転じていた。その年、バージニア州南西部の地方だけで新たに六十五件のＨＩＶの症例が報告されていた。

それはまさにアート・ヴァンジーが、パデュー宛に書いた最初の手紙で予測したことだった。「私が恐れているのは、ＨＩＶの初期にサンフランシスコやニューヨークがそうだったように、ここ（リー郡）がオピオイド依存症の発祥地となってしまうことです」と彼は二〇〇〇年一一月の手紙で書いている。ヴァンジーでさえ当初は、まさかオキシコンチンの蔓延がヘロインの蔓延につながるとまでは考えていなかった。ましてやそれが、ＨＩＶやC型肝炎による死者の増加の原因になろうとは。

問題の発生から二十年の月日が経った今、アメリカ人が自らの手でアメリカの崩壊を引き起こしてしまったことを指摘するのは、とても簡単なことだ。

第10章 限界局面

二〇一六年初頭から、私はホープ・イニシアティブの活動の広がりを追いかけつつ、テス・ヘンリーと彼女の元気な生後五カ月の息子の取材を始めた。私はいつの日か、現在彼らが抱える問題が良い方向で収束することを、密かに期待していた。しかし、必死の思いで依存症者をサポートする家族や周囲の人々の苦労を目の当たりにして、ヘロインユーザーの治療に寄り添い、これを回復に導いていくことが、肉体的にも精神的にもどれだけ大変な苦痛を伴う困難な道であるかを、たびたび痛感させられた。それはまるで目隠しをされたまま熱い石炭の上を歩かされるような、とても辛い作業だった。

二〇一五年六月に刑務所を出所したとき、テスは妊娠七カ月だった。出所後一カ月ほどの間、彼女は母親のパトリシアと同居していた。その間、子供の父親であるボーイフレンドと何とか折り合いをつけようと努力したが、結局うまくいかず、テスは妊娠後期の二カ月間を、自宅から二時間ほど離れた治療施設で過ごすことになった。二万ドル（約二百二十万円）の入所費の大部分は保険でカバーされ、自己負担分の六千五百ドル（約七十二万円）はテスの父親が彼女の大学進学のために貯めておいた預金から支払った。

ギャラックス・ライフセンターは、メタドンやブプレノルフィンを使った薬物維持治療中の患者を受け入れている、バージニア州では数少ない医療施設の一つだった。テスは当時サブテックスを服用していた。それはブプレノルフィンの一種で、妊娠中の女性でも服用できるとされていた（サボキソンはオピオイド遮断薬であるナロキソンを含むため、薬物維持治療を求めるオピオイド依存症者に人気があった。一方、サブテックスは妊娠中の母親に乱用されるリスクはあるが、遮断薬を含まないため、胎児にはより安全とされていた）。

妊娠の前期をヘロイン依存症者として、後期をサブテックスを服用しながら過ごしたテスは、生まれてくる子が新生児薬物離脱症候群にかかっていないかを、とても心配していた。この症状は新生児の間でもよく見られるサブテックス・ベビーと呼ばれるもので、長期の入院が必要になることに加え、その約半数は離脱症状を避けるために、生まれながらにして新生児集中治療とメタドン治療を必要とした。

新生児薬物離脱症は大人の離脱症状のミニチュア版のようなもので、これにかかって生まれて来た新生児は、まるで何かに苦しんでいるかのように手足をぎゅっと縮め、高音で悲しそうな声で泣くことが多い。彼らは母親の乳房にも哺乳瓶にも吸い付くことができず、その多くが下痢や嘔吐に苦しむ。

新生児専門医のリサ・アンドルスカベージに、病院の新生児薬物離脱症用の施設を案内してもらうと、四週間前にオピオイド依存の母親から生まれた乳児を八時間交代で看護している看護師が私を迎えてくれた。彼女たちは冗談混じりに、「赤ちゃんを起こしたら殺すからね」と言った。半分冗談とは言え、薬物離脱症にかかった新生児の看病の過酷さが垣間見えた気がした。

テスの息子は予定日より二週間早く生まれたが、驚くほど健康で、依存症者を母親に持つ新生児特有の症状は一切見られなかった。その年、ロアノーク公立病院では五十五人の新生児薬物離脱症の赤ちゃんが生まれていたが、テスの息子はそうならなかった。

ロアノーク公立病院の年間五十五人という数字は、州の平均を大きく上回っていた。新生児薬物離脱症の乳児は新生児集中治療室から出たあと、メタドンの投与を受けながら、地域の新生児薬物離脱症専用のクリニックで毎週定期的に診察を受けなければならないが、テスの息子はその必要はなかった。治療中の母親やその家族が努力をしても、そのような治療が必要な乳児の二七%は結局、里親に出される運命にあった。

テスの息子は、大人の膝の上で絵本を見たり、おしゃぶりリングを口に入れたり、いないないばあをしてあげたりすると喜ぶ、ごく普通の落ち着いた乳児だった。母親とよく似た力強い目をしていたが、にっこりと笑った顔はほっぺたがふくらんで愛らしかった。

テスは息子が他人と接触することにとても神経質で、サンタクロースと一緒に写真を撮るときでさえ、赤ん坊を落とすのではないかとか、ばい菌を移されはしまいかと心配するあまり、結局、サンタではなく自分の膝に乗せて撮影するほどだった。薬物離脱症の新生児を担当する看護師によると、これは薬物依存症の母親にはよくある反応だという。

「彼女たちは出産後、自分がどれほど赤ん坊を大事にしているかを周囲に見せるのに必死なのです」と新生児科の専門看護師キム・ラムジーは言う。

それは恐らく彼女たちが、それまで家族や友人や病院のスタッフから、蔑まれてきたとの思いが強いからだろう。

「病院のスタッフは私も含め、依存症の母親たちに対してはひどい態度をとってきました。『何てバカなんだ。依存症の母親たちは、子供も麻薬も諦めるべきだ』なんてことまで言う人もいました」とラムジーは言う。「当時私たちは、依存症者たちの脳が変化してしまっていることも、赤ん坊のためには母親をサポートしてあげることが最も必要なのだということも、理解できていませんでした」

二〇一六年の始め、私はテスに今後の目標は何かを聞いてみた。テスは「息子の良い母親になること」と即答した。「今は少しでも長く断薬して、学校に戻って普通の生活を送ること。幸い私にはいい家族がいるし、まだ死んでいないし、刑務所にいるわけでもない。私は二度、三度とやり直すチャンスを与えられて、ラッキーだと思っています」

テスはブプレノルフィンの投与を受けている限り、普通に日常生活を送れると感じていた。薬代の八〇%は保険でカバーされたが、残りの診察費の支払いは現金のみで、初診料の七百ドル（約七万七千円）に加え、一回九十ドル（約九千九百円）から百ドル（約一万一千円）の診察が月に四回必要だった。ブプレノルフィンは利用者をハイにさせずに離脱症状を防いでくれるが、この処方を受けるためには医師の診察が必須だった。

テスの母親のパトリシアは、支払いは現金のみという薬物維持治療について、「まったくの暴利だ」と怒りを露わにした。「しかも、治療を受けようにも、殆どのクリニックには長いウエイティング・リストがあり、直ぐに治療が受けられるわけではありません」

その時点では連邦保健福祉省の規則によって、薬物維持治療を提供できると認定を受けた医師が一度に治療できる患者の数は、医師一人あたり百人までに制限されていた。この制限は二〇一六年末、オピオイド危機に対応するために、特定の条件を満たせば二百七十五人まで引き上げることが可能になった。

　バージニア州でも、レバノンの依存症専門医ヒューズ・メルトンが州の厚生局に働きかけた結果、二〇一七年、オピオイド対策の一環として、薬物維持治療に対する制限が大幅に緩和された。メルトンは毎週のように自家用飛行機を自ら操縦し、バージニア州レバノン郡ハイパワーにあるサボキソン・クリニックとリッチモンドの彼のオフィスの間を往復していた。メルトンはまた、州のメディケイド担当部局に働きかけて、薬物維持治療へのメディケイドの適用額を拡大するとともに、現金しか受け付けない診療所が保険やメディケイドを受け入れるインセンティブとなるよう、カウンセリングとケアのコーディネーション・サービスも保険の適用対象とするよう州政府に積極的に進言した。

　メルトンの進言の一部は実現したが、まだその時点ではオピオイド依存症の治療を必要とする人が莫大な数にのぼっていることへの認識は十分に広がっていなかったし、多くのコミュニティにそのことが伝わるまでには、まだ相当の時間を必要としていた。

　バージニア州では州議会で共和党がメディケイドの拡充を拒否したために、それを迂回する手段として知事が二〇一五年一月に打ち出した、独自の治療アクセスプランが稼働し始めていた。これは新たに一万四千人に依存症治療を提供することを可能にするものだったが、それは実際に治療を必要としている人のほんの一部に過ぎなかった。結果的に二〇一七年まで、バージニアで治療が必要な人の多くは、「必要な治療」と「可能な治療」との間を彷徨い続けるしかなかった。

その後テスの症状が悪化するたびに、パトリシアはクリニックや治療施設と緊急で連絡を取ったが、「彼らから、依存症者を直ちに入院させなければならないという危機感は、まったく感じられませんでした」とパトリシアは言う。

「病院では『まず（保険の）申し込みを済ませるように』などと悠長なことを言われます。街に彷徨う依存症者のうち、一体何人が保険やメディケイドを持っているというのでしょうか。彼らが面倒な申込書を書いて、それをファックスで送ることができるとでも思っているのでしょうか。彼らが多額の現金を持ち歩いているとでもいうのでしょうか」

彼らは、診療を受けるたびにその費用を現金で支払わなければならなかった。

公衆衛生の関係者の間では、ブプレノルフィンこそがオピオイド依存症の標準的治療だと考えられていた。それは単独で行動療法を行った場合と比べて、過剰摂取による死亡の危険性を半減させることがわかっていたからだった。ブプレノルフィンは依存症者がゆっくりと時間をかけて普通の生活を取り戻す上でも、有効だと考えられていた。研究者の中には、薬物維持治療は依存症だった期間の約二倍の期間は続ける必要があると言う人がいる一方で、依存症の期間に関係なく、長期の依存症者を薬から完全に引き離すのは危険だと言う人もいた。

しかし、その頃、ブラックマーケットでは、ブプレノルフィン、とりわけサブテックスは大人気だった。これを注射したり鼻から吸引すれば、簡単にハイになれた。それをさらにベンゾジアゼピンとブレンドして服用すればもっとよく効くが、この組み合わせは時として死にいたる危険性があった。

私はこれまで、依存症に対する最善の治療方法と考えられているサボキソンを処方するクリニックをいくつも取材してきたが、レバノンのヒュー・メルトンのクリニックやセントチャールズのアート・ヴァンジーのクリニックのような良質の医療を提供するところがある一方で、イカサマ医師たちがでたらめな薬物を大量に処方しているところも少なからずあった。こうした医師たちのせいで、まともな薬物維持治療を提供するクリニックまでが、評判を落としていた。

薬物維持治療の看板を掲げるクリニックの中には、治療ガイドラインを無視して、本来は必須とされている薬物検査やカウンセリングを行わないまま、ザナックスやクロノピンなどの、いわゆる「キャデラック・ハイ」と呼ばれるベンゾジアゼピン系の薬を同時に複数処方するような、いい加減なところもあった。また、こうしたクリニックの中には、何百人もの患者が待つ待合ロビーで、カウンセリングのビデオを流すだけで、それをカウンセリングと呼んでいるところもあった。

とても「まともとは言えない状況です」とラッセル郡の薬物裁判所でコーディネーターを務めるミッシィ・カーターは言う。保護観察処分を受けた大勢のサボキソン依存症者の保護観察人を務めているカーターは、自分の家族の中にも依存症者がいるという。

薬物維持治療を受けている患者らの証言によると、依存症専門医による過剰な処方も盛んに行われていた。その一人は毎回、必要量の二倍のサボキソンを処方されたと言う。患者が過剰に処方された分をブラックマーケットで売りさばくことで、再び診察を受けに来ることが期待できることを、医師は十分に認識していたとその患者は言う。また、サボキソンの処方箋をそのままヘロインや他の違法な薬物と交換する患者もいるそうだ。

私がこの本のために取材をしたバージニア州の警察や司法関係者は、例外なく誰もがサボキソンを毛嫌いしていた。また、バージニア州の薬物裁判所の裁判官の多くも、被告によるサボキソンの使用を認めていなかった（現時点で全国の薬物裁判所の約半分が、薬物維持治療を承認しているが、オピオイド危機が深刻化するにつれて、その割合は増えてきている）。

イギリスのサボキソンの製薬会社が、パデュー・ファーマと同じように市場への浸透を図るために積極的な営業を展開した結果、診療所には依存症者にサボキソンを使い続ける経済的インセンティブが生じていたことも、警察や司法関係者のサボキソンに対する考え方に影響を与えていた。「あらゆる方法でサボキソンを悪用する人が後を絶ちません。人口わずか三千四百人の街に三つもサボキソン専門のクリニックがあるのは異常としかいいようがありません」と、レバノンのマーク・ミッチェル警察署長は言う。

薬学の教授で依存症者の支援をしているサラ・メルトンはこう語る。「アパラチアの外の人間は、私の話をなかなか信じてくれません。遮断剤のナロキソンを含むサボキソンは優れた薬ですが、ここではサブテックスを大量に注射した結果、死亡する事例も出ています。オピオイド問題と同じように、これもまた金稼ぎに走る医師に責任があります」

サラ・メルトンの夫のヒュー・メルトンが運営するハイパワーにあるサボキソン・クリニックでは、薬物維持治療を受ける患者に対して、厳格な尿検査とグループ及び個人のカウンセリングが義務づけられている。サブテックスはナロキソン拮抗薬を合成する前のブプレノルフィンのことで、依存症者の間で人気が高かった。彼らの多くは、パーコセットのようなオピオイドを併用して使うのだそうだ。

バージニア州との州境を越えたテネシー州ジョンソンシティには、全米で最も多くのブプレノルフィンを処方した医師の診療所が集中している。その中の一つの、現金しか受け付けないクリニックで働く医師の一人は、「われわれは彼らが薬を売って治療を続けることができるようにするため、十分な量の薬を処方するようにしています」と公開の場で公然と発言していたのを、メルトンは聞いたことがあるという。その頃ブプレノルフィンは、オキシコドンとヒドロコドンに次いで、国内で三番目に多く流用されているオピオイドになっていた。

ジェイミー・ウォルドロップやジャニン・アンダーウッドのようなホープ・イニシアティブのボランティアたちは、彼らの息子に起きた苦い経験から、流用が容易で乱用されやすいブプレノルフィンの利用には反対していた。テスの母親のパトリシアも、その高額な費用と、薬物検査とカウンセリングを怠る医師のいい加減さを目の当たりにして以来、ブプレノルフィンに対しては否定的になっていた。

パトリシアは勤務先の病院で世話をしていた二十五歳のサボキソン依存症者から聞いた話として、「サボキソンを処方された患者の九〇％が乱用をしている」という情報を、私にショートメールで送ってきた。これに対して私は、「サボキソンの乱用はよくないことだと思うけど、少なくともフェンタニルが入っていなければ、ストリートで出回っているヘロインよりは安全だと思う」と返信した。

テスもまた、ヘロインを断つための薬物の利用方法を、あれこれと考え出していた。パトリシアがテスの持ち物の中からスプーンとサブテックスの粉を見つけると、テスはストレスが溜まったときはサブテックスの投与量を倍増して、自分で調整していると説明した。

パトリシアはテスの妊娠中に連絡した診療所は、一カ所を除いてすべて、薬物の服用を全面的に止めない限り入所は認められないと言われたという。もちろんその薬物の中には、ブプレノルフィンも含まれていた。彼女がテスを出産した病院でさえ、テスに薬物維持治療を施すことを拒んだ。結局、テスは地元のメタドン・クリニックで診察を受けることになった。自宅でテスと赤ん坊を預かることを、「危険過ぎる」という理由でパトリシアが拒否したからだ。パトリシアとテスは生まれたばかりの赤ん坊を連れて、診療時間が終了する間際に、そのクリニックに転がり込んだ。

「私は生後四日の赤ちゃんを抱いて、メタドン・クリニックの駐車場を二時間も歩き回りました。そこは依存症者が大勢いて、テスの依存症者人脈がさらに膨れあがってしまう恐れのある場所でした」とパトリシアは言う。

看護師として働くパトリシアの勤務日には、歩行に杖が必要な彼女の八十代の父親が、テスをクリニックまで送り届けた。

「システムが崩壊しているんです」と臨床看護師のラムジーは語る。

サボキソンを処方しない産科医はほとんどいないが、その多く、特に上・中流階級の患者を相手にする産科医は、患者の気分を害することを恐れて、薬物検査を実施しようとしない。しかも、処方については、米国産科学会も婦人科医も、口頭によるスクリーニングだけで十分との見解を示している。

「妊娠しているすべての母親に薬物検査を実施するべきです。妊娠中の母親に対して適切なスクリーニングを行わない正当な理由は何もありません。映画スターやミュージシャンまでが、そのために劣悪なヘルスケアしか受けられていません。ミュージシャンのプリンスが過剰摂取死したのは、プリンスに面と向かって、『あなたはオピオイド依存症だ』と言える人がいなかったからなのです」とラムジーは言う。

テスは出産後間もなく、麻薬の使用を再開した。ある日パトリシアが散歩から帰宅すると、自宅の郵便ポストの陰に隠れていた男とばったり鉢合わせしたことがあった。彼はテスから借りている三十ドル（約三千三百円）を返しに来たと言ったが、パトリシアは彼が麻薬の売人であることを確信していた。また、それは正しかった。結局、テスは再び治療のために、ギャラックス・クリニックに一カ月間入院することになった。生後六週間の赤ん坊は、テスの母たちが交代で世話をした。

私が初めてテスに会ったのは、彼女がギャラックスから家に戻った頃だった。彼女は薬物のない普通の生活に戻る準備をさせてくれる「中間施設」に移ることを望んでいたが、そのような施設の多くは薬物維持治療を認めていなかった。そのためテスは母親の家に戻り、そこに住みながら薬物維持治療を始めることになった。

パトリシアは、テスの薬物維持治療の担当医の治療手順や、そこが現金払いしか受け付けていないことを快くは思わなかったが、それでもテスを患者として受け入れ、治療を施してくれるだけでも有り難いと感じていた。地域の他の診療所はいずれも長いウエイティング・リストがあり、すぐに診てもらえる状況ではなかった。

テスの症状は刻一刻と悪化していた。依存症者を助けるはずのシステムは官僚的な無関心さのために、患者の必要性や緊急性とは正反対の方向に向かっていた。

二〇一六年始めの数カ月間、私はテスと彼女の赤ん坊を匿名薬物依存症者の会（NA）の会合に連れて行った。しかし、テスは全く会合には集中できず、勝手にタバコ休憩を取りスマホのメッセージをチェックしたりしていた。テスは一時的にでも母親の家から外出できることが嬉しかったようだが、この会合は白人の労働者階級が多く住むロアノーク南東部で開かれていたこともあり、テスは会場の外には大勢の麻薬の売人がうろうろしていると文句を言った。テスには、アフリカ系アメリカ人が多い地域の会合の方が、性に合っているようだった。過去にテスがアフリカ系アメリカ人地区の会合に参加した時は、「参加者が面白く、断薬経験も豊富で、何よりも現実的な感じで良かった」とテスは言う。

テスは以前、匿名アルコール依存症者の会（AA）と匿名薬物依存症者の会の両方の会合に参加したことがあり、そこが提唱している「十二ステップの回復プログラム」の存在も知っていた。しかし、彼女はそこでは、ブプレノルフィンを服用しているというだけの理由で周囲から見下されているような感覚を覚えたという。匿名薬物依存症者の会では、薬物維持治療でブプレノルフィンを服用している人は、一つのオピオイドからもう一つのオピオイドに薬の種類が変わっただけなので、「断薬」できているとはみなさないという考え方が、依然として支配的だった。その傾向は私がテスを取材してきた2年の間に、むしろ以前よりも強まっているようにさえ感じられた。会の正式な方針としては、ブプレノルフィンを含む薬物維持治療を認めていた。しかし、テスの世話人を依頼された会の古顔のメンバーたちは皆、とても丁寧にこれを辞退していた。これはテスにとって、「後ろから刺されたようなショックだったに違いありません」と、彼女の親族の一人は後にその時の経験を振り返る。

公衆衛生と刑事司法のサボキソンへの対応の違いを比較するベン図を描いてみると、鎮痛剤服用による依存症の蔓延が最初に深刻化したアパラチア沿いのバイブルベルト（キリスト教篤信地帯）では、二つの円はほとんど接触しない。それほど両者は大きく乖離していた。

メタドンは開発以来、最初からそういう扱いを受けてきた。元々メタドンは第二次世界大戦中にドイツによって開発され、合成鎮痛剤として戦場で負傷者のために使われていた。戦後、連合国側がドイツ軍の実験室からそれを押収して利用するようになった。しばらくしてアメリカの研究者たちは、メタドンがオピオイドの離脱症状を緩和することを知るが、薬物依存症を治療するために別の薬物を使用することを良しとしない連邦麻薬局（FBN。現在のDEA＝麻薬取締局の前身）は、この利用に反対した。FBNは研究の結果、モルヒネ依存症者がメタドンを好み、これが陶酔を与えてくれることが明らかになったとして、これを「危険物」と結論づけた。

一九六〇年代になるとFBNは、モルヒネとヘロイン依存症を治療するためにメタドンを使用していた一部の医師たちに、それをやめるよう圧力をかけ始めた。致死性と治療、苦痛のコントロールと快楽という二つの事象の境界線をどこに引くべきかをめぐる論争は、今日も続いている。

一九七〇年代に入ると、その論争は研究者たちにメタドンを改善し、オピオイドによって引き起こされる陶酔感と危険な呼吸抑制を同時にブロックできる化合物の開発を促した。その結果、ブプレノルフィンやナルトレキソン（現在はビビトロルというブランド名で知られている）などの維持薬が開発された。

ビビトロルはアヘン剤遮断効果と抗渇望効果を兼ね備え、しかも一度の注射で一カ月ほどその効果が続くことから、乱用の可能性もブラックマーケットでの市場価値もともに低いため、今後、法執行機関が薬物維持治療の際に好んで使うことになるだろう。

一九八四年にはナルトレキソンが、オピオイドとアルコール依存症の治療目的で承認された。ナルトレキソンこそが「薬理学的には完璧な解決策である」と断定していた研究者がいたにもかかわらず、医師や依存症者がこれを社会的に受け入れるまでには、相当な時間がかかった。二〇一二年頃に製薬会社が積極的にこの薬を薬物裁判所や刑務所向けに売り込み始めるまで、ナルトレキソンが広く使われることはなかった。

ブプレノルフィンも薬物に対する渇望を鈍らせる効果があり、過剰に摂取してもメタドンより危険性が低いため、規制当局は診察室での処方を許可した。以前は、この薬の処方を受け続けるためには、患者はほぼ毎日病院で診察を受ける必要があったが、医師による処方が可能になったことで、患者の負担は大幅に軽減された。

歴史家のナンシー・D・キャンベルは「まさかブープ（ブプレノルフィン）に市場価値が出るとは誰も想像しませんでした。驚きでした」と語る。

しかし、バイエル社が一八九八年にヘロインを開発した結果、その弊害が二〇世紀の終わりまで尾を引いた、いわゆる「ヘロインの失敗」が、医療関係者や刑事司法関係者の間で忘れられることはなかった。その苦い経験から、彼らは、他のオピオイドを使ってオピオイド依存症を治療するという考え方には、あくまで慎重だった。

今、振り返ってみると、二〇世紀の大半を通して、発展途上にあった製薬業界が、全米学術研究会議（ＮＲＣ）や薬物中毒委員会（ＣＤＡ）などの政府機関によって支配されていた時代は、古き良き時代だったのかもしれない。これらの政府機関は大学の研究者と規制機関によって構成されていて、彼らは、新しい依存性化合物が市場に出るのを防ぐことに、エネルギーの大半を費やしていた。

すでに一九六三年までに進歩的な研究者たちは、依存症に対する完全な治療法など科学的に不可能であり、複雑な国際的麻薬密売組織の存在と数千年にわたり世界中で多くの人々が痛みを和らげるために薬物に頼ってきた歴史を考え合わせると、維持薬だけで一夜にして依存症の問題が解決するはずがないことも分かっていた。

人間の人生はとても複雑なものだし、何らかの治療を必要とする人がいたとしても一人の医師が一人の患者にかけられる時間は限られていることもあり、薬にできることには自ずと限界があるのが当然だった。

何十年にもわたってメタドンの医学的な正当性には疑問符が付けられてきたが、ニクソン政権は犯罪を抑止すると同時に、アヘンやモルヒネ依存症になってベトナムから帰還してくる退役兵（毎月ベトナムから帰還してくる兵士の二〇％にあたる千四百人がアヘンかモルヒネ依存症だった）に対応する方法として、メタドンを利用した。しかし、メタドンを配布する医師がそれを別の目的に転用する恐れが排除できないという理由から、メタドンは厳重に管理された専門のクリニックでのみ配布されることになり、各地でメタドン・クリニックが新たに開設された。

そこに見られる医療施設に対する強い警戒心は根拠のあるものだった。近年、製薬会社から営業攻勢を受けた病院が、何カ月分ものオピオイドを簡単に処方していた実態を踏まえると、そうした警戒心が重要なことは理解できる。しかし、その一方で、二〇一六年まで医師が自由にオピオイド鎮痛剤を処方できたにもかかわらず、オピオイド依存症治療薬のメタドンとブプレノルフィンを治療に利用することが三十年間も徹底的に規制されてきたことには、強い違和感を禁じ得ない。

薬物維持治療をめぐる対立は今日も続いている。匿名薬物依存症者の会ではサボキソン服用者は断薬状態にあるとは認められないため、その看板プログラムとなっている「十二ステップの回復プログラム」に加入することができない。公衆衛生の専門家の中には薬物維持治療の支持者は多いが、バージニア州の薬物裁判所の検察官や裁判官は、今も頑なにこれを拒絶している。私はこうした妥協を許さない考え方が、過剰摂取による死亡事故を減らす最大の障壁になっていると考えている。二〇一六年、ケンタッキー州の控訴裁判所が州内の薬物裁判所に薬物維持治療を許可するように命じたのに続き、オバマ政権の国家薬物管理政策局は、薬物維持治療を認めない薬物裁判所に対する補助金を止めると発表するなど、一時は薬物維持治療に追い風が吹いているように見えた。

その後、発足したトランプ政権の保健福祉長官に指命されたトム・プライスは、オバマ政権で成立した「二一世紀治療法」に基づいて議会が割り当てた十億ドル（約一千百億円）の予算の半分を、薬物維持治療を含む治療と予防のために使うことを発表する予定だった。しかし一カ月後、プライスは「一つのオピオイドを別のオピオイドに置き換えているに過ぎない」との理由から、薬物維持治療への予算投入方針を撤回してしまった。プライスは薬物維持治療に反対の立場を取るアメリカ国立薬物乱用研究所（ＮＩＤＡ）のノラ・ヴォルコウ所長に説得されたのだと、あるテネシー州の公衆衛生関係者が教えてくれた。

数カ月後、プライスは個人的な目的のために公金を使ってチャーター便を利用していた疑いが浮上して辞任に追い込まれ、後任の保健福祉長官となったアレックス・アザールが二〇一八年二月になってようやく、薬物維持治療の枠を大幅に拡大する方針を発表した。

薬物裁判所は薬物事犯者の薬物の常習性やその再発を防止するための治療システムの一部だ。そこでは裁判の被告となる薬物事犯者に対して、昼夜を問わず抜き打ちで薬物検査が行われ、不合格になったり、被告が他の犯罪を犯したときには、直ちに刑務所に収監される一方で、全国に三千ほどある連邦政府の薬物裁判所のほとんどが、被告が十二カ月から十八カ月の再生プログラムを完了した場合、起訴を取り下げている。

薬物裁判を終了した薬物事犯者は、通常の保護観察処分を受けた薬物事犯者と比べると、再犯を犯したり依存症が再発する可能性は、およそ半分から三分の一に下がる。薬物裁判所は検察官と弁護人、裁判官、そしてメンタルヘルスの専門家やサポート団体が一つのテーブルを囲み、依存症者のケアや罰則や依存症者が直面するさまざまな日常的な問題について議論する、唯一の場所となっている。

オピオイドが蔓延したラッセル郡では、薬物裁判所のプログラムの成功率が非常に高かったため、裁判官のマイケル・ムーアによると、ある日レストランで見知らぬ人が近寄ってきて、薬物依存症の自分の子供たちを、逮捕される前から薬物裁判所に入れて欲しいと懇願してきたという。

　しかし、サボキソンの違法な転用が深刻な犯罪となっているバージニア州では、薬物維持治療を許可する薬物裁判所の判事は非常に限られていた。

「これまで薬物維持治療中の母親から十三人の子供が生まれていますが、ひとりとして新生児薬物離脱症の症状が見られる子供はいませんでした。薬物維持治療のどこが問題だというのでしょうか」とタズウェル郡のジャック・ハーレイ判事は語る。

「カウンセリングだけでは薬物依存は治せないと結論づけている研究も少なくありません。『依存症者にはまず薬物を与えろ』という簡単なことが、なぜわからないのでしょうか」と、地元の依存症カウンセラーのアン・ガイルズは薬物維持治療に対する偏見に苛立ちを隠さない。

『ランセット』に掲載された国際的な研究報告によると、オピオイド依存症に対する最善の治療法は、薬物維持治療と社会心理的サポートの組み合わせだという。その報告によると、わずかな薬の投与があれば、最低限の心理サポートでも一定の効果が見られたという。

　ガイルズは「そもそも裁判所は医療の真似事をすべきではない」と声を荒らげるが、薬物維持治療の効果に対する国民の理解が高まっているにもかかわらず、刑事司法は依然として科学を根拠に薬物維持治療には後ろ向きな姿勢を続けている。そのためサボキソンを不法なルートで入手している依存症者は、薬物維持治療を自己管理しなければならない。政府は医師によるサボキソンの処方を厳しく制限しているし、民間の診療所でこれを処方できる医師は限られていることに加え、現金払いしか受け付けていないところが多い。その理由はメディケイドは医療費の一部しかカバーしていないことに加え、実際に診療所に払い戻しが行われるまでに時間がかかるからだと、ガイルズは説明する。

「医者に医者の仕事をさせるべきです」とガイルズは言う。「この危機はエボラ出血熱の時と同じくらい深刻です。エボラの時、われわれはヘリコプターまで送ったではないですか」

オピオイドが原因で死亡する人の数が激増し、それに起因するＨＩＶやＣ型肝炎の発症数も急増していることを考えると、「これも十分にエボラ出血熱なみの危機と言えます」とガイルズは語る。

薬物維持治療への懐疑論に対する怒りは、医療分野だけにとどまらない。バージニア州の「処方薬とヘロイン乱用に関するタスクフォース」のメンバーを務めるドン・フラタリーは、薬物維持治療に反対する裁判官や警察官は、気候変動の懐疑論者と同類だと語る。二十六歳の息子ケビンをオピオイドの過剰摂取で失ったフラタリーは、ケビンに薬物維持治療を続けさせなかったことで、今も自分を厳しく責めていた。ケビンはサボキソンを服用していたが、周囲の蔑みの目を気にして、無理に早い段階で服用を中止したことが、最悪の結果を生んでいた。

アート・ヴァンジー医師は、自分自身もブプレノルフィンに対する法執行機関の後ろ向きな姿勢に苦しめられている一人だったが、アメリカの農村部や山間部で行われている、いい加減なサボキソンの処方が乱用を招いていることは認めざるを得ないとした上で、この問題を解決するためには、政府がより多くの医師に薬物依存症医療に関わる動機を与える政策を実行する必要があると指摘する。特に薬物維持治療は非営利団体で給与所得を得ている医師が中心となって行うべきだと、彼は言う。州の保健局やコミュニティ・サービスや、政府に認可された保健所などの非営利団体に勤務する医師は、報酬が給料の形で支払われているため、過剰に薬を処方する動機が働きにくいというのがその理由だ。

「オピオイド依存症者をサボキソン抜きで更生させようというのは、残酷で非道な処罰だ。刑事司法に関わる裁判所や警察の関係者たちは、サボキソンと聞けば人身売買とか子供が里子に出されるサボキソン依存症の母親の話など、サボキソンの醜い部分ばかりに注目しすぎている」とヴァンジーは言う。

つい先日も、十六歳の誕生日を迎えたばかりの女の子が、ブラックマーケットで入手したサボキソンを注射してセントチャールズ病院に運ばれてきたが、彼女もC型肝炎に罹っていた。薬物維持治療に反対する人は、現実の一部しか見えていないように思える。彼らはブプレノルフィンを乱用している人と、管理され責任ある使い方をしている人の違いを認識できていないのではないか。

「薬物維持治療に反対する人たちは、私の患者の中にいるような、治療後に大学を卒業し、修士号を取得し、仕事に就き、子供を取り返し、十年以上も断薬に成功している人たちが大勢いることを知らないのです」とヴァンジーは言う。

ヴァンジーが長期的に診察している患者の中には、一日あたりのサボキソンの投与量を一六ミリグラムから始めて、〇・五ミリグラムにまで減少させている人もいる。しかし、彼は過去の経験から、サボキソンの服用を完全に止めさせることには躊躇している。ゼロにすると依存症が再発する危険性が高まるからだ。

長期のサボキソン治療についてはあまり有効なデータがないが、ある研究では、五〇％の患者が、使用をやめてから一カ月以内に依存症が再発したというデータもある。また服用を止める直前の服用量が低ければ低いほど、再発のリスクは下がると考えられている。五年以上かけて行われた別の調査では、ブプレノルフィンの投薬を受けた患者の約三分の一が十八カ月後には断薬に成功し、三分の一は薬物維持治療を継続中で、残る三分の一の大部分はヘロインや違法オピオイド依存症を再発させていた。

当初、薬物維持治療には否定的な見解を持っていたアメリカ国立薬物乱用研究所（ＮＩＤＡ）のノラ・ヴォルコウは、その後考えを変え、薬の服用を早期に止めた患者は、その後一度でも再発が起きると、薬物維持治療は効果がないという誤った認識を持ってしまう恐れがあると指摘している。ヴォルコウはまた、患者にブプレノルフィンやメタドンなどの維持薬を与えた場合、例外なく優れた結果を残していることも認めている。さらにヴォルコウは、ブラックマーケットでサボキソンを入手している依存症者のほとんどが、単に離脱症状を避ける目的で買っていることを指摘した上で、それは彼らにとってヘロインに戻るよりもはるかに安全なことだという見方を示している。

ロアノークに住むある女性は、離脱症状から逃れたい一心で、薬物維持治療が認められていない刑務所へ収監される直前に、小さなボトルに詰めたサボキソンを自分の膣の中に隠して、その後二週間の刑務所生活に備えたという。その女性は刑務所内で夜中にボトルからサボキソンを取り出して服用し、そして直ぐにまたボトルを膣の中に戻したのだと、ロアノークの精神科医で薬物維持治療を行うジェニファー・ウェルズは言う。ウェルズは大勢の困窮した薬物依存症の妊産婦の面倒も見ていた。

「その患者がその後も順調に回復していることが、薬物維持治療に効果があるという事実を物語っています。その患者は依存症を再発させないために、これからもサボキソンの服用を続けるでしょう。依存症の患者自身が、自分たちに何が必要なのかを一番よく分かっているのです」とウェルズは語る。

しかし、薬物維持治療をめぐる反対派と支持派の対立は、私がホープ・イニシアティブの苦労やテスのような依存症者の取材を始めた当初より、さらに深まっているように見える。そして、医師や警察や依存症者の家族が、何が最善の治療方法かをめぐって口角泡を飛ばして議論している間にも、多くの命が危険に晒されている。

テスはまさにその真っ只中にいた。匿名薬物依存症者の会の会合に四回出席した後、テスはもう会合には行きたくないと言い始め、毎回、私が迎えに行く時間に合わせて、会合に参加できない理由をショートメールで送ってくるようになった。その言い訳は、「赤ん坊が寝ているから」だったり、「前の晩に赤ん坊が寝てくれなかったから、今日は疲れてる」だったりした。

その頃、テスの息子の父親はアルコール絡みの犯罪で逮捕され、刑務所に入っていた。彼の母親が子供をベビーシットしてくれることもあったが、テスは近々ノースカロライナ州に引っ越す予定で、その時は赤ん坊も一緒に連れて行きたいと考えていた。

私自身が家族の中にアルコール依存症者がいる家庭で育ったので、依存症者の周辺で暮らすことがどれだけ大変なものなのかは、ある程度は知っていた。それはネグレクトされたかと思えば、利用されたり、怒りの標的になったりする危険性と隣り合わせの日々だった。テスと一緒にいると、自分の暗い過去の記憶が蘇ってくるようだった。

私はテスの息子のことを不憫に感じていた。夜中、どこにいるか分からないテスから「む・

か・え・に・き・て」などというショートメールを受け取った時は、ジャーナリストの仕事とプライベートな感情の狭間で心が揺れた時もあった。

そのメールを受け取った時、私は姪っ子に手伝ってもらいながら、税金関係の書類を作成している最中だったので、すぐにそのメールを見ていなかった。メールを読んだ後、私はどうすべきか暫く考え、夫と相談の上、パトリシアとホープ・イニシアティブのボランティアのジェイミー・ウォルドロップに連絡して、今の状況を報告することにした。次にテスに会ったとき、テスがどう反応するかが気になったが、その後、この時の話は話題にのぼらなかった。

二〇一六年二月、パトリシアはテスがまたヘロインをやっていることに気づいた。自宅からノートパソコンなどが消え始めたのに加え、トイレのゴミ箱に空のヘロインの袋が捨ててあったからだ。しかし、テスはこれを激しく否定した。

家族のストレスは最高潮に達していた。テスの両親の間では、テスの治療法をめぐって意見が割れていた。その一方で、テス自身は彼女の兄弟から蔑まれていると感じていた。

テスの父親のアラン・ヘンリーはテスに、教会が運営するロアノーク市内の施設で十二カ月間の治療プログラムに入るよう勧めた。しかし、その施設はタバコから薬物維持治療にいたるまで、あらゆる種類の刺激物の摂取を禁止していた。その時、テスはブプレノルフィンを服用中で、ヘビースモーカーでもあった。しかも、自分が無神論者であることに誇りを持っている彼女が、教会が運営する治療院に入ることには、かなりの無理があった。

「テスは私や彼女の兄弟がテスのことをどう思っているかについて、完全に誤解していたようです」とヘンリーは語る。

彼や他の兄弟たちは、テスに厳しく接することがテスのためだと考えていた。それは彼女の母親と母方の祖父が優しすぎて、テスに簡単に操られてしまっていると彼らが感じていたからだと、ヘンリーは説明する。

元々アルコール依存症だったテスの姉は、匿名アルコール依存症者の会の賛同者で、彼女自身が経験した「十二ステップの回復プログラム」を、「宗教色はなく精神性を強調するもの」としてテスに勧めていた。

「私はテスにこう言ったんです。『コーダ（テスの愛犬）にでも何にでもいいから、とにかく祈るのよ。祈ることが重要なの』と」

しかし、テスは笑ってこう返したという。

「そんなのばかばかしいよ」

姉の提案をそう一蹴した上で、テスは姉に、ブプレノルフィンを買うためのお金を貸して欲しいと頼んできた。しかし、実際はそれがヘロインを買うためだと疑っていた姉は、お金を貸す代わりに、彼女を匿名アルコール依存症者の会の会合に連れて行ってあげると申し出た。

これに対してテスは「そんな会に馬鹿らしい話を聞きに行くなんて、私にはあり得ない。もうあなたは私の姉じゃない」と言い放ち、それ以来、二人は口を利かなくなってしまった。

パトリシアはテスに、他の長期治療プログラムを検討しようと提案したが、彼女は聞く耳を持たなかった。パトリシアの病院の勤務時間は不規則で、一日に十二時間を超えることも多かったが、彼女はテスを長時間赤ん坊と二人きりにしておくのは危険だと感じていた。自宅にはセキュリティシステムと二台のカメラを設置していたが、パトリシアはそれでも十分ではないと感じていた。

　三月のある日、パトリシアが仕事から家に帰ってくると、テスが家中をよろめきながら歩いていた。見ると、寝室から服が消えていた。恐らくクスリを買うために売り払ったのだろう。この事件のすぐ後、パトリシアは弁護士にテスを自宅に同居させ続けることの是非について相談することにしたと、私に言った。しかし弁護士からは、「テスは長いこと一緒に住んでいるので、簡単に追い出すことはできませんと言われました」と彼女は語る。その後、裁判所が法的後見人を任命し、テスの息子にとって何が最良かを話し合うことになった。

「すべてが滅茶苦茶でしたが、その真ん中に、目が覚めるほど美しい男の子がいました」とパトリシアは言う。生後七カ月になったテスの息子は、平均よりも発達が早く、いつ「ママ」と最初の言葉を発してもおかしくなかった。


　テスは薬はやっていないと言い張ったが、その主張を覆す証拠が次々と出てきていた。パトリシアが仕事から家に戻ると、防犯カメラが横向きになっていることがよくあった。ある夜、夜中に赤ん坊の泣き声が聞こえたので様子を見に行ってみると、まだ一人で上手に座ることができない赤ん坊がソファの上に前かがみになったまま泣いていた。しかも彼は、プラスチックのチューブを握っていた。過って口に入れたら窒息していたかもしれなかった。

　テスはどこへ行ったの？　パトリシアがあたりを探すと、テスはバスルームで楽しそうにメイクをしていた。今にも床に落ちそうな赤ん坊をソファに放り出したまま、彼女は一人でハイになっていたのだ。

「こっちはこんなに努力しているのに、これでは辛すぎると感じました。私の忍耐も限界に来ていました」とパトリシアは語る。

この時の状況を知らされた法的後見人は、三月下旬にテスから息子の親権を剝奪する決定を下した。それを受けて裁判官は、二人の祖母に親権を与えた。そして、テスはこれ以上パトリシアの家に住むことは許されず、パトリシアが家にいる時にのみ、息子に会いに行くことができることになった。

その春、車のないテスは、薬物依存症者と薬物ディーラーの溜まり場として知られる市内のモーテルに引っ越した。息子の親権を取り戻すためには、テスは七月一八日までに仕事と住む場所を見つけ、薬を乱用していないことを証明しなければならなかった。

テスはアパートの前金を貸してくれなかったという理由で父親に腹を立てていたし、裁判所が彼女を母親として不適格と判断したことにも、激怒していた。

「確かに私は息子と一緒の時にザナックスを飲んでいましたが、問題を起こしたことは一度もありませんでした。赤ん坊のおむつを替え忘れたことも、一度もありません」とテスは主張する。他のヘロイン依存症者から距離を置くのは難しかったかと聞かれると、テスは「すべてを奪われて怒りでいっぱいになった時は、確かに難しかったですね」と答えている。

テスはメディケイドへの登録を済ませた上で、メディケイドの適用範囲でサボキソンを処方してくれる医師を探したが、どの医師も既に、連邦法で定められた上限の数の患者を抱えていて、テスを受け入れることができなかった。ブラックスバーグには現金しか受け付けないが、薬物維持治療を提供してくれる精神科医がいたが、テスはその医師に百ドル（約一万一千円）の借りがあり、その借りを返済しなければ、次の診察を受けることができないことになっていた。もうテスの手元にはわずか一週間分の薬しか残っていなかった。しかもその医師の最後の診察の時、テスはドラッグテストでマリファナの陽性反応が出ていた。

このことについてテスは「すごく不安だったから。でもマリファナはハーブだから、他の薬よりもずっとマシでしょ？」などと言って、ケロッとしていた。

五月までにテスは、ロアノーク南東部の安アパートで転々と居候を繰り返しながら、毎日ヘロインを打つ生活に戻っていた。その頃、テスは自分のフェイスブックのページでリル・ウェインとエミネムの歌を引用して、助けを求めた。

「地獄へ行って戻ってきた。証明を見せてあげよう」

その頃テスは「スイートT」というストリートネームを使っていた。

まだホープ・イニシアティブが立ち上がる何ヶ月も前だったが、ジェイミーはフェイスブックを通じてテスに連絡を取った。「助けが必要なら連絡してください。私はあなたが何が必要かを知っていて、力になれるかもしれません。愛を込めて」

テスからはすぐに電話がかかってきた。テスは昔付き合っていたジェイミーの長男が、どうやって薬物依存症から抜け出したかを聞きたがったので、ジェイミーとテスは翌日会う約束をしたが、直前になってテスは約束をキャンセルしてきた。

六月上旬には、テスの息子の父親が刑務所から出てきた。テスは彼に会いに行ったが、二人が会うとすぐに口論が始まり、口論は暴力的なものになってしまった。その後、テスは姿を消し、音信不通になってしまった。

パトリシアとジェイミーはテスを見つけるために、必死で知り合いに当たった。ジェイミーの息子は、以前テスと一緒にドラッグをやったことのある場所などを教えてくれた。パトリシアはテスが深く傷ついているのではないかと心配し、警察に捜索願を出した。彼らはテスの笑顔の写真と特徴を書いてチラシを作り、地域の住民に配ったり、フェイスブックに載せたりした。

「最後に見たのは二〇一六年六月一一日。茶色がかった赤い髪、緑色の目、身長五フィート七インチ（約一七〇センチメートル）、体重一三〇ポンド（約六〇キログラム）。左肩に『生命の木』の入れ墨あり」

二日後、警察にテスに車とクレジットカードを盗まれたという通報が届いた。彼女は同じ部屋に住んでいた女性から食料を買ってくるように頼まれて外出し、そのまま戻らなかったという。警察はその日の夜遅く、テスを発見し逮捕した。

パトリシアはすぐにジェイミーに携帯でこんなショートメールを送った。「ここ数カ月で初めて、今晩は娘が死ぬことはないと安心して眠りにつくことができるわ」

赤ん坊だったテスの息子は幼児に成長していたが、テスがその成長過程を見ることはなかった。息子はノースカロライナに住む父方の祖母と暮らすようになり、パトリシアは往復十二時間かけて毎月彼に会いに行った。パトリシアはその時に撮った、孫がビーチで遊ぶ写真やモンキーハットをかぶった写真などを、私に送ってくれた。

この年の夏から秋にかけて、テスはストリートと刑務所とシェルターと二つの病院の精神病棟への出入りを繰り返していた。その精神病棟は、保険や支払い能力の有無にかかわらず、自殺の可能性のある人の受け入れを連邦法によって義務づけられた施設だった。

「政治家はより多くの人がメディケイドの利用が可能になることで、かえって財政負担が減り、しかもより多くの命を救うことができることを理解できていない」と、ホープ・イニシアティブのボランティアで心理学者のシェリー・ハートマンは言う。

テスはジェイミーに、長期的に取り組めるリハビリのプログラムを見つけて欲しいと頼んでいた。

「テスは離脱症状がひどくなると、施設から抜け出してクスリに走ってしまうので、今回はそうならないことを願っています」とジェイミーは語った。「依存症者が治療に前向きになれる時が一瞬あります。その瞬間を捉えて、それを有効に使うことが決定的に重要です」とジェイミーは語り、そのごくわずかな瞬間を「限界局面」と名付けた。「チャンスは限られています。鉄は熱いうちに打たなければなりません」

しかし、テスはジェイミーに会う前に、また姿を消した。

次にパトリシアがテスを見たのは、「セクシーで官能的な二十六歳」という見出しの下に写ったほぼ全裸のテスの写真だった。それは売春を斡旋するウェブサイトの広告だった。テスの子供の父親がその広告を見つけ、掲載されていた携帯電話番号がテスのものであることを確認した上で母親に伝え、彼女がパトリシアに知らせてきたのだった。

そこには「三十分で六十ドル」と書かれていた。写真のテスは、顔を隠しながら下品で卑猥なポーズを取っていた。「私はその番号に連絡し、留守番電話に、彼女を愛していることと、どんな事があってもずっと彼女の味方であるということ、そして、でも、テスにその気持ちがなければ、これ以上私にできることは何もないというメッセージを残しました」とパトリシアは言う。

実はパトリシアは、フェイスブックのメッセンジャー機能を通じて、密かにテスの動きを追い続けていた。数カ月前、テスがパトリシアのスマホを使ってフェイスブックを利用した時、テスは自分のアカウントからサインアウトするのを忘れていたため、パトリシアはその後のテスのメッセージのやりとりを、全て読めるようになっていた。以来パトリシアは、テスがテスの友人たちや知り合いの麻薬の売人やジョーダン・〝ジョーイ〟・ギルバートという名のヒドゥンバレー出身の若い依存症女性などとの間で交わされた、パトリシアにとっては胸が張り裂けるような辛いメッセージのやり取りを、ずっと読んでいた。テスとジョーイは、離脱症状やブラックマーケットで買えるサブ（サボキソン又はサブテックス）について、メッセンジャー上で情報交換をしていた。二人は、ザナックスとクリスタル・メスの交換もしていた。

ジョーイは月に一度のビビトロル（ナルトレキソン）注射によって、一時は回復に向かっていた。ビビトロルは高価だが、乱用や転用ができない薬だった。オバマケアの下でメディケイドの拡充を実施した三十一州のうち、ナルトレキソンの処方基準を緩和した州の中には、依存症の受刑者に対して、刑務所から出所する前にビビトロル注射を提供している州もあった。依存症者は薬に対する耐性が最も低下する断薬期間の直後が、過剰摂取で死亡するリスクが最も高くなると考えられているからだ。

しかし、ジョーイは二十六歳になった時点で父親の保険の対象外となり、ビビトロルの注射を受けることができなくなっていた。「保険がなければ、月に千五百ドル（約十六万五千円）が必要でした」とジョーイの父親のダニー・ギルバートは言う。

最終的にジョーイはブプレノルフィン治療に切り替えることになった。処方はロアノークの精神科医デイビッド・ハートマンが書いてくれた。ハートマンにはテスも診察を申し込んでいたが、連邦政府の厳しい患者数制限のために長いウエイティング・リストがあり、実際に診てもらうことはできなかった。「ハートマンは毎週行う薬物検査に合格しない患者には処方箋を書いてくれませんでした。ジョーイには私から毎日決まった量の薬を与えていました。そうすることで、薬の管理を徹底させたのです。薬代は毎月七百ドル（約七万七千円）ほどかかりました」とダニー・ギルバートは語る。

しかし、ジョーイの前途には、まだ多くの困難が待ち受けていた。リハビリ施設に入るためには長いウエイティング・リストがあり、しかも、入所するためには完全に断薬ができていないとならないという、古めかしくて厳しい規則があった。また、テスのような依存症者の友人が周囲に多くいるジョーイは、いつまた薬に手を出してもおかしくない状況だった。依然としてジョーイは、過剰摂取死の危険性と隣り合わせだった。


二〇一六年一〇月下旬、ジェイミー・ウォルドロップと私は地元の病院の精神病棟に入っていたテスの元を訪れた。彼女は不安障害や自殺願望を訴えて、自主的に入院していた。その時点でテスには、クレジットカード詐欺で八十七ドル（約九千六百円）を詐取した容疑の逮捕状が出ていた。彼女の息子は生後十四カ月になっていたが、テスはもう八カ月も彼に会えていなかった。

テスは私に、私が最近出した著書『トゥルーバイン』を持ってきて欲しいと頼んでいた。病棟に置いてあった雑誌で私の本のことを知ったのだという。私が彼女とのやりとりをメモに取っていいかと聞いたら、テスは快くOKしてくれた。私は、彼女の大好きな作家のデビッド・セダリスの新著がもうすぐ出るから、出たら彼のサイン入りの本を一冊持ってくると約束した。

テスはもうヘロインはやっていないが、最近はクラック・コカインをやっていると私に打ち明けた。

「コカインはヘロインを止めるのに役立つと思ったからやってみたら、実際にそうだったわ。でも、コカインも精神的に依存性があるのよね」とテスは言った。

ストリートから離れてホッとしたかと尋ねると、テスは大きくうなずいた。

「寒いシーズンになると、助けが欲しくなるわ」とテスは言う。

彼女はまた、麻薬の売人に殴られたことを私に打ち明けたが、それ以上に詳しい話はしたくないということだった。

ジェイミーはテスにアッシュビルのリハビリ施設への入所を勧めた。その施設は薬物維持治療中の患者や抗うつ剤のサインバルタを服用している患者は受け入れていなかったが、これまでその施設に入所した患者の多くが、良い結果を出しているということだった。

「私はサインバルタを服用してるから無理よ」とテスは言うが、しかし、ジェイミーは終始楽観的で、サインバルタの件を確認しておくことをテスと約束した。この時のテスは、ここ数カ月で最も明るく、希望に満ちているように見えた。アッシュビルのリハビリ施設に入所した患者は、日中は園芸作業に従事し、夜は集中的なグループ療法を受けていた。

「アッシュビルの施設はちょっと昔のヒッピーっぽい感じの場所だから、あなたには合っていると思う」とジェイミーはテスに言った。

テスは「ウォーレン・ウィルソンみたいな感じかな？」と地元のリベラルな大学の名前を挙げた。

ただし、アッシュビルの施設は一度入所すると、六カ月間は誰も面会に訪れることができないという厳しいルールがあった。

「六カ月も息子に会えない上に、他の人からも彼がどうしているかを聞くこともできないなんて、頭がおかしくなりそう。でも私の目標は彼を取り戻すことだから頑張るわ」とテスは言った。


しかし、そうこうしている間に、テスの「限界局面」は通り過ぎてしまった。テスは別の施設に入る手続きをしないまま、自分から病院を出てしまったのだ。

「彼女はまたストリートに戻ってしまいました。たった一本の電話があれば防げたのに、テスはまた負のスパイラルに逆戻りしてしまいました」とパトリシアは嘆いた。

その頃、ストリートにはフェンタニルが洪水のように溢れていた。二〇一六年九月から一一月にかけて、ロアノークでは州内で最も多くの過剰摂取者が病院の救急救命室に運び込まれていた。そして、そのほとんどはフェンタニル絡みだった。中には過剰摂取者を解毒するために、オピオイド拮抗薬のナロキソンを通常の五倍の量も投与しなければならない患者もいた。若い母親からの救急連絡で救急隊が現場に駆けつけてみると、母親がベッドに横たわったまま息絶えていて、その隣で赤ん坊が一人で泣いているということもあった。

クリスマスの一週間前、パトリシアはテスに送るつもりの、テスの息子の写真を挟んだクリスマス・カードを私に見せてくれた。パトリシアは密かにテスのフェイスブックのアカウントにアクセスし、メッセージのやりとりを見ていたので、テスと麻薬の売人とのやりとりなどを通じて、彼女が住んでいるおおよその場所を把握していた。それは恐らく、ロアノーク南東部にあるアパートだった。そのアパートは私が最初にテスを連れていった匿名薬物依存症者の会の会合があった教会のすぐ近くにあった。

パトリシアは、テスが好きなミュージシャン「ベック」の新曲を教えてあげたいと言った。

JCペニーで君に会った
君の名札には「ジェニー」って書いてあった

JCペニーは、テスもパトリシアも大好きなデパートだった。パトリシアはテスが病院やリハビリ施設から出てくるたびに、JCペニーで新しい服を何着も買ってあげたが、テスは数ヶ月後には必ずと言っていいほど、着の身着のままの姿で帰ってくるのだった。

「彼女が帰ってくるのが、今は怖いです」とパトリシアは言う。パトリシアはスポーツ射撃の選手だったが、テスの帰宅に備えて、所有している散弾銃を厳重に格納庫にしまった。彼女のパソコンが消えたように、銃が消えるのを恐れてのことだった。パトリシアの家にあったスプーンは、二つを除いてすべて行方不明になっていた。ヘロインを買うためにテスが売り払ってしまったのだろう。

「まるでテスの中に悪魔が棲んでいるようです」とパトリシアは言う。「彼女に対して怒りを覚えることもあるし、もう匙を投げたいと思う時もあります。でも、私は彼女にこれだけは知っておいて欲しいと思います。私は絶対に彼女を見捨てないし、最後まで諦めないということを」

テスは感謝祭の時期に短期間だけ家に帰り、家族全員に手料理を振る舞うと言ってきた。彼女の腕には、雑菌まみれの注射針を繰り返し刺したことで大きな膿瘍ができていた。テスはそれを隠すために、腕に包帯を巻いていた。彼女の腕の膿瘍はひどく、救急救命室で手当を受けなければならないこともあった。

テスは頑張って料理を作ったが、家族にはあまり歓迎されなかった。少なくともテスはそう感じた。そしてテスはその翌日、パトリシアが物置に隠していたアルコールとオピオイドの錠剤を見つけ、それを飲んでハイになっていた。

その週末、パトリシアはテスとお揃いのブレスレットを二つ買ってきた。そこには「あなたの心と私の心は一つ」という言葉が刻まれていた。これはテスの好きなE・E・カミングスの詩から取ったもので、テスはこの言葉を息子に対する彼女の思いを表す金言として、とても大事にしていた。

実はテスは高校時代に、全国高校作詩コンテストで優勝したことがあった。パトリシアはその時テスの受賞の対象となった詩を額縁に入れて、今も台所の壁に飾っていた。パトリシアがテスの情報を私に送ってくる時、彼女がテスのことを「詩人」と呼んでいたのは、そのためだった。

パトリシアは、テスの髪にハイライトを入れるために、美容院の予約を入れていた。二人は近々、父方の祖母の家で預かってもらっているテスの息子をノースカロライナまで迎えに行くはずだった。

「彼の二回目のクリスマスになるのね」テスは息子に会うのを、とても楽しみにしていた。二人はクリスマスプレゼントと、息子がサンタクロースと一緒に写真を撮るときに着る洋服まで買い揃えていた。

「計画も準備も万端だったのに、突然スイッチが切れてしまいました」とパトリシアは言う。

感謝祭の翌週、テスはキッチンカウンターにメモを残して突然、姿を消してしまったのだ。そのメモにはこう書かれていた。


カリリオンに行きます。精神的に壊れてしまいました。お母さん愛してます。お母さんは私のすべてです。私も良くなりたいから頑張ります。

第11章　連絡先リストに託す希望

テスが回復できるかどうかは、最終的には五ページの連絡先リストにかかっていた。これは活動を開始したロアノークのホープ・イニシアティブのボランティアたちが何カ月もかけて、アメリカ南東部で依存症者の受け入れが可能な三十六のリハビリ施設とアフターケア施設をリストアップしたものだった。このリストができたことでボランティアたちは、治療を希望する人の経済的状況と、施設のベッドの空き状況に応じて、適宜施設が紹介できるようになった。

ボランティアの間では外来用の薬物維持治療を提供する施設もリストに入れるべきとの意見もあったが、ボランティアの間でも薬物維持治療の有効性に対する意見が分かれたため、今回はリストには含めないことになった。薬物維持治療の有効性については科学的な根拠もあるが、ボランティアの中には依然として、他の薬を使って薬物依存症を治療することは正しくないと考える人が多くいた。

ホープ・イニシアティブを利用したい人は、毎月第二月曜日にブラッドレー無料診療所に立ち寄ると、まず警察官が未解決の令状がないことを確認した上で、訓練を受けたボランティアの担当者が割り当てられ、担当者と二人三脚で治療を手配していくことになる。患者にメディケイドの受給資格がある場合、ソーシャルワーカーが申請を手伝う体制も整備された。

二〇一七年初頭の時点で、フェンタニルの過剰摂取は前年の二倍のペースで発生していた。わずか人口三十万人の小都市で、救急救命室にほぼ毎日、薬物を過剰摂取した人が運び込まれてきていた。救急救命室では命に関わるような重篤な精神的外傷の事例を「ゴールドアラート」と呼ぶが、オピオイドに起因する「ゴールドアラート」が同時に何件も集中したこともあった。

この年の四月、わずか一時間の間に「ゴールドアラート」の患者が三人もロアノーク記念病院の救急救命室に運び込まれたことがあった。そのうちの一人は、道端で意識不明のまま倒れていたところを発見されたタクシー運転手で、もう一人は、フェンタニル入りのヘロインを自分で二回注射した植木屋だった。その植木屋は最初の注射が効かなかったと勘違いして、二回目を注射してしまったのだという。

救急救命室で救命医を務めるカレン・キュールは彼を蘇生した後、その日は病院から帰宅しないように警告した。「今日は木には登れませんよ」と彼女はその植木屋に伝えた。

ところが、その男は蘇生されるとすぐに立ち上がり、丁寧に謝意を伝えた上で、「仕事に戻らなければならない」とだけ言い残して、病院を去って行った。彼はその日、ある年配の女性と庭木の剪定をする約束をしていて、どうしてもその約束は果たさなければならないということだった。

その翌月のある週末、地元の中学一年生が過剰摂取の疑いで死亡した。これまでで最も若い犠牲者だった。また、ジャニン・アンダーウッドが働く診療所の建築マネージャーの妻が、美容院にいたところ、外の駐車場で大きな衝突音がしたので見に行ってみると、ヘロインの注射針を腕に刺したまま運転中に気絶した中年のビジネスマンの車が、駐車場に停めてあった彼女の車に衝突していた。

キュールはカナダのオンタリオ州の病院で実施されているオピオイド依存症者の治療方法を研究していた。オンタリオ州では、過剰摂取した患者は自動的に救急救命室から外来の薬物維持治療施設やカウンセラーに引き継がれるようになっていた。

「切れ目のないスムーズな引き継ぎが重要です」と彼女は言う。

彼女は地元の心理学者でホープ・イニシアティブのコーディネーターを務めるシェリー・ハートマンとともに、ロアノークでも同様の仕組みを構築しようと努力してきた。しかし、その試みは、さまざまな行政的、財政的、法的な壁に阻まれて、思うようには進んでいなかった。そもそもロアノークではオピオイド依存症者に対して薬物維持治療を提供する医療機関が少なく、治療用の病床も不足していた。

二人は引き継ぎをより円滑にする目的で申請していた助成金が降りることに期待していた。病院のソーシャルワーカーは、蘇生した過剰摂取者をホープに紹介していたが、自分で車を運転してホープに向かう途中で再び発作を起こす人が増えていた。

州はカリリオン・クリニックや州内の他の病院のネットワークを通じて、オピオイドの過剰摂取と精神疾患の患者の治療の引き継ぎを容易にする仕組みを構築するための予算を確保しようとしていたが、仮に予算が付いたとしても、実際にプログラムが稼働するまでには何カ月もかかることが予想された。

「多くの人が危機を認識し、各々の立場から最大限の努力をしていますが、全体の統率が取れていないため、うまく回っていません」と、ある医療関係者は言う。

運転中に意識を失う人が増えていることを皮肉って、キュールはため息交じりにこう語る。

「とりあえず、私は衝突されても大丈夫な大きくて頑丈な車に買い換えようと思っています」

四カ月後、彼女たちは助成金が降りなかったことを知り、落胆する。


ボビーが亡くなってから十四カ月、ジャニン・アンダーウッドはまだ息子のフェンタニル過剰摂取死の悲しみを乗り越えてはいなかったが、意欲的にホープのプロジェクトに打ち込んでいた。彼女自身は薬物維持治療の支持者ではなかったが、治療法についてはできるだけ柔軟な考えを持つように努めていた。

警察も、依存症者が診療所まで来て、駐車場で「最後の一発」にするつもりで注射を打っても、それを見逃してくれるようになっていた。患者にクリニックに行くことを躊躇させないようにするためだ。

他のボランティアたちと同様に、ジャニンはホープの利用者がジャニン個人の携帯電話に連絡することを許していた。結果的に、彼女の携帯電話には毎日のように大量のショートメールが届き、電話もかかってきていた。子供を亡くして悲しみに暮れる母親から、自分と同じ経験をした人に話を聞いて欲しいと連絡があったり、このプログラムのことをどこかで聞きつけて、ただ話をしたいといってくるマシューという名の若いヘロインユーザーまで、さまざまな人たちが接触してきた。特に、マシューは自殺願望があると言うので、ジャニンはその後、何度もマシューと話をした。その後、マシューが診療所に来る予定になっていた日の前日に首つり自殺をしたことを知ったとき、彼女はひどく動揺した。

「自分でも気づかないうちに、私自身が彼らの緊急避難所のような存在になっていました。自分の力を過信していたのかもしれません」と彼女は当時を振り返る。彼女はその頃、プログラムに参加してまだ一カ月しか経っていなかった。

その翌週には、警官に付き添われてよろめきながら診療所に入ってきた若い女性が、診療所のロビーで過剰摂取による発作状態に陥ったため、救急車を呼んだ上でナロキソンを投与して蘇生させなければならない事態が起きた。その後、ジャニンはその女性に連絡が欲しいというメッセージを残したが、彼女から連絡はなかった。

保守的なロータリークラブ会員のジャニンは、オピオイド蔓延の規模もさることながら、治療の壁が、当初彼女が想像していたものよりもはるかに高いことを痛感していた。それは単にお金の問題や治療能力の限界に起因するものだけではなかった。モルヒネに乗っ取られた脳や混乱した神経伝達物質が、人々が明瞭に物事を考えたり、痛みをコントロールしたり、再び幸せを感じられる自分の姿を想像することを困難にしていた。

ジャニンは依存症者には、強制的に治療を受けさせる必要があると考えるようになっていた。すでにケンタッキー州やマサチューセッツ州などでは、本人の意思とは無関係に、依存症者を強制的に収容する制度が導入されていたが、人権上の問題があることに加え、効果にも疑問があるとして、患者の権利擁護団体や多くの専門家が治療の強制化には反対していた。

ホープ・イニシアティブがスタートして最初の一カ月で二十二人の患者が診療所を訪れた。ボランティアたちは、効果が上がっていることを実感していたが、その対象は、熱心にメッセージを送ってきたり電話をかけてきたりする一握りの患者に限られていた。また、その中で滞在型の治療施設に入れた患者は一人もいなかった。さらに、外来で薬物維持治療を受けることができた人も、ほんの一握りだけだった。精神的に疲れきっていたジャニンは、ある土曜日、ストレスに起因するめまいのために職場で気を失ってしまい、同僚が救急車を呼ばなくてはならない事態を引き起こしていた。

今となっては、ホープのボランティアたちが苦労して作成した連絡先リストに対する期待感も、シロアリが湧いて傾いている家に殺虫剤を散布しただけで、今にも倒れそうだった家が魔法のように再建されるのを期待するのと同じくらい、甘かったのかもしれない。少なくともボランティアたちは、そう感じ始めていた。

ホープ・イニシアティブが最初に成功を収めたのは、プログラム開始から数カ月後のことだった。しかも、そのためにボランティアたちは何十回も電話をかけ、何日間も患者やその家族の手を握りながら励まし、何千ドルもの費用をかけて、何週間にも及ぶぎりぎりの厳しい交渉を経て、ようやく一人の患者を滞在型治療施設に入所させるところまで漕ぎ着けたのだった。

その患者の名はジョン（仮名）といった。ジャニンは救急救命室で治療を受けるジョンの家族と、待合室で八時間を一緒に過ごした。ジョンは十年来のヘロインユーザーで、息子のボビーの友人でありヘロイン仲間でもあった。ジョンは自宅で解毒を試みてきたが、腕の注射痕が化膿してしまい、体温も三十九度以上に上昇してあまりにも具合が悪くなったので、心配した両親が病院に連れて来ていた。

ジャニンはジョンが離脱症状で大量の汗をかいた時は彼の額を拭き、痛みで身をよじったときには背中をさすり、看護師が投薬するための静脈をなかなか見つけられなかったときは彼を慰め、励ました。近くにいたジョンの両親は、息子の離脱症状を目の当たりにして、恐怖のあまり何もできなかった。ジョンは叫んでいた。「こいつを追い出してくれ！　この悪魔を僕の身体の外に出してくれ！」

ジャニンは持てるコネの全てを駆使して、ジョンを病院から直接、解毒施設に押し込んだ。待機時間ゼロで集中治療室から解毒施設に移れるのは異例のことだった。

翌日、ジョンに面会するため病院の廊下を歩いている時、ジャニンは以前、息子に服を持って行くために同じ廊下を歩いていた時のことを思い出し、思わず感情的になってしまった。

「ジョンはボビーの友達なので、一見、私の言うことを素直に聞いているように見えますが、彼もまた、いつ病院から抜け出しても不思議ではありません」とジャニンは語る。

現に、解毒施設に入って三日後、ジョンは両親に電話をかけて懇願している。「お父さん、僕を迎えに来てください」

ヒドゥンバレーに住むジョンの両親は、ジョンが必要としている治療が何なのかも、彼に何が起こっているのかも理解できていなかった。その無理解が、結果的にジョンの依存症を十年間も放置することにつながっていた。その間、両親はジョンに治療を受けさせるのではなく、彼を自宅に住まわせ援助までしていた。

「彼らは完全に思考停止状態に陥っていました」とジャニンは言う。

ジョンの父親は引退した警官だった。彼はジャニンに向かって、自分は警察官時代に仕事で他の子の両親に何度もお説教をしてきたと自慢していたが、こと自分の息子のこととなるとまったく無力で、息子の腕の傷痕が注射痕であることさえ認めようとしなかった。

「彼らは病院から解毒施設に電話をかけることさえできず、誰かにやってもらわなければなりませんでした。ある意味で、彼らも病んでいるんです」とジャニンは言う。

ジョンを解毒施設から退院させる時が来たとき、ホープのボランティアが、彼を州外の滞在型治療施設に入れる手配をした。しかし、その「引き継ぎ」がうまくいくかどうかは、ジャニンの手腕にかかっていた。引き継ぎを成功させるためには、ジャニンがジョンと彼の家族の間に介入し、家族が何と言おうがジョンを滞在型施設に入るよう説得する必要があった。そのためジャニンはジョンをもう一日解毒施設に滞在させてもらえるよう話をつけた上で、施設外でジョンと家族が話し合う場を設ける必要があった。解毒施設は施設内でそうした話し合いをすることを禁止していたからだ。

「もうパニック寸前でした。おかげで胃が痛くなりました」とジャニンは言う。ジョンの「限界局面」は終わりに近づいていた。

ジョンの父親は「介入屋」を生業とする元警官を雇っていた。乗り気でない患者を必要であれば力ずくでも治療施設に連れて行くのが、彼の仕事だということだった。何とか地元の公共機関が会議室を提供してくれることになり、ジョンには外来患者用のカウンセリングを申し込む必要があると嘘を言って、やっとの思いで彼を会議室まで連れて来た。

「ジョンを説得するために、私は最後にはボビーというカードを切りました」とジャニンは告白する。

それでもジョンを滞在型の治療施設に入るよう説得するのに、四時間かかった。最後に彼がそれを受け入れて飛行機に乗った時、ボランティアたちの間で安堵のため息が漏れた。

こうして何日もかけてやっとの思いで縦割り行政の穴を埋めた途端に、また次の裂け目が現れる。この頃、ようやく連邦政府の援助が多くの州に届こうとしていたが、国の支援策は地理的な差違はもとより、強固なイデオロギー的な対立によって分断され、混乱していた。

二〇一六年末、バージニア州保健委員長のマリッサ・レバインは、バージニア州でオピオイドの過剰摂取によって毎日三人が死亡し、二十五人以上が救急搬送されているとして、州のオピオイド危機が「公衆衛生上の緊急事態」であると宣言した上で、オピオイドの拮抗薬で、過剰摂取による呼吸抑制や縮瞳を回復させる効果のあるナロキソンを、すべての住人が医師の処方なしでも購入が可能になる包括処方箋の発行に踏み切った。

カナダのバンクーバーでは公衆衛生当局によって「ハームリダクション」と呼ばれる新しい治療の考え方が主流になりつつあった。これは、必ずしも麻薬の使用を完全にやめさせないまま、その使用に伴う悪影響を軽減させ、ユーザーの尊厳を損なうことのなく治療を進めていくというもので、カナダではこの考え方がアメリカより進んでいて、それがある種の社会運動のようになっていた。その基本的な理論はこんな感じだ。

「死んでしまったら、依存症者は断薬できない。また、清潔な注射器を与える方が、ＨＩＶやＣ型肝炎の治療費を支払うよりも安く済み、しかもより人道的だ」

こうした理念に基づいて、バンクーバーの公衆衛生当局は医師の監視の下で薬物を投与する施設を立ち上げた。そこでは過剰摂取した患者を回復させるために、看護師を待機させた状態で、使用済みの針ときれいな針との無償交換を行うほか、ナロキソンが無償で配布される。同様の施設がトロントとオタワでも承認された。

アメリカでもリベラルな傾向のある州や都市の中には、バンクーバーをモデルとした制度を始めたところが何カ所かあった。その一つのシアトルでは、それが連邦法の下ではまだ違法であるにもかかわらず、二〇一七年に当局はヘロインと他の違法薬物のユーザーのために国内初の注射器プログラム（無料で清潔な注射針や注射器を提供するプログラム）が始まっていた。

オピオイドによる死者が毎日五人出ていたマサチューセッツ州のボストンでは、「ALLY（仲間）」と書かれた紫色のワッペンを貼ったカバンを持ち歩いている人は、ナロキソンキットを携帯していることを意味していた。過剰摂取に陥った人がいた場合、近くでそのカバンを持ち歩いている人を見つけて、すぐに助けを求められる仕組みだ。

予防医療従事者は、患者にフェンタニルを使用する前にその効力を判断する目的で、フェンタニルのパッチテストを行うようになった。テストの結果に応じて、服用量を調節したり単独での使用を避けることなどが可能になるからだ。また、万が一フェンタニルを過剰摂取した場合に備えて、常にナロキソンが用意されるようになった。

サンフランシスコやシアトル、フィラデルフィア、ノースカロライナ州グリーンズボロなどでは、麻薬常用者の組合が薬物依存症に対する社会的な偏見と闘い、ハームリダクションを提唱し、ナロキソンの配布と注射針の無償交換の拡大を求める社会運動が展開されるようになった。

中には、地域に大量のフェンタニルが入荷した際に、麻薬密売人と交渉するような地域まで出てきている。

「私たちの目標は麻薬戦争を終結させると同時に、医療従事者に適正な治療を提供させることです。治療とリハビリに五万ドル（約五百五十万円）も払った人が、薬物維持治療を含む最善の治療を受けられないはずがありません」と、グリーンズボロで注射針の交換活動を行っているルイーズ・ビンセントは述べている。彼女はまた、「金儲け主義のサボキソン・クリニック」に対して、より厳格な規制を行う必要があると語る。

しかし、現実はリハビリ施設への入所希望者の五人に一人分しかベッドの空きがなく、治療費もほとんどのヘロイン依存症者の支払い能力をはるかに超えていた。テスの八十歳の祖父があれほど高額な治療費を払っても、リハビリの内容は標準化されておらず、科学的にはオピオイド治療のゴールドスタンダードであるはずの薬物維持治療も提供されていなかった。現在、薬物維持治療を承認しているのはアメリカのすべての薬物治療施設の約三分の一に過ぎない。

「本気で医者が立ち上がらなければ、何も変わりません。しかし、医者にとってそれは、ハームリダクションの対極にある、『十二ステップの回復プログラム』を声高に主張する医療従事者と戦わなければならないことを意味しています」と、自身がヘロイン依存症から回復中のビンセントは言う。ビンセントは今も毎月四百八十ドル（約五万三千円）を現金で支払って、離脱症状を抑えるためのメタドンの投与を受けている。

過剰摂取による死亡率が全国平均の六倍もある（そしてロアノークのヘロインの大部分を供給している）ボルチモアでは、保健局は長い間、週六日、ヘロイン常習者が集中する地域にＳＵＶ車を配備し、疾病検査の他、清潔な注射針の提供やナロキソンの使用法の指導、注射膿瘍の創傷ケア、出生前ケアの指導などを行ってきた。この施策の甲斐あって、ボルチモアでは汚れた注射針によるＨＩＶの感染率を、六四％から八％まで減らすことに成功している。

かと思えば、当時、インディアナ州の保守派の知事で現在トランプ政権の副大統領を務めるマイク・ペンスは、針交換の開始が遅れたために二〇一五年に同州のスコット郡で百七十五人がHIVに感染したことを認め、渋々針交換プログラムの導入に同意している。

サンフランシスコでは、自身がヘロイン依存症から回復中で、依存症の認定スペシャリストでもあるトレーシー・ヘルトン・ミッチェルが、ハームリダクション運動の一環として、清潔な注射針とナロキソンの瓶をパッケージにして無料で郵送する活動を二〇〇三年に開始した。彼女が「ヘロインのヒロイン」として知られるようになったSNSサイトのオピオイド関連フォーラムで、ミッチェルは毎日約五十通のメールに答えながら、カウンセリングや介入戦略を共有している。彼女の元には今も、全国から清潔な注射針とナロキソンと情報を求める依存症者からの電話が、ひっきりなしに入ってきているという。

「注射針の交換については、この国はまだ暗黒時代にいます」とミッチェルは語り、使い古された針が腕の中で折れてしまった事例や、ドブに落ちていた針を紙マッチのヤスリで研いで再利用しているユーザーの話をしてくれた。「われわれはまだ何年も遅れています。薬物死はこれからも増え続けるでしょう」

刑事司法機関とテスのような家族の間のイデオロギー的な隔たりは、むしろ日に日に大きくなっているように見える。アメリカにはロニー・ジョーンズ事件を担当した麻薬対策本部のケビン・コフマン刑事のように、オピオイド問題など、トランプ大統領がペンを一走りさせれば簡単に解決できると信じている人もいる。コフマンは、三回逮捕されたヘロインユーザーに終身刑などの厳罰を与えれば、他のユーザーへの萎縮効果が期待できるので、誰もがドラッグをあきらめるはずだと主張する。

私はコフマンやビル・メットカーフがジョーンズのヘロイン組織を監視するために借り上げていたアパートの一室で彼らを取材をしたことがあるが、そのアパートの台所に置かれていた冷蔵庫には、トランプ大統領とペンス副大統領を支持するステッカーが貼ってあった。コフマンのように、依存症者に対する共感をまったく持たないばかりか、モルヒネの威力がどれほど強いかについての科学的知識が根本的に欠如している人は、決して少なくない。

匿名アルコール依存症者の会に長年参加し、「十二ステップの回復プログラム」を実行している人たちの中にも、ハームリダクションや薬物維持治療に強く反対している人がいる。

「匿名薬物依存症者の会や匿名アルコール依存症者の会がカルトのような扱いを受けるのにはそれ相応の理由があります。彼らは外部からの情報を一切受け入れません。なぜなら彼らはそれが自分たちの回復の妨げになると考えているからです」と、自身のヘロイン依存症を治療するためにメタドンを服用しながら、ライフリングと呼ばれる民間の針交換プログラムを利用してきたミッチェルは語る。

トランプが司法長官に指命したジェフ・セッションズは二〇一七年三月にこう述べている。

「かつてナンシー・レーガンが言ったように、我々は麻薬にはただ『ノー』と言えばいいんです。やってはいけません、と」

その二カ月後、オピオイド問題と闘うことを公約して大統領に当選したトランプは、その公約に反して、ホワイトハウスの薬物管理政策局（ＯＮＤＣ）の予算を三億六千四百万ドル（約四百億四千万円）も削減することを提案した。これは最も弱い立場にいる依存症者たちをより大きな危険にさらすことを意味していた。

この提案は強い批判を受けたため、最終的にトランプは予算の削減幅を縮小した。しかし、政権が発足してから一年以上が経っても、トランプ政権は薬物管理政策局の専任局長さえ指命していない。トランプ自身は公衆衛生戦略よりも法執行機関の強化により関心があるようで、大統領諮問委員会の政策提言も宙に浮いたまま放置されている。

ロアノークを含むバイブルベルトのほとんどの地域では、ハームリダクションに対する理解は遅れていた。ボストンで開かれたオピオイドに関する会議で出た提案を私がジャニンに紹介すると、ジャニンは明らかに不満そうな顔をした。その案とは、依存症者を船でアメリカの法律が及ばない公海上に連れだし、医師の監督の下でカウンセリングと薬物維持治療を提供するというものだった。

「そんなバカな！　麻薬問題を解決するために、麻薬を打ち続けるというの？」ジャニンは嫌悪感を露わにした。

そんなジャニンでも、保守的なコミュニティの中では先駆的なリーダーだった。最近、彼女は自分の息子に起きたことを地元の教育委員会と郡当局に説明し、少額の連邦補助金で細々と運営されている郡のリスク防止審議会のために資金集めをしたいと申し出ていた。

彼女は高級住宅街のヒドゥンバレーの学区域が、子供を育てるために好ましい場所だと考えて、自分の子供をそこの学校に越境入学させていた。しかし、彼女が良いと思っていたヒドゥンバレーの豊かさが、逆に、そこの人々が世間体を気にして何も行動を起こせない原因になっていた。現に、ホープ・イニシアティブには毎日のようにヒドゥンバレーや近くのケーブスプリングのヘロインユーザーから連絡が入っていた。警察のデータによると、この二つのコミュニティのヘロインの状況は、より裕福ではない他の地域よりもはるかに深刻だった。

「私はこの地域で今、何が起きているのか、そして、これまで彼らが何を知らされてこなかったのかを、知らせようとしただけでした。しかし、私が話を始めると、皆ショックを受けた様子で、部屋は静まりかえってしまいました」とジャニンは言う。「私が話した後、誰も私に質問をしませんでした。仕方なく、私はただそこに黙って座っていました」

結局、教育委員会はこのプログラムの支援を断り、郡はこういう場合の定番になっている二千ドル(約二十二万円)の寄付だけを決めた。

ホープ・イニシアティブの最初の数カ月間に治療を求めていた五十七人のうち、ボランティアが滞在型治療を受けるよう説得できたのは二人だけだった。十五人が外来の薬物維持治療プログラムを紹介され、そのうち一年後にまだ治療を続けているのは七人だけだった。テスもその友人のジョーイも回復に成功はしていなかったが、二人ともホープのボランティアとは定期的に連絡を取り合っていた。

二〇一七年初頭、まだテスは第三者の支援を受けられる状態ではないと、パトリシアは考えていた。テスの母校のケーブスプリング高校で開かれた薬物乱用防止フォーラムで、私はパトリシアの隣の席に座った。まず、犠牲者の親や警官や裁判官などが登壇し、過剰摂取の通報が増加していること（年の最初の六週間で三十人）、ナロキソンの投与を必要とする事例が倍増していること、フェンタニルを添加したヘロインの登場によって、麻薬の効力がますます強力になっていることなどが報告された。

そこでジャニンはボビーの話をした。ジャニンにとって、公の場でボビーの話をするのは多分それが十二回目くらいだった。最後に彼女は、最近ソフトボールで親指を捻挫した十代の娘を救急救命室に連れて行った時の話を紹介した。レントゲン検査で骨折ではないことが明らかになると、なんとそこの医者は十五歳の娘に二十五日分のオキシコドンを処方したのだ。

「私はその場で処方箋を引き裂きました」とジャニンは言う。そして彼女はクリニックの責任者のジョン・バートン医師に電話をかけ、こう質した「まだ五年前と同じようなことをしている医者がいます。彼に指示を出していないのですか」

その後、クリニックでは反省会が開かれ、バートンはこの医師に、救急救命室ではオキシコドンやヒドロコドンは一回の処方につき三日分までしか出さないという病院の方針を、あらためて徹底させたという。

最後の質疑応答の時、聴衆の中にいたパトリシアが立ち上がって、ケーブスプリング高校時代に成績優秀者で運動選手でもあったテスが、ヘロイン依存症にかかったために売春婦になり、麻薬の売人やポン引きの食い物にされている状況を話した。

「こんなことは予想もしていませんでした。どうすればこの問題が解決できるかはわかりませんが、まず問題があることを認めることが大切だと思います。私たちはがんについて話すのと同じように、この問題について話すべきです」と彼女は語った。

フォーラムの後でパトリシアは、テスが今、地元の病院の精神科病棟に再入院していること私に教えてくれた。

ホープのボランティアのジェイミーとテレンス・エングルスはテスに対し、ネバダ州にある長期滞在型のリハビリ施設に入るよう説得していたが、いつまでテスの限界局面が続くかについては不安を覚え始めていた。テスが病院を出れば、そのベッドはすぐに埋まってしまう。しかし、新しい施設に入るためには一万二千ドル（約百三十二万円）を工面する必要があり、テスの学資金も底をつき始めていた。パトリシアは八十五歳の父親に、テスに残すつもりだった遺産の生前贈与を頼もうと考えていた。テスが死んでしまえば遺産の意味がなくなってしまうからだ。

パトリシアは前日の夜、孫を連れて病院にいるテスの面会に行った。テスは自分の息子を見て目を輝かせた。息子に会うのは十カ月ぶりのことだった。

しかし、その時の彼女の顔にはメタンフェタミン発疹があり、上腕から手首までは注射痕が広がっていた。さらに彼女はC型肝炎に罹患していて、体重は九〇ポンド（約四一キロ）まで落ちていた。

テスが息子と一緒に病院の床に四つん這いになって遊んでいる時、パトリシアはテスの後頭部にいくつか膿瘍があることに気づいた。「テスは今まで私が見た中で最も病んで見えましたが、彼女は自分がどれほど病んでいるのかが理解できていないようでした」とパトリシアは言う。

フォーラムの後、高校時代のテスの陸上部のコーチが、パトリシアと私が話しているところにあいさつにやって来た。

「あんないい子が、何と申し上げたらいいのか……」

ハーバード大学医学部の薬物障害に関する最新の研究で、典型的なオピオイド依存症のユーザーが一年間の回復を達成するためには、八年の年月と四〜五種類の治療が必要になることが明らかになった。にもかかわらず、糖尿病とほぼ同じ発生率を持つこの病気で、実際に治療やケアを受けることができるのは、全依存症者の一〇％にとどまっている。

それでもパトリシアは、父親の寛大さに期待していたし、何よりもまだテスのことを諦めていなかった。そしてそれはジェイミーも同じだった。

「病院から出てきたところで車に乗せて空港まで連れて行かなければ、テスが絶対にネバダには行かないことは、皆わかっていた」とジェイミーは語る。

テスは身分証明書を紛失していたが、偶然、病院の職員の一人が公証人の資格を持っていたので、パトリシアが頼み込んで、テスが飛行機に乗れるように、新しい身分証明書を作成してもらった。

二〇一七年二月二六日、ホープのボランティアのテレンス・エングルスが、待機させておいたタクシーでテスを病院から空港まで送り届けた。ネバダの治療施設は薬物維持治療中の患者を受け入れていなかったが、たまたまその時テスは何カ月も前からサボキソンの服用を止めていた。それはテスが親権を失い、息子が扶養から外れたことで、メディケイドの受給資格を失っていたからだった。そのためテスは離脱症状から逃れるために、主にクラックとヘロインを使っていた。

ネバダでの治療が功を奏するかどうかはまだ分からないが、テスはホープ・イニシアティブが滞在型治療施設に送り込んだ五人目の患者となった。

「映画を見ながら、物語がハッピーエンドで終わることを祈っている観客の気分です」とジェイミーは語る。

　パトリシアは今の不安定な状況を、あと一ミリのところに針を突きつけられた風船に喩えた。「神よ、お願いですからこの風船を割らないでください、みたいな気持ちです。どれほどの愛情を注ごうとも、どれほど強く抱きしめようとも、あの麻薬の力を変えることはできません。それがどれほど支配的で破壊的であるかは、われわれの想像をはるかに超えるものです」

　テスは最初に入った施設が自分には合っていないという理由から、早くも二週目にして近くにあった「ウイ・ケア・ハウス」という名の小さな女性専用施設に移動するというハプニングはあったが、パトリシアによるとその後のテスの治療は「とても順調」で、近いうちにアフターケアに移行する予定だということだった。テスの祖父は、彼女の治療のために生前贈与として一万二千ドル（約一三二万円）を出してくれた。

　ジェイミー・ウォルドロップも私も励ましのカードを送った。私はミッチェルの著書『ビッグ・フィックス――ホープ・アフター・ヘロイン』も一緒に送った。この本はこれまで私が読んだ本の中でも、薬物を断つための最も明確な方法を示してくれていた。この本の著者のトレーシー・ヘルトン・ミッチェルは彼女自身が、二十年近く回復した経験を持つ当事者だったが、（薬物維持治療にも反対していなかった）、同時に彼女の本には有益なデータが満載されていた。例えば、テスの断薬が一年間続いた場合、再発の可能性は五〇％あるが、断薬が五年間続いた場合、再発の可能性は一五％未満になることなどが、その本には紹介されていた。

ホープ・イニシアティブでテスを担当していたボランティアたちは、テスの友人のジョーイ・ギルバートの世話を始めていた。テスとジョーイはロアノークで一緒に知り合いの家を泊まり歩いた仲で、その後も、離脱症状やザナックスやクリスタル・メスについてメッセージのやりとりを続けていた関係だった。

ジョーイは二〇一七年初頭に、母親と一緒にホープの門を叩いた。彼女は断薬によるレスキュープログラムを短期間受けた後、薬物を完全に断ち切ろうとしたが、二十四時間も経たないうちに、あまりにも具合が悪くなり、もう耐えられないとだけジェイミーに言い残して、逃げ出していた。

彼女はジェイミーに、「サボキソンを使えば、自力で薬を断ち切ることができるかもしれない」と言ったという。彼女の目標は、他の人が薬をやめるのを手伝う人間になることだった。

「今度こそ、できそうな気がするの」と彼女はジェイミーに言った。

「もちろんあなたにはできるわよ」とジェイミーは応えた。

長いブロンドの髪と水晶玉のような青い目を持つ美しく若い女性のジョーイは、テスと同じ二〇〇七年にヒドゥンバレー高校を卒業した。学校では芸術と音楽に長けていて、三年間ほぼ毎日のように自分で決めたルールに従ってオシャレを楽しんでいた。そのルールとは、すべてのアクセサリーや服を、その日に自分が選んだ色に統一するというものだった。例えば、その日の洋服が緑色なら、イヤリングも靴もタイツも、そして指輪まで、すべてを緑色で統一していた。

ジョーイはまた、フレディ・マーキュリーやアイメイクやプリンスの曲やワークアウトのビデオに使うダンスまで、何についても自分の意見を人とシェアするのが好きだった。

「彼女はいつも元気いっぱいで、最高に楽しい人でした」と彼女の親友のエマ・ハーリーは言う。

ジョーイは高校時代のボーイフレンドから最初はオピオイド錠を、そしてその後すぐにヘロインを教わった。そのボーイフレンドはスコット・ロスやジャニンの息子ボビーらと同じグループに属する、ヒドゥンバレーでは最も初期のオピオイドユーザーの一人だった。

エマはそれから十年の間に、オピオイドの過剰摂取によって三人の親友と十人の知人を失っている。ヒドゥンバレーに住むオピオイドユーザーの知り合いは、また一人友達が死んだという連絡がきても、「どうやって?」とは聞かなくなっていた。聞く必要がないからだ。

「ヒドゥンバレー時代の友達は皆、死んでしまいました。私はたまたま、ハードなドラッグをやらなかったので、死なずに済みました」とエマは語る。「かつてパーティに行くと、必ずこう言われました。『ビールも薬もコカインも、ハイになるものは何でもあるよ。お好きなものをどうぞ』と」そのリストに静脈注射のヘロインが加わったとき、彼女は自分からグループを離れたのだそうだ。

エマは二〇一三年に、ジョーイとアパートをシェアしていたことがあった。ルームシェアをしないかと誘われた時、ジョーイはヘロインはもう使っていないと言っていたが、それは嘘だった。「クリーンな時のジョーイと再発した時のジョーイの浮き沈みの差が激しくて、私の手には負えませんでした。もしまだ薬をやっていることを知っていたら、私は彼女と同居などしませんでした。ほどなく彼女は、私の目の前で平気でヘロインを打つようになりました。見ていてとても辛かったです」

彼女たちは紛失した六ドルを巡ってケンカ別れして、その後六カ月間、口を利かなかった。ジョーイはその頃、フェイスブックにこう書いている。「これもきっといつかは過去の笑い話になるでしょう」

ジョーイはまだドラッグをやめていないどころか、父親に内緒で、麻薬と引き換えに、暴力的な麻薬の売人とそのガールフレンドを自宅に住まわせていた。

「彼女は自分が最低な人間に落ちぶれたことを恥じていました」とジェイミーは語る。

ホープのボランティアのジェイミーとシェリー・ハートマンの二人は、ジョーイを滞在型治療施設に入れるために、受け入れ先を懸命に探した。その頃ホープでは、ボランティアは必ず二人一組で活動するようになっていた。そうすることで実際の作業負担もさることながら、精神的な負担を二人で分担するためだった。

救急救命室に彼女を見舞いに行った後、何回かの面談を繰り返した結果、二人のボランティアはジョーイに売人の元から離れるよう説得することに成功した。その売人からジョーイは暴力を振るわれて、首にはあざができていた。ジェイミーが彼女の荷造りを手伝っていると、テスの服がいくつか出てきた。

シェリー・ハートマンは、精神科医の夫にサボキソン患者としてジョーイを受け入れるよう頼んだ（シェリーの夫はジョーイが断薬に成功していた期間、二十六歳になる前の彼女にビビトロルを処方したことがあった）。ジョーイの両親はその時、すでに離婚していたが、それまでにかかった治療費を二人で分担していた。また、無保険だったジョーイは慈善団体による介護も申請していた。

しかしジョーイも、二〇一七年三月にテスが経験したのと同じような、長いウエイティング・

リストや資金難などの壁にぶつかった。現時点で彼女を受け入れてくれる唯一の入院施設は、シャーロットの教会が運営する無料の病院だったが、そこはサボキソンや他の薬物維持治療は認めていなかった。

治療を始めるためにジョーイは、その危険性を知りながら、薬物維持治療を諦めなければならなかった。ジェイミーは表面的にはジョーイを励ましていたが、内心は彼女もシェリーもとても心配だった。

「彼女はとてもやる気があり、本気で治したいと思っていました、私たちも今度こそうまくいきそうな予感がありました」とシェリーは言う。とは言え、薬物維持治療とリハビリ入院の二者択一は難しい選択だった。

「彼女の依存症はとてもひどいものでした。彼女は離脱症状と戦いながら、精神疾患という心の中の悪魔とも戦わなければなりませんでした」とシェリーは語る。

その悪魔の中には双極性障害やPTSD（心的外傷後ストレス障害）も含まれているとシェリーは感じていた。彼女の経験では、依存症に加えて深刻な精神疾患を抱え、オピオイドだけでなく複数の薬物を使用してきた患者は、薬物維持治療でも効果を上げるのが難しかった。まずはビビトロルを一カ月間服用した後、すぐにリハビリを開始し、ドラッグの渇望を和らげるために定期的に置換薬物の投与を受けながら治療を続けるのが、ジョーイにとって理想的な治療法だとシェリーは考えていた。

ジェイミーも心配して、ジョーイの父親に言った。

「以前にできなかったことが、今回はできると思う理由がわかりません。また同じ事の繰り返しにならないか心配です」。

　父親はジョーイが痛みに対する耐性が弱いことを指摘した。

「ジョーイは子供の頃から、何か他のものを手に入れるまで、今使っているものを手放すことができないタイプでした。それはまさに薬物依存症者の多くがしていることです。彼女は依存症になりやすい性格だったのかもしれません。ただ、リハビリ施設に入りたいと言ってきた薬物依存症者に、ここに入りたければクリーンになってから来なさいと言うなんて、ばかげていると私は思います」とジョーイの父親のダニー・ギルバートは言う。

　ジョーイはまだ、以前にもらったサボキソンを一錠分持っていた。しかし、彼女はすぐにはそれを使わないつもりだった。リハビリの準備をするために、薬の使用量を自力で少しずつ減らしていこうとしていたのだ。ところが翌日、ダニー・ギルバートが妻と一緒にバージニア州北部を旅行していると、ジョーイが錯乱状態で電話をしてきた。ボーイフレンドとケンカをして、治療に対する自分の決心が揺らぎ始めていることを訴えてきたのだった。

「お父さん、死にたくないよ」と彼女は父に言った。二人は電話で言い争いになった。

　数時間後、ジョーイが父親にショートメールを送ってきた。

「今、病院を出たところなんだけど、タバコを一箱買いたいので四ドル（約四百四十円）送ってもらえませんか?」

　八分後、父はジョーイに返信した。

「みんなお前を愛してるんだ。私たちはお前に正気に戻って欲しいんだよ。たばこを買ってもいいが、そんなでたらめなことを言ってないで、早くお前の人生を取り戻しなさい」

翌朝、シェリーからジェイミーに連絡が入った。シェリーは何が起きたかをすぐに伝えることができず、言葉を詰まらせた。

ジョーイはロアノーク郡のある家の中で横たわっていた。救急通報があったのはジョーイが倒れてから八時間後だった。警察は捜査中だったが、ジョーイが意識を失った後、彼女が一緒にドラッグを使用していたいわゆる「友達」は、逮捕を恐れて現場をきれいに片付けていた。二〇一七年三月二六日、ジョーイはメタドンの過剰摂取で亡くなった。この年、ロアノーク郡内で過剰摂取により死亡したのはジョーイで十九人目だった。二十七歳だった。

「彼女は依存症という悪魔と必死で戦った。そして神は無条件の愛をもって微笑み、ジョーイをこれ以上痛みのない場所へと連れて行かれた。ジョーイ、私たちが再びあなたを腕に抱きしめることができるようになるまで、微笑みながら天国から私たちを見守ってください」彼女の母親は追悼記事にそう書いた。

二日後、ヒドゥンバレーの麻薬ユーザーの母親仲間たちが、ジョーイの告別式のベンチ席に集まった。彼らの息子や娘たちの中でまだ生きていたのは、ほんの数人だけになっていた。パトリシアは泣きながら、ギルバート家が問題を抱えていたジョーイをどれだけ愛していたかを讃えた。ジョーイが家族に耐えがたい悲しみを与えてきたにもかかわらず、彼らは彼女を守るために懸命に努力してきたことをパトシリアはよく知っていた。

「私は心の中で考えていました。もし死んだのがテスだったら、今どんな気持ちだろうと」

彼女はまだ、テスが回復できる可能性があると信じていた。回復して、彼女の息子にとって愛情深い母親になれる可能性があると。パトリシアはテスの息子に家族の写真を見せながら、テスを指さして「ママ」と呼ぶことを教えていた。しかし、テスには秘密にしていたが、テスの息子には新たな親権問題が浮上していた。そして彼女はその問題が解決する前にテスが死んでしまう可能性があることも知っていた。もしそれが現実のものとなったとき、彼女は自分の娘の灰を撒く場所まで決めていた。それはかつて家族で過ごしたビーチハウスからそれほど遠くないところにある、ケープフィア川と、彼らが犬を散歩しながらスカシカシパンを探した海が合流する場所だった。

六週間後、パトリシアはラスベガスの麻薬の売人とテスの間で交わされたフェイスブックのメッセージを見つけた。テスは彼女のリハビリのルームメートの電話を使って、その売人と連絡をとっていた。翌日、自分に対する失望を綴った母からのメッセージを受信したとき、テスはまだ施設にいた。

「今度もしあなたが失敗したら、もうあなたには自力で頑張ってもらうしかない、と私は書きました」と彼女はテスに送ったメッセージの内容を話してくれた。

二〇一七年の母の日のことだった。テスはパトリシアに、母の日のお祝いのメッセージを返してきた。「愛してる」テスはそう書いた上でこう続けた。でも息子と引き離されているのは「耐えられない。必ず家に帰ってみせる」

ところが、なぜかそのメッセージの最後には、不気味な響きを持つ彼女のストリートネームの「スイートT」の署名が付けられていたのだった。

第12章 正しいのはどっちか

古代ギリシアの長編叙事詩『オデュッセイア』の中で、著者のホメロスは「すべての痛みと怒りを和らげ、すべての悲しみを忘れさせる」薬に言及している。また、ビクトリア時代のある詩人は、アヘンを服用すると魂が「絹で撫でられているようだ」と表現している。

バージニア州の炭鉱地帯では、長年オキシコンチンを常習してきたローズマリー・ホプキンスがシスター・ベス・テービーズの事務所のカウンセリング・ルームで、一九九八年に初めてこの薬と出会ったときのことを、やや大袈裟に表現していた。

「私はこれさえあれば、もう何も要らないと思いました。これこそが私の生きる道だと」

彼女は二〇〇九年からアート・ヴァンジーのケアの下で薬物維持治療を受けながら回復過程にある。

ローズマリーはまた、製薬会社によっておびただしい量の鎮痛剤が市場に流れ込んだことについての、彼女なりの持論を語ってくれた。それは私がアパラチアの旧炭鉱街で、繰り返し耳にしてきた、お馴染みの主張だった。

「こんなに強力な薬物がいたる所に出回っている状態を放置しているということは、政府が意図的に社会の底辺にいる人々を消し去ろうとしているのと同じことです」

彼女は笑いながらその話をしていたが、私には彼女の言いたいことが、痛いほどよくわかっていた。彼女の仮説は、多少は話が盛られていたかもしれないが、全体の意味としては、連邦検察官事務所のアンドリュー・バスフォード検事が引用したガーフィールド元大統領の言葉と同じものだ。つまり、もしも政府が国民の役に立たないとすれば、「それは愚かさや誤った理念のせいではなく、内部の腐敗と硬直化のせいだ」ということだ。

「かつては年に八十件もの事件を立件していましたが、最近は二十六件とか四十件とか、かつての半分以下まで落ちてきています。問題が拡大するペースに警察の捜査が追いついていないのです。しかも、捜査はより難しくなっています。昔より多くの証拠を集めなければならないし、完璧に証拠が揃ってなければならなかったりします」三度目のインタビューの後、落ち込んだ気持ちで彼の事務所を去ろうとする私に、バスフォードはこう語った。「まあ、しょうがないですよ。リハビリなんて、まったくのデタラメです。そう、あれは数十億ドルも使って、まったく役に立たないことをやっているんですから」

ニューヨーク・タイムズの暴露記事によると、年間三百五十億ドル（約三兆八千五百億円）が費やされている「リハビリ産業」は、規制が歪められ、拝金主義がまかり通っている。また、複数の研究によって、外来型の薬物維持治療こそが過剰摂取による死亡を防ぐための最善の方法であることが明らかになっているにもかかわらず、リハビリ産業では依然として断薬に焦点をあてた治療ばかりが提供されていた。

「残念ながら、滞在型治療の効果については、信頼できるデータがありません」とハーバード大学の研究者のジョン・ケリーは語る。

研究ではユーザーが自宅から通いながら外来型の薬物維持治療を受けることの有効性が示されているが、切羽詰まった状態にある家族は、もっぱら断薬を強調したリハビリプログラムを売り込む企業の提案に、いとも簡単に乗っかってしまう場合が多い。

「あれほどの大金を払ったのだから、うまくいくに違いないと楽観的に考えてしまうことも、失敗の原因になっています。しかし、断薬こそが唯一無二の治療法という神話が世間一般で広く信じられていることこそが、人々が次から次へと死んでいく最大の原因となっています」とシェリー・ハートマンは言う。


私は、ロニー・ジョーンズと彼が売った麻薬の犠牲になった人たちに起きたことが、刑事司法制度と医療制度の間に横たわる歪みをあぶり出してくれることを期待していた。現在のアメリカの刑事司法制度は、厳罰を与えさえすれば問題は解決するという単純な考え方を採用しているが、依存症の問題は実際はそれよりもはるかに複雑だった。また、医療制度については、患者が依存症になるまで安直に大量の鎮痛剤を処方し続け、いざ依存症になると治療体制が整備されていないというのが実情だった。

私はまた、私のジョーンズのインタビューが、息子のジェシーがなぜ死ななければならなかったのかという、クリスティ・フェルナンデスの問いに答えるのに役立つことも願っていた。ロニー・ジョーンズは本当に警察や検察が言うような怪物だったのか。そして、毎年二千人からの犯罪者をまるで回転とびらのようにバージニアの都市や郡や町や社会に戻している現在のアメリカの矯正制度は本当に機能しているのか。

ロニー・ジョーンズにインタビューをしたとき、当初の話ではインタビュー時間は二時間ということだった。録音は認められていなかった。しかし、その日、刑務所の担当者は、午前から夕方まで実に六時間以上もの間、私のインタビューを許してくれた。そしてその間中、刑務所の職員たちは、マジックミラーのガラス窓の反対側で、私たちの話に聞き入っていたに違いなかった。

私はこのインタビューのために刑務所まで来る道程で、屋根付きの橋や、丁寧に維持されてきた築二百年のログハウスなどが立ち並ぶブルーリッジ山脈の静かな農村地帯が、なぜわずか数カ月の間に何百人ものヘロイン依存症者を生み出すことになったのか、そしてロニー・ジョーンズがその責任をどれほど負っているのかを、しっかりと見極めたいと考えていた。

三十九歳のジョーンズは、当初は警戒する様子を見せていたが、面会の間中、紳士的かつ礼儀正しく私に接してくれた。彼は刑務所で過ごした二年間、体を鍛えたり、アラビア語やスワヒリ語を学んだり、ガイ・ジョンソンやエリック・ジェローム・ディッキー、マヤ・アンジェロウなどの著書を読みながら過ごしたと言う。私は刑務所に向かう車中で、ミッシェル・アレクサンダーの著書『ニュー・ジム・クロー』をオーディオブックで聴いてきたことを彼に伝えた。その本は麻薬戦争で大量の黒人が刑務所に収監されている状況を、奴隷制時代の人種統制システムになぞらえていた。

「『ニュー・ジム・クロー』は私も二回読みました」とジョーンズは言った。彼は、弁護士のブライアン・スティーブンソンが書いた『黒い司法　黒人死刑大国アメリカの冤罪と闘う』（*Just Mercy*）も読んでいた。これは刑事司法制度に内在する人種的バイアスと経済的不平等を検証した名作で、冤罪の死刑囚の支援も目的としていた。

「それを読んで泣きました」とジョーンズは言った。

二冊の本はいずれも、過去四十年の間にアメリカの政策が、保健や福祉を重視するものから、犯罪者を大量に投獄し厳罰を与える政策へと転換したことを指摘した上で、その効果に疑問を呈していた。実際、一九八〇年以降、刑務所に収監される人の数は五倍に増え、財政支出も六十九億ドル（約七千五十九億円）から八百億ドル（約八兆八千億円）へと膨れあがっていた。

ジョーンズが懲役二十三年の実刑判決を受けることに大きく貢献したATF（アルコール・タバコ・火器・爆発物局）捜査官のビル・メットカーフが、フライパンの上の目玉焼きを依存症者の脳に擬したポスターとナンシー・レーガン元大統領夫人の「ジャスト・セイ・ノー」というスローガンから、自分のライフワークへのインスピレーションを得ていたのに対し、アレクサンダーとスティーブンソンは、麻薬事犯者に対する強制的最低量刑制度や三ストライク法、仮釈放の廃止、不審者に対する所持品検査などの警察活動はいずれも国民の犯罪に対する恐怖心を悪用したもので、その背後には制度的人種差別があると指摘していた。

これがジョーンズにとっては三度目の服役だった。彼はアメリカでは黒人男性の三人に一人が刑務所に収監されていることを知っていた。また、黒人は出所しても前科者として二級市民の烙印を押され、まともな職に就くことができないため、何度も刑務所と外の世界を行ったり来たりする運命にあることも理解していた。彼はまた、受刑者の約半分を占める薬物事犯者の再犯率が七五％に達することも知っていた。そもそも彼自身が、その代表例だった。

「逮捕するだけでは麻薬問題は解決できない！」

これまで私は警察や公衆衛生の関係者から、耳にたこができるほど繰り返しこの台詞を聞かされてきた。しかし、その台詞は実際には、離脱症状から逃れるために麻薬を取引したり窃盗を犯したりする白人のオピオイドユーザーを想定したもので、ジョーンズのような武装麻薬取引で逮捕された人々や、麻薬取引の罪で逮捕された有色人種を対象としたものではなかった。統計的には有色人種の方が、麻薬を使用したり麻薬取引に関与する可能性が低いにもかかわらずだ。（麻薬犯罪で連邦法に違反した者の四分の三を黒人またはヒスパニックが占め、州レベルでも五七％を有色人種が占めている。）

ところで、なぜ黒人はオピオイド依存症にならなかったのだろうか。その疑問に対する答えが、疾病予防管理センター（CDC）が発行する二〇一四年のデータにある。それは医師が有色人種はオピオイドを乱用する怖れが高いと考え、白人よりもはるかに低い割合でしかオピオイドを処方しなかったからだった。「皮肉にも人種的偏見が功を奏したようだ」とブランディス大学のアンドリュー・コロドニーは指摘する。それは、二〇〇二年から二〇一四年までの間に、若い白人が薬物の過剰摂取で死亡する率が三倍に増えているのに対し、有色人種の死亡率はほぼ横ばいだったことからも、うかがうことができる。

シャノン・モナットが指摘するように、アメリカの各家庭の薬箱に入っていたオピオイドの鎮痛剤が火元となり、白人の労働者階級の空洞化によってヘロインの蔓延が大火事へと広がっていったが、その炎を煽ったのは、州や連邦刑務所から社会に放出されている毎週一万人もの受刑者だったのではないかと私は思い始めていた。

私がジョーンズに取材をしているちょうどその頃、ジョーンズの麻薬組織が活動していたウッドストックから北に三十分ほど行ったところにあるウインチェスターでは、最初の薬物裁判が始まろうとしていた。薬物裁判では被告となる薬物事犯者に対して、薬物維持治療を含む治療を促すと同時に、職場まで通勤するための無料のタクシー券が提供される（職場までの交通手段をどうするかはアメリカの田舎では深刻な問題だった）。薬物裁判制度の下で利用されたタクシー代は、事後に地元のロータリークラブによって払い戻されることになっていた。

政府のオピオイド危機への対応は遅々として進まず、硬直化した官僚制度や財政難などのために、解決策は一向に見えていなかったが、この裁判ではボランティアたちがその穴を埋めるために立ち上がった。人口わずか二万七千人ながら十四もの依存症者の社会復帰のための訓練施設があり、新しい雇用が生まれていたウインチェスターには、依存症からの回復を目指す人々が全米から集まってきていた。

ここにはアマゾンが近々、倉庫と流通基地を開設する予定で、プロクター・アンド・ギャンブルもウインチェスターから北に二十分のところに、柔軟剤「バウンス」の製造工場を建設中だった。また、元薬物事犯者でオピオイド依存症者でもあったカリスマ性のある男性が牧師を務める教会が急成長していた。彼は日曜の礼拝をダウンタウンのショッピングモール内のバーで行うことで有名だった。

もしロニー・ジョーンズが前回、刑務所から出所した時に、ウインチェスターのロータリークラブや薬物裁判所が彼を支援していたら、状況は変わっていただろうか。彼には一人の保護観察官が割り当てられていたが、その女性は同時に百四人もの出所者を監督しなければならず、ジョーンズはその中の一人に過ぎなかった。

「出所するやいなや、彼らは自分の収入では家賃や光熱費や食費を賄えない現実に直面します。さらに、彼らには裁判所から命じられた罰金や滞納している養育費なども待ち受けています。そこで彼らのほとんどが新しい犯罪に手を染めます」とロニーの保護観察官は匿名を条件に語る。匿名なのは、保護観察官はメディアに話すことが許されていないからだった。二〇一六年、ウッドストックでは二人の保護観察官が二百四人の仮出所者に対して、月に一度の点呼と自宅訪問に加え、薬物検査まで実施しなければならなかった。

刑務所を出所した人は運転免許証を持っていない場合が多い。また、裁判所に命じられた罰金や養育費の滞納分を返済するまで、免許証を取得することができない。一九九六年の連邦政府の措置がまだそのまま残っている州では、一度でも麻薬犯罪で有罪判決を受けると、フードスタンプ（政府の食料費補助）すら半永久的に受けられないことになっていた。（バージニア州はその措置が緩和された二十六州のうちの一つだった）。

「考えてもみてください。家がなくてもなんとか生きられますが、人間は食べ物がなければ生きていけません」とマーク・シュローダーは語る。

シュローダーは麻薬取引の常習犯で、回復中のクラック依存症者でもあるが、十年間刑務所に服役した後、二〇一六年にシェナンドー・バレーで自ら起業して成功していた。彼は二〇一五年に最高裁が「ジョンソン対合衆国」判決で、一九八四年の武装常習犯罪者法の「暴力的重罪」の定義を違憲と判断したことによって刑が軽減された、何百人もの累犯者の一人だった。

「食べていくためには人から奪うか、麻薬を売買するか売春するしかありません。私にも経験があるからわかりますが、すべては犯罪者が再び犯罪に戻るように設計されています」とシュローダーは言う。

もしジョーンズの社会復帰が、過重な負担と無関心に満ちた現在の制度ではなく、ブライアン・スティーブンソンのイコール・ジャスティス・イニシアティブのスタッフによって管理され、ジョーンズがシアトルのような前科者に対して友好的な都市に定住できていたら、果たして同じような結果になっていただろうか。シアトルには雇用やハームリダクション措置の選択肢が豊富にあり、依存症になった末端の薬物事犯者や売春事犯者を訴追する代わりに、住宅や雇用を提供して、依存症の治療を支援する制度もある。このような両面からのアプローチは、麻薬の元売人が合法的な仕事を見つけることを助けることに加え、麻薬取引の需要そのものを枯渇させる効果も期待できる。

「それができれば状況は大きく変わります。刑務所の入所者数が二五％減れば、二百億ドルが節約できます。そして、その半分を治療に回せれば、人々が成功する可能性をかなり高めることができるでしょう」とスティーブンソンは語る。

一九七〇年代、アメリカは薬物依存症を健康問題ではなく、犯罪として扱うことを決めた。なぜなら、「特定の人々を犯罪者扱いすることが、人々の支持を受けていたからです。そして、アメリカ中が『恐れと怒りの政治』に傾倒していきました」とスティーブンソンは言う。

薬物依存症者を犯罪者扱いすることが当たり前になってしまったことで、アメリカ国民は依存症者の治療に無関心になってしまった。その裏付けとして、彼は二〇〇一年にコカインやヘロインを含むすべての薬物を処罰の対象から外し、代わりに住宅や食料、就労援助などの提供を始めたポルトガルの例を挙げる。

ポルトガルは今ではＥＵ内では薬物使用率が最も低く、薬物に関連したＨＩＶの感染率や過剰摂取による死亡率も大幅に低下しているが、そこではかつて薬物依存症者の訴追や収監に費やされていた予算が今、治療につぎ込まれていた。


とは言え、ロニー・ジョーンズの場合、わかりやすい償いの物語には収まり難いところがある。それは彼が、不安定な家庭環境から抜け出すために、間違った意思決定を安直に繰り返したからだった。

彼の逮捕歴は、彼が高校三年になる直前の夏に起きた窃盗事件に端を発する。その時、彼はガールフレンドから借りた車を使って、別の女の子と会っていた。それがガールフレンドにばれて大喧嘩になり、彼女が警察に通報したために、ジョーンズは彼女の車を盗んだ窃盗容疑で逮捕され、有罪判決を受けてしまった。彼はその保護観察中に、別の車を無免許で運転し、しかもその車にはたまたま盗品が積まれていたために、重罪で逮捕されてしまう。

ジョーンズは、成長するにつれて、リーボックよりもより高価なナイキが、ホットドッグやフィッシュスティックよりもステーキが欲しくなっていったと言う。

彼はまた、看護師だったシングルマザーの母親とのより緊密な関係を求めていたが、彼女は彼よりも、音楽やスポーツが好きで学校でも優等生だった弟のトーマスを可愛がった。

「私は母のお気に入りだった弟に嫉妬していました。よく母親と喧嘩になると、『それなら父親と一緒に住んでやるぞ』と言って、彼女を困らせていました」とジョーンズは語る。

子供時代のロニーはとても強情で、いつも先生や母親に反論していたと、弟のトーマスは証言する。

「でも、不思議なことに、兄はそれほど悪い子ではありませんでした。ただ、時々、権威を軽視するようなところがありました。私は小さい頃から、兄の反感を買わないように心がけていました」とトーマスは語る。

現在、シャーロットを拠点に音楽プロモーターとして働く弟のトーマス・ジョーンズは、彼の兄は素晴らしいビジネスマインドの持ち主だったたし、子供の頃、自分の宿題はやらなくても弟の数学の宿題は手伝ってくれたと語る。

また、彼の家族にコネがなかったわけでもなかった。彼の叔父のピーティ・ジョーンズは映画『タイタンズを忘れない』のモデルとなった、一九七一年のフットボールの州大会の優勝校チームのラインバッカーとして活躍した。この映画は学区域の統合によってできたアレキサンドリアの一つの高校で起きた、人種間の摩擦をテーマにしていた。

また、彼の母方の祖父のトーマス・〝ピート〟・ジョーンズ一世は、公営住宅の人種差別の撤廃運動に積極的に参加し、一九九〇年にブッシュ大統領が、アレキサンドリアの公営住宅からドラッグを一掃する方法を議論するために住民と対話した時の、住民側メンバーの一人だった。

ロニーと弟のトーマスはバージニア州北部の家賃補助付の公営住宅で育ち、母親の出世に合わせて数年ごとに引っ越しを繰り返した。しかし、ロニーが十五歳の時に起きた兄弟間の乱闘で母は我慢の限界に達し、それ以来ロニーを父親に引き取ってもらおうと考えるようになった。

ほどなく、彼女はロニーを父親と一緒に住まわせるためにアレキサンドリアまで連れて行った。

その時、彼の所持品はゴミ袋に入れられて、父親の家の前の道端に放り投げられた。ロニーの記憶では、母は父にこう言ったという。「この子はあなたの責任でなんとかしてちょうだい。私は手を引きます」

ロニーの父親と叔父は麻薬常用者だった。ロニーは父と叔父が自宅の地下室で、粉末コカインを吸引していたことを今も覚えているという。

父親の元に転がり込んだ六カ月後、ロニーは彼の母方の祖母で親戚の中では彼が一番好きだったロージーと一緒に暮らし始めた。彼女の夫は空軍の整備士で、ロニーをメリーランド州のアンドリューズ空軍基地の航空ショーに連れて行き、パイロットの席に座らせてくれた。その時、彼は飛行機に魅了され、空軍パイロットになりたいと思った。それは浮き沈みの激しいロニーの子供時代の中で、短くも幸せな時間だった。彼の祖母はロニーに、近くの老人ホームの食器洗いの仕事を紹介してくれた。ロニーはそのかたわらで副業として、非営利団体のために戸別訪問でクッキー生地を売ることで、商才に磨きを掛けた。

彼の祖母は、彼がきちんと学校に通っている限り、彼の欲しいものは何でも与えてくれた。しかし、彼は教師とよく衝突して、十六歳の誕生日までに十回も転校を繰り返した。

高校時代、ロニーにとっては忘れられない事件があった。それはクラス討論で、アメリカの歴史上、アフリカ系アメリカ人とネイティブアメリカンとユダヤ人の中で、どの人種が最もひどい迫害を受けたかを議論した時のことだった。議論が白熱し過ぎてしまい、ロニーは教師から教室を出るように言われた。その時、乱暴にドアを押し開けて出て行ったことが教師を威嚇する行為に当たると見做されてしまい、ロニーは罰金と初の保護観察処分を受けることになってしまったのだ。

「最初の数件の事件は、今も頭の中で何度も思い返しています。もしあの時、盗品を積んだ彼女の車を運転していなければ、おそらく私は今頃軍隊にいて、普通の生活を送っていたでしょう」と、彼は自分がその後何度も刑事司法の世話になるきっかけとなった事件のことを振り返る。

結局、彼は、この犯罪歴のために、なかなか仕事が見つからなかった。犯罪歴があると、バーガーキングやマクドナルドのような全国チェーンのファストフード店や、ウォルマートやロウズのような大手の小売店には雇ってもらえなかった。唯一雇ってくれたのが、車で片道一時間もかかるメリーランド州にある安売りスーパーの「フードライオン」だった。

その頃、従兄弟からコカインの取引を紹介されたのが、麻薬売買と関わる最初のきっかけだった。その時、ロニーはスーパーで二週間働いてもらう給料より、麻薬で一日で稼ぐ分のほうがはるかに多いことを知ってしまった。麻薬売買から得られる報酬は、とても魅力的だった。

ただ、ロニー自身は将来、父親のようになりたくないと思っていたので、あえてハードドラッグは避けていた。彼は誕生日と大晦日以外はお酒も飲まず、マリファナも一切やらなかった。しかし、麻薬を売ることによって彼は、自分が最も切望していた二つのものを得ることができた。それはお金と尊厳だった。

ある時ロニーが、黒人の友人が運転する車でバージニア州ハーンドン近くの高速道路を走っていたとき、パトカーに停止を命じられ、令状もないのに、警官に車内の捜索をされてしまった。警察の言い分では郡のステッカーが貼っていないから怪しいということだったが、もちろんそれはただの言い訳だった（ジョーンズによると、その時彼らが乗っていた車にはメリーランド州のナンバープレートがついていた)。警官は車内から三グラムのクラック・コカインが押し込まれている靴下を見つけた。

「確かにその時私は麻薬を持っていました」とジョーンズは言う。

ジョーンズは逮捕されたが、その時は、彼の祖母が保釈金を払ってくれてすぐに釈放された。ところがジョーンズはその直後に、おとり捜査の警官に麻薬を売ろうとして、また逮捕されてしまう。今度ばかりは二つの州法違反と保護観察処分の遵守事項違反で起訴され、八年半の実刑判決を受けてしまう。

裁判所によって任命された公選の弁護士は多忙な様子で、「私の事件など、ただ早く終わらせたいという感じでした」とジョーンズは語る。

その弁護士は拘置所からジョーンズが書いた質問の手紙に返事すらせず、ただジョーンズに、検察が最初に提示する司法取引の条件を受け入れ、法廷でも何も主張しないようにアドバイスをするだけだった。

この頃アメリカでは、実際の犯罪率は低下していたのに、全国で検察が起訴する重罪の数は二倍に増えていた。フォーダム大学法科大学院のジョン・パフ教授は、彼の二〇一七年の著書『ロックト・イン』(*Locked In*)の中で、被疑者を重罪で告訴すれば、州の予算で刑務所に入れることができるため、地元の警察や検察にとっては重罪の方が政治的にも経済的にも都合がよかったと指摘する。軽罪で起訴した場合、刑罰や保護観察にかかる費用は、郡や市など地元の自治体が負担しなければならなかった。

イースト・テネシー州立大学で公衆衛生学が専門のロバート・パック教授も、「問題に対処するために多種多様な施策が打たれているが、どれ一つとして相互的に機能していない」と語る。パックは制度が機能しない最大の理由は、システムが硬直化しているからだと指摘する。関係者が全員、組織内における自分の立場からしか物を見ていないところに問題があるというのが、パックの見立てだ。

こうしてジョーンズは刑務所で高校の卒業を迎えることになり、刑務所内の研修制度を利用してコンピュータを修理するクラスを受講した。彼のGPA（平均点）は四点満点の三・六点だった。彼はGED（General Educational Development 高校卒業の学力があることを証明するための試験）の受験勉強をしている他の受刑者に勉強を教えるかたわらで、コンピュータ修理技術のコースも修了した。その上で、認定ネットワーク管理者の資格を取り、将来は政府の仕事に就きたいと考えていた。

ロニーが二〇〇八年に出所したとき、彼の弟トーマスはすでに社会で活躍していた。「ビッグ・プー」というステージ名でも知られていたトーマスは、メジャーレーベルのアトランティック・レコードと契約してアジアをツアーしたり、ラップバンドのリトル・ブラザーとレコーディングをしたりしていた。

「私は兄の自立の助けになればと考え、出所してきた兄がノートパソコンを買うための費用として五千ドル（約五十五万円）を渡しました」とトーマスは語る。

とりあえずロニーは携帯電話キャリアーのT・モバイルで、携帯電話を売る仕事に就いた。しかし、会社が彼をなかなか昇進させてくれないのは彼の犯罪歴のせいだと勝手に思い込み、ロニーは会社に対する不満を募らせていた。また、彼は我慢強さが足りず、頭の良さを鼻にかけたところもあったので、仕事仲間からは嫌われていた。

「『兄さん、このままだと失敗するよ』と私は何度か兄に言いました。重罪者のほとんどは仕事が見つからないんだから、自分は仕事があるだけラッキーだって思わないと、ってね。兄は相手の頭の中を素早く読み取り、うまく相手を惹きつけるコツを知っていました。私は、『まずは今の仕事を大切にして、一歩ずつ上がっていかないと』とも言いましたが、彼はその仕事では満足できなかったようです」とトーマスは言う。

二〇一〇年、トーマスがツアー中に、ロニーからコレクトコールの電話が入った。ロニーがクレジットカード詐欺で再び逮捕されたのだという。

「いい加減にしてくれよ。兄さんが自立するために、いろいろ助けてやったじゃないか」とトーマスは兄に言った。

その後、トーマスは大ヒットした二〇一一年の自身のソロアルバムから、献身と失望について歌った「リアル・ラブ」という曲の歌詞を、兄へのメッセージとして送ってきた。

兄ちゃん、どっちが正しくても
逮捕されちゃどうしようもないよ
出所した後、うまくいかなかったんだね
でも兄ちゃんはまだこれからだよ
今どんなに状況が悪くても
やっぱりオレはカネを出すよ

オレたちは家族なんだからさ

クレジットカード詐欺で実刑判決を受けたロニーは、受刑者の社会復帰を支援する職業訓練プログラムの一環で、バージニア州ウッドストックにあるジョージズ・チキンの鶏肉加工工場に派遣され、そこで働き始めた。それを見た家族は、ロニーが最悪の状態は脱したものと受け止めていた。彼は母親と弟には、刑務所で学んだコンピュータ修理の技術を使って、自分の会社を始めたと語っていた。

たまたまその時はトーマスの仕事が上手くいっていなかった時期でもあったので、ロニーはトーマスと共同でビジネスを始めることまで考えていた。ロニーはトーマスには、ウインチェスターで開く予定だったカリブ海風のチキンのレストランを手伝って欲しいと考えていたが、それは弟の資金提供をあてにしてのことではなかった。実は、ロニーはレストランでは必須となるアルコール飲料を販売する免許を得るために、トーマスの助けを必要としていた。重罪で有罪判決を受けたロニーには酒類販売の免許がおりないことがわかっていたからだ。

「私は合法的なビジネスをしたいという兄の強い思いを理解できていませんでした」と語るトーマスは兄にこう答えたという。「俺はバージニアに住んでいないし、人の酒類販売免許に自分の名前を載せるつもりもないよ。それに、この死んだような小さな町のレストランに、一体誰が来るっていうんだい」

トーマスはロニーがガールフレンドと一緒に彼に会いに来たとき、兄の行動を不審に思い始めた。

「ロニーはメルセデスベンツに乗っていたんです。私は変だと思いました、コンピュータ修理をやっているだけで、そんなに儲かるのかと。他にもロニーの家の車庫には、彼が実際には乗れないはずのオートバイや、別の車が停まっていました」とトーマスは言う。

他の車は政府機関で働いているという彼のガールフレンドの持ち物かもしれないとも思ったが、トーマスはそれ以上は深入りしたくなかった。

今、トーマスは、ロニーはその時、麻薬取引から真っ当なビジネスに移行したかったのかもしれないと考えている。真っ当なビジネスを確立しておけば、もし自分が逮捕されても、娘たちの生活を支える収入源を失うことはないと考えたのではないかと、トーマスは言う。

ロニー・ジョーンズがたびたび弟のトーマスを困らせてきたのと同じように、彼はATF捜査官のビル・メットカーフと検事のドン・ウォルザイスも、捜査への非協力という形で困惑させた。ロニーは自分には十年の実刑ぐらいが相応しいと考えていた。ところが公選弁護人のシャーウィン・ジェイコブスはウォルザイスと司法取引をして、懲役十五年で話をつけてきた。これに不満だったジョーンズはジェイコブスを解任し、司法取引も拒否した。しかし、ロニーのその行動は、後に裏目に出ることになる。

結局、最終的に連邦裁判所がロニーに言い渡した刑期は二十三年だった。トーマスはこの悪い知らせをヨーロッパ・ツアー中に親類からのメールで知った。

「真面目に勤め上げれば、もっと早く出て来れるよ、と兄には言いました」とトーマスは語る。

トーマスは法律を犯したことは一度もないが、それでも警察から職務質問を受けたり、高速道路で警察から停止を命じられることはたびたびあるという。それは彼が三十代の黒人男性で、身体の方々にタトゥーを入れていて、中流階級が多く住むノースカロライナ州のシャーロットで高級車のレクサスを乗り回しているからだろうとトーマスは言う。警察に止められるたびにヒヤリとするが、警官が彼の運転免許証をチェックしても何の犯罪歴も出てこないし、車は妻の名義になっていた。彼の妻はビジネスウーマンとして成功していたので、警察もそれ以上は手出しできないはずだと、トーマスは言う。

「警察に車を停止させられたとき、私は決して生意気に振る舞ったり反抗的な態度は見せません。私は毎日無事に妻のもとに帰れれば、それだけで十分に幸せですから。だから警察にはとても礼儀正しく対応しています」とトーマスは言う。

トーマスはロニーのような刑務所から出所してきた元犯罪者たちには同情的だ。

「刑務所は犯罪者を更生させることもないし、出所後の就職も手伝ってくれません。刑務所は犯罪者に再び戻ってきて欲しくないから、刑務所内の環境を厳しくしていると言いますが、実際は彼らにまた戻ってきて欲しいと思っているはずです。それが彼らのメシの種なのですから。だから、出所後にまた同じ過ちを犯さないためには、かなり精神的に強くなければなりません」

ロニー・ジョーンズは、最初にウッドストックに来た時、町は自分を歓迎してくれていると感じたそうだ。二〇一二年に刑務所を仮出所したジョーンズが、ジョージズ・チキンで働くために初めてこの町を訪れたとき、彼は車を運転する人々が道ですれ違うたびに、お互いに手を振って挨拶しているのを見て、いたくこの町が気に入ったという。ジョージズ・チキンでは最低賃金しかもらえなかったが、生活費が安いこの町では、それで十分に暮らすことができた。

「それはちょっとしたカルチャーショックでした。この町では、黒人の数は片手で数えることができましたが、私はそれも気に入っていました。ここなら悪いことはできないなと思いました」

彼は早朝のシフトも気にしなかった。

「鶏のフンまみれになるのも気にならなかったし、生きている鶏を扱うのも平気でした」

彼は二十一週間の受刑者の復帰支援プログラムが修了した後も、ジョージズ・チキンで働き続けていた。しかし、数カ月後、病気になって一週間入院しなければならなくなった時、解雇されてしまった。

当時、彼は将来的には十席ほどの小さなレストランを開きたいと考えていた。彼は母親から料理を学んでいたし、ジョージズ・チキンに来る前にも、社会復帰プログラムの一環で料理の仕事に就いていた。しかし、レストランを開きたくても、彼に店舗を貸してくれる人はいなかった。

ジョーンズは以前、コンピュータ修理店を開くために事務所を借りようとした時にも、同じような経験をしていた。「貸店舗」の看板を見て連絡をすると、決まってスペースはもう貸し出し済みだと言われた。試しに、同じところに友人の白人の女の子に連絡をしてもらうと、大家は快く貸し出しを了承してくれた。

「それを聞いて『ふざけるな』と思いました」とジョーンズは言う。

その当時、彼には医療費として五千ドル（約五十五万円）、裁判所から命じられた罰金と賠償金として二万ドル（約二百二十万円）の負債があった。最近の傾向として、有罪判決を受けた者が、多額の罰金や諸費用を課される事例が増えているが、これが刑事犯罪で有罪判決を受けた者の社会復帰の大きな妨げになっていた。

結局、ジョーンズは別の鶏肉加工工場で雇われたが、そこでは週に三百ドル（約三万三千円）から四百ドル（約四万四千円）しか稼げなかった。

「二つめの鶏肉工場で働き始めて三十日もしないうちに、こんな給料ではとても借金は返せないことに気づきました。麻薬取引にシフトしていったのは、そこからです」とジョーンズは言う。

彼は借金を全て払い終えて合法的に生活できるようになるまで、フルタイムで麻薬取引することを決めた。自らを薬物の卸売業者と位置づけ、エンドユーザーがそれを血管に注射するかどうかまで自分は関知しないという何とも歪んだ理屈で、ジョーンズは自身のヘロイン売買を正当化しようとした。しかも彼は、自分がボルチモアよりも安く、より安全な環境で薬を提供しているという理由で、地域の人々の役に立っているとまで主張した。

パデュー・ファーマが依存症のリスクが「一％未満」しかない完璧な徐放性鎮痛剤を発明したと発表し、その後、依存症者が大量に出ると、彼らが薬を誤用したのが悪いと主張して、責任をユーザー側に転嫁したのと同じように、ジョーンズもまた、麻薬の蔓延の責任を他者に転嫁していた。

ジョーンズの言い分ではこうなる。末端のユーザーは彼のおかげで、地元にいながらにして、彼の下請けディーラーからヘロインを一グラム百ドル（約一万一千円）で買うことができる。しかし、もしそのユーザーがボルチモアまで車を運転して行かなければならないと、ヘロインは一グラムで百五十ドル（約一万六千五百円）かかり、しかもそこまでの時間と武装した大都市の麻薬の売人と取引をするリスクも引き受けなければならなくなる。だから、自分は地域の人々の役に立っているのだ、という具合だ。

ヘロインの過剰摂取で死亡した人々の遺族や友人たちが証言するように、ジョーンズがウッドストックでヘロイン売買を始める前から、ヘロインは地域に入ってきていたという彼の主張は、間違ってはいない。

「私がこの地域にヘロインを紹介したわけではありません。私はただ、もっと安い値段でそれを提供しただけです」と、ジョーンズは言う。

ジョーンズはまた、麻薬と引き換えに未成年や離脱症状に苦しむ依存症者に性的関係を要求したことは一度もないと、これを強く否定した。ウォルザイス検事や捜査官たちがジョーンズをどうしても逮捕し、あわよくば一生刑務所送りにしなければならないと考えた理由の中に、この「未成年とのセックス」の問題が必ず含まれていたが、ジョーンズはそうしたストーリーを通じて警察や検察が彼を意図的に怪物のように仕立て上げたと主張した。

「麻薬依存症者とセックスするくらいなら、カネを払って売春婦とします」とジョーンズは言った。

ジョーンズの最初の公選弁護人のジェイコブスは、ジョーンズから詐欺師呼ばわりされた挙げ句の果てに解任されてしまったが、そのジェイコブスでさえ、ことセックスの問題については、ジョーンズの主張を信じると言う。ジェイコブスはジョーンズが麻薬売買に手を染めるようになった本当の理由は、「働くよりも簡単に稼げて、大物のように振る舞うことができ、人々が慕ってくれるから」だと分析していた。

ジョーンズとジェイコブスは、女性のディーラーたちはセックスの問題について、政府に頼まれて嘘の証言をしていると主張した。彼女たちは罪を軽くしてもらうために、政府に言われたとおり嘘をついているというのが、彼らの主張だった。

ＦＵＢＩの名言でこの事件の非公式な名付け親となった売人のキース・マーシャルも、女性のディーラーたちは刑期を短くしてもらうために警察や検察に協力しただけでなく、都合よく自分たちの依存症の度合いを誇張して証言していると主張する。カリーム・ショーのガールフレンドが逮捕されたとき、「彼女は目をパチクリさせて、自分は単なる依存症者で、強要されて麻薬を使っていただけだと主張したが、現実はまったく逆だった。私と同じように、新規の買い手を開拓するのが彼女の仕事だった」とマーシャルは言う。マーシャルは本来は自分と同罪のはずの彼女が、自分より軽い刑を宣告され、二〇一八年末には刑務所から釈放されることになっていることに、強い不満を抱いていた。


取材が進むにつれて、ロニー・ジョーンズは事件に対する自分の思いを語り始めた。

「自分は決して依存症だった父親のようにはなるまいと思って生きてきました。そのおかげで、確かに薬物の依存症にはなりませんでしたが、他のものに依存するようになってしまいました。それは麻薬の売人のライフスタイルです。それは元々、私が意図したものではありませんでした。できればそうなりたくありませんでした。しかし、私が訓練を受けた分野では誰も私を雇ってくれなかったし、自分でビジネスを始めるチャンスも、もらえませんでした」

彼は自分自身に失望し、彼の家族、とりわけ自分の娘たちを傷つけてしまったことに、強く心を痛めていた。娘たちの二人の母親との関係も切れていた。

「ロニーはまだ父親として精神的に十分に成熟できていませんでした。彼にとっては父親になることよりも、人から評価されることの方が、大切だったんです」と娘の母親の一人は語る。

ジョーンズは私が一連のオピオイド取材を通じて何度も繰り返し耳にしてきた、例のあのフレーズでインタビューを結んだ。

「私がいなくなれば、そのポジションを埋めるために、さらに十人の売人が新たに出現するだけです」

残念ながらそれは正しかった。確かに、麻薬がこの世からなくなる未来を想像することは、とても困難だった。

刑務所でのジョーンズのインタビューを終えた帰路、私にはロアノークまでの道のりがとても長く感じられた。最初はクリスティと会うためにウッドストックに寄ろうと考えていたが、もうその元気は残っていなかった。

クリスティはジョーンズがジェシーの死をどのように受け止めているかを、とても知りたがっていた。しかし、ジョーンズは彼の手下から麻薬を買った顧客のことなど、まったく意に介していなかった。その日の私には、それを彼女に伝える勇気はなかった。

私たちが最後に会って以降、クリスティは警察と交渉し、ジェシーがバスルームの床に横たわって死んでいる写真を見せてもらっていた。クリスティには彼の表情は驚くほど穏やかに見えた。

「もっとひどい状況を想像していました」と彼女は言う。

ルッツ巡査部長がクリスティにジェシーの写真を見せるために、彼のパソコンの画面に何枚かの写真を表示すると、他の捜査官たちもパソコンの前に集まってきた。みんなで写真を見ているうちに、捜査官たちは、ジョーンズとその手下たちが逮捕されて以降、過剰摂取による死亡事件が減ってきていることに気づいた。しかし、それはフェンタニルや他の合成麻薬が猛威を振るい始める前のことだった。

クリスティは今もフットボール競技場を見下ろす彼女の息子の墓に、月に数回のペースで墓参りをしていたが、訪問する頻度は落ちてきていた。家族で郡の反対側に引っ越したからだった。それでも彼女は祭日には必ず、お墓の飾り付けに来ていた。

「お墓参りができない日は、気分が悪いんですよ」と彼女は言う。

彼女は最近、デニス・ペインターの息子に会った。デニスはカーリーヘアでよちよち歩きの自分の息子にジェシーと同じ名前を付けていた。母親のコートニーがスーパーマーケットでクリスティにばったり会った後、コートニーは車のチャイルドシートで寝ていた彼をわざわざ起こしてくれた。

「まるでジェシーがお墓の向こうから手を差し伸べているかのように、その子は目を覚ますと、私の方に手を伸ばしたのよ」とクリスティは語る。その後、クリスティは自分の車に戻り、十分ほど泣いたそうだ。

ジェシーの死からはもう、三年近くが経っていた。彼の墓には現在、赤と白と青の風車と星条旗と、彼の高校時代の背番号だった55がスクールカラーで彫られた金属のプレートが飾られていた。クリスティは来年、オピオイドの啓発活動の基金集めのために、かつてジェシーが活躍したフットボール競技場やシェナンドー川を横目に見る五キロの記念マラソンレースを開催することを計画していた。コースの途中には過剰摂取で死亡した犠牲者の写真が掲げられることになった。その中にはジェシーとジェシーの友達も大勢含まれていた。集められた寄付金は、地域の薬物乱用対策に利用されることになっていた。

二〇一六年一〇月のある週には、シェナンドー・バレー北部地域で十九人が過剰摂取状態に陥ったが、そのうち十七人が拮抗薬のナロキソンを投与され、蘇生されていた。

ボルチモアの麻薬の売人たちは、相変わらずヘロインにフェンタニルを混ぜて売っていた。そうして顧客の誰かが死んでも、常に新しい顧客が売人の元には群がってきた。売人にとって、ヘロインにフェンタニルを混ぜると効力が何倍も強力になる分、顧客が死んでしまうリスクも増す。しかし、長期的には薬の効力を強めた方が、より多くの顧客を惹きつけることができ、その方が売人の利益は大きくなるのだと、フェンタニルが混入されたヘロインで息子を失ったナロキソンの訓練医が、私に教えてくれた。フェンタニルをミックスしたヘロインは、密告者や裏切り者を殺す目的でも使われることがあるそうだ。それだけフェンタニルを混ぜたヘロインの威力は強く、致死率も高い。


翌日、私はクリスティに電話をかけ、ジョーンズがジェシーの名前すら覚えていなかったことを、優しく知らせようとした。

その点ではジョーンズも、仕立てのいいスーツやSUVを乗り回していた製薬会社の幹部たちと変わらなかった。彼もまた、自分が売りさばいている麻薬が引き起こした被害を、認識できていなかったのだ。そもそも彼だけが、他の人たちと違うはずがなかった。

私がジョーンズにインタビューをする数カ月前、パデュー・ファーマの経営幹部の一人であるJ・デビッド・ハドックスは、リッチモンド科学アカデミーのメンバーに向けた講演の中で、オピオイド依存症蔓延の原因が、オキシコンチンにあったなどという、もっともらしい物語に騙されないよう注意を喚起していた。また、彼はパデューが「より安全な」新しい鎮痛剤の製造に取り組んでいると力説したが、参加していた医師たちは、あまりその言葉に説得力を感じなかった。医師たちの関心事は、患者が痛みの緩和を必要としている時、彼らを依存症にすることなく、その痛みを和らげるために、医師に何ができるのかに移ってきていた。その問いに対しハドックスは、「地元の疼痛専門家に相談する」ことくらいしか提案できなかった。その講演に彼を招いたのも、彼の友人の「地元の疼痛専門家」だった。しかし、疼痛専門家の数など限られているし、医師たちはオピオイドの長期にわたる投与が「オピオイド誘発痛覚過敏」として知られる、より強い疼痛を引き起こす場合があることが、最新の研究によってわかってきていることも理解し始めていた。

二〇〇七年にパデュー・ファーマの三人の経営幹部が、商品の虚偽表示の罪で有罪判決を受けてから八年後の二〇一五年、パデューを含む複数のオピオイドメーカーやその販売店に対して、毎月のように新たな訴訟が提起されていた。その原告にはワシントン州エベレット市、オハイオ州、ウエストバージニア州キャベル郡、そしてリー郡からそれほど遠くないバージニア州の小さなディッケンソン郡などが、名を連ねていた。そして、そのリストは今も拡大し続けていた。

パデューが、かつてタバコメーカーがやったように、薬のリスクを過小申告したことに対し、アメリカの法倫理の専門家たちは、パデューや他の製薬会社を「社会の敵」とみなし、彼らが社会にもたらした損失を償わせようとしていた。すでにウエストバージニア州とケンタッキー州は、パデューからそれぞれ一千万ドル（約十一億円）と二千四百万ドル（約二十六億四千万円）という、やや控えめな和解金を受け取っていた。パデューに対する訴訟のラッシュは、一九九八年に四十六の州がたばこ産業に対して起こした一連の損害賠償訴訟を彷彿とさせる。その後、たばこ業界は、予防的および公衆衛生を守る施策のために、何十億ドルもの資金を、半永久的に州に支払うことになった。

しかし、鎮痛剤はタバコとは異なる点もある。タバコと違ってオピオイドは、それが正しく処方され、正しく使用されれば、正当な医療上の利益をもたらす。また、オピオイドを製造する企業が、失業中の炭鉱労働者や家具職人や学校からドロップアウトした若者たちが、それを本来の用途とは異なる目的で不法に乱用・流用しているのが悪いのだと主張しているところも、タバコとは異なる点だ。

「タバコ会社は最後には白旗を揚げましたが、それは単に訴訟のコストを支えきれなくなったからでした」とケンタッキー大学の法学者のリチャード・オウズネスは語る。オウズネスは、同様の和解がオピオイドメーカーとの間でも成立する可能性はあるが、その規模はタバコ産業よりも小さくなるだろうと予想する。「微妙なさじ加減が必要です。彼らを罰したい気持ちはわかりますが、厳しく罰しすぎることで彼らを倒産させてしまっては、元も子もありません。倒産されてしまえば、損害賠償を請求できなくなってしまうからです」。

まず医師に対する監視を強め、オピオイドの処方を厳格化すること。そして政府の力点を治療と予防へシフトさせていくこと。それが訴訟よりも効果的な戦略になるだろうと、オウズネスは指摘する。

アカデミーでの講演で、ハドックスはスライドを交えながら、パデューが新しい「より安全な」鎮痛剤を作ろうとしていることを強調して、そのスピーチを終えた。しかし、彼の三十分のスピーチが終わったとき、一部の医師たちは不満を隠さなかった。ハドックスのすばらしいスライドと改良されたオピオイドの製造に向けた楽観的な計画とは裏腹に、多くの医師たちは問題の最前線で苦しい戦いを強いられていたからだ。彼らは、鎮痛と依存症治療を懇願する患者に、どのような処方箋を書くかを最終的に決めなければならない立場にある。そして、保険料の払い戻しを行う保険業者の多くが、払い戻し率の割り出しに患者の医師に対する満足度評価の結果を参考に使っているのも事実なのだ。

しかし、ハドックスはここでパデューの立場を明確に主張した。

「ここで忘れてはならないのは、この国には慢性的な痛みに苦しむ人が大勢いるということです」

ハドックスがどう言おうが、オピオイドの蔓延に対する市民の認識は、製薬会社のビジネスに明らかに悪い影響を及ぼし始めていた。

刑務所のジョーンズの髪が白髪交じりになり、クリスティが来年のジェシーのお墓の飾り付けを準備する中、パデュー・ファーマの創業者のサクラー一家の長者番付のランクは、前年の十六位から十九位に下がっていた。

第13章 排除と包摂（刑罰か治療か）

「難病を治したければ、希望を持って治療にあたることです」
ハーバード大学医学部精神科医ジョージ・バイラント

一九二五年、精神科医ローレンス・コルブは、人格障害を持って生まれた人間だけが依存症になるとする斬新な論文を発表した。彼は医師によって鎮痛目的でアヘン剤を処方された「通常のユーザー」と、違法なルートで薬を入手して依存症になった「不道徳なユーザー」を明確に区別した上で、後者は悪性の依存症だと主張した。この考え方が依存症者を、治療やケアを受けるべき患者ではなく、刑罰を与えるべき犯罪者として分類する彼の考えにつながっていった。

一九三〇年代の半ばから後半にかけて、コルブは連邦政府によるいわゆる「麻薬依存症者のニューディール政策」の一環として、ケンタッキー州レキシントンとテキサス州フォートワースに麻薬農場と呼ばれる施設を政府に開設させた。そこでは、政府が、裁判所の命令で送られてきた依存症者と自主的にやってきた依存症者に治療を行うと同時に、職業訓練や医療サービスも提供された。その間、政府の科学者たちには、農場に集まった依存症者たちを対象に、様々な研究を行うことが許可された。

しかし、その後、コルブの同僚によって「普通の人々」も依存症になる場合があることが証明されると、彼は依存症に対する考え方を変えた。依存症になった「普通の人々」の中には一〇〜一五％の医療従事者も含まれていた。

麻薬農場における研究が、依存症治療の新たな分野を切り開いた。二つの麻薬農場は、依存症者を実験の対象として利用していることが倫理的に問題視され始めたため、一九七〇年代半ばに閉鎖された。しかしこれがその後、アメリカ国立薬物乱用研究所の設立につながるとともに、依存症は再発のリスクを伴う慢性的な疾患であるという科学的な知見の獲得に寄与することとなった。

しかし、今日、信頼に足る治療方法が確保できない場合は、ほとんどのケースで裁判所は依存症者を刑務所に送っている。また、重要な科学研究が軒並み薬物維持治療の有効性を示しているにもかかわらず、公選の検事の管理下にある薬物裁判所の多くは、依然として薬物維持治療を認めていない。

確かに、依存症の発症の形態は人によって千差万別なため、すべての依存症者が維持薬を求めているわけではないし、またそれを必要としているとも限らない。何が効果的かは人によって異なる。とはいえ、依存症者を犯罪者として扱うことで治療の機会を奪わずに、彼らの回復を可能にするために必要な手段を提供することが決定的に重要だ。

もし自分の子供が依存症にかかり、犯罪者やポン引きの言いなりになってストリートで売春をさせられていたら、誰もがその子に維持薬を与えることを躊躇などしないはずだ。たとえ、その子が時々維持薬を乱用して、密かにハイになったりしていたとしても、それは変わらないだろう。百歩譲って、薬物維持治療は拒否するとしても、少なくともＨＩＶやＣ型肝炎に感染したり、潜在的に他人にそれを広めないようにするために、清潔な注射針を手に入れる手段を持っていて欲しいと願うはずだ。

コルブの研究を編纂した科学史研究家のナンシー・キャンベルは、次のように書いている。「薬物依存症は再発して当たり前のものであり、公衆衛生に影響を与える慢性的かつ再発リスクの高い問題として扱われるべきだ。依存症者の基本的な欲求を満たすことで、彼らの薬物に対する強い欲求を弱めることができるというごく当たり前の考え方が、一般にも広く受け入れられる日がいつかは来るだろう。」

しかし、そのためには、まだやるべきことがたくさんある。

なぜ、わずか二十年足らずの間に、オピオイドの蔓延がここまで猛烈な勢いで進んでしまったのか。アメリカ疾病管理予防センター（ＣＤＣ）が、医師に対してオピオイド処方のガイドラインを出すのが二〇一六年までかかったのは、なぜだったのか。医師が慢性疼痛に対応するために出すオピオイドの処方を厳しく制限するこのガイドラインは、バーバラ・ヴァンルーヤンが十年も前にＦＤＡに制定を迫ったものと、ほぼ一字一句同じ内容だった。なぜ全米医師会が治療基準から「第五の生命兆候としての痛み」の文言を削除するのに二十年もかかったのか。処方されたオピオイドの四分の三が未使用で、盗難やブラックマーケットの標的になっているにもかかわらず、なぜ医師は未だに大量のオピオイドを処方し続けるのか。

ビッグ・ファーマが資金提供する医師の接待旅行は減ったかもしれないし、医師が製薬会社に自分の子供の誕生パーティのスポンサーを頼むようなこともなくなってきているというのも本当かもしれない。しかし、にもかかわらずオキシコンチンを服用中の患者の半数以上は、依然としてＣＤＣの推奨投与量よりも多い量を服用しているのはなぜか。その一方で、鎮痛剤によって痛みを抑えている患者の多くは、振り子が一方に振れすぎた結果、正当な量の薬を処方してもらうことさえ難しくなったと感じている。

私の元同僚のジャーナリストは、違法な鎮痛剤が蔓延したことで今以上に規制が厳しくなると、自分も鎮痛剤を処方してもらえなくなるのではないかと、本気で心配していた。彼女は私に、自分の背骨が曲がっていることを見せるために、わざわざ自分の背中のレントゲン写真を電子メールに添付して送ってきた。彼女はひどい痛みを引き起こす椎間板ヘルニアも併発していた。これまでは鎮痛剤のおかげで働いたり、園芸や料理や養蜂に勤しむことができていた。また、鎮痛剤がそうした活動を可能にしてくれていたので、彼女は危険を伴う手術を受けずに済んでいた。

ところが彼女の背骨の専門医は「予告もなしに」、鎮痛剤の処方を中止してしまった。それはその医師が患者の希望を無視して、新しいＣＤＣのガイドラインに従ったためだった。その医師からは今後、鎮痛剤を使わずに『どうやって痛みをコントロールしていくか』についての相談もなかったと言う。「これではまるで、依存症者のニーズの方が、私の人生よりも重要だと言われているようなものではないですか」と彼女はメールの中で太字を使って強調する。彼女の新しい主治医も以前より少量の薬しか処方してくれず、厳しく薬の服用量をチェックするようになっていた。薬を追加で出してもらうためにはより頻繁に診察を受ける必要があり、結果的に彼女の医療費の自己負担分も増えていた。

「ＣＤＣが推進している薬物管理システムは、私を依存症者と同じように、道徳的に信用できない人物であるかのように扱っています」と彼女は言う。

　CDCの新しいガイドラインが疼痛に悩む患者にとってあまりにも多くの問題をはらんでいたため、同案を起草した二人の担当職員に対して殺害予告が送りつけられるほどだった。

　ビッグ・ファーマとそのマーケティングの論理が支配する現在の市場状況の下でも、医師の「害を与えてはならない」という義務に従い、遅ればせながら医学界もオピオイドの処方を制限したり、新人医師たちに痛みを管理することの大切さを教えたり、社会から取り残された依存症者を治療する取り組みなどを始めてはいる。依存症医学の分野で提供される滞在型治療プログラムの数も十二から十八へと、わずかながら増えている。

「製薬業界は過去百年にわたって、莫大な資本を新薬の開発に投入してきました。その時計の針を元に戻すことはできません。だから、私たちは社会全体で危険な薬やリスクを伴う新薬と共存する方法を学ぶしかありません。なぜならビッグ・ファーマはこれからも危ない薬を量産し続けることが避けられないからです」と依存症史の専門家のキャロライン・ジーン・アッカーは語る。


　今日のオピオイド禍の震源地だった中央アパラチアほど、この物語の最後を飾るのに相応しい場所はないだろう。そこでは救命士や牧師や保護観察官や看護師たちが、身を粉にして働いたにもかかわらず、最後まで人々が本当に必要としていたものが提供されることはなかった。彼らはより多くの公共支出を引き出すために、激論が飛び交う公聴会に出席したり、教会の地下室で依存症者に夕食を提供したり、移動診療所に改造した古いRV車で地域内を走り回ったりしながら、看護師のテレサ・ガードナー・タイソンが自分の白衣の背中に刺繍していた聖書の言葉に従って行動していた。その言葉とはこのことだ。

「あなたがたによく言っておく。わたしの兄弟であるこれらの最も小さい者のひとりにしたのは、すなわち、わたしにしたのである。」（マタイによる福音書第二五章四〇節）

毎年夏の週末の三日間、タイソンはバージニア州の最南西部で、全米で最大規模の無料医療支援イベントを開催している。ワイズ郡の市民広場で開催されるこのイベントでは、慈善団体のRAM（未開地医療）が、糖尿病の子供から歯に炎症を起こした成人まで、無保険の人々に無料で治療を提供する。

このイベントで私は、歯の治療を受けるためにやってきた、オピオイド中毒から回復中の建設労働者のクレイグ・アダムズと、彼に連れられて来た妻のクリスタルと出会った。これまで彼らは歯医者にかかるお金がなかったので、仮の補修剤で誤魔化してきた。

クレイグはオキシコンチンを盗むために、地元リッチランドの薬局「ランディズ・ゲートウェイ・ファーマシー」に不法侵入して捕まり、州立刑務所で八年間服役した経験を持っていた。しかし、彼は今、サボキソンの「責任ある」服用を続けていた。「私の妻が、そうしないと許してくれないから」と彼は言って笑った。母親と祖母を含む、周囲の大勢の人々をオピオイドの過剰摂取で失ったクレイグは、もう三年以上も違法な薬物を使用していなかった。

「RAMの無料診療を受けることには抵抗がありました。ここに来ると、九〇パーセントの社会福祉士と接した時と同じように、自己嫌悪に陥るのではないかと思ったからです。でもここで会う人々は皆、とても親切でした」とクレイグは言う。

もし精神保健や薬物乱用に適用される保険の単一支払者制度化に異論がある人は、ここに来てみるといいだろう。ここではシーツと洗濯バサミで急ごしらえした「診察室」で治療を受けるために、三千人もの人々が、砂利ででこぼこの道を遠路はるばるやってきて、三十八度にもなるうだる暑さの中、何日も車中泊や野宿を続けながら、自分の診療の順番が来るのを待っている。使い回しの「バージニア・ケンタッキー祭と馬の品評会」と書かれた横断幕の後ろで、ボランティアたちがペットボトルの水を配りながら、診療前のトリアージを行い、患者を一般医療と歯科と眼科などに振り分けていた。その間、患者たちは炎天下のベンチに座って、自分の番が来るのを今か今かと心待ちにしていた。

私はちょうどタイソンたちの組織が七月に企画運営するRAMのイベントを挟んだ二〇一七年の春と夏に、タイソンに何度かインタビューする機会を得た。今年もRAMが開催されるまでの数週間、彼女は時には遠く離れたオランダからメディアと連絡を取り、アシスタントからRAMのために十分なミネラルウォーターが確保できないという連絡が入れば、水を調達するために自ら必死になって方々に電話をかけた。今年は彼女がいつも頼りにしていた非営利団体が資金を自然災害の救済に回してしまったので、寄付ができないと言われてしまったそうだ。

「これこそが最大の災難ですよ」と語る彼女の表情は、あきれ顔だが活気に満ちていた。

薬物の過剰摂取率が都市部よりも五〇％も高いアメリカの田舎には、以前から発展途上国に近い悲惨なイメージがつきものだったが、RAMにやってくる患者の健康状態は、実際はそれよりもはるかに悪かった。

「中南米では人々は豆と米を食べ、どこへでも歩いて行きます。彼らは甘い炭酸飲料を飲まないし、お菓子も食べません。だからアメリカのように肥満や糖尿病や肺がんが蔓延する心配がないんです」と、RAMのイベントに参加していた一人のボランティア医師が説明してくれた。

私は二年前、アート・ヴァンジーの案内でワイズ郡のすぐ西にあるリー郡の炭鉱街を初めて見た時、同じようなことを考えていた。それまで私はメキシコの田舎の貧困ぶりや、ハイチ北部のコレラの流行を取材したことがあったが、これほどまでに酷い荒廃を目にしたことはなかった。しかもそれは私の自宅から車で四時間と離れていないところで起きていた。そこで目にする割れた窓や南軍の旗を掲げたまま屋根が崩れ落ちた建物や焼け落ちたまま放置された家々などを普通のアメリカ人が見れば、きっとショックを受けるに違いない。それは、私が知っているアメリカとは異なる風景だった。しかし、ヴァンジーは、それはセントチャールズやワイズ郡に限った話ではないと指摘する。

「多くのアメリカ人が住んでいる都市の裏側には、貧困と劣悪な健康状態に喘ぐ人々が隠れています」と彼は言う。

アパラチアでは、貧困と健康状態の悪さを偽装するのが難しくなっているだけでなく、そこから抜け出すことが、ますます難しくなっている。何十年もの間、アメリカの黒人の貧困は都市部に集中していた。これは初期の都心部の脱工業化や人種隔離政策や一九五〇年代から一九六〇年代にかけて進められた都市再生プロジェクトの副産物だった。特に都市再生プロジェクトは黒人コミュニティを壊滅させ、ヘロインやコカインの市場が形成されるきっかけとなった。

白人は歴史的に、社会問題が蔓延するような地域に集中的に住むことは少なく、むしろ白人が居住する区域は広範囲に広がっている場合が多かった。しかし、アメリカの田舎の大部分でそれは過去の話になりつつある。それはドナルド・トランプが二〇一六年の大統領選挙で大勝利を収めた、最も経済的に疲弊した地域であり、薬物やアルコール依存症が蔓延し、自殺率が最も高い地域でもあった。

RAMのイベントに集まった人々の数の多さに、大手メディアの記者たちは誰もが驚いていたが、それこそが、彼らが都市の外の世界をまったく知らないことの証左だった。

アパラチアをベースに作家活動を行っているウエンディ・ウェルチは次のように述べている。「パデュー・ファーマを例外とすると、この地方に住むわれわれは、元々何かの被害者だったわけではありません。しかし、ここで誰かがちょっとした過ちを犯すとそれだけで、地域に致命的なダメージを与えることになります」

RAMに参加していたボランティアの医師たちが都市の自宅に引きあげて行き、政治家や専門家たちもいなくなった後、ここで何が起きているのかを知りたくて、私はその後も何度となくこの地域を取材で訪れた。その過程で耳にした、タイソンの下で働くスタッフと患者の会話の中に、私は希望を見たような気がした。

陽気でブロンドのくせ毛を綺麗にスタイリングしたタイソンが、ラインストーンがちりばめられたハイヒールのサンダルを履いて、かなりガタがきている二〇〇一年型のフォルクスワーゲン・ウィネベーゴのキャンピングカーで、南西バージニアの曲がりくねった道を忙しく走り回る姿を見て、私は希望を覚えずにはいられなかった。その間、タイソンはひっきりなしに入る看護師や患者やメディアからの電話を次々と受けながら、無料クリニックの通常業務を一人で切り盛りしていた。中西部の穀物地帯特有の訛りのあるタイソンは、いつ撮影されてもいいほど普段は身なりを整えていたが、一度だけ、そんな彼女の白衣がマスカラで汚れていたときがあった。

ほどなく私は、彼女が何日も泣いていた理由を知ることになる。そして、それこそが、RAMにボランティアとして州外から集まった善意の人々が去り、タイソンの団体「ヘルス・ワゴン」の二十人のスタッフが助成金を頼りに、この地域の保険未加入者の健康を守るための活動をする上での最大の課題だった。

タイソンの「ヘルス・ワゴン」と呼ばれるプログラムは、一九八〇年にカトリックの修道女で現在は引退しているシスター・バーニー・ケニーという名の医学宣教師によって設立され、最初は彼女の赤いフォルクスワーゲンのビートルを使って活動していた（「ヘルス・ワゴン」のワゴンはフォルクスワーゲンのワーゲンの英語発音にちなんでいる）。

その日、最初に立ち寄ったところでタイソンは、代用教師の手首の腫れを治療した。この教師の賃金は一日七十ドル（約七千七百円）から五十六ドル（約六千百六十円）に減額されたばかりだった。彼女は学区の過疎化と緊縮財政の犠牲者だった。アパラチアの町にある二つの学校は閉鎖され、一つの学校の跡地は、今はフードバンクとして使われていた。

今、タイソンのキャンピングカーが立ち寄っているセントポールでは、地元の中学校の屋根がボロボロに壊れ、数カ月前からハゲタカが舞い降りて腐ったタイルを食べ始めていた。しかし、地域には中学校の屋根を補修する資金がなかったので、校長はハゲタカを一時的に追い払う手段として、よく中古自動車屋の店頭に置かれているような、ちょっと間抜けな人間の形をしたアドバルーンを、学校の屋根の上に浮かべていた。

タイソンが手首を手当した五十四歳の教師は、妊娠時にメディケイドの資格を得たが、その後、何十年もの間、民間の保険に加入していなかった。彼女の夫はウォルマートで働いていたが、度重なる脳卒中の発作で障害を抱えることになり、現在はメディケアの資格を得ていた。しかし、バージニア州がオバマケアを承認せず、メディケイドの拡充を拒んだため、彼女はRAMイベントでの無料診療と、タイソンの移動診療所が町に来た際の受診をつなぎ合わせることで、なんとか急場をしのいでいた。現行制度の下では、彼女の症状が末期的になり、ほとんど死にかける状態になるまで、彼女はメディケイドの対象にはなれなかった。社会のセーフティネットが脆弱な地域で、タイソンは政治家の不作為の後始末をさせられていた。

ワシントンではオバマケアの廃止を主張する勢力によって、医療保険制度を巡る論争が提起され、オピオイドの活動家たちが、トランプ大統領が国家緊急事態宣言を出すことで連邦の緊急予算が使えるようになることを期待する間も、タイソンは忙しくスマホをスクロールしながら、患者たちと連絡を取り合っていた。しかし、コーバーン出身の敬虔なクリスチャンであり妻であり母親でもあるタイソンも、現状には憤慨していたし、悲観的でもあった。

私が彼女を初めてインタビューした時、彼女は四十二歳のC型肝炎の元依存症の患者が治療を受けられずに死亡した事件にひどく動揺していた。その男性はもう八年間も薬物を使用していなかったが、医師の診察を受ける金銭的な余裕がなかった。

そして、「ようやく治療費の目途がついた時には、もう手遅れでした」と、二七エーカーの墓地を経営する彼の父親は語る。

彼は毎日息子に会いたいと思い、息子を墓地内にある彼のオフィスのすぐそばに埋葬した。彼はワイズ郡にある墓地を案内しながら、私にオピオイドの過剰摂取で死亡した大勢の人のお墓を一つひとつ指差して言った。

「このあたりではオキシコンチンは「オキシコフィン」（コフィンは棺桶の意味）と呼ばれています」

数カ月後、タイソンは新たな悲劇に打ちひしがれていた。ニュースメディアは二十四時間絶え間なくニュースを流し、人々は常にインターネットにつながっているにもかかわらず、この死はどこのメディアにも取り上げられず、市民の関心を集めることもなかった。ＲＡＭの開催中、タイソンがどれだけ多くのメディアのインタビューに応じても、世の中がこの問題に関心を寄せるのは毎年の無料診断イベントの期間中だけで、それが終わればここの悲劇に人々は目もくれなくなる。

この地域ではまともな治療を受けられないまま人が亡くなることが、当たり前になっていた。今回、タイソンは十二年間Ｃ型肝炎の治療が受けられず、肝臓移植を待っている間にシャーロッツビルの病院で亡くなった四十五歳のリジー・スタンレーのことで泣いていた。

「確かに彼は一度間違いを犯したかもしれません。でも本当にいい人だったんです」とタイソンは語る。

スタンレーは一時、薬物依存症になったが、ここ数年間はしっかりと断薬ができていた。彼女は彼が何とか治療を受けられるよう手を尽くしたが、この地域の九〇％の患者と同様に、彼は無保険だった。そしてタイソンは、無保険の彼の治療を無料で引き受けてくれる医師を見つけることができなかった。スタンレーがようやく肝移植候補者のリストに載ったとき、彼の病気はすでに進行しすぎていた。

「ここでは初期の段階に治療するか、病気が進行し、ステージ4のがんや肝硬変になって救急救命室に運ばれてくるのを待つかの二者択一になっています。でも、どちらにしても費用はかかるのですから、初期段階で治療した方がいいに決まっています」とタイソンは語る。

タイソンはスマホでスタンレーの死亡記事をじっと見ていた。その記事にはクリントウッド高校の卒業式でガウンをまとい、顔を輝かせて微笑む彼の写真が載っていた。

「彼はギターが得意で歌も上手でした。そして多くの人に愛されていました」と、葬儀の参列者の一人がゲストブックに書いていた。

二十年前に州内で薬物が蔓延していることに気づき、政府の関係機関に対して警鐘を鳴らしたものの、「地域問題」として片づけられてしまった州のスー・カントレル保健局長は、ようやくこの問題で中央への発言力を持ち始めていた。

カントレルは二〇一七年の夏、あらためて薬物問題に警鐘を鳴らすため、インディアナ州スコット郡と共同でタウンミーティングを開いた。バージニア州は最近になってようやく注射針の交換を可能にする法案を可決したが、歴史的に見ても、清潔な注射針を入手できる地域では、犯罪発生率が上昇しないことがわかっていたにもかかわらず、法執行機関がこのプログラムに懸念を表明しているとの理由から、炭鉱地域選出の議員たちはこの法案に反対票を投じていた。

二〇一五年に隣のウエストバージニア州が注射器の交換を始めた結果、過剰摂取による死亡数が減少し、治療や疾病予防サービスを利用する人の数は五倍に膨れあがった。カントレルは、ウエストバージニア州の警察署長を招いて地元の政府関係者と話してもらう予定だった。また、彼女のスタッフは薬物の使用者に漂白剤とプラスチックのコップを配付して、使用済の注射針を再利用する際の消毒方法も教えていた。彼女は薬物の使用者が検査を受けたり、その結果を聞きに来る動機を与えるために、時々無料の食事まで提供していた。

RAMの無料診療所は地域では初となる無償のC型肝炎検査を提供し、使用方法を説明した上で、携帯用のナロキソンキットを四百人近くに配った。ある薬学の教授は、この地域の静脈注射薬物の使用者の七五%がC型肝炎に感染している恐れがあるが、本人たちはそれにまったく気づいていない可能性が高いと指摘している。

「アメリカの田舎では、単に人々を医療機関に行かせるのが大変なことなのです」とカントレルは言う。

彼女がバージニア州リー郡の近くで運営する薬物維持治療クリニックに通う二人の患者は、クリニックに来るために毎回ヒッチハイクをするか、もしくは五マイル（約八キロ）以上の距離を歩くしかなかった。

カントレルは地域の公営住宅の一部を、薬物治療のための包括的なサービスと支援を提供する「清潔な生活施設」として利用する構想を持っていた。

「私たちは薬物依存症にも、がんや他の病気と同じようなサポートを提供しなければなりません。サポートの内容としては、エビデンスに基づく治療や予防プログラムの提供だけでなく、生活が成り立つだけの賃金を得るための教育にまで拡大していく必要があります。それができれば、依存症者たちはその地域に残るのか去るのかを自分で選択できるようになります」

ケンタッキー州レキシントンにある麻薬農場ではかつて、地域を去るという選択肢を持つことを「地理的治療」と呼んでいた。薬物依存症になった場所から離れることは、依存症の家族の中で育った若い人たちだけでなく、回復中の依存症者にとっても、意味のある選択肢となり得る。その方法は多くのベトナム帰還兵にも有効だった。しかし、今日、オピオイドは携帯メールやダークウェブサイトを通じて簡単に手に入るようになった。しかも、薬の効力は以前よりもはるかに強力になっている。

「薬物依存症をめぐる科学研究の最大の教訓は、複数の要素がお互いを補強し合わなければ効果があがらないということです。例えば、もし麻薬の使用や麻薬関連の犯罪を起こさせないようにしたいのならば、何が彼らにとって意味のある見返りになるかを考えなければならないということです」と、麻薬農場の歴史を研究するナンシー・キャンベルは指摘する。「それは仕事かもしれないし、遊びかもしれない。いずれにしても、それは人間の日々の生活の基本となる活動や人間関係に関わるものでなければなりません。そういう形で地域社会を再建していかなければ、現在の薬物の蔓延が過去のそれと同じように収束していくとは思えません」

アメリカの農村地帯では、この問題は日に日に大きくなっていた。人生の目標が、自分の両親や祖父母と同じように「障害者年金を引き出す人《ドロワー》」になることだと言う中学生の男の子に、どうやって希望を与えることができるというのだろう。今、アメリカの大統領には、大統領選挙の激戦州だったニューハンプシャー州で勝てた理由を「ニューハンプシャーが麻薬の巣窟になっていたおかげだ」などと言って憚らないような人物がなっている。アメリカの有権者は彼がこの問題を本当に解決できると思って彼に投票したのだろうか。
弁護士のブライアン・スティーブンソンは、アメリカの有権者が現実に自分たちのコミュニティが必要としている施策を実行してくれる政治家を選んでいないところに問題があると語る。

「ほとんどのアメリカ人は政府がアメリカ国民の医療負担を補助すべきだと考えているし、医療保険の単一支払者制度を支持する人の割合も過半数を超えています。しかし、多くの有権者は、自分たちの利益がワシントンで権勢を振るう特権階級とは異なることを理解できていません。有権者がそれを理解するまでは、政治がアメリカの医療改革に本気で取り組むことはないでしょう」

また、アメリカが医療改革を実現するためには、より多くのヒスパニック（現在七四％が有権者登録している）やアフリカ系アメリカ人（六九％）やアジア系アメリカ人（五七％）などの非白人が政治に参加することが必要だ。

「問題の解決に関心のない政治家が多すぎます。HIVやたばこの健康被害やジカウイルスの時のことを思い出してみてください。そうした健康問題への対策が進んだ裏には、強力なリーダーシップがありました。薬物依存やオピオイドの蔓延に対応するためにも、『これではダメだ』と言って立ち上がるリーダーが必要です」とスティーブンソンは言う。「しかし今の問題は、状況があまりにも絶望的なために、多くの人が諦めてしまっていることです」

アメリカのオピオイド問題への取り組みは、ダンケルクの戦いに似ている。ダンケルクは第二次大戦中、イギリスの一般市民たちが自主的に漁船やプレジャーボートを出して、取り残された英兵を助けに行った成功物語だが、戦争に勝つために大規模なノルマンディー上陸作戦が必要な時に、アメリカは依然として善意の市民の努力に対応を委ねたままだ。

アメリカには薬物依存症者のための「新しいニューディール」が必要だ。しかし、最近の政治は明確なビジョンを持った政治家ではなく、決起集会で国境の壁についてのナンセンスな発言をしたり、「断固ノー」と叫びまくる運動家に率いられている。カギを握る司法長官には、失敗に終わった麻薬撲滅キャンペーンの拡大を主張する人物が任命されてしまった。

二〇一七年八月、自分が諮問した有識者会議の勧告に従ってオピオイド流行の国家非常事態宣言をなぜ出さなかったのかを問われたトランプは、その質問に明確に答えられなかったばかりか、依存症や過剰摂取を避ける最善の方法は、「若者に、それが悪いことだと話すことだ」などと語っている有様だ。かと思えば、その数日後には突然心変わりをしたのか、正式に非常事態宣言を出すつもりだと言い出すなど、方針も二転三転している。しかし、いずれにしてもトランプの麻薬問題に対する基本姿勢としては、厳しい取り締まりこそが最善の策だという考えから進歩していないように見える。

その発言から数カ月が経ってもまだ、非常事態宣言は発令されていない。トランプが二〇一七年一〇月の記者会見で「非常事態宣言」に言及した時は、本気でこの問題に取り組む意思があるようにも見えたが、大仰な宣伝文句の割には結局、公式の宣言は出されず、治療支援のための追加の予算措置も実行されなかった。その段階で、一時間に七人のアメリカ人が過剰摂取で死亡していた。［訳者注　トランプ大統領は二〇一七年一〇月二十六日、「非常事態宣言」を出した。ただし、これは当初公約していた国家緊急事態法に基づく「国家非常事態宣言」ではなく、公衆衛生法に基づく「公衆衛生上の非常事態宣言」に過ぎず、新たな予算措置を伴わないため、その効果は限定される。］

もっとも、公平を期すために言えば、このオピオイド危機を無視したのは、トランプの共和党に限ったことではなく、民主党も同罪だった。オバマ政権もこの問題への対応は遅かったし、いざ取り組みを始めてからも、その対応は手ぬるかった。

ハームリダクションの推進活動を行ってきた歴史家のキャロライン・ジーン・アッカーは、二〇一四年の国立薬物乱用研究所が主催する会議で、注射針の交換とナロキソンの配布への支持を表明したところ、後に会議の主催者から文句を言われたという。彼女の前の講演者が、医学的に正当な理由から依存症になった「良い依存症者」と、違法な薬物に手を出して依存症になった「悪い依存症者」を識別することが必要だと主張したのに対し、アッカーは両者の間に違いはなく、平等に扱われるべきだと主張したことが、主催者には気に食わなかったようだ。

「政治家が、麻薬問題に対して弱腰だと見られることを最も恐れていることが、よくわかりました。オバマ政権下でさえ、政府の薬物乱用・精神衛生管理庁の役人は役所から『ハームリダクション』という言葉を使わないよう指示されていたのですから」と彼女は語り、深いため息をついた。

治療に対する最大の壁は、いつも文化的なものなのだ。アパラチアでは麻薬につきまとう汚名や不名誉が今も大きな意味を持ち、それは本質的には昔から変わっていない。

ワイズで開かれたRAMの無料診察会の最中に、薬剤師が親の許可を得ずに地元のボーイスカウトのメンバーにナルカン投与の訓練を与えたとして、ボランティアとしてイベントに参加していた地元の裁判官が、薬剤師を批判し始めるという騒動が起きた。その裁判官が問題にしていたことは、そんなことを教えると、子供たちはナルカンがあれば気を失っても大丈夫だと考えて、平気で大量の麻薬を使うようになるではないか、というものだった。これを聞いたあるトレーナーは一言、「ばかばかしい」と吐き捨てた。

家族の中に必ずといってもいいほど一人は、オピオイド絡みでつらい経験をしている人がいるようなこの地域でも、人命を救うためにハームリダクションが不可欠であることが理解されるまでには、まだ相当な時間がかかりそうだ。それはこの地域のC型肝炎の罹患率が州内で最悪な状態になった今も、変わっていない。アパラチア中央部では現在、約三分の一の子供が自分の親から引き離されて生活している。また、この地域で養子縁組された子供の九六％は孤児ではなく、ソーシャルワーカーによって依存症の親から引き離された子供たちだ。

別の無料診察会では、駐車場で一人の男性が覚せい剤の過剰摂取で気を失うという事件も起きていた。救急隊が現場に着くと、一緒にいた友人たちは山を駆け上って一目散に逃げて行ったと言う。意識を失っていた男性は、救急隊員には見慣れた顔だった。

「発作を起こすのは大体リピーターです。初めての人に当たることはほとんどありません」と救急隊の救命士ガイルズ・サーティンは言う。

二十一歳のサーティンは高校一年の時から救命士の仕事をしている。中学三年の英語の授業中に、教室で彼のすぐ後ろの席に座っていた二人のクラスメートが、過剰摂取でドスンドスンと音を立てて床に倒れる音を聞くという経験をした彼は、その日のうちに、救命士の訓練を受けることを決意したという。二人のクラスメートは英文法の授業中にオキシコンチンを過剰摂取していた。

「先週、私は同じ人に四回目のナルカンを投与しました」とサーティンは言う。その男はナルカンを投与されて目を覚ますと、いきなりサーティンの同僚の救命士に殴りかかり、彼の鼻の骨を折ったそうだ。その男は覚せい剤と鎮痛剤を混ぜた「スピードボール」を使っていた。それはユーザーを被害妄想的にし、「ばか力」を出させる効果があるそうだ。

そのような事件が相次いだ結果、サーティンの救急隊は新しい行動基準を採用しなければならなくなった。その一つが、たとえ患者が死んでしまう可能性があっても、警察が到着するまでは患者の家には入らないというものだった。

「救急隊のことをアイスクリームの移動販売車のように見ている地域もあります。私たちは医療用の注射針や手袋など、麻薬常習者にとって役に立つものをいろいろと持っているので、隙あらばそれを盗んでやろうという人が後を絶たないのです」とサーティンは言う。リー郡では特にケオキーとセントチャールズが危ないのだそうだ。

私の本が九〇年代後半のリー郡でのオキシコンチン乱用の話から始まることを彼に説明すると、サーティンは私の言葉を遮ってこう警告した。

「セントチャールズには夜は行かない方がいいと思います」

一連の事件を受けて、タイソンも無料診察会の安全手順を見直した。レバノンやセントポールのような比較的大きな町では、彼女は自分のRV車をスーパーマーケットのすぐ外や広場の近くに設置することが多いが、それより小さな町で行う場合は、なるべく住宅街は避けるようにしているという。

かつて石炭の集積基地があったクリンチコで、タイソンは一度、ヒヤリとした経験をしていた。それ以来タイソンは、診療所の設置場所を警察署の駐車場に変更していた。その時は何人かの住人が彼女のRV車に駆け寄り、助けを求めて叫びながらドアを叩き始めた。人が倒れているというので行ってみると、彼らの住むトレーラーハウスの床の上に人が横たわっていた。その人を助ける準備を始めたところ、皆が助けを求めていたのはその人のことではなくさらにその奥に倒れているもう一人の方だった。

「彼女の体はすでに冷たくなり始めていました」とタイソンは当時を振り返る。

しかも、タイソンらが患者を手当する間、他のトレーラーハウスの住人たちは、タイソンやスタッフに向かって「とっとと消えろ！」などと罵声を浴びせていた。

その時、本当に怖い思いをしたタイソンは、「私たちが過剰摂取で倒れた人を蘇生するために彼らのトレーラーハウスに入っていったことは、今でも間違っていなかったと考えていますが、状況は変化しています。後先を考えずにやみくもに現場に入ることは、危険過ぎます」とタイソンは語る。

最近は警察や検察などの法執行機関でさえ、以前より手順を厳格化している。二〇一七年六月、麻薬取締局は現場に到着した捜査官に、フェンタニルや他の強力な合成物質との皮膚接触を避けるために、安全ゴーグルやマスク、さらには防護服の着用まで推奨することを決めた。通報を受けて現場に駆けつけた捜査官が、誤って薬物に触れたために、ナルカンの投与を必要とするような状態に陥る事件が起きたからだという。

しかし、炭鉱地帯で介護活動をする者たちにとっては、ガイドラインができるのが遅すぎた。麻薬取締局のガイドラインができたのは、二〇〇六年にタイソンがクリンチコで経験した「生死に関わりかねない恐ろしい体験」から十年以上も経ってからだった。

レバノンの依存症予防の専門家が、最近のタウンミーティングでこんなコメントをしていた。「麻薬の流行に関しては、私たちは先駆者です。二十年後に他のコミュニティで起こることは、すべてここで起きているので、私たちは自分たちの経験や教訓を人々に伝えることができます。私たちはいわば炭鉱のカナリアなのです」

この発言を、薬物乱用を「社会の最大の敵」と位置づけて選挙キャンペーンに利用したニクソンの政治宣伝の二番煎じと思われたとすれば、それは間違っている。ピッツバーグ大学公衆衛生学部長のドン・バークは最近、麻薬の流行の拡大を予想する論文を発表した。その論文は、一九七九年まで遡って薬物の過剰摂取による死亡者数を調べたもので、その結果は中年の貧困白人の間で急増する「絶望死」を初めて指摘した経済学者、アン・ケースとアンガス・ディートンの研究に新たな視点を加えるものだった。

その論文によると、一九七九年以来、アメリカでは薬物の過剰摂取による死亡者数が、八年ごとに倍増していた。また、過去十五年間で三十万人のアメリカ人が過剰摂取で死亡していて、もし政府が抜本的な対策を行わなければ、次の五年間で同じ数の人が死亡すると予想していた。

「この数字だけでも十分にひどいものですが、より憂慮すべきは、連続的、指数関数的、そして右肩上がりに上昇しているこのグラフのパターンです」と、バークは指摘する。

二〇一六年には一日に百人あまりのアメリカ人が、オピオイドの過剰摂取で死亡していたが、合成オピオイドが普及するにつれて、その人数は一日に二百五十人に急増すると予測されている。オピオイドの死者数は流行が始まって最初の十年間だけで、HIV／AIDSで亡くなった人の総数と同じレベルに達していた。しかも、一貫して右肩上がりの死者数のカーブがようやく横ばいになることが期待できるのは、「二〇二〇年以降のいつか」といった曖昧な表現でしか見通されていない。過去の薬物の流行では、特定の薬物に対する社会のリスク意識が高まるにつれて、試しに打ってみようと考える若者が減り、「このヤクには手を出してはいけない」ということが理解されていった。しかし今回はまだ、その認識は浸透していない。

すでに依存症になっている二百六十万人以上のアメリカ人は、これからどうなるのだろうか。ヴァンジーの患者が言ったように、政府は単に彼らを「社会の底辺」として切り捨ててしまうのだろうか。

「いつかはこの傾向が変わることを期待していますが、統計的な限界に達するか、もしくは何らかの抜本的な施策が打たれない限り、この曲線を下向きに変えることは難しいでしょう」とバークは言う。

フロリダのように、鎮痛剤の処方箋を大量に乱造する医師や診療所に対する取り締まりを強化することで、一時的に死者数を減らすことに成功した州でさえ、「早晩、上昇曲線に戻ってしまいました。私たちにはその理由がまだわかっていません」とバークは言う。

学者らしく慎重に言葉を選びつつも、バークは麻薬を犯罪とみなすことをやめ、予算を投獄や取り締まりから治療や雇用創出に振り向けたポルトガルの成功例などを参考にしながら、アメリカも麻薬戦争の戦い方を再考する必要があると語る。

アメリカにとって麻薬カルテルは、経済の新しい「見えざる手」のようなものかもしれないとバークは言う。現代のアダム・スミスがアメリカの郊外や都市や田舎町に忍び込み、名前が刻印された麻薬の袋を配って回っていると言うのだ。アダム・スミスは誰もが自己利益のために働くことができる限り、自由市場経済は効率的に機能するという仮説を立てたが、彼は製薬会社や工場を海外移転させる企業のＣＥＯの桁外れな強欲さを甘く見ていた。また、その結果として、「失業者階級」という新たな階級が誕生することも予見していなかった。

オキシコンチンがリー郡で猛威を振るうようになってから二十年後の二〇一七年、バージニア州の医事委員会は、複数の医師から処方箋を入手する「ドクターショッピング」を防ぐために、すべての医師が処方箋を出すたびに、州の薬物モニタリング・システムをチェックするよう指導した。この指導が出されたのは、バージニア州の二つの町が、国内の他のどの町よりも、住民一人当たりのオピオイドの処方量が多いことが明らかになった直後だった。

バージニア州は初動こそ遅かったが、州の保健局は現在、薬物維持治療の拡大とその乱用の取り締まりに懸命に取り組んでいる。州は薬物維持治療の拡大のモデルとして、レバノン郊外にある「ハイパワー」という名のサボキソン・クリニックを参考にしていた。このクリニックはアート・ヴァンジーを若くしたようなヒュー・メルトン医師が二〇〇〇年に、十分な医療を受けられていない人たちを治療する目的で開設したものだった。メルトンはオピオイド危機に対する州の対応についても、助言をしていた。彼の助言の中には、州全体で注射針の交換を進めることや、薬物維持治療の処方をより厳格に管理することなどが含まれていた。

薬剤学の教授でナロキソンのトレーナーも務める彼の妻のサラ・メルトンは、これまでオピオイドの危険性について四千人以上の医師にトレーニングを提供する一方で、オピオイドを過剰に処方した医師を多数告発してきた。

メルトン夫妻はとても忙しく、私が彼らにインタビューできたのはいつも夜遅くか、車を運転しながらだった。私が患者からブプレノルフィンの流用と乱用について初めて知らされたのも、メルトンのハイパワークリニックでのことだった。他の地域のハームリダクションの提唱者たちは、ここの患者たちが証言するブプレノルフィンの乱用について、何度私が話題にあげても、一向に取り合おうとしなかった。

アメリカは一九世紀初頭から、依存症の治療と新たな薬物がもたらす新しい依存症への対応に度々に苦労してきた。医師たちは当初、患者をアヘンチンキから引き離すためにモルヒネを利用し、その後、患者にモルヒネをやめさせるためにヘロインを使った。その後、兵士病と呼ばれるようになった薬物の依存症に対処するために、ハリソン法を制定して薬物の使用を禁止した上で、「麻薬戦争」まで展開して、麻薬を社会悪として位置づけるなどしてきた。

ジョンズ・ホプキンス大学の研究者で薬物維持治療を提供しているマーク・フィッシュマンは、「私たちのいかれた文化は、微妙なニュアンスで何かをすることが苦手なようです」と語る。

フィッシュマンはブプレノルフィンもメタドンもナルトレキソンも、いずれも依存症の解決策としては不完全なものだが、それでも科学的には、現存するものの中で患者の死亡を防ぐためには、それが最高のツールであることは間違いないと言う。

「われわれ科学者たちが、依存症に対する完璧な対策を発明できていないことについては、申し訳ないとしかいいようがありません」と彼は語る。

ただ、薬物維持治療の推進者たちが、維持麻薬があたかも完璧な化学的解決策であるかのように主張するのではなく、例えば患者が治療を中止した際のかなり高い再発率など、維持麻薬の欠点をよりオープンに認めれば、否定派も薬物維持治療に対して今よりももう少しオープンになるのではないかと、フィッシュマンは言う。

今後、依存症に伴う様々な疾患を治療するためのコストが爆発的に増加するため、国の医療システムは依存症治療を一般的な医療に統合せざるを得なくなるだろうとフィッシュマンは予測する。もしそうなれば、薬物を過剰摂取して救急救命室に運び込まれた患者が外来の薬物維持治療へ移行するプロセスも、より円滑に行われるようになるかもしれない。

現状では、「救急救命室に運ばれてきた患者にナルカンと匿名薬物依存症者の会の電話番号を走り書きしたメモを渡して、『頑張ってください』と彼らを送り出している病院が多いのが実情です」とフィッシュマンは言う。

しかし、「十二ステップの回復プログラム」の哲学が長い間支配してきた依存症の治療現場で、薬物の助けを借りずに長期にわたって断薬を維持できるオピオイド常用者はごくわずかしかいない。「匿名依存症者の会的な解決策は、誰にでも適用できるものではありません。ほとんどのオピオイド依存症者は薬物維持治療の助けを借りなくては克服できないのです」と彼は言う。

アパラチアのバイブルベルトでは、薬物維持治療と「十二ステップの回復プログラム」の組み合わせが最も効果的かもしれない。だからこそアート・ヴァンジーとシスター・ベス・デービーズは、今でもお互いの患者に関する情報交換を絶えず行っている。例えば、ある患者が家族や仕事を失うなどして個人的な挫折を経験した場合、シスター・ベスは直ちにヴァンジーと連絡を取るようにしている。

　二〇一七年の春、彼らの長年の患者の一人で、兄が過剰摂取で亡くなったスーザン（仮名）に対しても、二人は同じような方法で対応した。ところが、その数カ月後、スーザンのもう一人の弟も過剰摂取で死亡してしまった。それは彼女がほとんど母親同然に育てた一番下の弟だった。「その喪失感たるや、想像を絶するほど大きいものでした」とシスター・ベスは語る。

　結局、スーザンの十人の兄弟のうち、オピオイド依存症にならなかったのは三人だけだった。しかも、その三人のうちの一人は、自分では使わなかったが、オピオイドを売るディーラーだった、と後にスーザンが教えてくれた。彼女はヴァンジーのサボキソン治療を六年間受けた後、現在は「チケット・トゥ・ワーク」（Ticket to Work）と呼ばれる社会復帰プログラムを通じて、障害者手当の生活から抜け出そうとしていた。今、彼女は介護施設の認定准看護師として一日十二時間シフトで勤務しながら、正看護師の資格を得るために地元のコミュニティ・カレッジに通っている。

「家族の中には、『障害者手当をもらい続けて家にいればいいじゃないか』と言う人もいます。それに対して私はこう言います。『私はずっと前から看護師になるために学校に行きたいと思っていました。月に七百四十ドルの障害者手当だけでは、それは叶えられません。それに、働いた方がずっと気分がいいですから』と」

　麻薬が彼女の住む地域社会をどのように変えたかと聞くと、スーザンは今ではそれが地域の文化の一部になってしまったと言って、深いため息をついた。彼女の十五歳の息子は、麻薬の流行に飲み込まれない唯一の方法は、別の地域に引っ越すしかないと考えているという。

「ママ、もうここには住めないよ。ここには薬と介護施設以外に何もないじゃないか」と彼は彼女に言ったことがあるそうだ。

スーザンが初めてヴァンジーに会ったとき、ヴァンジーは二時間かけて、彼女の依存症の状態と子供時代からの虐待の歴史を含む、彼女のそれまでの経験や病歴を詳しく聞いた。彼女は最近肺がんの手術を受けていたが、ヴァンジーは彼女の喫煙を責めたりはしなかった（やめた方がいいとは言ったが）。

彼女はシスター・ベスが主宰する「十二ステップの回復プログラム」の支援グループに属しているが、そこのメンバーは冗談でよくこんなことを言うそうだ。「ヴァンジーの診療所に行くときは、枕と毛布と本を持っていった方がいいよ。待ち時間が長いから」

しかし彼らの誰もが、七十歳の医者と八十三歳の修道女に万が一のことが起きた場合、自分たちはどうなってしまうかについて、とても心配していた。「途方に暮れてしまう人が大勢いるでしょう」とスーザンは言う。

ヴァンジーは今も毎日十六時間働いているが、妻のスーエラはこれをあまり快く思っていない。彼はいまだに増え続けるオピオイド依存症者のリストに載っている患者について、毎日シスター・ベスと電話や電子メールでやりとりしていた。それに加えて、ウエイティング・リストには彼の診察の順番を待つ百五十人の患者の名前があった。

ヴァンジーは以前私に、曲がりくねった道をジョギングしている間に、麻薬や酒に酔ったドライバーにひかれることが一番怖いと語ったことがあった。自分が死ぬのは仕方がないとしても、彼の死後、彼の患者がどうなるのかを考えると、不安になるからだった。

依存症者への対応は、地方よりも先に都市部で変化の兆しが見えてきた。私はメタドン街などと悪口を言う人もいるボストンのサウスエンドの一画にある、ホームレス用の保護施設内の診療所を取材で訪れた。そこは会議室を改造した部屋で、ヘロイン依存を乗り越えようとする依存症者たちが、検査を受けるために集まっていた。中には足元がおぼつかず、友達に両脇を抱えられて入ってくる人もいた。

この施設のトイレには、万が一の時、人が助けに入れるようにするために、個室に入った人が四分間動かなかったら、アラームが鳴るように設定された、逆人感センサーが取り付けられていた。これはシェルターの医療ディレクターを務めるジェシー・ガエータの発案によるものだった。彼女はこの仕事場に出勤してくる途中で、時々、過剰摂取者の遺体につまずくこともあったそうだ。遺体の中には、車に轢かれてそのまま放置されたものもあったという。

ホームレス向けシェルターの中に診療所を開設したガエータの目標は、治療を受けることができるようになるまでユーザーを元気にしておくことと、ホームレスコミュニティの中ですでに回復中のユーザーから依存症者を引き離すことだった（避難所で保護されているホームレスの三分の一近くが、オピオイド依存症だった）。

しかし、褐色砂岩作りの建物が立ち並ぶこの地区は急速に高級住宅街に変貌を遂げていて、リベラルなボストンでも、文化的な障害はかなり大きくなっていた。近隣住民はガエータの診療所が地域に多くのヘロインユーザーと汚れた注射針と犯罪を呼び込んでくるのではないかと心配していた。また、地域住民の中には、ガエータのチームが患者に対して薬物の継続使用を認めていることを非難する人もいた。

ガエータがコミュニティの指導者や政府の役人をシェルターに招き、自分たちが十床ほどの小さな部屋で何をしているかを繰り返し丁寧に説明することで、ようやく近隣の住民たちはこのプロジェクトを渋々受け入れるようになっていた。

住民説明会は五十回以上も開かれ、毎回紛糾した。

「毎回吊るし上げられましたよ」とガエータは笑う。

しかし、当初プロジェクトに懐疑的だった人たちも、ガエータが自分たちの地域で起きている問題に対応しようとしていることを知ると、納得することが多かった。患者の名前を記録しないこのプログラムでは、ヘロインを打ってよろめきながら入って来る患者たちを、スタッフはとても丁寧に扱っていた。名前を記録しないのは、患者との間に信頼関係を築くための戦略だった。

この診療所はまた、レイプ被害者が最初に性感染症の予防的治療を受けられる場所でもあった。レイプの被害者は医師の診察を受ける前に、隣接するキッチンで一対一でガエータに状況を説明する仕組みになっていた。そのような場所で女性たちは初めて、銃を突きつけられ、口に粘着テープを貼られたまま強姦されたことを打ち明けるのだった。

「私たちのような使命感を持った組織の中でも、依存症治療がどうあるべきかについては多様な意見があり、多くの先入観があります。しかし、自身が治療を求めていない人々を抱え込むべきではないという考え方に対しては、われわれは常に抗っていかなければなりません」とガエータは言う。

今日のアメリカでは、最も恵まれない人々を助けることの社会的、犯罪学的、医学的な意義を説明してまわることは、とても骨の折れる作業だ。しかし、たとえ吊るし上げにあったとしても、十分にそれだけの価値はあると、ガエータは言う。

アパラチアでは、ハームリダクションは非常にゆっくりとしたペースで普及していた。薬物維持治療の反対派とハームリダクションの推進派の激しい対立が顕在化していたバージニア州レバノンの薬物裁判所では、私が最初にインタビューをした時には少し白髪交じりだったマイケル・ムーア裁判官の髪が、心労のせいか、わずか一年の間に真っ白に変わっていた。

しかし、ラッセル郡の検察は最近、ブプレノルフィンの乱用をやめられないことを認めた三十年来の依存症者に対し、麻薬裁判としては初めてビビトロルの使用を許可した。ムーアは検察のこの決定を、依存症の現実に対する刑事司法制度の理解が進んでいることの反映として、高く評価した。

彼が担当した事件で保護観察下に置かれた被告の約半数が、現在サボキソンを服用していた。「状況は良い方向に向かっていると思います」とムーアは言う。

彼は私に、もし自分の子供が依存症になれば、きっと薬物維持治療という選択肢が欲しいと思うだろうと語った。

「昨年の秋、州知事がオピオイドの大流行を宣言しましたが、それを聞いたとき私は『今さら何を言ってるんだ。流行は二〇〇二年から始まってるよ』と思いました」

現在、薬物裁判所でムーアが担当している依存症者の一人は、生まれながらにして依存症だった。「本当に恐ろしいことです。家族やその周辺に必ず依存症者が一人はいるはずなので、十六～十七歳の子供たちが、鎮痛剤に依存性があることを知らないはずがありません。それでも、彼らは手を出してしまうのです。その結果、私と同じ年代の親の多くが今、依存症の子供を抱えていますす」とムーアは語る。

最近の研究で、薬物乱用予防教育（DARE = Drug Abuse Resistance Education）を受けると、かえって子供が麻薬に手を出す可能性が高くなることが明らかになったため、地元の学校ではDAREに代わる新しい薬物予防教育が採用されるようになっていた。学校も方針を転換し、初犯の薬物事犯者は退学処分にしたり刑務所に送るのではなく、治療を受けさせることになった。

毎週木曜の夜は、ムーアが自ら地元の教会が提供する「十二ステップの回復プログラム」の講習会に出向き、参加者に夕食を提供するのを手伝っていた。彼はまた、ファストフード店の支配人や地元の建築業者などコミュニティの友人たちに、彼の薬物裁判所に参加した依存症者を雇うよう頼んで回っていた。

最近、陪審員への説明会の場で、ムーアの法廷で廷吏を務めるニール・スミスの元に、四歳と五歳の二人の男の子が近づいてきた。スミスは最初、その子たちは陪審員候補の孫なのだろうと思っていた。しかし、そのうちの一人が制服姿のスミスに向かって突然、「僕たちのパパになってもらえませんか」と言い出した。実は二人は養子の受け入れ先が見つかるまで、陪審員候補者の家に一時的な里子として預けられている子供だった。

確かにスミスは、初老手前の中年で、親切そうに見えた。スミスの両親は共に炭鉱で働き、副業にクリーブランドの集落近くの一二エーカーの区画でタバコを栽培していた。

スミスとムーアは幼なじみだった。スミスは同じスクールバスで通学していたムーア少年が、顔が隠れるほどたくさんの本を両腕に抱えてバスに乗り込んできた時の姿を、今もよく憶えているという。

今回の私の取材の中で、最も問題の本質をついた指摘をしてくれたのが、ボルチモアで主にホームレスのヘロイン依存症者たちを診療しているセラピストのデービッド・アヴルチだった。

彼は根源的な問題は、ハームリダクションが不足していることではなく、里子を大量に生み出す一方で、ムーアのような高潔な人物をなかなか生み出せない、現在のこの国の経済構造にあると指摘する。

「薬物依存症の蔓延を病気や道徳的な問題として議論すればするほど、人々を依存症に追いやっている社会的および経済的要因が見えにくくなります。見えなければ、それを無視することもより容易になります」とアヴルチは語る。

この問題を解決する方法は、サボキソンや道徳についての講義を増やすことではなく、生活するための賃金を得ることができる意味のある仕事への道筋をすべての人に提供できるよう、民主主義を再活性化させることだとアヴルチは言う。

ムーアは私に、今回の取材で学んだことの中で、彼が希望を持てるようなことは何かなかったかと、聞いてきた。

「あなたの本を読むのが待ち遠しいです。読めば、私たちが何をすべきかが、わかるかもしれないですから」ムーアはそう言って微笑んだが、その顔は泣いているようにも見えた。

私はスーエラ・コバックが私に繰り返し言ったことを、そのままムーアに伝えた。それは「答えは常にコミュニティにある」という言葉だった。そして私はムーアに、テレサ・タイソンのヘルス・ワゴンやスー・カントレルのC型肝炎の拡大阻止のための献身的な活動の話をした。また、法執行機関と医療機関の間のなかなか埋まらなかったギャップが、都会から離れたアパラチアの田舎町でようやく埋まり始めていることも説明した。

さらに、ブリストルの教会関係の治療センターが、最近、寄付された元老人ホームを二百四十床のリハビリ施設にリフォームしたことも報告した。そのリハビリ施設は、依存症者や退役軍人や年齢制限を超えてしまった里子や出所した受刑者らに住宅を提供するもので、ブリストル・リカバリー・センターのボブ・ギャレットが三年かけて地元の裁判所や警察、教会、社会福祉機関などとの協力体制を築き上げたことによって、ようやく結実したものだった。その入居者は、センターの支援を受けながら職を探し、仕事が見つかった後も、家賃を払えばそのままその平和な宿舎に住み続けることができるというものだった。

当初、ギャレットは入居者に薬物維持治療は認めないつもりだった。しかし、イーストテネシー州立大学で公衆衛生を教えるロバート・パック教授が率いるコミュニティ・サービスにボランティアとして参加してパックの薫陶を受けた結果、ギャレットは自分の考えを変えたと言う。それ以来、彼は州内各地の教会で依存症について講演する際に、「エビデンスに基づく治療」の利点を説いて回っている。

「依存症者たちには、彼らが愛され、気にかけられていることを知らせたいと思います。また、一般の人たちには、依存症者たちが本当は悪い人たちではないことや依存症者を犯罪者として扱うことが必ずしも効果的ではないことを伝えたいと思っています」とギャレットは語る。

私はムーア裁判官に、パック教授が率いる精神衛生と薬物乱用の専門家たちの混成チームが、新たなブレークスルーを達成したことも報告した。パックのチームがあげた成果は、私が今回、取材したすべての治療プログラムの中でも、政府の柔軟性のなさや危機に対する官僚の無関心を阻止するための最も強力なモデルであり、他の場所でも十分に再現性のあるものだった。

このチームはテネシー州ジョンソンシティとキングスポートの間の田舎町にオーバーマウンテン・リカバリーという名の治療クリニックを開こうとしていた。クリニックの名前にはある意図が込められていた。「オーバーマウンテン」は地元の農民と開拓者という異質な人たちから成る集団の名前だった。この集団はキングスマウンテンの戦いでイギリス軍を撃退し、独立戦争の形勢を一変させるのに貢献したことで知られる。「リカバリー」は、ここでは薬物維持治療以上のことを行うことを意味していた。その中にはグループ・カウンセリングや個人カウンセリング、ヨガなどの代替療法の他、職業訓練も含まれた。この外来クリニックは最終的にはサボキソンを提供するが、その前段階では主にメタドンを使う。メタドンはサボキソンより安く、流用が難しいからだ。（このプログラムの参加者は毎日看護師の目の前でメタドンの液剤を飲まされる。ここから最も近いメタドンクリニックは、山を越えた六〇マイル（約九十六キロメートル）離れたところにしかなかった。）

「混成チームなくして、このプロジェクトをやり遂げることはできなかったでしょう」とパックは言う。

彼は二〇〇六年に親しい友人をオピオイドが絡んだ自殺で亡くしたことをきっかけに、依存症の研究を始めた。オーバーマウンテンのパックの混成チームは、彼の大学に加えて、地域の非営利の病院や州の精神衛生機関などから二百五十万ドル（約二億七千五百万円）の助成を受け、八つのプロジェクトと二十五の研究提案と研究を目的とした処方薬乱用センターの開設を実現していた。さらに重要なことは、地元出身で自身もオピオイド依存症の経験があるカリスマ的なスティーブ・ロイド医師がこのクリニックの共同代表を務めていることだった。

それでも、農民と郊外居住者からなる典型的な中流階級コミュニティのテネシー州グレイ市に立地するオーバーマウンテンが、二〇一七年九月に開設されるまでには、幾多もの困難を乗り越えなければならなかった。地域の農民団体「グレイを守る市民の会」は、メタドンを服用している患者の運転する車は危険だと考え、これに懸念を表明した。このグループはセンターの設立そのものには反対しなかったが、自分たちの近くには建てて欲しくなかったようだ。（そこから一・五マイル（約二・四キロメートル）離れたところには、高校もあった。）とは言え、グループのメンバーの中にはロイドとパックに「私の息子も同じ問題を抱えているんです」と打ち明ける者もいた。パックのチームは彼らの懸念ともきちんと向き合った。

彼らは地元の懸念を払拭するために、何度も公聴会を開き、警察署長やメタドンを提供するクリニックの関係者などを連れてきて、他の地域の実例や研究論文などについて話をしてもらった。市や州からほぼ全会一致で承認を得るために、彼らは一年以上もかけて公聴会を開き続け、自ら進んで市民に叩かれることに耐えた。当初、人口わずか千二百二十二人のコミュニティで、三百人以上の人々がこのプロジェクトへの反対を表明していた。その中には、パックやロイドのことを「麻薬王」などと呼ぶ人もいた。

自身が十年以上も依存症からの回復過程にあるロイドは、人々に薬物との戦いがいかに厳しいものなのかを理解させる方法を熟知していた。治療を始める前の彼は、自分の同僚の医師に頼んで処方箋を出してもらったり、親戚の薬箱から薬を盗んだりするばかりか、鎮痛剤欲しさのあまり、医者に足首を捻挫したと嘘の申告をして、本来は不要な整形外科手術まで受けていた。

二〇〇四年にロイドの依存症に気づいた父親が、彼に無理矢理治療を受けさせた。まず、彼をリハビリ施設に送り込み、九十日間入院させた後、五年間の抜き打ち薬物検査を含む支援サービスと徹底的なモニタリングを受けさせた。

ロイドが回復に成功した最大の理由は、罰の脅威だった。もし依存症が再発すれば、彼は医師免許を剝奪される可能性があった。また、薬物の影響で、患者の治療中に致命的な医療ミスを犯す恐れもあった。

ロイドは今、テネシー州の薬物乱用サービス局の副局長の地位にあるが、それでも携帯電話のアプリを介して薬物検査を受け続けている。そのようなルーチンが、ロイドの回復を推し進めていた。彼の左足首に今も残る嘘の手術の傷痕もまた、薬物依存症者がどこまで絶望的な行動を取るかを彼に思い出させる、大切な目印になっていた。

ロイドは医師なので、前払いで四万ドル（約四百四十万円）を現金で支払うことができたが、ロイドと同じ治療を誰もが受けられるようにすることは難しいかもしれない。しかし、彼は依存症の医者や飛行機のパイロットが受けているような、五年かけて回復していくモデルが理想的な治療だと考えていた。五年の治療プログラムではオピオイドからの回復率が七〇〜九〇％に達する。

最近、映画やテレビのリアリティ番組で二十八日間の滞在型治療が話題になっているが、ロイドは「二十八日間の滞在型治療には何の科学的根拠もありません」と、これを一蹴する。「麻薬の使用を続けたことで洞察や判断を司る前頭葉の機能が止まってしまっています。それが再び動き出すためには少なくとも九十日間はかかります。完全に機能が回復するまでには二年間かかることもあります」とロイドは語る。

しかし、ほとんどのユーザーは九十日間も治療を受けられない。ましてや二年間など、到底無理だ。現在アメリカでは、十人に一人しか薬物依存症の治療を受けることができていない。外来での薬物維持治療の提供や、依存症者を刑務所から治療へ転換させなければならないのはこのためだ。

薬物裁判所が依存症者に対する徹底的なモニタリングを行うと同時に、治療を受けなければ刑務所に送ると脅すこと自体は適切かもしれないが、ロイドは仮にそうだとしても、すべての依存症者、とりわけ再発した人々に対しては薬物維持治療が認められなければならないと主張する。「それを許可しない裁判官は、『障害を持つアメリカ人法』に違反していることを理解する必要があります」と彼は言う。

オピオイド依存症の患者に対して合法的に処方された薬を与えないことは、糖尿病患者に対し、ただ太っているというだけの理由でインスリンを与えないのと同じことだ。もし糖尿病患者の九〇%が医療を受けられなくなれば、街中で暴動が起きるはずだ。

故郷のボーンズ・クリークから十分のところにあるグレイで、オーバーマウンテンに反対する人々との会合に出席したロイドは、繰り返し薬物維持治療の重要性を訴えたが、その日の聴衆の反応は当初彼が予想していたよりも厳しかった。

ロイドに圧力をかける目的で、彼らはロイドの話をビデオカメラで撮影していた。さらに彼らは、「お前の近所につくれ！」と叫びながら、十歳の子供にクリニック建設に反対するプラカードを持たせて、デモ行進を行った。

ある集会では、ロイドが依存症について、それが慢性脳疾患であり再発が避けられないなどの科学的な説明をしていると、聴衆の中の一人の女性が彼の話を遮って叫んだ。

「何度やつらにチャンスを与えればいいっていうの？」

ガエータがボストンで試みたように、ロイドはグループの人道主義に訴えながら、依存症はすでにこの地域にも入ってきていることを強調した。恐怖や聖人ぶった否認によって現実から目を背けることは、過剰摂取による死亡者の数を増やすだけだ。そしてそれがいつ自分の家族の中で起きても不思議はない。

バイブルベルトの中心に位置するこの街のコミュニティセンターの窓からは、地域にある四つの教会の尖塔が見える。彼は今この部屋で彼の案に激しく反対している人たちの多くと、一緒に野球をしたり日曜学校に通ったりして育った。

ロイドは会合で発言した女性と同じような意見を持つ人たちが大勢いることを知っている。その中にはオハイオ州のある保安官のように、過剰摂取を繰り返す人を助けることは「税金の無駄遣い」だと言って、副保安官からナロキソンを取り上げることを提案した人も含まれている。

その女性の指摘に対してロイドは、イエス・キリストが弟子に対して寛大さについて語った時の言葉を返した。イエスにペテロが、罪は七回許されるべきか、それとも七十回でも許されるべきかを尋ねた時のものだ。

ロイドはイエスの言葉を使って女性の質問に答えた。

「七かける七十回です」

連邦政府がアパラチアを救うために何もせず、刑罰や刑務所の増強よりも治療や研究やハームリダクションを優先することを拒否するのなら、アパラチアは自分自身の手で自分たちを救わなければならない。

エピローグ　兵士の病

第二の故郷となったロアノークで、私はもうかれこれ六年間、様々な家族を取材してきた。私が知り合いになった依存症の人々の健康状態は実に多種多様だった。家族の一人が依存症になると、残りの家族はひどく消耗した。まるでビデオを早送りしているかのように、誰もが目に見えて日に日に老けていった。

二〇一七年二月にスペンサー・ムンパワーの母親が、バージニア州ピーターズバーグの刑務所に息子を迎えに来たとき、スペンサーは彼女の姿を目に留めると、元気いっぱいで彼女の方に向かって歩いてきた。

「本当は走りたいけど、囚人服のまま走ると警備員に撃たれそうだからね」と彼は冗談交じりに言った。

「私が走って行くから大丈夫よ」とジンジャー・ムンパワーは返した。

二〇一二年にスペンサーが収監されて以来、ジンジャーはほぼ毎週末刑務所に面会に行き、彼のアカウントにいくばくかのお金を入れていた。また、彼女は毎月のように検事や弁護士や政治家や保護観察官に、一人息子の早期釈放を訴えてきた。時には裁判官にまで会いに行ったこともあった。

その年の八月、私が刑務所でロニー・ジョーンズをインタビューしてから一年後のことだ。ジンジャーはヒドゥンバレーの郊外にある彼女が経営するロアノークの宝石店から、スペンサーを迎えに行くために、ノースカロライナの中間施設に向かった。スペンサーは刑務所から釈放された後、約六カ月間そこに住んでいた。彼はようやく自由の身になっていた。その時の彼は、一六五ポンド（約七五キロ）の身体で五〇〇ポンド（約二二七キロ）のバーベルを五回もデッドリフトできるほど、健康そのものだった。

七年間、断薬を続けてきたスペンサーは、依存症になっていたヘロインと覚せい剤のメスをやめ、代わりに柔術に没頭していた。それは彼が服役中に始めた習慣だった。柔術がスペンサーの刑務所生活を支えていた。ガールフレンドが彼を捨てたときも、父親代わりだった彼の柔術の師匠が、十代の女子学生と不適切な関係を持って逮捕されたときも、スペンサーは柔術の練習だけは欠かさなかった。

スペンサーは刑務所内部に持ち込まれていた豊富な麻薬には目もくれず、自分自身の回復を目指してトレーニングに集中した。また、あらゆる武道に関する本を、貪欲に読みあさった。受刑者が使うことが許されている制限つきの電子メールを使ってジンジャーに協力を頼み、さまざまな混合格闘技に関する記事を送ってもらった。そうすることで、プロのアドバイスやトレーニング方法を学ぶことができた。最終的にスペンサーはジンジャーを経由して、本物の格闘家やジムの経営者にも接触するようになっていた。もし彼の保護観察官が承認すれば、地理的治療としてスペンサーはバージニア州のどこかのジムで働ける可能性もあった。

新しい自由を満喫しながらも、スペンサーの服役後の現実には厳しいものがあった。スペンサー自身は刑務所生活によって心的外傷後ストレス障害（ＰＴＳＤ）を負ったと主張していたが、刑務所からの社会復帰は、彼が予想した以上に困難なものだった。スペンサーは部屋を暗くして寝ることや、近くに人がいない時や、車を運転することに、強い不安を覚えるようになっていた。そのためほぼ毎日のように、ジンジャーがスペンサーをジムまで車で送り迎えしていた。時にはウーバーを使うこともあった。彼が刑務所に入った二〇一二年には、まだロアノークではウーバーのサービスは始まっていなかったが、スペンサーが刑務所に服役している間に、ロアノークでもウーバーが使えるようになっていた。ＰＴＳＤを緩和するために、彼は介助犬を飼おうと考えていた。

スコット・ロスの母親のロビンは、今でもヒマワリの写真のほか、スコットが日本風の刀を使って調理をする真似をしている写真や、死ぬ前のクリスマスにふざけてロビンの毛皮のコートを着ている写真などを定期的に送ってくれた。彼女は金髪で眼鏡をかけた中学二年生のスコットが、カトリック学校のダンス・パーティに行くために上品な黒いタキシードを身に着けている写真も送ってくれた。スコットは母親に、自分の彼女用にだけでなく、一緒にパーティに行く彼氏のいない女の子たち用にも十二本のバラを買って欲しいとねだったと、彼女は書いていた。そのメッセージにはヒマワリの絵文字が添えられていた。

それでもロビン・ロスはまだ、八年前の息子の死の悲しみの中にいた。そして時々、友人から治療に関する助言を求められると、喜んで手を差し伸べていた。彼女は私に、自分の悲しみの深さと、自分が息子に対して犯した失敗の両方を、是非伝えて欲しいと言った。

「もっと彼のことをサポートしてあげたかった。シングルマザーとして私は、息子が必要なサポートは十分に提供できていると考えていました。しかし、私は間違っていました。子供が良い選択をするのを助けるためには、少なくとも子供が信頼できる四人の大人の助けが必要です。子供に正しい選択をさせるために、その人たちに助けを求めるべきなのです」とロビンは語る。「子供に対して、一度作ったルールは守らなければならないことを、身をもって示さなければなりません。子供はわがままを通そうとするでしょうが、そこは筋を通さなければなりません。一度決めたルールがコロコロ変わるようでは、若い発達途上の子供を混乱させることになります」

二年前に、ロビンは子育てをした郊外の二階建ての一軒家からアパートに引っ越した。ヒドゥンバレーを去るのは辛かった。スコットがヘロインを注射できないようにするために、家中のすべての扉を外していたその郊外の家の庭には、スコットの死後、おびただしい数のヒマワリが咲き乱れていた。

その後しばらくして、ロビンはヒマワリ栽培はやめていたが、それでも時折、ヒマワリがロビンの元の家の前庭に芽を出し、中には八フィートの高さまで伸びて、一株で十以上の花を咲かせるものもあった。そのヒマワリはスコット・ロスの思い出であると同時に、麻薬問題の困難さの象徴でもあった。

ロビンの家を購入した若い女性もまた、ヘロイン依存症だった。彼女の姉で二十七歳のジョーイ・ギルバートも、ホープのボランティアたちの懸命のサポートの甲斐なく、二〇一七年三月に死亡していた。ジョーイの家族は、彼女がメディケイドに加入でき、その後も薬物維持治療を継続することができていれば、彼女の死は避けることができたものと確信していた。

二〇一七年の初秋、私はホープ・イニシアティブのディレクターでボビーの母親でもあるジャニン・アンダーウッドと再び話す機会を得た。過剰摂取と死が、家族に計り知れない悲しみを与えているにもかかわらず、社会的な不名誉を恐れて、多くの人が依存症の問題と正面から向き合うことから逃げていた。

ボビーの古い友人は毎週ホープに顔を出し続けていた。その中には十年以上も薬を使い続けている人もいた。

「みんなやめたいとは思っています。でも、同時にやめるのが怖いんです」とジャニンは語る。

三十歳の男性の友人は、ジャニンがボビーの母親であることを知った時、人目もはばからず泣き崩れた。彼は彼の母親が運転する車で覚せい剤ラボと化した郊外の牧場風の家からホープクリニックまでやって来たが、息子の依存症を恥じていた母親は車の中で待っていて、外には出てこなかった。

かつてボビーの妹のベビーシッターをしたことのあるベッツィ（仮名）という女性も、断薬を目指して最近ホープにやってきた。しかし、ベッツィを解毒施設に入れるために、ジャニンとナンシー・ハンスの二人のホープボランティアが彼女の家に行ってみると、ベッツィは麻薬でハイになっていた。一瞬、意識がしっかりした時、彼女はヒドゥンバレー高校の卒業アルバムを引っ張り出し、その中から彼女と彼女の友達が一緒に写っているダンス・パーティの写真を見せてくれた。そこに一緒に写っていた五人のうち、三人が今も現役のヘロインユーザーだった。

ベッツィはそれから唐突に窓を指差すと、「見て、雨が降ってる。きっとボビーが私たちを見てるんだわ」と言った。

ナンシーとジャニンは、ベッツィをコミュニティが運営する解毒施設に入れるために、方々に電話をかけまくった。ジャニンは実際に彼女を一つの施設まで連れていったが、その施設では解毒の過程でブプレノルフィンを投与する薬物維持治療は提供していなかった。そのためベッツィは離脱症状が辛くなり、半日もしないうちに施設から逃げ出してしまった。

ジャニンとナンシーが薬物維持治療を提供してくれる施設を見つけられるまで、ベッツィはニューヨークに逃げていた。これは麻薬所持に対する裁判所からの召喚を避けるためだった。数日後、彼女はニューヨークのセントラルパークでフェンタニル入りのヘロインを過剰摂取して意識を失ったが、駆けつけた救急隊によって蘇生されるという事件を引き起こしていた。最後にジャニンが聞いたベッツィの消息は、彼女は今ニュージャージーに移り、麻薬と引き換えにセックスを提供しながら暮らしているということだった。


キングズポート、ジョンソンシティ、ブリストルの三つの市が協力して、「オーバーマウンテン」と呼ばれるオピオイド中毒の治療プログラムを作ったテネシー州北東部の地域とは異なり、これまでロアノークは縦割り行政の壁を乗り越える混成チームを設置することができていなかった。二〇一七年の致命的ではない過剰摂取事故の件数は前年の二倍を超え、致命的な事故はほぼ三倍に膨れあがっていた。（そして、恐らくこれらのデータはまだ過少申告されている可能性が高かった）。テスの母校で開かれた公開フォーラムで、警察は二〇一七年八月に81号線沿いで押収されたフェンタニルの総量が四・四ポンド（約二キロ）に達することを明らかにした。それは百万人を致命的な過剰摂取に陥らせるのに十分な量だった。警察は最近、香港からウェブ経由で通信販売されたフェンタニルを含んだ七百本の「ザナックス・バー」を、地元のコミュニティ・カレッジで売ろうとしていたケープスプリング高校の卒業生を逮捕していた。

やはりロニー・ジョーンズは正しかった。確かに何も変わりはしない。しかも、地元紙のロアノーク・タイムズは経営難から警察担当記者を遂に一人まで削減していた。地域で前代未聞の大規模なヘロイン組織の摘発が進んでいるにもかかわらず、地域の唯一の新聞社がその実態を報道できなければ、人々は自分たちのコミュニティで何が起きているかがわからないのは当然のことだった。

依存症研究で世界的に有名なバージニア工科大学カリリオン研究所のウォーレン・ビッケル博士は、救急救命室から外来への移行をスムーズにする新しい薬物維持治療のプロトコルを試験するために、百万ドル（約一億一千万円）の助成金を獲得した。それは過剰摂取による発作を起こした患者が外来に送られた後、「サブロケード」と呼ばれる、新たにＦＤＡが承認したブプレノルフィンの注射を毎月一回受け続けるという、新しい治療法の試験だった。

実はビッケル自身も最近、過剰摂取で家族の友人を失うという経験をしていた。その若い男性はサボキソンを服用していた。しかし、次の診察時のドラッグテストでオピオイドの陽性反応が出たため、彼の医者は罰として彼のサボキソンの投与量を減らしてしまった。

「彼は増量を必要としていたのに、削減されてしまったのです」とビッケルは言う。

私がビッケルに、違法薬物を得るためにラスベガスで性的サービスを提供しながら路上生活を続けているテスの話をすると、彼は一九八八年に彼自身が共同出版した研究論文を見せてくれた。

そこには、ブプレノルフィンが依存症患者を過剰摂取死から守り、犯罪の抑止と健康の向上にも寄与することを示すデータが紹介されていた。

「これはびっくりするほど古い論文です。しかし、人々はまだこんなことも知りません」とビッケルは語る。

ロアノークのコミュニティ・サービス委員会は最近、二十一人の患者に薬物維持治療を追加することを決定した。しかし、それは彼らがその前にカウンセリングを受けることが条件だった。

今、カリリオンの外来で薬物維持治療を受けるためには、三週間待たなければならない。私が、カリリオンが主催するフォーラムに出席した際、パデュー・ファーマから接待や贈与を受けたすべての医師は、積極的にサボキソンを処方する道議的な責任があるのではないかと発言すると、部屋にいた医師たちは皆、下を向いてしまった。

フィラデルフィアでは、国内初となる、医師の監督下で注射針を無償で交換する施設の立ち上げが近づいていたが、ロアノークでは政治的な障害のために、注射針の交換も遅々として進んでいなかった。遅ればせながらバージニア州議会も、ようやくメディケイドの拡充法案を可決する目前まで漕ぎ着けたが、依然として受給資格に「働く能力を有する者」という条文がねじ込まれていて、まだまだ多くの課題が残っていた。

いずれにしても、この進捗ペースでは、テスを救うには遅すぎた。私がテスの母親に、二〇一七年の秋には薬物維持治療に対する制約が部分的に解除になるので、州と連邦の両方から助成を受けられる可能性があることを伝えたところ、彼女は早速、地域のコミュニティ・サービス委員会に連絡をしたが、その時点では妊娠中の女性しか対象にしていないと言われ、断られたという。

それからほどなくして、テスが他人の電話から午前四時に私にショートメールを送ってきた。その中でテスは、ネバダにある別のリハビリ施設に入る予定であることを説明した上で、そこに入ったらまた本を送ってくれるかと尋ねてきた。

私はデビッド・セダリスの新刊をこれから送ろうと思っていたところだと返事をした。「嬉しい！」と彼女は言い、私がまだ彼女のことを見捨てていないことに対する感謝の言葉を綴った。テスは、今はその本を受け取ることができる住所がないが、いつかリハビリ施設に入所したら、その連絡先を知らせるということだった。

彼女の年配の祖父は、新たな治療に資金を提供することに同意した。実はついこの間、テスは「ロアノークまで車で送ってもらうために友達に支払うお金」と称して、祖父に五百ドル（約五万五千円）の送金を無心していた。後でそのことを知ったパトリシアはこう語る「父はテスに騙されていることは分かっています。ただ、彼はテスをとても愛しています。きっと『お腹を空かせているかも知れないし』とでも考えたのでしょう」

すべては麻薬を買うためだろう。しかし、パトリシアはテスがそうやって家族や私に助けを求めてくるだけでも嬉しかった。テスが自身のフェイスブックページの息子の写真を更新しただけで、パトリシアは喜びを露わにした。

当時、テスは私たちには言わずに、ネバダ州でメディケイドを申請していた。これは、二〇一四年の医療保険改革法の施行を受けてのことだった。テスは薬物維持治療を受けたいという気持ちを、まだ捨てていなかったのだ。

問題は今、彼女がどこにいるのかもわからないし、どんなポン引きや売人に匿われているのかもわからないことだった。

二〇一七年一一月、パトリシアにテスから電話がかかってきた。パトリシアによると、テスはクリスタル・メスでハイになっていたようで、「ギャングのストーカー」が彼女を殺そうとしているなどといった妄想じみた話をしていたという。テスは、自分がラスベガスの通りを歩いていると、向こうから来る車が自分に向けてヘッドライトをハイビームにするとも言っていた。また、見知らぬ人が息子の名前を叫ぶ声が聞こえるような気がするそうだ。

「居場所さえ教えてくれれば、助けにも行けるのだけど」とパトリシアは言う。

初年度にホープ・イニシアティブに来た百三十二人の依存症者のうち、滞在型治療を受けることができ、回復まで漕ぎ着けることができたのは十人にも満たなかった。

しかし、パトリシアは今も毎晩、携帯電話を抱いて寝ていた。いつテスから連絡があるかもしれないからだ。そして、テスがいつかはその十人に満たない中の一人になれることを、いつも祈っていた。


一二月上旬になると、不定期に送られてくるショートメールの内容や、母親への電話の内容などから判断して、テスの状況が少し改善しているように見えた。詳細は決まっていなかったが、彼女は一度ロアノークへ戻ろうと考えていた。パトリシアは自宅から十五分のところにある断薬専門のクリニックに入院の手続きを取った。祖父が飛行機代とリハビリの治療代を負担することに同意してくれた。パトリシアはテスが飛行機に乗る上で必要な身分証明書を得るために、地元の陸運局と一週間以上にわたって交渉をして、何とか仮の身分証明書を発行してもらうことができた。しかし、この身分証明書をどこに送ればいいのだろうか。テスはまだホームレスだった。そして一週間後、ようやくテスが彼女のポン引きらしき人物の電話を使ってショートメールで、新しい住所を送ってきた。

「危ない目には遭っていないわね」とパトリシアが尋ねると、テスはいつものお気に入りの答えを返してきた。「私は兵士だから大丈夫よ」パトリシアも返事をした。「でも兵士だってやられる時はあるからね」

一二月九日、私がリッチモンドの書店が主催する講演会でこの本の話をしたことをフェイスブックに投稿したところ、テスからその投稿にコメントがついた。以前にショートメールを送ってきた、あの電話からのようだった。「やったー！　私もこの本を手伝いました！」

私はフェイスブックのインスタント・メッセンジャーを使って、彼女の母親と私が彼女にとても会いたがっていることを伝えた。テスはこの本の早刷りを一部送ってもらえるか聞いてきたので、私はできると答えた。すると彼女は、「本気で頑張ります」と返信してきた。彼女の「頑張ります」が、一般的な依存症からの回復を意味していたのか、今の生活から抜けてロアノークに戻り四度目のリハビリに挑戦する心構えのことを意味していたのかは、その文面からは定かではなかった。

その頃テスは夜のラスベガスの街で売春する相手を見つけたり、時にはカジノの片隅で寝たりして暮らしていた。彼女の最後の住居は、駐車場に放棄されたミニバンの中だった。ある寒い冬の夜、彼女は毛布にくるまって友人の家に現れた。

「彼女は僕のところに泊まることもありましたが、一晩中歩いていることもありました」と春ネバダのリハビリ施設で知り合った友人のマーク・シャープは言う。「彼女は息子に会いたかったし、お母さんにも会いたかった。彼女は自分は大丈夫だなどと気丈なことを言っていましたが、とても大丈夫には見えませんでした」

元ヘロインユーザーで現在はバージニア州ポーツマスの建設現場で働いているシャープは、レンタカーで彼女をロアノークの家まで送っていくことを申し出たそうだ。しかし、テスは「大丈夫、お母さんがすべて手配してくれているから」と言って、これを断ったという。

「回復を目指している麻薬依存症者にとって、ラスベガスは決して好ましい場所ではありません」とシャープは言う。ラスベガスにはギャング組織のようなものもあったが、シャープが知る限り、テスは彼らとは接点はなかったはずだという。「でも彼女は町の治安の悪い区域にも平気で入っていきました。怖い物なしの性格でした」

テスはシャープにも母親に送ったのと同じようなメッセージを送っていた。「私は兵士だから心配しないで」と。

そこからクリスマスまでに、テスは母親に何度かメッセージを送ってきた。内容は毎回だいたい「愛してる。息子と愛犬コーダの面倒を見てくれてありがとう」というものだった。彼女はもうすぐ家に帰ると言っていたが、まだ身分証明書は受け取っていなかった。

一二月二二日、パトリシアがこんなメッセージを私に送ってきた。「私たちの詩人がお金を無心してきました、彼女は病気だけど救急救命室には行きたくないと言っています」

翌日、テスはロアノークへ戻る道中で離脱症状が出るのを防ぐために、サボキソンを入手したと書いてきた。しかし、彼女はまだ自分の身分証を受け取っていなかった。

クリスマスの二日前に、パトリシアは私にこう語った。「私は父に感謝しています。テスさえ準備ができたら、すぐに何かをしてあげることができることを嬉しく思います。みんな父のおかげです。あとは天使たちが彼女を見守ってくれることを祈るばかりです」

クリスマスの翌朝、パトリシアの元にラスベガス警察から電話が入った。ラスベガス警察は彼女の指紋と入れ墨から、テスの身元を確認したという。彼女は片方の肩に生命の木を、もう片方の肩に「神よ、私の罪をお許しください」という文言のタトゥーを彫っていた。

クリスマスイブに、ラスベガス中心部のアパートのゴミ捨て場で、空き缶を探していたホームレスの男性がテスを発見した。彼女は裸でビニール袋に包まれていた。彼女の体と袋は部分的に焼け焦げていた。殺害した者が、証拠を消すために焼いたものと考えられた。死因は鈍器による頭部の外傷だった。

このニュースは全国的に報じられた。パトリシアは、世の中の人々にテスの依存症のことや彼女の信じられないような強さを伝えなければと考えて、すべてのメディアの取材に応じた。親族の中には、そのような形で世間から注目されることを歓迎しない者もいた。

私はテスの人生の最後の五年間と死を通して、テスの家族が大変な思いをしてきた姿をつぶさに見てきた。親族の中にはテスを支援することが彼女のためにならないと考える人もいたが、それでも皆、愛することの意味について困難な問いかけを続けた。

「私の息子はよく『テスはいつも最悪の選択をするね』と言いますが、私はそうは思いたくありません」とテスの父親のアランは語る。

アランはこれまで何度も、テスの家賃やリハビリ費用や生活費を肩代わりしてきたという。しかし、親族からのサポートは、テスが依存症にかかった初期の段階で終わっていた。

ネバダに行く頃にはテスは、自分が置かれている状況について、日記にこのように書き記していた。

「私は薬を買うお金を得るために、窃盗でも強盗でも売春でも何でもやった。私は殴られ、レイプされ、略奪され、栄養失調になった。母の助けで病院に入り、そこで私は解毒をして薬をもらった。今はそんな状態だ。こんな生活を続けていたら、私はじきに死ぬだろう」

彼女が死んだ今、それを悲しむ彼女の家族の姿は、オピオイド禍に直面するアメリカの映し鏡のようだ。皆、善意に満ちているが、対応のあり方については意見が分かれる。そして結局何もできないまま、皆が疲弊してしまう。

警察は事件を捜査していたが、テスの父親のアランは、テスが「麻薬の売人かポン引きとの間でカネをめぐる何らかのトラブルがあったのだろう」と推察した。しかし、パトリシアはこの見立てに猛然と反論した。「実際に何が起きたのかは誰にもわからない」というのが、彼女の言い分だった。

ラスベガスで依存症や性的人身売買の女性の支援をしているテスの元カウンセラーは、テスがギャング・ストーキングの犠牲になった可能性を指摘した。ギャング・ストーキングというのは、犯罪組織が自分たちの言うことを聞かない相手に対して組織的に行うストーキングのことだ。自分が麻薬を買うためにフリーランスでセックスワークをしている依存症の女性は、犯罪組織から組織のために売春をすることを強要されることがある。それを拒絶すると、強姦されたり殺されたりすることが往々にしてあるのだという。

テスの知り合いのヘロイン依存症のある女性は、自身も二〇〇三年から二〇一〇年まで売春をしていたが、彼女の売春仲間のうち四人はギャングによって殺害され、そのうちの三人の遺体はテスと同じように、ゴミ収集場に放り込まれていたという。もう一人の遺体はモーテルの空調ダクトの中に捨てられていた。

「言うことを聞かない売春婦に対してギャングたちは、しつこくつきまとい、暴力をふるい、彼女たちがお金を稼げないようにしてしまいます」とラスベガスの依存症の売春婦たちにカウンセリングを提供しているキャサリン・カークは言う。カークは売春婦たちに打ち解けてもらうために、彼女たちを自宅に招き、自家製のクッキーを振る舞いながら彼女たちの相談に乗ることで知られている。「ギャングたちはあなたが言うことを聞くまで、あなたの人生を破壊し続けます。それでも言うことを聞かなければ、殺されるだけです」

われわれには想像もできないような世界が、そこにはあるのだ。

定年までＩＢＭの監査役を務めた彼女の祖父は、テスの暴力的な死を受け入れられずにいた。テスの火葬の手配をした後、親族で立ち寄ったステーキレストランのブース席で、パトリシアから事件の詳細を聞かされた祖父は、涙を流しながら一言漏らした。

「彼女を殴るなんて」

一二月三〇日の夜、テスはついに帰宅を果たした。その日のバージニアは強風が吹く、猛烈に寒い夜だった。空から降ってくる雪を見ながら、パトリシアはテスのことを心配しながら過ごした寒い夜のことを、あらためて思い出していた。彼女はまだ携帯電話を持ったまま眠っていた。テスの遺体がロアノークに着いたら、連絡が入ることになっていたからだ。真夜中過ぎ、彼女は私にショートメールを送ってきた。

　テスの遺体が到着したそうです。

葬儀技師はテスの身体を母親に見せられる状態に修復するのに、丸二日かかったという。彼女の頭は証拠収集のためにラスベガスで剃毛されていた。

テスの姉は昔からテスが好きだったお店で、刺繍入りのベストとレギンスと、フリーダ・カーロの笑顔の入ったシルクカシミヤのヘッドスカーフを買い求め、テスに着せた。

かつてテスが麻薬を求めて歩き回っていた通りからそれほど遠くない、ロアノークのダウンタウンの窓のない葬儀場で、パトリシアはまるで赤ちゃんの頭を撫でるかのようにテスのスカーフに手を添えて、愛する娘に別れを告げた。

一月二日。その日はテスの誕生日だった。生きていれば彼女は二十九歳になっていた。

パトリシアは娘の人生の宝物をベストの内側にたくしこんでやった。それは息子の写真と、テスが気に入っていた彼のベビー服と愛犬コーダの毛と、そして昔、家族で海辺で拾ったスカシカシパンの貝殻だった。

謝辞

本書がここにあるのは、これまでに著されたオピオイド危機についての複数の重要な書籍、バリー・メイヤー著『ペインキラー』、サム・キノネス著『ドリームランド』、アナ・レンブク著『ドラッグ・ディーラー』、トレーシー・ヘルトン・ミッチェル著『ビッグ・フィックス』あってのことだ。薬物汚染に関する私の見解は、バージニア州の西半分で薬物の流行が起こるのを目の当たりにして、二〇一二年に『ロアノーク・タイムズ』紙に書いた記事に始まる。かつての新聞社、なかでも、編集者のキャロル・タラントとブライアン・ケリーには、目の前で起こっているこの問題について調べる時間、そして助言を与えてくれたことにいまなお感謝している。ベテラン記者のローレンス・ハマックは、早くも二〇〇〇年、過剰投与の横行がバージニアの炭鉱にもたらした惨状を明るみに出したのみならず、国内で初めてアート・ヴァンジー医師、スーエラ・コバック、シスター・ベス・デービーズの武勇伝を紹介した。彼らの見識は、取材の初めから終わりまで、非常に貴重な存在となってくれた。

エージェントのピーター・マグウィガンは、当初の記事をこの本にする構想を練るにあたって力になってくれた。また、〈リトル・ブラウン〉社の我が編集者、ヴァネッサ・モブリーは、非常に鋭い分析力で私のさらなる取材の方向づけをし、構成とテーマに関して素晴らしい助言を与えてくれるかたわら、何にもまして、アメリカで悲しみに暮れ、このひどい状態から抜け出す方法を自分たちで考えるしかない状況におかれた家族が存在していることを常に思い出させてくれた。ジョン・パースリーは、より広範な取材となるよう、忍耐強くいられるよう、初期段階で有益な助言をくれた。

もし私がジャーナリストのアクションフィギュア工場を経営していたら（#人生の目標）、勇敢、かつ寛大なジャーナリスト仲間、マーサ・ベビンガー、アンドレア・ピッツァー、キャロル・タラント、ブライアン・アレクサンダー、そして、長年にわたる協力者で、本書の写真を撮影してくれたフォトジャーナリストのジョシュ・メルツァーに似せたものを作るだろう。

そして、幾度もの取材のなかで、法律や医学、ジャーナリズムや歴史についての知識を惜しみなく与えてくれた人々にも謝意を表したい。アナ・レンブク博士、モリー・オーデル博士、スティーブ・ハフ医師、アート・ヴァンジー医師、シスター・ベス・デービーズ、ロバート・パック、スティーブ・ロイド医師、サラ・メルトン、スー・カントレル博士、ヒューズ・メルトン医師、ジョディ・ハーシー博士、カール・ヴァンダヴェンダー博士、テレサ・ガードナー・タイソン、タミー・バイス、ドン・ウォルザイス、アンドリュー・バスフォード、ナンシー・D・キャンベル、エリザベス・ジェイムソン、ジョン・ケリー、キャロライン・ジーン・アッカー、チャド・シーバーグ巡査部長、ビル・メットカーフ捜査官、ブレント・ルッツ巡査部長、リチャード・スタラード警部補、クリスティーン・マデリーン・リー、ヒース・リー、ディーン・キング、アンディ・アンギアノ、バーバラ・ヴァンルーヤン、シェリー・ハートマン、ナンシー・ハンス、ジャニン・アンダーウッド、ジェイミー・ヴァルドロップ、ウエンディ・ウェルチ、ブライアン・

スティーブンソン、ダニー・ギルバート、トーマス・ジョーンズ、ドレーナ・バンクス、カレン・キュール医師、リサ・アンドルスカベージ医師、キム・ラムジー、ジェニファー・ウェルズ医師、エド・ビッシュ、リー・ナス、バリー・メイヤー、ローラ・ハデン、リサ・ウィルキンス、マリアンヌ・スコレック・ペレス、アイザック・ヴァンパッテン、クリス・パーキンス、ジェレマイア・リンデマン、リチャード・アウスネス、ビニー・ダブニー、ローラ・カーク、ウォーレン・ビッケル、アーロン・グランツ、ロブ・フライツ、マイケル・ムーア裁判官、ミッシィ・カーター、エミット・イヤリー、シャノン・モナット、ニッキ・キング、スーエラ・コバック、マーサ・ウンシュ博士、デスティニー・ベイカー、クリスティ・フェルナンデス、ジンジャー・ムンパワー、ロビン・ロス、デービッド・アヴルチ、そして、アート・ヴァンジー医師、ヒューズ・メルトン医師、シスター・ベス・デービーズ、ロン・サルツバックの患者の方々（実名を出された方も、匿名の方も）に感謝申し上げる。獄中から自身の考えを伝えてくれたロニー・ジョーンズ、アシュリン・ケスラー、キース・マーシャルにも心からの感謝を。

　本書の一部は、〈バージニア・センター・フォー・ザ・クリエイティブ・アーツ〉と〈リヴェンデル・ライターズ・コロニー〉で書かれ、書き直された。そこにある池、そして、木々に覆われた土地は美しく、静かで、心が癒され、力が湧いた。いつもながら、パイパー・カンボ、エドウィナ・パークス、ベリンダ・ハリスのプロ司書チームは、快く私の調査の質を高めてくれた。また、創造力を刺激してくれたシーラ・プレザンツ、メイソン・アダムス、エイミー・フリードマン、キム・クロス、カーク・シュローダー、リッチー・カーン、ミム・ヤング、ダグ・ジャクソン、クロエ・ランドン、クリス・ランドン、メアリー・ビショップ、アンナ・クインドレン、メアリー・クリス・ハーシュ、ケイト・カリリアン、ミンディ・シャイヴリー、マックス・ランドン、そしてウィル（「ママならできるよ」）・ランドンにも感謝の意を表したい。友人のエリザベス・パーキンスにもとっておきの感謝を。二〇一五年の十一月、パトリシア・メーマンとテス・ヘンリーの脱走した飼い犬を、無事飼い主に引き合わせたことから知り合い、私がその二人から話を聞きたがっている〝のでは〟と考えて紹介してくれたことに。

〈リトル・ブラウン〉社では、出版者のリーガン・アーサーとテリー・アダムス、原稿整理編集者のデボラ・P・ジェイコブス、制作編集者のパメラ・マーシャル、カバーデザイナーのローレン・ハームス、編集助手のジョセフ・リー、そして、サブリナ・キャラハン、アリッサ・パーソンズ、レナ・リトル、パメラ・ブラウンによる素晴らしい広報・マーケティングチームからの熱い支援を受けることができ、大変ありがたく思っている。

いつもながら、我が秘密の調味料、トム・ランドンにも感謝のことばを。ときに厳しい質問を投げ掛け、ときに取材対象者に対しても自分自身に対しても忍耐強くあれ、という助言を私に優しく思い出させながら、最初の編集作業や技術的支援から、話の筋をまとめるところまで、すべての過程で支えになってくれた。

ジャーナリズムの道を歩んで三十二年になるが、耐えがたい真実について取材対象者がこれほど率直に語ってくれるとは思いもよらなかった。パトリシア・メーマンは、何百回ものショートメッセージのやりとりや、数々のメール、電話、訪問の機会を通じて、自分の人生に私を迎え入れてくれた。薬物依存症への偏見に立ち向かうその勇気には驚かされるばかりだ。我らの詩人が安らかに眠らんことを。

解説　トランプ現象とオピオイド危機と日本

本書を翻訳することになったきっかけは二〇一六年十一月の大統領選挙だった。ファーストレディ（大統領夫人）、上院議員、そして国務長官と申し分のない経歴を引っさげ、満を持して大統領選に出馬してきた大本命のヒラリー・クリントン候補を、政治経験をまったく持たずテレビで差別発言や暴論を繰り返してきた不動産デベロッパーのドナルド・トランプ候補が破るという、恐らくアメリカ政治史上最大の番狂わせの衝撃も冷めやらぬ二〇一六年十二月以降、私はトランプ勝利の原動力となったアメリカのラストベルトからバイブルベルトにかけての地域を繰り返し取材で訪れ、既存の政治・社会秩序を根底から拒否する「トランプ現象」と呼ばれる現象の正体を探ろうと努めてきた。そこで私は、全米で猛威を振るうオピオイド依存症の震源地の実態に初めて触れることになった。

取材を続ける中で、一人の地元紙の記者が、この地域のオピオイド問題を長年にわたり取材した結果をまとめた本が間もなく出版されるという話を耳にし、発売前から注目していた。それが他でもない、本書『DOPESICK』だった。本の発売が始まると同時にこれを入手し（Kindleという文明の利器のおかげで日本にいながらにして海外の本を発売当日に入手できるようになった）、ほぼ一晩で通読した上で、馴染みの出版社にぜひともこの本の日本語訳を出そうじゃないかと声をかけたところ、光文社に手を挙げていただき本書の出版が実現したのだった。

お読みいただいた通り、正に迫真のルポルタージュだ。分厚い取材に裏付けられた息をのむようなドラマチックな展開は、フィクションにはない迫力に満ち溢れている。筆者が「モルヒネ分子のたまらない引力」と表現するオピオイド依存症の離脱症状の凄まじさに圧倒されながら、何とかそれと戦い、愛する人を支え続けようとする大勢の人々の熱い思いが心に響き、私自身、翻訳をしながら不覚にも何度となく涙してしまうほどだった。

これほどまでの秀逸なルポルタージュを見せられてしまっては、私のようなよそ者が何度かアメリカを取材しただけで、「これがアメリカのオピオイド問題の実態だ！」などと物知り顔で語るのは、とてもではないがおこがましいとの思いを禁じ得ない。というわけで、今回はこの大作の翻訳役に回らせていただくことになったというのが、本来はジャーナリストを生業とする私が翻訳者としてこの本に関わることになった、事の次第だった。

オピオイド裁判の行方

本書の中で著者のベス・メイシーさんは、アメリカ史上最悪の薬物汚染となったオピオイド依存症の蔓延をめぐり、その発火点となったバージニア州西部のアパラチア地方で何が起きていたかを、地元記者の地の利を最大限に活かしながら、実に丹念に追いかけている。本書の最後でメイシーさんがテス・ヘンリーさんの訃報に接するのが二〇一七年のクリスマスイブ、その遺体がロアノークに戻り葬儀が行われたのが、年が明けた一月二日のことだったので、本書には二〇一八年の初頭までのできごとがカバーされていることになるが、その後、アメリカではオピオイド絡みでいくつかの重要な展開があったので、この場を借りてご紹介しておきたい。

まず、本書では裁判としては、オピオイド禍の元凶となった「夢の鎮痛剤」オキシコンチンの製造元であるパデュー・ファーマの三人の経営幹部が有罪判決を受けた二〇〇七年の裁判の様子が紹介されているが、その後、オピオイドをめぐりアメリカでは、実に四十八の州と五百の自治体がパデュー・ファーマや他のオピオイドの製造元の製薬会社や薬局チェーンなどを次々と提訴している。最終的な提訴数は二千六百件にも及んだ。そして、二〇一九年に入ってからその裁判に大きな進展があった。

現段階で判決が出たものはまだ数えるほどしかないが、まず二〇一九年八月二六日にオクラホマ州で最初の画期的な判決が言い渡されている。オピオイドを販売していた医薬品大手のジョンソン・エンド・ジョンソンに対してオクラホマ州が百七十五億ドル（約一兆九千二百五十億円）の損害賠償を求めていた民事訴訟で、オクラホマ連邦地裁のタッド・バルクマン裁判長は同社に五億七千二百万ドル（約六百二十九億二千万円）の支払いを命じる判決を言い渡した。同州からジョンソン・エンド・ジョンソンとともに訴えられていたパデュー・ファーマとイスラエルのテバ・ファーマスーティカルの二社は、それぞれ二億七千万ドル（約二百九十七億円）と八千五百万ドル（約九十三億五千万円）を支払うことで和解していたが、バルクマン裁判長はオピオイドの原料成分の生産や生成で約六割の市場シェアを持ち、他の製薬会社にも原材料を提供していたジョンソン・エンド・ジョンソンの責任は特に重いとして、同社に対して他社を大幅に上回る重い賠償金の支払いを命じた。

この判決は日本でも大きなニュースになった。確かに六百億円は莫大な賠償額ではあるが、とは言えオクラホマ州が請求していた賠償額の三十分の一に過ぎないし、業界最大手のジョンソン・エンド・ジョンソンの二〇一八年の年間総売り上げ八百十六億ドル（約八兆九千七百六十億円）の一％にも満たないものだ。

オクラホマ州のマイク・ハンター司法長官は、オピオイドの過剰摂取によってオクラホマ州では少なくとも六千人が死亡し、州が受けた損害の回復には最低でも二十年は要するが、判決で認められた賠償額ではその一年分にしかならないと、不満を露わにしたが、判決では州が求めていた百七十五億ドル（約一兆九千二百五十億円）の損害の根拠が必ずしも十分に証明されていないと判断された。

しかし、ジョンソン・エンド・ジョンソンは判決後、「われわれはFDA（食品医薬品局）が認定する鎮痛剤を責任を持って提供している。裁判の準備はできている」との声明を発表した上で、その判決を不服として、九月二七日に上訴している。

この判決に続き、一〇月二一日には、オハイオ州の二つの郡が起こした民事訴訟の審理が始まる直前に、電撃的な和解が発表された。これはアメリソースバーゲン、マッケソン、カーディナル・ヘルス、テバ・ファーマスーティカルの四社がオハイオ州のサミット郡とクヤホガ郡に対して総額で約二億六千万ドル（約二百八十六億円）を支払うことに同意することで和解したというもの。審理開始日の午前一時に駆け込みで和解が成立したことからもわかるように、製薬会社側は公判に突入すれば、公の場でオピオイドの販売戦略をめぐる社内の内部文書やメールのやりとりなどが白日の下に晒されてしまう恐れがあり、その結果、社のイメージが決定的に傷つくことだけは何としても避けたいとの強い思いがあったことがうかがえる。

この和解発表に先立つ同年一〇月一六日、ジョンソン・エンド・ジョンソンは他の医薬品メーカーや小売店チェーンらと共同で、連邦ならびに全ての州や郡を対象に、総額にして二百億ドル（約二兆二千億円）にのぼる包括和解案を提案している。この提案は近々クリーブランド州の連邦地裁で審理される予定で、現時点ではあくまで製薬会社側の提案という位置づけに過ぎないが、オクラホマ州の判決を受けて、もし他の裁判でも同様かもしくはそれに近い賠償金を認める判決が次々と出るようなことになれば、いくら巨大製薬会社といえどもその屋台骨が揺らぎかねない。一連の裁判の審理が始まる前に、包括的な和解を急ぐ必要があると判断したのだろう。

他方、製薬会社側を訴えた州や自治体側は、資金力が豊富で政治力もあり、なおかつ百戦錬磨の弁護団を抱える製薬会社側から、上訴などの法廷戦略を駆使されて長期戦に持ち込まれると、裁判が結審するまで賠償金を受け取ることができず、既に待ったなしの危機的な状態にあるオピオイド対策がそれだけ遅れることになる。迅速に補償を受け取れるのであれば、たとえ賠償額のゼロが一つ二つ減ったとしても和解も止むなし、という家庭の事情がある。

実際、今回のジョンソン・エンド・ジョンソンによる二百億ドルの包括的和解案提出の報を受けてニューヨーク証券取引所では、同社を始めとする医薬関連株が軒並みリバウンドしているという。少なくとも株式市場では、一時はどうなるかと不安視されたオピオイド問題の影響も、その程度の賠償で済むのならばと、市場関係者や投資家が一様に胸を撫で下ろしているということのようだ。

責任追及は本当に十分行なわれたのか

今年に入ってから、オピオイド関連で億ドル単位、日本円にすると百億円単位の判決が相次いだため、日本では、今アメリカでオピオイド問題への厳しい責任追及が行われていると思われている方も少なくないし、実際にそのような報道がなされていることも事実だ。しかし、私が直接取材をしたオピオイドの被害者やその遺族、そして本書に登場する、長年にわたりオピオイド問題と戦い続けてきたアート・ヴァンジー医師やシスター・ベス・デービーズ、そして本書の筆者のベス・メイシーさんらは、いずれもそうした判決を苦々しい思いで見ていると聞くと、意外に思われるだろうか。

確かに百億円単位の損害賠償を勝ち取れば、州や郡はそれをオピオイド対策や依存症治療、啓発活動などに投入することができる。少なからず、たった今、この瞬間にも困っている依存症者やその家族を助けることができることの意味は決して小さくはない。

しかし、例えば現在のオピオイド禍の根本原因を作ったことでA級戦犯扱いを受けているパデュー・ファーマは、アメリカ全土をオピオイド依存症の恐怖に陥れたオキシコンチンで、一九九六年から今日まで三百五十億ドル（約三兆八千五百億円）もの売り上げをあげている。しかし、パデューが二〇一九年九月一五日に連邦政府や州や郡との間で合意した和解案では、まずパデューが破産申請を行った上で、公益信託を組成し、そこを通じて向こう十年間にわたり、パデューが今後売り出すオピオイド依存症の治療薬の売り上げから百二十億ドル（約一兆三千二百億円）を依存症支援や治療費に充てることになっているだけだ。

また、パデューがオキシコンチンを売りまくる間に、オーナーのサクラー家の資産も百三十億ドル（約一兆四千三百億円）まで膨れあがったが、今回の和解案では実際にサクラー家から拠出される賠償金は三十億ドル（約三千三百億円）程度にとどまる。

巨額の賠償金と言っても、要するに全米にオピオイドをまき散らし、儲けるだけ儲けておきながら、そのほんの一部を吐き出しているに過ぎないのだ。しかし、元々の儲けがあまりにも大きかったので、ほんの一部でもそれがニュースになると「何百億円で和解」とか「巨額の賠償金」といった見出しに化けてしまうのだ。

和解案や賠償額は大金には違いないが、この本に登場するような被害者や犠牲者たちが受けた被害はその何十倍、何百倍、いやとても数字では言い表せない悲惨なものばかりだ。既に四十万人もの人が命を落とし、依存症に苦しむ人の数も四百万人にのぼるなど、空前の被害を与えておきながら、企業やその幹部やオーナーたちが巨万の富を懐に入れることが許されてしまえば、到底、将来に向けた抑止にはならない。それが痛いほどよくわかっているからこそ、被害者やその支援者たちは皆怒っているのだ。

サクラー家の「世間体ロンダリング」

なお、一連の裁判では、これまで非上場であるがゆえに経営実態が秘密のベールに包まれていたパデュー・ファーマの内情についても、いろいろなことが明らかになっている。特にマサチューセッツ州がパデュー・ファーマとそのオーナー一族であるサクラー家の八人を訴えた裁判では、これまであたかもオーナー一家として君臨はすれども日々の細かい経営には関与せず、もっぱら慈善事業に勤しんできたかのような巧みなイメージコントロールが行われてきたサクラー一族が、実はパデューの経営方針はおろか、営業計画の策定にまで密接に関与していた事実が、二〇一九年二月に公開された同社の内部文書によって明らかになった。

ある内部文書によると、パデュー創業者サクラー三兄弟の末っ子レイモンド・サクラー氏の息子のリチャード・サクラー氏は、営業部隊に対してどの医師を何度訪問し、どのくらいの量のオキシコンチンを販売すべきかまで具体的に指示を出していた。また、同氏は営業部隊に対し、特に効力の高いオキシコンチンをできるだけ多く売るよう指示をし、単に売った錠剤の数だけではなく、効力、つまり錠剤の中に占めるオピオイド成分の濃度に比例する形でボーナスを支払う仕組みまで考案していたという。

薬の効力が強ければ強いほど、薬の値段は高くなるし、依存症になるリスクも、過剰摂取死のリスクも高まる。これはいわばオーナー一族がパデュー・ファーマにできるだけ効力の高いオキシコンチンを多く売らせることによって、意図的に依存症者を作り出そうとしていたことを意味していたとも受け取れ、パデューのみならずオーナー一族の責任を問う上で、今後の裁判にも大きく影響する可能性がある証拠として注目されている。

なお、サクラー家がらみでは、本書の中でも一族が殊更に慈善事業支援に熱心だったことが紹介されているが、今年に入り、アメリカ内外の美術館や大学などでサクラー家からの寄付の受け入れを停止したり、サクラーの名を冠した建物や施設の名前を変更する動きが相次いでいる。

まず、二〇一八年にイギリスのサウス・ロンドン・ギャラリーがいち早く十二万五千ポンド（約千八百万円）の寄付の返還を決定すると、二〇一九年三月には同じくイギリスのテート・ギャラリーとニューヨークのグッゲンハイム美術館が今後サクラーからの寄付を受け取らないことを宣言。ナショナル・ポートレート・ギャラリー（イギリス）も、今年受け取る予定だった百万ポンド（約一億四千五百万円）の寄付の受け取り中止を発表して、これに続いた。

サクラー棟があることで知られ、日本人にも馴染みの深いニューヨークのメトロポリタン美術館も、同年五月にサクラー家との縁切りを発表している。

大学では、二〇一九年二月にサクラー発達心理生物学研究所という名の研究所まで持つニューヨークのコロンビア大学が、サクラー家からの寄付を当面受け取らないことを発表したのに続き、同年一二月にはサクラーの名を冠した施設を五つも抱えるマサチューセッツ州の名門タフツ大学が、全ての施設からサクラーの名前を削除することを発表した。

ハーバード大学にはアーサー・サクラー・ミュージアムという名の美術館があるが、二〇一九年三月、同校のローレンス・バコウ学長が、この美術館はパデューがオキシコンチンを売り出す前に受けた寄付で建てられたものなので、名前を変える必要はないと発表すると、学生から抗議の声が上がったり、大統領選挙の民主党の有力候補者でかつて同大学の法科大学院で教鞭を執っていたこともあるマサチューセッツ州選出のエリザベス・ウォーレン上院議員が、サクラーの名前をハーバードの施設から削除すべきだと発言するなど、今やサクラー問題は大統領選挙の争点の一つにまでなっている。

サクラー家から多額の寄付を受けていた文化施設としては、他にもワシントンのスミソニアン博物館やアメリカ歴史博物館、ロンドンの大英博物館、ナショナル・ギャラリー、ロンドン自然史博物館、そしてパリのルーヴル美術館など、まさに大御所の名前が並ぶが、それらの施設でもサクラー家との縁切り宣言や、サクラーの名のついた施設の名称変更などが続々と行なわれている。

大学もロックフェラー大学が一千百万ドル（約十二億一千万円）を受け取っていたのを筆頭に、イギリスのサセックス大学やオックスフォード大学、グラスゴー大学、アメリカのコーネル大学、イエール大学、イスラエルのテルアビブ大学など、サクラー家から寄付を受けていた大学のリストには名門がずらりと名を連ねる。

サクラー一族はサクラー・トラスト、サクラー財団など少なくとも八つの団体を通じて多額の寄付をこうした名門美術館や名門大学などに行ってきており、AP通信によると、その金額は二〇一三年以降の五年間だけで六千万ドル（約六十六億円）にのぼるという。

社会的にあまり好ましくない方法で得た富を名誉にすり替えるために、高名な公益団体や慈善事業にやたらと熱心に寄付を行うことを英語圏では reputation laundering（レピュテーション・ロンダリング）と呼ぶそうだ。日本語では評判ロンダリングとか世間体ロンダリングとでも訳すのだろうか。いずれにしても近年ではサクラー家ほど、世間体ロンダリングによって短期間に名誉ある地位まで上りつめ、そこから一気に転落した一族も珍しいのではないか。

やや余談になるが、ニューヨークの社交界で幅を利かせていたリチャードの息子のデービッドとジョス・サクラー夫妻は、一連の裁判でサクラー家の資産がオピオイド禍の原因を作ったオキシコンチンの売り上げからのものであることがばれたために、ニューヨークの社交界から追放され、アッパーイーストサイドにあった豪華なマンションを引き払い、自己破産者がより資産を護りやすい法律のあるフロリダのパームビーチに引っ越したことが、ニューヨークの巷では格好のゴシップネタになっていた。サクラー一族は「現代のメディチ家」などと持て囃され、セレブ一族としてニューヨーク市民の間では有名だったが、あのオキシコンチンに彼らの財力の源があったことはニューヨーカーの間でも、つい最近までほとんど知られていなかったのだ。

こうしたニュースはゴシップのネタとしては、「名誉」から「恥辱」への転落物語としてそれなりの話題性があるのかもしれないが、彼らがしでかしたことによって市井の人々がどれだけの苦しみを受け、アメリカの市民社会がどれだけ傷んだかを考えると、社交界からの放逐がどうしたこうしたという類の話は、あまりにも場違いとの思いを禁じ得ない。

そうした中にあって、一つ注目に値する動きは、二〇一九年一一月二六日に、連邦検察が製薬会社などに対する刑事捜査を開始したことだ。刑事事件としては、同年四月に約六十人の医師や看護師、薬剤師などが、オピオイドの乱売や処方箋の違法作成などの罪で逮捕、起訴されているが、これは単に膨大な量のオピオイドを不必要な患者や依存症であることが明らかな患者に処方した医師のほか、サインだけした白紙の処方箋を大量に売っていた医師や、違法な処方を書くことと引き換えにカネのみならずセックスまで要求していた医師など極端に悪質な、いわば例外的なケースが摘発されたものであり、オピオイド蔓延の元凶となった構造的な犯罪とは別次元のものだった。

一一月に始まった刑事捜査によって、オキシコンチンに高度の依存性があることを知りながら、これを意図的に過小評価したり過小宣伝して高い効力の錠剤を売りまくった製薬会社の経営者や幹部、営業担当者、製薬会社から高額の接待を受けながらその会社が販売する依存性の高いオピオイドを必要以上に処方し続けた医師や薬剤師などの刑事責任が問われるところまでいくかどうかは、今後のアメリカの医療制度の健全度を判断する上での重要なバロメーターになるだろう。

そうしたことをやれば刑務所に送られるということになれば、それは間違いなく強い抑止力となる。しかし、民事でどんなに大きな損害賠償を食らおうが、もともとそこから得られる利益の方が遥かに大きければ、同じことをやろうとする会社や個人が後を絶たないのはある意味で当然のことだ。刑務所にも行かず、実際に儲けた額のごく一部を差し出すだけで済まされるのであれば、どれだけの被害が予想されようが、チャンスがあればそれをやらない方が損だということになる。今回のオピオイド禍がここまで広がることを防げなかったということで、アメリカの医療や司法の体制に重大な欠陥があることが明らかになった以上、大量の刑事責任を問うくらいの荒療治は不可欠ではないか。

そういえば本書にも二〇〇七年の裁判で、被害者たちがパデュー・ファーマの三人の経営幹部に対する刑事裁判で勝利しながら、誰も刑務所送りにならなかったことに一様に落胆している様子が描かれているが、三人の幹部たちは司法取引によって、いずれも罰金と保護観察を含む一定期間の奉仕活動の処分を受けたが実刑は免れていた。あくまで「たられば」の話になるが、あのとき司法取引などせずに実刑判決を勝ち取るまで戦っていれば、その後のオピオイドの蔓延がもう少し早く防げた可能性は十分にあるような気がしてならない。

ちなみにあの時の司法取引を、自らのワシントン・コネクションを駆使して力業でまとめあげた弁護団のトップが、まさに今、連邦議会でトランプ大統領に対する弾劾手続きが進められているウクライナ疑惑の中心にいる、元ニューヨーク市長のルディ・ジュリアーニ氏だったことも、ここで指摘しておきたい。

実際の裁判になれば、社内のあらゆる内部文書が白日の下に晒されることになる。ここまでの裁判でも、例えばパデューの幹部たちは、かなり早い段階でオキシコンチンに強い依存性があることを知りながら、それを隠して、またある時は意図的にそれを偽って、被害の広がりを尻目に、積極的なセールスを続けていたことが、裁判記録から明らかになっている。

しかし、和解となった場合、製薬会社側が出してくる和解条件の中に、必ずと言っていいほど内部文書の非公開を取り決めた条文が入ってくる。そうなれば、本当に何が起きたのかや、真の責任の所在がどこにあったのかは闇の中に葬られることになる。何が起きていたのかが明らかにならなければ、どこに問題があったのかもわからず、どこをどう改善すればいいかも当然わからないままになってしまう。高額の損害賠償額ばかりに目を奪われず、責任の所在の特定や再発の防止策が十分に手当てされるかに注目していく必要があるだろう。

日本のオピオイド状況

最近は薬物絡みで著名人が相次いで逮捕されたこともあり、日本でも薬物や依存症に対する関心は高まっているようだ。しかし、日本で薬物といった場合、その対象は覚醒剤や大麻の場合がほとんどで、約四半世紀にわたりアメリカで猛威を振るい続けているオピオイドに関しては、幸いにして今のところ日本ではほとんど問題になっていない。

日本でオピオイドをめぐるニュースといえば、最近では二〇一九年一二月六日に、沖縄の病院で麻薬を扱う免許が切れていた医師が、同僚の医師名義のＩＤとパスワードを使用してシステムにログインして、オピオイドの一種の「フェンタニル」を含む注射液を患者に投与する指示をしたとして、麻薬取締法違反容疑で那覇地検に書類送検されたというものがあったが、こういう例外的なニュースを別にすると、日本ではオピオイドという言葉を耳にすること自体が滅多にない。

強いて言えば、二〇一五年六月一八日にトヨタ初のアメリカ人女性役員が、個人でオピオイドを輸入したとして、麻薬取締法違反の容疑で警視庁に逮捕されるという事件があった。この事件は当初、トヨタという超一流企業の役員が麻薬所持で逮捕されるという衝撃的な事件としてニュースでも大きく扱われた。

これはトヨタ初の外国人役員として鳴り物入りでGMからヘッドハントされたジュリー・ハンプ氏が、アメリカに住む父親に五十七錠のオキシコドンを国際宅配便で送らせたというもので、錠剤は小包の底の方にネックレスに見えるように偽装されていたという。ハンプ氏は、この薬は自分のひざ痛のために、父親がアメリカで処方されたオキシコドンを送ってくれたもので、彼女には日本の法を破る意図はまったくなかったと供述していたことに加え、トヨタの役員を辞任するなど既に社会的な制裁を受けているなどの理由から、七月八日、警視庁はハンプ氏を不起訴処分として釈放している。

ニュースでも逮捕時の大々的な扱いの割には、その後の報道はまったく尻切れとんぼのままに終わり、ほどなくハンプ氏も帰国してしまったようだ。

これは日本に住む外国人がオピオイドを個人輸入して逮捕されるという例外的な事例だったが、アメリカでは当り前のように処方されているオピオイドでも、日本でこれを許可なく保有すれば、他の麻薬所持と同様に扱われ、逮捕までされることを全国に知らしめるアナウンスメント効果は抜群だった。日本で正当に処方されていないオピオイドを所持すると、麻薬取締法違犯に問われ、麻薬犯罪者になってしまうのだ。

とは言え、もちろん日本でも医療現場ではオピオイドは使われている。現在、日本でオピオイド鎮痛薬は一般医薬品、第二種向精神薬、医療用麻薬の三種に分類されている。そのうち、モルヒネ、フェンタニル、オキシコドン、トラマドール、メサドン、コデインなどが医療用麻薬に分類され、本書にも置換薬として何度か登場するブプレノルフィン（ナルキソンもしくはナルカン）は第二種向精神薬に指定されている。一般医薬品も含め、いずれもオピオイド受容体に結合して鎮痛作用を持つと同時に依存性を示すとされている。本書の中で主役を演じているオキシコンチンは主成分がオキシコドンなので当然、医療用麻薬の扱いになる。

日本の医療現場では一九八九年からモルヒネ徐放錠が導入され、二〇〇二年にフェンタニル貼付剤、二〇〇三年にオキシコンチン（オキシコドン徐放錠）の発売が始まった。二〇一〇年にはフェンタニル貼付剤の適応が慢性疼痛治療にまで拡大され、それ以降、医療用麻薬の使用量は増加傾向にある。

ただし、日本で医師が麻薬指定されているオピオイドを処方するためのハードルは、アメリカはもちろんのこと、他の先進国と比べてもかなり高い。まず麻薬施用者免許を取得しなければならないし、麻薬処方箋を書かなければならない。その上で、製薬会社が提供するe-learningを受講しなければならない。さらに、患者との間で確認書を交わさなければならない。こうした、かなり面倒な手続きが必要になることもあり、日本の医師はオピオイドをあまり使おうとしない傾向が強い。

『ジャーナル・オブ・アメリカン・ボード・オブ・ファミリーメディシン』（米国家庭医学会の機関誌）の二〇一七年三―四月号の「日米のオピオイド処方パターンの比較」に掲載されたオピオイド処方に関する日米の医師の意識調査では、急性疼痛、もしくは慢性疼痛をコントロールする

ために オピオイドを使用しても良いと思うかについて両国の医師に問うたところ、「絶対に否定」「やや否定」と回答した医師はアメリカ人では百九十八人中二人（一・〇％）しかいなかったのに対し、日本人では四百三十五人中百五人（二四・一％）もいた。

また、いたみ医学研究情報センターのペインクリニック誌に掲載された日米の医療関係者のオピオイドに対する意識の比較を見ても、日本ではオピオイドの合法的入手も非合法的入手も困難で、医師も処方に否定的であり、また、アメリカでは積極的に営業され広告も行われているオピオイドが、日本ではほとんど宣伝されていないなど、日米間でオピオイドに対する基本的な姿勢に大きな違いがあることが指摘されている。

その結果、日本は先進国の中で最もオピオイドが処方されていない国の一つとなっている。『ジャーナル・オブ・ペイン・アンド・シンプトム・マネージメント』二〇一四年二月号によると、日本はオピオイドが実際に必要とされている量の一五・五％しか処方されていない。これに対し、アメリカは二二九・六五％、カナダにいたっては三一二・五五％もの過剰な処方が行われているという。

アメリカやカナダの過剰処方が依存症や横流しなどの原因となり問題なのは論を俟たないが、他の先進国を見ると、例えばドイツでも一八二・七〇％、オーストラリアが一〇六・六七％、フランス、イギリスも七〇％前後と、一五％台という日本のオピオイドの処方率の低さは先進国の中では際立っている。

それが日本でのオピオイド乱用の危険性の低さの原因となっているのは好ましいことだが、それはオピオイドの管理がしっかりしているからというよりも、少なくともこれまでは単に医師がオピオイドを使おうとしないことの結果という面が強かったと言わざるを得ない。それは別の見方をすると、日本の疼痛患者はオピオイド鎮痛薬の恩恵にほとんど浴せていないことを意味している。あまり事態を単純化すべきではないだろうが、これは日本ではある程度痛みは我慢しなさいという治療が行われていると見ることもできる。

アメリカでオピオイドの処方箋が乱発された根本的な原因が、製薬会社による接待攻勢を含む積極的な営業にあったことが、本書にも紹介されている。しかし、日本でも製薬会社の営業担当者が医師の元に日々持参する弁当の中身と、その医師が処方する薬の間に明らかな相関関係があることが、内科医の谷本哲也さんとNGOメディアのワセダクロニクルによって指摘されるなど、営業戦略や接待次第で医師が処方する薬が影響を受けやすいのは日本も同じだ。

また、日本でオピオイドの不適正使用に関するデータは少ないが、例えば、淀川キリスト教病院ホスピス・こどもホスピス病院緩和医療内科・ホスピス科が行った「オピオイド使用外来患者の乱用・依存に関する適正使用調査」では、二〇一四年にオピオイドを使用している六十七人の外来患者のうち不適正使用と判断された患者が五人（七・四％）いたことが明らかになっている。しかし、五人の内訳は当初、がん疼痛でオピオイドの使用を開始したが、治療により病変が消失したのにオピオイドが継続使用されていたケース（三人）と、当初がん疼痛と考え開始されたが、検査で良性疾患と判明したケース（二人）であり、明らかに不要なオピオイドが大量に処方され、それが横流しされるなどして闇市場に流れていったアメリカとは次元を異にする。

とは言え、同調査も、「外来患者のオピオイド使用においては、治療科の主治医と患者間で診療が終始することが多く、不適正な使用が見逃される危険がある」と警鐘を鳴らしている。

アメリカではオピオイド依存症の蔓延は一九九六年の処方薬のオキシコンチンの発売直後から始まり、パデューがオキシコンチンに乱用防止機能を持たせた二〇一〇年以降、依存症者たちの対象薬物はヘロインに移り、そしてその後フェンタニルへと遷移していった。そして今、アメリカでは、メタンフェタミンの依存症が広がりを見せているという。メタンフェタミンは日本で覚醒剤と呼ばれている麻薬のことだ。

一九九六年のオキシコンチンの発売開始直後からオピオイド依存症の猛威に襲われたヴァンジー医師のいるバージニア州セント・チャールズや、シスター・ベスが依存症者の相談に乗るNPOを運営する隣町のペニントンギャップでも、二〇一九年以降、メス（meth=メタンフェタミンの通称）が大流行の兆候を見せているという。

しかし、メタンフェタミンはアッパーと呼ばれる中枢興奮作用を持つ覚醒剤であり、ダウナー、すなわち鎮静作用を持つオピオイドとは逆の作用を持つ薬物だ。本来であれば、オピオイド依存症者の欲求は満たせないのではないか。

ヴァンジー医師は依存症者にとって薬物の作用はそれほど大きな問題ではないのだと言う。一度薬物の使用が習慣化すると、薬物の種類に関係なく、単に薬物に依存する生活スタイルが形成されてしまう。そのため、一つの薬物が手に入らなくなると、何でもいいから次の薬物を探すようになる。それはまさに本書に描かれている「ロニー・ジョーンズの原理」そのものだ。

確かに日本ではこれまで、薬物問題の主役は覚醒剤だったかもしれない。しかし、アメリカでもそうであったように、薬物の流行や依存症の蔓延は最初は水面下で広がる。特に処方薬や市販薬の乱用は、元々、それを保有することが違法ではないため、乱用が問題になりにくい。依存症者が一定数を超え問題が表面化したときには、もはや手が付けられない状態になっているという恐れがあるので注意が必要だ。

実際、厚生労働省や国立精神・神経医療研究センターの調査では、今日本では若年層の間でブロンやパブロンなどのどこの薬局でも市販されている咳止めや風邪薬が、高齢者の間では睡眠薬や抗不安薬として処方されているデパスやハルシオンなどのベンゾジアゼピン（ベンゾ）類が、広範囲に乱用され、依存症や肝機能障害、認知機能障害に起因する転倒事故などを引き起こしている事例が報告されているという。もはや話題性につられて芸能人の薬物事件を騒ぎ立てている場合ではないのだ。

医師の処方が製薬会社の接待に影響を受けるという点でも、日本はアメリカと酷似していることは指摘したが、同時に薬物依存症は刑罰では解決しないことや、治療が必要なことが必ずしも社会に広く受け入れられていないという点でも、薬物をめぐる日本の状況はアメリカとよく似ている。

そして、何よりも薬物依存症が持つスティグマ（汚名）は、日本はアメリカを上回るほど強い。本書で、オピオイド蔓延への対応が遅れた要因の一つとして、アメリカ社会、とりわけ白人社会における薬物依存症に対するスティグマの強さが、身内の依存症を認めようとしなかったり、依存症になっていることを社会から隠すという形で現れたことが指摘されている。

アメリカも麻薬問題が社会悪として政治利用され続けてきた結果、一九九〇年代後半にオピオイドの蔓延が始まった時、社会がこれと正面から向き合うことができず、対応が後手後手に回った。いみじくもアメリカで麻薬を社会悪と位置づける上で決定的な影響を与えた政治キャンペーンのスローガンは、一九八〇年代初頭のナンシー・レーガン大統領夫人による「ジャスト・セイ・ノー」だったが、日本の麻薬に対する認識に大きな影響を与えた麻薬撲滅キャンペーンの標語もアメリカのほぼ直訳と言ってもいい、「ダメ。ゼッタイ。」だった。標語も瓜二つなら、それによって形成された社会の麻薬に対する姿勢や認識と、その結果としてのスティグマや厳罰要求の姿勢も、両国は本当にそっくりなのだ。

アメリカも日本も依然として「ジャスト・セイ・ノー」や「ダメ、ゼッタイ」の世界観から抜け出せていないが、EUやカナダの一部の地域では薬物事件を犯罪化することをやめ、依存症者に対して置換薬物などを提供しながら薬物維持治療を継続的に行うハームリダクションという考え方が主流になりつつある。その結果、特にポルトガルなどで薬物の蔓延や依存症の劇的な減少が見られていることが報告されている。

逆に社会の厳罰化要求やスティグマが強ければ強いほど、依存症者は医者にかかることが難しくなるし、適切な治療を受けられる可能性も下がり、それが結果的に依存症の蔓延を助長してしまうというのが、今回のアメリカの教訓だ。社会が治療の必要性を認めなければ、公的保険で薬物維持治療を行うことも難しくなる。アメリカではまだ十二の州でメディケイド（低所得者向け公的医療保険制度）を薬物維持治療に適用することが認められていないため、増え続けるオピオイド依存症者に対して満足な治療すら提供されていない状況が続いているのが実情だ。

「炭鉱のカナリアがいなかった」

最後に本書の著者のメイシーさんとのやりとりの中で、とても重要だと感じたことを一つご紹介しておきたい。それは、彼女がかつて働いていたロアノーク・タイムズという新聞社のことだ。

私とほぼ同年代の彼女は一九八九年に地元紙のロアノーク・タイムズに入社し、そこで二十年近く日本でいうところの社会部の記者をやってきた。入社当時のロアノーク・タイムズは発行部数も地方紙としては立派な十二万部を数え、記者も百人以上いたそうだ。

「当時はニュースルームもとても活気がありました」と、彼女は言う。

しかし、インターネットの普及とともにアメリカでは特に地方紙の衰退が急激に進み、ロアノーク・タイムズも大幅に発行部数を落とした。ロアノークやロアノーク・タイムズが取材の対象としているアパラチア地方でオピオイド依存症が蔓延し始めた時期と、ロアノーク・タイムズが報道機関として衰退していくタイミングがほぼ同時だったことが、今回、この地域でオピオイド依存症の蔓延を防げなかった原因の少なくとも一つになっているとメイシーさんは指摘する。

「私が最初に何かおかしなことが起きていることに気づいたのは二〇一二年に入ってからでした。もっと早くジャーナリズムがそれに気づかなければならなかった。あのあたりは元々炭鉱街でしたが、その時、もう炭鉱のカナリアがいなかったのです」

かつてアメリカの市民社会には、地域コミュニティやNPOなどの数々の市民団体、教会や地方紙など社会のセーフティネットが幾重にも張り巡らされ、何か問題が起きていれば、どこかのアンテナに引っかかり、それを解決するための機能が自然発生的に発動されてきた。それが今回は問題の対応が遅れるどころか、人々が過剰摂取でバッタバッタと倒れ始め、家や車に鍵をかける必要のなかった地域で毎日のように泥棒が入るようになるまで、自分たちの地域に何が起きているのかに誰も気づくことができなかった。そして、いざ自分の身内がその被害者や当事者になり、初めて問題の存在に気づいても、満足に治療を受けることができない制度上の壁に直面するのだった。

今回の取材を通じて私は、アメリカのオピオイド問題がここまで深刻化した背景に、グローバル化が進む中で人と人との繋がりが希薄になったアメリカの市民社会の弱体化があることを強く感じた。また、メディアを含めたアメリカの民主主義や市民社会の劣化も確実に進んでいることを実感せずにはいられなかった。

しかし、その一方で、何があろうがそうした逆境と闘う人が常に一定数存在する、アメリカの市民社会の伝統的な抵抗力や回復力の存在も確認することができた。

二〇一九年一二月、私はニューヨークでメイシーさんと、本の中で最後に悲劇的な死を遂げるテス・ヘンリーさんを最後まで支え続けた母親のパトリシア・メーマンさんと、テスさんの息子のローナン君と会う機会に恵まれた。

今もロアノークで看護師として働くパトリシア・メーマンさんは、自分の娘の命を救うことができなかったアメリカの医療体制はまだ全く改善されていないという。

「薬物維持治療が有効なことがわかっているのに、それさえもまだ広く受け入れられていません。あんなに沢山の犠牲を出したのに」とメーマンさんは怒りを隠さない。

せめてもの救いは、既に妊娠時に重度のオピオイド依存症にかかっていたテスさんの息子のローナン君が、新生児離脱症候群にかからず、四歳になった今もとても元気にしていることだった。

シスター・ベス・デービーズ

アート・ヴァンジー医師と訳者

セントチャールズのクリニックで孤軍奮闘するアート・ヴァンジー医師は、七十三歳になった今も毎日十六時間働いていた。アメリカでは依然として薬物維持治療を提供する医師は患者数が百人までに制限されているため、ヴァンジー医師の元を訪ねてくる依存症患者は後を絶たないが、今も数百人からのウエイティング・リストがあって、すぐに診てあげることができない状態だという。一人でも多くの患者を診るためには、十六時間働いても足りないのだそうだ。

尼僧の資格を持つ八十六歳のシスター・ベス・デービーズは今も、セントチャールズの隣町のペニントンギャップのアディクション・エデュケーション・センター（依存症教育センター）に毎日出勤して、自身や家族に依存症問題を抱える地域住民の相談に乗っている。

「オキシコンチンの後は、ヘロインとフェンタニルがメインだったけど、最近はオピオイドに加え、メスの乱用が増えていることが心配です」と、シスター・ベスは言う。「とにかく麻薬のことを正しく教えることが大切なので、今も毎日ここに来ています」

メイシーさんは『DOPESICK』を書き終えた後、しばらくはその続編にあたる『Finding Tess』（テスを探して）というタイトルのオーディオブックの作成に携わっていた。今アマゾンでダウンロードが可能になっている。

「『DOPESICK』の読者の反応で一番嬉しかったのは、依存症の人から手紙で、『あなたの本を読んで、依存症に悩んでいるのが自分だけじゃないことがわかって救われました』と言われた時ですね。『依存症者を人間として扱ってくれてありがとう』なんてメールももらいました」とメイシーさんは言う。

メイシーさんは今、ようやく次の本の取材を始めたところだそうだ。次は、オピオイドの新しい治療法を巡る研究や実践について書くつもりだという。

「前作がとても辛い仕事だったので、次は少し前向きの明るい話を書きたいですね」

彼女はそう言って笑った。

最後になったが、本書を刊行するにあたり、原著者のベス・メイシーさん、アート・ヴァンジー医師、シスター・ベス・デービーズ、国立精神・神経医療研究センターの松本俊彦薬物依存研究部部長、筑波大学心理学域の原田隆之教授、光文社の中町俊伸さん、ならびに校閲担当の皆様には大変お世話になった。この場を借りてお礼を申し上げたい。

バージニア州セントチャールズにて
神保哲生
（ジャーナリスト／インターネット放送局『ビデオニュース・ドットコム』代表

ドープシック
DOPESICK《ドープシック》
アメリカを蝕《むしば》むオピオイド危機《きき》

2020年2月29日　初版1刷発行

著者――ベス・メイシー
訳者――神保哲生《じんぼうてつお》
カバーデザイン――木佐塔一郎
カバー写真――Dmitriy Viktorov / EyeEm / Getty Images
発行者――田邉浩司
組版――萩原印刷
印刷所――萩原印刷
製本所――ナショナル製本
発行所――株式会社光文社
〒112-8011　東京都文京区音羽1-16-6
電話――翻訳編集部　03-5395-8162
書籍販売部　03-5395-8116
業務部　03-5395-8125

落丁本・乱丁本は業務部へご連絡くだされば、お取り替えいたします。

ISBN978-4-334-96238-8 Printed in Japan

■好評既刊

J.D.ヴァンス 著　関根光宏・山田文 訳

ヒルビリー・エレジー

アメリカの繁栄から取り残された白人たち

トランプ支持者の実態、アメリカ分断の深層とは？

「ラスト・ベルト（さびついた工業地帯）」と呼ばれる地域で、白人ではあるがいわゆるWASPではなく、大学には行かず、地元の労働者として生計を立てる「ヒルビリー」たち。貧困が常態化しているそんな社会から幸運にも抜け出した著者が、これまで注目されなかった彼らの生活を赤裸々に綴り、全世界に衝撃を与えたベストセラー！

四六判・ソフトカバー

■好評既刊

ジェームズ・ブラッドワース 著　濱野大道 訳

アマゾンの倉庫で絶望し、ウーバーの車で発狂した

潜入・最低賃金労働の現場

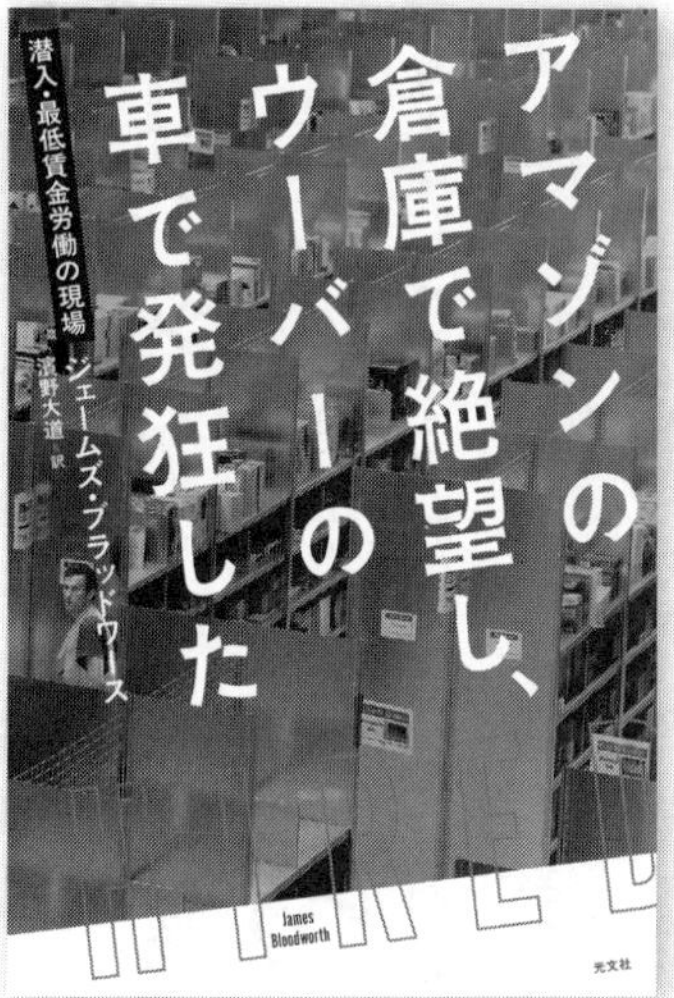

四六判・ソフトカバー

「移民政策で先を行く英国は日本の明日《みらい》だ」
横田増生氏（『ユニクロ潜入一年』）

英国で最底賃金とされるアマゾンの倉庫、訪問介護、コールセンター、ウーバーのタクシーで著者が自ら働き、体験を報告。私たちのワンクリックに翻弄される無力な労働者たちの姿から見えてきたのは、資本主義、管理社会の極地だ。グローバル企業による搾取、移民労働者への不満、一層の格差拡大は、〝異国の話〟ではない。